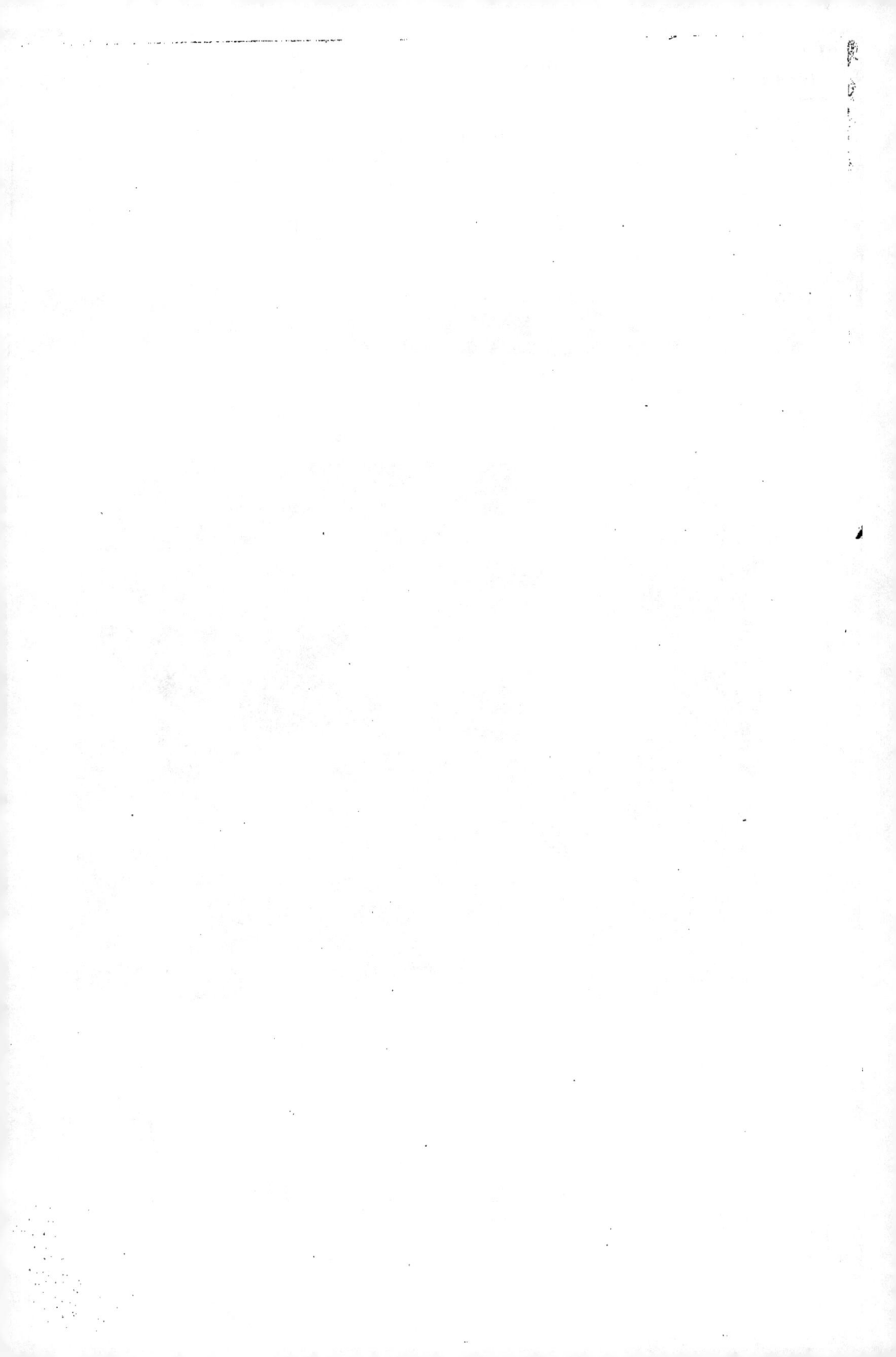

BIBLIOTHEQUE DE BONS ROMANS ILLUSTRES

LE CAPITAINE

LA CHESNAYE

PAR ERNEST CAPENDU.

Prix : 1 fr. 50 c.

PARIS

DEGORCE-CADOT, EDITEUR

70 BIS, RUE BONAPARTE, 70 BIS

Le Capitaine La CHESNAYE par E. CAPENDU

1605

I

LE PONT-NEUF.

Au commencement du dix-septième siècle, sous le règne du « bon roy Henri, » ainsi que le nommaient ses vieux serviteurs, Paris, comme enceinte, possédait à peu près la même physionomie qu'il avait sous Charles VI, de triste mémoire.

On entrait dans la capitale par seize portes fortifiées de tours et munies de ponts en pierre et de ponts-levis établis sur le fossé.

Aujourd'hui, à deux siècles et demi de distance, il est réellement curieux de constater les nombreux changements accomplis dans la grande ville, l'énorme accroissement qu'elle a pris et de replacer au milieu de ces artères élégantes, de ces boulevards splendides, de ces places monumentales qui dénotent, non-seulement le progrès des arts et du goût, mais encore celui de la richesse et de la grandeur du pays; il est curieux, disons-nous, de replacer là où elles se trouvaient jadis, les limites du vieux Paris des Valois avec ses accès de châteaux-forts et ses murailles crénelées.

Ainsi, sous Henri IV, sept portes s'ouvraient dans la partie nord de la ville. Ces portes étaient : celle de Saint-Antoine, celle du Temple, celle de Saint-Martin, la porte Saint-Denis, la porte Montmartre, la porte Saint-Honoré, et enfin la porte Neuve.

La porte Saint-Antoine était située à côté de la Bastille, à peu près à l'endroit où s'élève aujourd'hui la colonne de Juillet, et protégée d'un côté par la forteresse, elle était encore défendue de l'autre par un vaste bastion.

Une haute muraille, suivant le tracé du boulevard actuel (alors boulevard extérieur), reliait la porte Saint-Antoine à la porte du Temple, laquelle, moins fortifiée que la précédente, était surtout protégée par un large fossé qui s'étendait jusqu'à la porte Saint-Martin.

Celle-ci présentait un aspect réellement formidable avec son édifice considérable, flanqué à sa face extérieure de six tours rondes, auxquelles on n'arrivait que par un pont de trois marches en maçonnerie, à l'extrémité duquel s'abaissait le pont-levis.

La porte Saint-Denis, elle, se composait d'un fort quadrangulaire, garni à ses angles de grosses tours surmontées de guérites. Une seule arche en pierre permettait de franchir le fossé.

A partir de la porte Saint-Denis, la muraille, s'élançant brusquement vers la Seine, allait rejoindre la porte Montmartre, laquelle s'élevait à l'endroit où la rue de ce nom est coupée par la rue des Fossés et par la rue Neuve-Saint-Eustache.

Puis venait la porte Saint-Honoré, qui s'ouvrait à l'embranchement de la rue Saint-Nicaise et que défendaient deux fortes tours en maçonnerie.

Enfin, la porte Neuve, se dressant sur le bord même de la Seine et contiguë à la tour du Bois.

Cette tour du Bois, qui terminait, à l'ouest, l'enceinte de la partie septentrionale de Paris, était d'une grande élévation et accouplée à une autre de dimension moindre qui contenait l'escalier. Elle s'élevait à peu près à l'endroit du quai où aboutit aujourd'hui le pont Royal.

Huit portes perçaient les fortifications de Paris sur la rive gauche de la rivière.

D'abord la porte de Nesles, attenante à l'ancienne tour de ce nom, et s'ouvrant là où se dresse aujourd'hui le pavillon oriental de l'hôtel des Beaux-Arts.

La porte Buci, située à la rencontre de la rue Saint-André-des-Arts et de la rue Contrescarpe.

La porte Saint-Germain, à l'extrémité de la rue du Paon; la porte Saint-Michel, sur l'emplacement de laquelle on a construit depuis la fontaine actuelle, sur la place du même nom.

Enfin la porte Saint-Jacques, la porte Saint-Marcel, la porte Saint-Victor et la porte de la Tournelle, qui, reliées ensemble par la muraille qui enceignait la ville, formaient une ligne partant de la rue des Fossés-Saint-Jacques, passant au bas de la rue Saint-Victor et venant aboutir sur le quai de la Tournelle, entre les maisons portant aujourd'hui les numéros 1 et 3.

Ainsi qu'on le voit, le Paris d'Henri IV était loin du Paris de Napoléon III, et à peine en eût-il formé la sixième partie.

Un rimeur du temps nous a transmis, en vers, l'énumération des rues de la capitale, dont le nombre montait à quatre cent treize.

> Dedans la cité de Paris
> Il y a des rues trente-six,
> Et, au quartier de Hulepoix (de l'Université
> En y a quatre-vingts et trois;
> Et au quartier Saint-Denis
> Trois cents il n'en faut que six.
> Contez-les bien tout à votre aise,
> Quatre cents il y a et treize.

Ces quatre cent treize rues, formant l'ensemble de la capitale de la France, présentaient, durant le jour, le coup d'œil animé particulier aux centres commerciaux, aux foyers du luxe, de l'intelligence, des arts, aux réceptacles de toutes les classes d'une société composée d'une multitude d'éléments hétérogènes; mais, durant la nuit, elles offraient l'image de la solitude, du néant, prolongées qu'elles étaient dans une obscurité profonde, car en 1605, c'est-à-dire à l'époque où commence ce récit des faits que nous allons présenter au lecteur, l'éclairage de la bonne ville de Paris laissait à désirer sous tous les rapports.

Une ordonnance de 1524 avait bien prescrit aux bourgeois de placer, après neuf heures du soir, une lanterne allumée au premier étage de leurs maisons; une autre ordonnance du Parlement avait bien exigé, en 1558, de suspendre au coin de chaque rue de Paris, et même au milieu dans le cas où la rue serait trop longue, des falots qui devaient brûler constamment depuis dix heures du soir jusqu'à quatre heures du matin; mais ces modes d'éclairage, livrés à la bonne volonté et surtout à la charge pécuniaire de messieurs les bourgeois, avaient rencontré dans leur application une double barrière difficile à franchir : d'une part l'opposition innée toujours défavorable aux nouveaux usages, de l'autre la répugnance naturelle qu'éprouve tout individu à acquitter un impôt, quel qu'il soit.

Ce ne fut guère qu'en 1662, lorsque l'abbé Laudati Caraffa fut autorisé à établir dans les carrefours, places publiques et autres lieux fréquentés, des porte-lanternes munis de lanternes à plusieurs becs, et des porte-flambeaux garnis de torches en cire jaune, que cette mesure, devenue de plus en plus nécessaire, reçut son application suivie.

Mais en 1605, messieurs les bourgeois, ainsi que nous l'avons expliqué, préféraient laisser dans une obscurité profonde les rues de leur cité, plutôt que de prendre soin des lanternes et de les entretenir à leurs frais.

A ce grave inconvénient, qui rendait dangereux, la nuit venue, les quartiers les plus fréquentés durant le jour, il faut joindre l'absence complète des mesures relatives à la propreté et à la salubrité de la ville, négligence de police qui rendait presque impraticables, dans les ténèbres, les rues et les places.

La plupart de ces rues n'étaient pavées que d'un côté, et les places ne l'étaient pas du tout : de sorte qu'on rencontrait à chaque pas des cloaques puants, des amas de gravois et d'immondices contre lesquels on allait infailliblement donner, si l'on n'avait pas la précaution de porter à la main une lanterne. Encore cette lanterne offrait-elle un autre danger, celui d'attirer les voleurs, dont le nombre était si considérable que, dit l'Etoile, « la ville en était remplie. »

Aussi les derniers rayons du soleil disparus à l'horizon, les Parisiens n'osaient-ils plus se hasarder dans les rues, et une ordonnance de police enjoignit aux comédiens de finir leurs spectacles, en hiver, à quatre heures et demi du soir.

Cependant, le soir du 13 mars 1605, où nous conduisons le lecteur sur la partie du Pont-Neuf la plus voisine de la porte de Nesles, deux cavaliers, bravant les dangers que nous venons de signaler, s'engageaient sur la chaussée non encore terminée du pont, après avoir suivi jusqu'au terre-plein la berge en côtoyant les bâtiments du palais de la Cité.

Ces deux cavaliers étaient accompagnés à distance par une troupe d'une douzaine d'hommes également à cheval, et marchant deux à deux avec cette régularité qui indique l'habitude du service militaire.

Huit heures venaient de sonner, le couvre-feu avait retenti et la nuit était profonde. Le pont était d'un bout à l'autre désert et silencieux, et l'on entendait sur la terre séchée (il n'avait pas plu depuis plusieurs jours) le seul bruit du pas des montures des nocturnes promeneurs.

Sans doute les tire-laine, les coupeurs de bourse, les enleveurs de manteaux, habitants ordinaires du lieu, avaient jugé prudent de dissimuler leur présence à la vue de la force imposante du petit détachement qui s'avançait lentement.

Le premier des deux cavaliers, c'est-à-dire celui qui tenait la droite, portait un costume demi-civil et demi-militaire, qui seyait parfaitement à sa physionomie martiale et à sa tournure décidée.

Cet homme, qui dépassait de quelques années la cinquantaine, paraissait avoir conservé une verdeur et une élasticité de membres, apanage ordinaire d'un âge moins avancé.

A la façon dont il se tenait en selle, et dont il dirigeait sa monture, on devinait un écuyer consommé.

Ce cavalier portait un pourpoint de velours noir, des chausses de même étoffe et de même nuance, des bottes fortes montant en s'évasant jusqu'au-dessus du genou, et faites en peau de daim brodée de soie noire. Un collet de buffle et un hausse-col richement travaillé, entouraient le cou et ornaient la poitrine et les épaules. Une écharpe blanche nouée sur la hanche gauche au-dessus de la garde de l'épée, tranchant sur le velours du pourpoint, et un chapeau de soie noire fait à l'allemande, avec un grand cordon d'argent, ombrageait le front et cachait à demi la chevelure grisonnante. De longs éperons d'or fixés au talon des bottes, et une lourde épée à pommeau de fer ciselé, complétaient ce costume sévère.

Le second cavalier, de beaucoup plus jeune que son compagnon, était mis avec plus de coquetterie, et son habillement était évidemment celui d'un jeune seigneur sacrifiant fort aux lois de la mode.

Cet habillement se composait de chausses de velours cramoisi, à la bouffissure énorme, couvertes de passementerie d'or et fort découpées, d'un pourpoint semblable et d'une chemise ouvrée de soie cramoisie et de filets d'or extrêmement riche, au col rabattu. Un collet (petit manteau ou cape écourtée) en peaux de senteur (comme on disait alors pour désigner les pelleteries parfumées) était jeté négligemment sur les épaules.

Un feutre à basse forme et large de bords, suivant la mode récente, couvrait la tête, et des bottes molles, formant de nombreux plis à l'articulation de la jambe, chaussaient un pied aristocratique. Un ceinturon, dont l'étoffe disparaissait sous les broderies qui le surchargeaient, maintenait une épée à la coquille d'un merveilleux travail.

Ainsi vêtu, le jeune gentilhomme (nous disons gentilhomme, car un homme de noblesse pouvait seul porter un pareil costume) offrait un type accompli de distinction et de grâce, comme sa figure présentait celui d'une énergique et virile beauté.

Il montait un magnifique genêt d'Espagne, blanc comme la neige et plein de feu et d'ardeur. Le cheval de son compagnon était de race allemande et de robe brune, tachetée au front d'une étoile blanche.

Quant aux cavaliers qui les suivaient et paraissaient les escorter, ils étaient revêtus de l'uniforme des gardes de la prévôté, particulier aux troupes affectées à la sûreté de la capitale du royaume, et placées directement sous les ordres du prévôt de Paris.

Au moment où les deux cavaliers débouchèrent sur le terre-plein du Pont-Neuf, une conversation animée paraissait établie entre eux déjà depuis quelques instants.

— Ainsi, disait le plus jeune, le gentilhomme au splendide costume, ainsi, mon cher prévôt, il s'agit encore de ce capitaine La Chesnaye?

— Oui, monsieur le comte, répondit le second cavalier.

— Ah ça ! mais savez-vous que ce drôle, ce brigand, ce damné, m'a tout l'air de se moquer de vous, de vos gardes et de toute la maréchaussée du royaume !

— Le fait est que cet homme est d'une adresse extraordinaire.

— Et d'une bravoure à toute épreuve.

— Est-ce bien bravoure qu'il faut dire, monsieur le comte ?

— Ventre-saint-gris ! comme dit le bon roi, notre cher sire, quel diable d'autre mot voudriez-vous employer pour exprimer l'audace et l'énergie dont fait preuve à chaque instant ce démon de La Chesnaye ? Il est brave autant qu'homme peut l'être, cela est de toute évidence.

— Je ne suis pas de votre avis, monsieur le comte de Bernac, répondit le plus âgé des deux promeneurs. Ce que vous appelez bravoure je le nomme, moi, instinct de meurtre et de pillage.

— La différence de nos opinions provient de la différence de nos conditions, fit celui que l'on venait de nommer le comte de Bernac. Je suis homme de guerre avant tout, moi, et vous, mon excellent ami, vous êtes le seigneur d'Aumont, prévôt de la bonne ville de Paris, et, comme tel, chef de la justice et de la police de la capitale et de la province de l'Ile-de-France. Votre lieutenant civil et votre lieutenant criminel, en vous présentant constamment les choses du mauvais côté, vous ont habitué à n'en voir que de vilaines ; et là où j'applaudis, moi, au courage et à la bravoure d'un soldat, vous ne trouvez, vous, qu'effronterie et que fourberie de larron !

— Un homme brave descend-il donc jamais jusqu'à l'assassinat, monsieur le comte ?

— Et qui me dit que La Chesnaye assassine, monsieur le prévôt ?

— Moi.

— Non pas.

— Comment ? puisque je vous affirme...

— Permettez, interrompit le jeune seigneur, vous m'affirmez d'après le rapport de vos lieutenants.

— Croyez-vous donc qu'ils me trompent ?

— Non ; mais ils peuvent être trompés eux-mêmes.

— Dans la circonstance dont il s'agit, j'ai dirigé moi-même l'information.

— Ah ça, décidément, c'est donc grave ?

— Fort grave.

— Il s'agit de ?...

— D'un meurtre abominable, commis par La Chesnaye en personne.

— Cordieu! contez-moi cela, mon cher prévôt; les détails doivent être intéressants en diable. »

M. d'Aumont fit un signe de tête affirmatif.

En ce moment, les deux cavaliers et leur suite atteignaient l'extrémité méridionale du pont.

Cette extrémité, loin d'avoir alors le débouché que lui a offert depuis la rue Dauphine, venait pour ainsi dire se heurter contre une masse de bâtiments, de cours, de jardins agglomérés sur un seul point, et formant l'hôtel ou collège Saint-Denis, qui appartenait aux religieux de cet ordre.

Attenant presque à ces bâtiments, dont il n'était séparé que par une ruelle étroite et boueuse, se dressait l'hôtel de Nevers, touchant lui-même à l'hôtel de Chappes et enfin, brochant sur le tout, les constructions colossales du couvent des Grands-Augustins.

Pour s'enfoncer dans le faubourg Saint-Germain en quittant le Pont-Neuf, il fallait donc descendre la berge du quai des Augustins, gagner la rue Pavée, et de là la rue Saint-André-des-Arts.

Ce fut la route que prirent MM. de Bernac et d'Aumont.

UN RAPPORT DE POLICE.

— Il y a quinze jours, mon cher comte, commença le prévôt de Paris, en dirigeant son cheval pour s'engager sur la berge dont nous avons parlé; il y a quinze jours environ, deux gentilshommes dont je dois taire les noms, mais tous d'eux d'excellente famille, se prirent de querelle pour un motif futile.

« Par trois fois ils voulurent se rendre sur le pré pour vider le différend surgi entre eux, mais par trois fois ils furent empêchés de tirer l'épée par des circonstances indépendantes de leur volonté, et qu'il serait trop long de vous expliquer ici.

— Passons! dit M. de Bernac avec insouciance.

— L'un d'eux, reprit M. d'Aumont, plus impatient sans doute dans sa haine, résolut, pour la satisfaire plus promptement et plus sûrement, de s'aboucher avec le capitaine La Chesnaye, ce qu'il fit effectivement.

— Comment diable! ce qu'il fit effectivement! s'écria le jeune seigneur. Ah çà! on rencontre donc comme on le veut ce capitaine que vous ne pouvez, vous, trouver nulle part?

— J'ignore encore les moyens dont s'est servi le gentilhomme pour parvenir à son but, répondit le prévôt, mais ce dont je suis certain, ce dont je puis répondre, c'est que ce but, il l'atteignit. Il vit La Chesnaye, s'entendit avec lui et fit marché pour qu'on le délivrât de son adversaire.

— Et vous êtes sûr que La Chesnaye accepta ce marché?

— L'événement l'a prouvé.

— Comment cela?

— Vous allez le savoir. Le capitaine promit de remplir dans le plus bref délai l'engagement contracté, et engagea le gentilhomme, avec lequel il avait traité pour une somme importante, de s'éloigner de la capitale pour se mettre à l'abri de tout soupçon, se chargeant, lui La Chesnaye, de tout ce qu'il y avait à faire.

— Alors?

— Alors, La Chesnaye se mit à l'œuvre. Il fut bientôt renseigné sur l'état de maison, les relations, les habitudes de l'homme dont il avait juré la perte.

— Voyez-vous cela! interrompit encore le comte. Mais il paraît que ce drôle a une police à son service, mieux organisée que la vôtre, mon cher prévôt!

— Il sut, continua M. d'Aumont sans répondre à cette raillerie, que la sœur du gentilhomme en question habitait aux environs de l'hôtel de Nevers, contre lequel nous passons en ce moment, et que le dimanche de chaque semaine ce gentilhomme allait régulièrement souper chez elle.

— Décidément ce bandit est fort intelligent, dit M. de Bernac en relevant vertement sa monture, qui venait de faire une faute. Continuez donc, je vous prie, cela m'intéresse au dernier point.

— Eh bien, fit le prévôt en reprenant son récit, le dimanche venu, le gentilhomme était à table chez sa sœur, la nuit avançait, et il attendait son carrosse qui devait le reconduire à son logis. L'équipage tardait et dix heures venaient de sonner...

— Oh! oh! dit le comte, voici le drame qui arrive. Qu'était devenu ce carrosse? Là est le nœud de l'intrigue, je parie.

— Et vous ne vous trompez pas. Voici, en effet, ce qui s'était passé: La Chesnaye avait fait connaissance avec le valet du jeune seigneur, et ce soir-là, il lui avait été facile de l'attirer dans un cabaret solitaire, sur les bords de la Seine. Après l'avoir enivré et dépouillé de sa livrée, il l'avait jeté dans le fleuve.

— Premier meurtre, dit le comte.

— L'assassin prenant alors la direction de l'hôtel du gentilhomme, continua le prévôt sans s'arrêter à l'observation de son compagnon, s'y rendit au moment où le cocher inquiet ne savait que penser de l'absence du domestique. Il se présente en excusant le valet qu'il a recueilli, dit-il, chez lui, le voyant dans l'impossibilité de faire son service et sachant que l'heure d'aller chercher le maître de son ami était venue, il a cru bien faire en venant proposer au cocher d'endosser la livrée et de l'accompagner, dans l'intention charitable d'éviter au laquais en faute une sévère réprimande.

Le cocher accepta l'offre en se réservant toutefois de faire part de l'incident à son maître.

Voilà donc La Chesnaye derrière la voiture..... « mais qu'a donc votre cheval, cher comte? » dit en s'interrompant le prévôt de Paris et en remarquant un brusque écart que venait de commettre la monture de son compagnon.

En effet, soit que le genêt d'Espagne eût aperçu dans l'ombre quelque chose qui l'effrayait, soit que son cavalier l'eût subitement attaqué par un motif sans cause apparente, il s'était jeté de côté en pointant.

Le jeune seigneur, ferme sur ses étriers, calma promptement son cheval.

« Ce n'est rien, dit-il. Un amas d'immondices qui lui aura fait peur... Mais reprenez donc. Vous disiez que ce La Chesnaye venait de descendre de l'emploi de laquais. Cela me contrarie fort pour lui. Cette particularité de sa conduite, si elle est vraie, est réellement ignoble et indigne de ce que je connais sur son compte! Enfin... vous disiez?

— La vérité, monsieur de Bernac, répondit le prévôt, et cette vérité ne saurait vous étonner, car ces sortes d'hommes sont capables de tout, hors le bien.

— Donc voilà La Chesnaye derrière le carrosse?

— Oui. La voiture marche avec rapidité. Elle arrive près l'hôtel de Nevers au moment où le gentilhomme allait prendre le parti de revenir à pied.

Le cocher peut à peine dire quelques mots à son maître

que déjà celui-ci est lancé dans la voiture par le bras vigoureux du nouveau domestique que, dans l'obscurité, il a pris pour le sien.

Les chevaux prennent le galop... Les acolytes de La Chesnaye sont échelonnés sur la route...

— Corps du Christ! Cela devient profondément lugubre! Ensuite?

— Bientôt les chevaux s'arrêtent au coin d'une ruelle obscure... la halte est courte. Que se passe-t-il? Le maître a cru entendre un cri étouffé, puis, malgré les ténèbres qui l'entourent, il a cru voir comme une masse lourde tomber sur le pavé. Mais tout cela s'est accompli si rapidement, l'équipage a repris si vite sa marche, que le gentilhomme pense avoir rêvé un moment.

La seconde partie du drame venait d'avoir lieu.

Ce que le maître de la voiture avait pris pour une masse précipitée à terre était le cocher que les complices de La Chesnaye avaient saisi et tiré si vigoureusement et si promptement à eux, qu'il n'avait pas eu le temps de reconnaître la cause de sa chute. On l'avait porté ou plutôt jeté dans une porte à trappe, et le seul soupir qu'il avait pu faire entendre avait été étouffé par une poire d'angoisse adroitement introduite dans sa bouche, poire qui maintenait ouverte les mâchoires du patient, et tous les efforts qu'il tentait pour s'en dégager ne faisaient que rendre sa position plus douloureuse en écartant encore davantage les parties supérieures et inférieures de la bouche.

Un bandit avait lestement repris la place du cocher.

— Mais de qui diable tenez-vous tous ces précieux détails, mon cher maître? demanda le comte dont la monture paraissait aussi calme maintenant qu'elle était rétive tout à l'heure.

— Du cocher lui-même, reprit le comte.

— Oh! oh! en ce cas le témoignage est irrécusable.

— Tout à fait.

— Et après l'enlèvement du valet, que devint le maître?

— L'équipage avait continué sa course et les chevaux ralentissaient le pas en montant l'escarpement du Pont-Neuf, que nous venons de descendre il y a cinq minutes.

« Tout à coup la lame nue d'une arme brille à la portière.

« Alerte Georges! alerte Luzzi! » crie, en tirant son épée, le jeune seigneur qui se croit conduit et escorté par son cocher et son fidèle valet.

« Mais, au lieu d'avoir secours de Georges et de Luzzi, l'attaque semble dirigée du siége et de l'arrière de l'équipage. Le gentilhomme s'aperçoit enfin qu'il est victime d'un guet-apens, il se défend en furieux seul contre plusieurs : la voiture est enveloppée; bientôt cesse la lutte inégale... le meurtre est accompli... La Chesnaye a gagné son argent.

— Vertudieu! s'écria le comte en voyant que le prévôt avait achevé son récit. Votre capitaine La Chesnaye n'y va pas de main morte et vous avouerez cependant qu'il ne vole pas toujours son monde et qu'il tient parfois ses engagements.

— Eh bien! monsieur de Bernac, dit M. d'Aumont sans répondre à cette plaisanterie nouvelle, vous obstinerez-vous encore à donner à ce bandit le vernis d'un soldat héroïque? Qu'en pensez-vous?

— Je pense, mon excellent ami, que le gentilhomme qui, pour se venger, a armé une autre main que la sienne, qui, portant une épée au côté, s'est servi du poignard d'un assassin, qui s'est sauvé pour conserver l'impunité, est un plat coquin, mille fois plus méprisable que celui qui a frappé pour lui. Je pense que si l'un d'eux mérite la roue et doit être flétri par le bras du bourreau, c'est le lâche seigneur qui organise un guet-apens, et non le hardi brigand qui fait son métier du meurtre et de pillage.

— Vous pourriez avoir raison, monsieur le comte; mais avouez aussi que si l'instrument n'eût pas existé, on n'eût pu s'en servir.

— A ce compte, mon cher, le fer qui tue serait plus coupable que le bras qui frappe.

— Décidément, vous défendez La Chesnaye!

— Non, mais vous l'accusez peut-être à tort, car rien ne prouve que ce soit lui qui ait commis ce meurtre.

— Deux soldats du guet l'ont reconnu.

— Comment? ils l'ont donc vu?

— Oui.

— Tandis qu'il assassinait le gentilhomme?

— Non, mais quelques moments après.

— Où cela?

— Sur le Pont-Neuf.

— Et ils ne l'ont pas arrêté?

— Ils l'ont tenté, l'ont poursuivi, mais La Chesnaye s'est échappé.

— Ils avaient donc son signalement?

— Sans doute.

— Et qui le leur avait donné?

— Moi.

— Vous? s'écria le jeune seigneur en arrêtant son cheval par une saccade si violente que l'animal faillit manquer des quatre pieds.

— Mais certes, moi-même, répondit le prévôt; cela vous étonne-t-il donc?

— Cela m'étonne au dernier point, mon cher ami, car, pour pouvoir donner le signalement d'un homme, il faut avoir vu cet homme, et je ne sache pas que vous vous soyez trouvé face à face avec le capitaine La Chesnaye.

— Vous vous trompez.

— Quoi! vous avez vu ce bandit?

— Je l'ai vu.

— De vos yeux?

— De mes yeux!

— Mordieu! fit le comte en mordant fortement ses moustaches comme s'il eût voulu comprimer une puissante envie de rire. Et comment est-il, ce bandit? Vous pouvez bien me le dire, à moi votre ami et votre confident, quand ce ne serait que pour me préserver d'un danger en me mettant à même de connaître ce voleur célèbre, ou me permettre de rendre service au roi, en l'arrêtant si je le rencontrais.

— Je puis d'autant mieux satisfaire votre curiosité, mon cher comte, répondit M. d'Aumont, qu'à cette heure, le signalement du capitaine La Chesnaye est répandu dans toute l'Ile-de-France.

— Eh bien! voyons ce signalement.

— La Chesnaye, commença le prévôt, est un homme de votre âge environ, à peu près de votre taille et de votre corpulence...

— Cordieu! interrompit le gentilhomme avec un accent de colère.

— Ne vous fâchez pas, monsieur le comte, ajouta en souriant le chef de la magistrature municipale, là s'arrête la ressemblance.

— C'est heureux!

— Il porte des cheveux noirs épars et flottants sur les épaules, la barbe touffue longue et inculte. Son costume se compose invariablement d'un habillement complet de velours noir, par-dessus lequel flottent les longs plis d'un vaste manteau rouge, dans lequel il s'enveloppe hiver comme été. Il monte d'ordinaire un cheval, rouge de poils avec la tête blanche, maigre, chétif, d'une apparence décharnée et que l'on prétend cependant être doué des qualités les plus précieuses.

— Fi! le hideux personnage! s'écria le comte de Bernac avec un geste de dégoût. Et vous êtes certain que ce signalement est celui de La Chesnaye?

— Je vous en réponds, je l'ai pris moi-même.

— Alors je n'ai aucune objection à faire. Mais, dites-moi, mon cher prévôt, il est difficile que ce signalement une fois donné, on ne parvienne pas à s'emparer du susdit voleur!

— Je l'espère pardieu bien!

— Une dernière question?

— Faites, mon cher comte.

— A quelle date remonte l'horrible assassinat dont vous venez de me parler?

— Au 7 mars.

— Il y a six jours?

— Oui.

— Est-ce la nuit du 7 au 8, ou celle du 6 au 7, que le meurtre fut commis?

— La nuit du 7 au 8.

— Vous en êtes certain?

— Parfaitement, puisque je vous répète que j'ai moi-même interrogé le cocher. D'ailleurs les rapports du lieutenant criminel sont là pour faire foi. Il a de ses propres mains fait la levée du cadavre.

— Alors, vous ne pouvez vous tromper à ce propos?

— En aucune manière.

— Très-bien!

Les deux cavaliers avaient atteint la rue Saint-André-des-Arts, et se dirigeaient vers la porte de Buci.

La nuit était devenue de plus en plus noire et les chevaux rencontraient à chaque instant, dans leur marche, des obstacles matériels qui les faisaient se défendre ou glisser.

Cependant un bruit confus arrivait aux oreilles des promeneurs.

Ce bruit, qu'il était difficile de définir, ressemblait à celui que causerait, au loin, une joyeuse assemblée dans tout l'éclat de sa gaieté.

Parfois, cependant, des clameurs plus vives d'un autre caractère traversaient le silence de la nuit.

Puis à ce bruit, à ces clameurs, se joignaient les sons d'instruments de musique, ceux des tambours et des trompettes.

Ces rumeurs lointaines provenaient de l'enceinte de la foire Saint-Germain, alors en pleine animation, car, par un privilége exclusif, elle avait le droit de se prolonger chaque nuit jusqu'à trois heures après celle où elle avait sonné le couvre-feu.

UN ALIBI

Les deux cavaliers et leur suite, faisant route évidemment vers la fête dont ils se rapprochaient rapidement, venaient de s'engager dans la rue Saint-André-des-Arts, alors une des plus belles et des plus grandes voies de communication que possédât Paris sur la rive gauche de la Seine.

Arrivé aux deux tiers de la rue à peu près, le comte de Bernac arrêta subitement son cheval en face de la porte étroite et basse d'une maison de mesquine apparence, dont toutes les ouvertures hermétiquement closes indiquaient soit l'absence des habitants, soit le sommeil dans lequel ils

étaient plongés, double supposition rendue admissible par la proximité de la foire Saint-Germain d'une part, et de l'autre par l'heure avancée de la soirée.

— Que faites-vous donc, monsieur le comte? demanda le prévôt, surpris par le brusque arrêt de son compagnon.

— Vous le voyez, je m'arrête, répondit en souriant le jeune seigneur.

— Pourquoi faire?

— Pour frapper à la porte de cette maison, mon très-excellent ami, et en réveiller l'unique locataire

— Quoi! vous auriez changé de demeure?

— Nullement.

— Avez-vous donc alors quelque visite à rendre à cette heure?

— Pas davantage.

— Alors vous me faussez compagnie?

— En aucune façon.

— Permettez, monsieur de Bernac! Je ne comprends rien alors à votre manière d'agir.

— Vous allez comprendre, monsieur le prévôt.

Tout en parlant ainsi le comte avait mis lestement pied à terre, et, faisant signe à l'un des hommes d'escorte de s'approcher, il lui avait jeté la bride de son cheval.

Le prévôt, stupéfait, avait arrêté également sa monture, et regardait avec étonnement son jeune et élégant ami.

— Celui-ci se retourna vers lui:

— Donc, dit-il, d'une voix légèrement railleuse, c'est bien la nuit du 7 au 8 mars, c'est-à-dire il y a à cette heure six nuits, que s'est accompli le crime en question?

— Oui, répondit le prévôt de plus en plus surpris.

— Et ce crime, c'est à ce La Chesnaye que vous l'attribuez?

— Sans aucun doute, mon cher comte; mais je ne devine pas pourquoi...

— Je vous fais cette question nouvelle? Patience, vous allez le savoir.

Et M. de Bernac, se rapprochant de la maison en face de laquelle il était descendu de cheval, souleva le marteau de fer de la porte et le laissa retomber violemment en frappant trois coups à intervalles égaux, puis il attendit; mais l'attente ne fut pas de longue durée.

Après quelques minutes de silence, une fenêtre située au premier étage s'ouvrit doucement et une tête d'homme apparut dans l'encadrement.

« Qui va là? cria une voix sonore.

— Moi! répondit le comte.

— Qui, vous? demanda la voix.

— Quoi! fit le jeune homme, ne me reconnaissez-vous plus, mon bon Bernard?

— Monsieur le comte de Bernac! reprit la voix avec une intonation d'empressement et de contentement manifeste. Quoi! c'est vous, mon excellent seigneur?

— Eh! sans doute, c'est moi!

— Qu'y a-t-il donc pour le service de Votre Seigneurie?

— Descendez, maître, et ouvrez votre porte; j'ai à vous parler sur l'heure!

Le comte n'avait pas achevé que la tête se releva, que la fenêtre fut fermée, et que le bruit d'un pas lourd faisant craquer les marches d'un escalier de bois retentit jusqu'au dehors de la maison.

Presque au même instant la porte d'entrée s'ouvrit, et un personnage de quarante à cinquante ans, à la physionomie paterne, au regard débonnaire, et vêtu avec cette négligence qui indique la précipitation avec laquelle s'est habillé un homme surpris dans son sommeil, apparut sur le seuil, tenant d'une main une lanterne à peine allumée et de l'autre, ramenant sur sa poitrine les pans d'une houppelande mal fermée.

— Me voici, mon doux seigneur, dit le nouveau venu en s'adressant au comte de Bernac, prêt à entreprendre tout ce qui pourra convenir à votre service.

— Que signifie cela, monsieur de Bernac? demanda le prévôt avec une certaine impatience.

— Cela signifie, mon cher prévôt, que je veux vous aider dans votre entreprise, répondit le comte.

— Quelle entreprise?

— Parbleu! la capture du capitaine La Chesnaye, que vous allez tenter cette nuit.

— Qui vous a dit cela? fit le prévôt avec un étonnement profond et en baissant vivement la voix.

— Personne, mon cher ami; mais la chose est facile à deviner. Vous n'aimez aucunement les plaisirs, le jeu, les querelles et les réunions bruyantes, et cependant vous vous rendez à neuf heures du soir dans le lieu de Paris le plus fréquenté et le plus animé, dans l'endroit où la débauche et le tumulte règnent en maîtres absolus, à l'instant même où cette animation atteint son paroxysme. Or, pourquoi contraindriez-vous ainsi votre goût? pourquoi violeriez-vous ainsi vos habitudes, vous, le chef suprême de la police de la ville, si ce n'est pour agir dans l'intérêt de cette police, et pour opérer quelque arrestation importante? Cela tombe sous le sens, vous en conviendrez. Un personnage de votre rang ne se dérange pas ainsi pour peu de chose, et le nom de La Chesnaye revient trop souvent sur vos lèvres depuis quelques jours; l'importance que le capitaine a prise à vos yeux est évidemment trop grande pour qu'il puisse être question d'une autre personne que de lui, d'une autre arrestation que de la sienne. Dites, mon cher prévôt, ai-je deviné juste?

Le prévôt de Paris parut réfléchir quelques instants; puis se redressant sur sa selle :

— Mon cher comte, dit-il, votre perspicacité est réellement fort remarquable, et j'avoue que vous avez deviné juste. Je me rends en ce moment à la foire Saint-Germain avec l'espérance, je pourrais même dire la certitude, d'opérer la capture du bandit dont je vous ai parlé.

— Et c'est précisément avant que vous ne tentiez cette capture que je veux vous donner quelques rares renseignements précieux.

— Vous, monsieur le comte?

— Moi-même, monsieur le prévôt.

— Et quels renseignements?

— Ceux que vous allez entendre de la bouche de cet homme.

Et le comte de Bernac désigna du geste maître Bernard, qui, demeuré immobile sur le seuil de sa porte, paraissait attendre, avec une impassibilité remarquable, les ordres du jeune seigneur.

— Cet homme connaîtrait-il donc La Chesnaye? demanda vivement le prévôt.

— Oui, répondit le comte.

— Il l'a vu, peut-être?

— Il l'a vu il y a peu de jours.

— Lui aurait-il parlé?

— Il lui a parlé.

— Mais, alors, il peut puissamment me renseigner.

— C'est ce que j'avais l'honneur de vous dire.

— Mais, mon cher comte, s'écria le prévôt avec joie, c'est une véritable bonne fortune que vous m'annoncez là, et je ne sais comment vous remercier de me l'avoir procurée. Je vais au plus vite interroger cet homme.

— Permettez! fit M. de Bernac en arrêtant par la bride le cheval de son compagnon; si vous l'interrogez, il ne vous répondra pas. Laissez-moi le faire; je connais la manière.

— Faites, dites le prévôt; je m'en rapporte entièrement à vous.

— M. de Bernac revint alors vers maître Bernard, que quelques pas séparaient à peine des deux interlocuteurs; mais ceux-ci avaient parlé à voix tellement basse que leur conversation n'avait certes pas pu être entendue.

— Bernard, commença le comte, tu vas répondre nettement, et sans hésiter, à mes questions.

— Oui, monseigneur.

— Depuis combien de temps habites-tu cette maison?

— Depuis quatre jours.

— Où étais-tu auparavant?

— J'habitais près d'Amiens, en Picardie.

— Quand as-tu quitté cette province?

— Le 8 de ce mois, au matin, il y a cinq jours.

— Pour quelle cause as-tu abandonné ton pays, ta demeure, pour venir à Paris?

— Pour une cause que vous connaissez bien, mon bon seigneur.

— N'importe; parle comme si je l'ignorais, et raconte-la au gentilhomme qui m'accompagne.

— C'est bien simple, dit Bernard. J'ai cinquante ans aujourd'hui. Durant les trente premières années de ma vie j'ai habité, vous le savez, les terres du comte de Bernac, mon seigneur et votre père, monsieur le comte; si j'ai été respectueux vassal, jamais je n'aurais pu trouver meilleur maître... Hélas! vous vous en souvenez!... Le malheur et la mort sont venus désoler votre maison... Vous étiez bien jeune et un miracle vous a seul préservé... Après la mort de monseigneur et de madame la comtesse, alors qu'on vous croyait également trépassé, monsieur le comte, les terres ont été régies par un intendant méchant et cruel... On m'a accusé à tort de mauvaises actions... on m'a chassé... Je suis parti avec ma femme et mes enfants... et je me suis établi sur un domaine voisin, exerçant mon métier de laboureur. Je travaillais sans me plaindre, nourrissant ma famille avec l'aide du bon Dieu, payant régulièrement mes redevances à mon nouveau seigneur et ma taille à mon roi. Il y a un an encore j'avais près de moi ma femme et trois enfants, tous trois forts et vigoureux et commençant déjà à m'épargner la fatigue. Le malheur et la maladie s'abattirent sur nous. D'abord ce fut ma femme qui succomba, puis mes trois fils moururent successivement et je demeurai seul. L'orage et la tempête détruisirent mes récoltes et je fus ruiné. Cependant il me fallut payer mes redevances, et le peu que je possédais encore fut remis entre les mains de mon maître; alors vint la taille du roi, mais je n'avais plus rien pour l'acquitter. Le découragement s'était emparé de moi. Mes pleurs et mes malheurs n'attendrirent pas les gens de la justice, qui me poursuivaient comme le chasseur poursuit le lièvre dans nos forêts. On saisit mes effets, mes meubles et on vendit tout. Le produit n'atteignit pas la moitié du chiffre de la taille. Alors on me menaça de la prison. Il y a de cela six jours.

— Le 7 mars? demanda le comte.

— Oui, répondit Bernard. La nuit venue, j'étais seul et désespéré entre mes quatre murailles nues. Le lendemain je devais être conduit en prison, je le savais et je n'avais aucun moyen d'éviter ce nouveau malheur qui me menaçait. La pensée de me tuer me vint, et je remerciai la Providence qui allait me permettre ainsi me soustraire aux maux qui m'accablaient. Onze heures du soir sonnaient et mes préparatifs étaient faits, préparatifs bien simples qui consistaient en un clou solidement planté à la muraille et en une bonne corde de chanvre, lorsque le galop d'un cheval retentit au dehors...

— Cela se passait donc la nuit du 7 au 8? interrompit encore le comte.

— Oui, monseigneur. Oh! la date de cette nuit-là ne sortira jamais de ma mémoire, je vous le jure! Tout à coup on heurta violemment à ma porte. Je crus d'abord que c'étaient les gens de la justice qui venaient me prendre. Je n'osais ouvrir, lorsque la fermeture de la porte céda brusquement sous l'effort d'une main puissante et un homme entra dans ma demeure. Cet homme avait un aspect étrange. Vêtu de velours noir des pieds à la tête, un long manteau rouge était attaché sur ses épaules.

— Vêtu de velours noir!... un manteau rouge! s'écria le prévôt en se rapprochant vivement.

— Oui, mon gentilhomme, répondit Bernard. Je le vois encore comme je vous vois à cette heure. Sa tête était nue et de longs cheveux noirs épais tombaient sur ses épaules. Une barbe noire, longue, touffue, inculte, lui cachait une partie du visage, et je ne pouvais supporter l'éclat de ses regards ardents.

— Incroyable!... murmura le prévôt. Après?

— L'étranger s'avança et jeta à mes pieds une bourse de cuir qui rendit en tombant un son argentin.

« — Voici deux cents livres, me dit-il, moitié plus qu'il ne te faut pour payer ta taille. Ta maison a été cédée à un autre, tu n'as plus de demeure : prends ce morceau de parchemin, rends-toi à Paris, à l'adresse que t'indique cet écrit, et tu trouveras un toit pour abriter ta misère. »

Puis, après m'avoir remis le morceau de parchemin que je pris machinalement, il tourna sur lui-même et regagna la porte sur le seuil de laquelle il se tenait, sans être attaché et sans avoir fait un mouvement, le cheval dont il venait de descendre.

— Ce cheval, l'avez-vous remarqué? demanda vivement le prévôt.

— Oui, mon gentilhomme, car ce cheval me parut lui-même fort remarquable. Il me parut de couleur rouge, avec la tête blanche, et si maigre, si chétif, qu'il paraissait ne pas pouvoir se soutenir; et cependant, lorsque l'étranger s'élança en selle, il hennit fièrement et parut subitement s'animer d'une ardeur étrange. Stupéfait, demi-fou de joie, j'avais suivi le singulier personnage. Au moment où je le vis prêt à partir, je m'élançai vers lui :

— Votre nom! dis-je, que je puisse le bénir chaque jour.

— Un nom maudit, s'écria-t-il, car je me nomme le capitaine La Chesnaye.

« Et rendant la bride, il partit avec une rapidité merveilleuse : le cheval paraissait ne plus être celui que je venais de voir. »

IV

LE COURRIER DE LA PRÉVÔTÉ.

— Ensuite? — fit le comte en remarquant le silence dans lequel s'enveloppait le prévôt.

— Ensuite, monseigneur? Le jour venu, je me rendis à la ville et je payai ma taille, puis je me mis en route pour Paris où j'arrivais le lendemain soir. L'adresse écrite sur le parchemin était celle de cette maison. En y arrivant, je trouvai un homme qui m'en remit la clef sans prononcer une parole et qui s'éloigna aussitôt. Depuis lors, c'est-à-dire depuis cinq jours, je n'ai vu âme qui vive, si ce n'est monsieur le comte de Bernac mon bon seigneur, que je rencontrai hier et auquel je confiai toute cette histoire.

Le jeune seigneur se tourna vers le prévôt. Celui-ci paraissait être absorbé dans un monde de réflexions profondes; cependant il fit un effort pour chasser de son front les nuages qui s'y amoncelaient, et, s'adressant de nouveau à Bernard :

— Vous seul avez vu cet homme? demanda-t-il.

— Non, mon gentilhomme, répondit le paysan picard, trois autres l'ont vu comme moi et peuvent encore ajouter leur témoignage au mien.

— Quels sont ceux-là?

— Le premier est un sergent de la prévôté de Picardie qui, faisant une ronde autour des remparts, vit passer près de lui l'étranger qui sans doute alors se dirigeait vers ma demeure. Il me le dit le lendemain, lorsqu'en franchissant la porte de la ville je m'arrêtai pour lui raconter mon aventure.

— Et les deux autres?

— Le second est un bourgeois d'Amiens et le troisième le collecteur des tailles de la province, qui, tous deux, revenaient d'un château voisin où les avaient conduits leurs affaires, et qui, attardés, s'étaient perdus dans la forêt, lorsque le cavalier au manteau rouge leur apparut tout à coup en leur causant une grande frayeur. Mais, voyant qu'il ne tentait rien contre eux, ils lui demandèrent le chemin, dans lequel il s'empressa de les remettre. Le collecteur et le bourgeois m'ont affirmé tous deux cette circonstance, alors que je leur expliquais comment il se faisait que je pouvais me libérer de ma dette.

— Donc trois personnes, outre vous, maître Bernard, ont signalé dans cette même nuit du 7 au 8 mars la présence de l'étranger dans les environs d'Amiens? dit le comte de Bernac.

— Oui, monseigneur.

— Il était onze heures, dites-vous encore, lorsqu'il se présenta chez vous?

— Onze heures du soir, oui, monseigneur.

— Et le meurtre commis sur le Pont-Neuf a eu lieu cette même nuit à quelle heure? demanda le comte en se tournant vers le prévôt.

— A onze heures, répondit celui-ci.

— Merci, maître Bernard, dit le jeune seigneur en s'adressant au paysan. Maintenant vous pouvez rentrer : je n'ai plus rien à vous demander. Bonne nuit et joyeux avenir!

Maître Bernard s'inclina profondément, rentra dans sa maison et referma sa porte au moment où le comte de Bernac, reprenant la bride de sa monture aux mains du garde de la prévôté, s'élançait en selle avec une grâce et une légèreté dignes d'éloges.

— Eh bien! mon cher prévôt, dit-il en se remettant en marche, comment admettez-vous maintenant que la même nuit, à la même heure, le même homme, vu par quatre témoins différents à Amiens ou dans les environs, pût, à trente lieues, de distance, commettre un meurtre sur le Pont-Neuf?

— Comment connaissez-vous ce Bernard? demanda le prévôt sans répondre à la question de son interlocuteur.

— Il vient de vous le dire lui-même. Il était né sur les terres de mon père et m'a connu tout enfant.

— En effet, dit le prévôt, n'est-ce pas lui qui a si forte-

Les coupeurs de bourse avaient jugé prudent de dissimuler leur présence. — Page 3, col. 1.

ment déposé en votre faveur alors que vous réclamiez devant le parlement le nom, le titre et les biens de votre famille, dont vous aviez si longtemps été privé par suite de l'enlèvement dont votre enfance avait été victime?

— Précisément, mon cher prévôt. Bernard aimait mon père, il m'avait vu pour ainsi dire naître. Cent fois j'avais joué près de sa chaumière, et la nuit fatale où la mort a frappé mes parents et ne m'a épargné que par un miracle dont le ciel et votre courage vous ont fait si généreusement complice, il était encore près de moi, lorsque les bandits assassins ont forcé le château; aussi, lors du jugement, m'a-t-il reconnu sans hésiter.

— C'est vrai, c'est vrai, je me souviens parfaitement.

— Maintenant, ce que je puis personnellement affirmer, c'est que Bernard est un honnête homme sur la foi duquel on peut compter.

— D'autant que son témoignage s'appuie sur trois autres difficiles à contester.

— Alors, mon cher prévôt, que pensez-vous?

— Je pense, monsieur le comte, que cette affaire est encore plus extraordinaire et plus mystérieuse que je ne pouvais le supposer! »

Après avoir parlé ainsi, M. d'Aumont parut s'abîmer dans un océan de réflexions profondes, et le comte de Bernac marchant botte à botte avec lui, respecta le silence que gardait le prévôt.

Le jeune gentilhomme fredonnait l'air d'un branle nouveau que le roi avait dansé l'avant-veille, tout en chiffonnant de la main gauche les broderies de son pourpoint, tandis qu'il tenait de la droite la bride dorée de son cheval.

On entendait toujours de plus en plus distinctement le bruit confus provenant du voisinage de la foire Saint-Germain.

Tout à coup ce bruit fut dominé par un autre s'approchant avec une rapidité extrême et ressemblant au roulement lointain du tonnerre. Puis, après quelques secondes, on distingua ce bruit plus nettement et on put comprendre que c'était celui causé par les fers d'un cheval frappant le sol dans un galop effréné.

Presque au même instant une lueur rougeâtre apparut au coin de la rue Pavée et de la rue Saint-André-des-Arts, précédant un cavalier portant une torche allumée, lequel cavalier, tournant brusquement à droite, s'élança dans la direction de la petite troupe à la tête de laquelle marchaient le prévôt et le comte de Bernac.

— Halte! qui vive? cria brusquement le sergent des gardes de la prévôté commandant l'escorte, en se portant rapidement en avant.

— Courrier de la prévôté de Rouen ! répondit le cavalier en arrivant à fond de train.

— Laissez approcher, Richard ! » dit le prévôt de Paris qui avait entendu cette réponse.

Le sergent s'écarta et livra passage au courrier, lequel sauta précipitamment à terre en arrivant auprès de M. d'Aumont.

— Une dépêche de monseigneur, dit-il respectueusement en présentant au prévôt de Paris le large pli cacheté et scellé aux armes de la ville de Rouen. Je n'ai pas rencontré monseigneur au Châtelet, ajouta-t-il; mais comme je savais que cette dépêche était de la dernière importance, je me suis lancé à la poursuite de monseigneur sans mettre pied à terre.

— Vous avez bien fait! dit le prévôt en prenant la missive.

M. d'Aumont déchira l'enveloppe et ouvrit le parchemin qu'il contenait.

— Levez la torche ! dit-il au courrier, tout en se penchant sur l'encolure de son cheval pour se mettre à même d'être mieux éclairé.

Le courrier obéit et M. d'Aumont parcourut des yeux la dépêche.

Tout à coup il poussa une exclamation sourde, fit un mouvement de surprise tellement brusque, tellement accentué que son cheval, effrayé, se jeta de côté avec une violence qui eût certes désarçonné un écuyer moins solide que ne l'était M. le prévôt de Paris.

— Qu'avez-vous donc? demanda le comte de Bernac avec un intérêt marqué.

— Une nouvelle incroyable! répondit le prévôt.

— Et serait-il indiscret de vous en demander communication ?

Le prévôt fit signe au courrier de s'éloigner et se penchant ensuite vers le comte :

— Il s'agit encore de ce La Chesnaye, dit-il, et réellement cette affaire prend des proportions fantastiques. C'est à faire croire à la magie !

— Comment cela ? fit M. de Bernac.

— Je vais vous faire une confidence.

— J'écoute, mon cher ami.

— Eh bien! il faut vous dire que les bandes organisées par ce La Chesnaye ne se contentent pas d'exercer leurs brigandages dans la capitale du royaume. Ces bandes s'étendent encore sur les provinces de Normandie, d'Anjou et de Bretagne, qu'elles enveloppent dans un vaste réseau.

— Ah çà ! mais c'est à une armée que commande votre capitaine, et en ce cas il mérite le titre de général.

— Ne plaisantez pas. Cette organisation du vol est formidable, et chaque prévôt des provinces que je viens de citer n'est occupé qu'à la combattre. Or, cette dépêche est du prévôt de Rouen, vous venez de l'apprendre ; eh bien ! savez-vous ce qu'elle contient ?

— Non.

— Le prévôt de Rouen m'annonce que dans la nuit du 7 au 8 mars, cinquante de ses gardes se sont rencontrés dans la forêt de Morsemont avec les troupes de La Chesnaye, commandées par le capitaine en personne, et que les soldats de la prévôté ont été contraints de prendre la fuite après un combat acharné !

— Quoi ! s'écria le comte, cette même nuit, La Chesnaye se trouvait encore près de Rouen ?

— A telles enseignes qu'il a tué de sa main, paraît-il, trois gardes, ainsi que le constate le rapport du lieutenant criminel commandant la troupe. Ainsi cette même nuit du 7 au 8 mars, deux soldats du guet m'affirment avoir reconnu La Chesnaye en dépit de son déguisement sur le Pont-

Neuf, quelques instants après l'accomplissement du crime que je vous ai raconté ; le rapport du prévôt de Rouen prétend que ce même La Chesnaye était à cette même heure dans la forêt de Morsemont, et l'homme que nous venons d'interroger dit, lui, avoir vu le capitaine dans sa demeure à l'instant où avaient lieu le meurtre à Paris et le combat en Normandie. Que pensez-vous de cela, monsieur de Bernac ?

— Je pense que ce bandit est doué d'ubiquité et peut se trouver partout à la fois.

— Ne plaisantons pas.

— Mais je ne plaisante nullement.

— Alors dites-moi sérieusement votre avis.

— Eh bien ! mon cher prévôt, mon avis est que l'adversaire du gentilhomme tué sur le Pont-Neuf, est un lâche qui a armé le bras d'assassins de bas étage, lesquels ont commis le meurtre pour gagner leur argent, et que ce meurtre a été mis fort injustement sur le compte du capitaine La Chesnaye, dont le nom trop connu me paraît servir de manteau à tous les actes de violence accomplis dans la capitale, et qu'enfin vos soldats du guet se sont trompés ou qu'ils ont été soudoyés par l'assassin lui-même pour jeter sur un autre toute la honte du crime. Si j'ai un conseil à vous donner, c'est celui de faire arrêter le plus vite possible le lâche gentilhomme, auteur véritable du guet-apens, de le mettre en prison et de lui appliquer la petite et la grande torture jusqu'à ce qu'il avoue l'entière vérité.

— Taisez-vous, Bernac; ce moyen est impraticable, dit vivement le prévôt.

— Ah ! ah ! le gentilhomme en question est donc de haute et puissante famille ?

— De très-haute et très-puissante famille.

— Et son nom ?

— Je ne puis vous le confier, malgré toute l'amitié que j'ai pour vous.

Le comte se prit à rire.

— Voulez-vous que je vous le dise, moi, ce nom que vous n'osez prononcer? demanda-t-il en se penchant sur sa selle pour se rapprocher du prévôt.

Celui-ci tressaillit.

— Vous connaissez ce nom? dit-il.

— Oui.

— Et c'est celui...

— Du duc de Mercœur, bien connu pour sa lâcheté et sa férocité.

M. d'Aumont devint extrêmement pâle.

— Comment avez-vous pénétré ce mystère? dit-il avec une vive anxiété. Moi seul croyais connaître la vérité.

— Que vous importe! pourvu que je n'abuse pas de ce secret ! Mais, continua le comte en changeant de ton et en élevant la voix, nous voici arrivés à la porte de la foire. »

Effectivement, les bruits, les clameurs, les rumeurs que nous avons signalés à la fin du précédent chapitre, avaient peu à peu augmenté de force et d'intensité à mesure qu'avançaient les deux gentilshommes.

Maintenant c'était avec éclat qu'ils retentissaient aux oreilles; et une vapeur lumineuse, qui régnait en face de l'endroit où se trouvaient les cavaliers, indiquait l'entrée de la foire célèbre vers laquelle tous deux se dirigeaient.

V

LE PRÉVÔT DE PARIS.

— Mon cher prévôt, dit M. de Bernac en arrêtant de nou

veau sa monture, voici l'heure où nous devons nous séparer. Vous allez, je crois, vaquer à vos affaires de police, et je me rends, moi, chez Jonas, où Saint-Luc, Brissac, La Guiche, d'Herbau, d'Ocquerre et quelques autres m'ont donné rendez-vous pour une partie de passe-dix. Je vais donc, avant d'entrer, tirer à gauche; tandis que vous allez, vous, tirer à droite, et il est peu probable que nous nous rencontrions au milieu de la foule qui encombre la foire; mais, avant que nous nous quittions, voulez-vous me permettre une question dans votre intérêt?

— Faites, mon cher comte! répondit le prévôt. Vous savez que si je me permets parfois de blâmer votre conduite un peu folle, et que si je cherche à vous mener dans une voie salutaire, j'ai en grande estime votre esprit, et que la confiance que m'inspire votre personne est incontestable. Donc interrogez à votre aise.

— Eh bien! vous vous rendiez tout à l'heure à la foire Saint-Germain dans l'intention d'opérer l'arrestation du capitaine La Chesnaye? du moins me l'avez-vous avoué...

— Cela est parfaitement vrai.

— Vous rendez-vous à la foire toujours dans cette même intention?

— Toujours, mon cher comte; et plus que jamais maintenant.

— Même après ce que vous venez d'entendre? même après le rapport du prévôt de Rouen que vous venez de recevoir?

— Sans doute. Il y a dans cette affaire un mystère qu'il est de mon devoir d'éclaircir.

— Vous avez donc la certitude que le capitaine La Chesnaye doit être en ce moment à la foire?

— J'en ai la certitude.

— De sorte que rien ne peut vous faire changer de résolution?

— Rien effectivement, mon cher Bernac; mais, permettez-moi de vous le dire à mon tour, je ne comprends pas l'insistance que vous paraissez mettre à propos de ce bandit, et je m'explique encore moins l'intérêt que vous semblez porter à sa cause.

Le comte garda le silence, mordant sa moustache avec une impatience manifeste; il semblait en proie à une vive contrariété. Enfin reprenant la parole après quelques minutes :

— Mon cher prévôt, dit-il, l'insistance que je mets à propos de ce bandit, comme vous l'appelez, et l'intérêt que je semble lui porter, s'expliquent parfaitement par ce qui s'est passé lors du jugement du parlement de Paris à l'égard de ma demande en revendication du nom, des titres et des biens de mes ancêtres. Rappelez-vous que, durant les quinze années que j'ai passées au pouvoir d'un misérable, le capitaine La Chesnaye a passé, lui, pour être l'assassin de mon père, celui de ma mère, et l'auteur du crime infâme dont j'étais victime. Or, il n'en était rien, et La Chesnaye était parfaitement innocent des meurtres des parents et du rapt de l'enfant. Les débats l'ont suffisamment prouvé, et le parlement a reconnu cette innocence. Je me regarde donc comme devant à ce pauvre homme un dédommagement, qui, s'il avait été pris, eût été certes torturé au moins pour le plus grand bien de la justice de ma cause, quoiqu'il ne s'y trouvât en réalité mêlé en rien. Vous ne pouvez m'en vouloir d'avoir pour lui un certain faible. Pour vous et pour le monde c'est un criminel de la pire espèce, je le veux bien; mais, pour moi, c'est un innocent qui a failli être puni d'un attentat qu'il n'avait pas commis, et, qui sait si cette accusation fausse n'a pas contribué à le jeter dans la mauvaise voie?

Le prévôt ne répondit pas.

— Mon cher monsieur d'Aumont, ajouta Bernac d'une voix caressante, vous savez dans quel but et pour quelle cause je fréquente aussi assidûment votre maison. L'étourdissante beauté de votre charmante fille, ses précieuses qualités de cœur et d'esprit ont allumé dans mon sein une passion que je n'ai pas cherché à cacher, et que vous daignez approuver.....

— Une alliance entre nous, cher comte, est honorable pour nos deux familles, interrompit le prévôt.

Le comte s'inclina.

— Privé de vos parents, continua M. d'Aumont; seul au monde comme vous l'êtes, je suis et serai heureux de vous donner une affection paternelle en vous confiant le bonheur de ma chère Diane. Puis la façon toute providentielle dont j'ai été à même de vous sauver d'une mort à peu près certaine, fait que je vous regarde un peu comme mon fils...

— Ce titre et cette alliance sont mes vœux les plus ardents, répondit le jeune seigneur. Donc, si vous me considérez presque comme un fils, si je vous regarde dès à présent comme un père, vous devez comprendre que mes conseils sont ceux d'un ami dévoué. Eh bien! croyez-moi, laissez dans l'ombre cette affaire du capitaine La Chesnaye. Cet homme est aussi innocent des crimes que vous lui imputez, j'en suis sûr, qu'il l'était de celui dont on l'accusait jadis. Ne vous mêlez en rien de tout ce qui le concerne.

— Pourquoi? demanda le prévôt.

— Parce que vous n'en recueillerez que malheur!

— Vous croyez?

— Je vous l'affirme.

— Mais pour quelle raison, mon cher comte, me parlez-vous ainsi?

— Mon Dieu!... je ne sais... C'est un pressentiment dont je ne puis définir la cause... mais il ne me trompe pas, j'en réponds!

— Votre réponse n'en est pas une.

— Si fait.

— Cependant...

— Contentez-vous de celle-là, et suivez mon conseil.

— Mon cher de Bernac, dit le prévôt d'une voix grave, les devoirs de ma charge m'imposent des obligations auxquelles je ne saurais me soustraire sans être accusé de félonie. Expliquez-moi raisonnablement les motifs pour lesquels vous me parlez comme je le faites, et j'aurai probablement alors égard à vos conseils.

— Je ne puis vous expliquer ces motifs autrement que je ne le fais...

— Alors, mon cher comte, ne trouvez pas étonnant que je poursuive, moi, l'accomplissement de mes devoirs.

Le comte fit un nouveau geste d'impatience.

— Vous êtes bien décidé? reprit-il.

— Parfaitement.

— Alors, au revoir et bonne chance! Je vais chez Jonas.

— Au revoir, mon cher Bernac.

Le jeune seigneur rassembla les rênes et piqua son cheval, qui s'élança et s'éloigna au galop.

Le prévôt le suivit de l'œil un moment; mais le cheval et le cavalier avaient déjà disparu dans l'obscurité. Alors, le front soucieux, il se remit en marche, toujours suivi par ses gardes.

Arrivé à la porte de Buci, il fit signe au sergent qui commandait l'escorte de venir lui parler. Le sous-officier s'approcha respectueusement.

Ce sous-officier, que les lumières de la foire Saint-Germain éclairaient alors de façon à ne laisser dans l'ombre aucune des parties de son individu, était un homme de quarante ans environ, mais dont la physionomie offrait un caractère tout particulier.

D'une taille bien au-dessus de la moyenne, toute la longueur du corps consistait, pour ainsi dire, dans la longueur du buste, ce qui, à cheval, le faisait paraître d'une stature ordinaire.

Mais une fois qu'il avait mis pied à terre, ses jambes, extrêmement courtes et fortement arquées, lui donnaient l'aspect d'un basset à jambes torses. De cette conformation essentiellement défectueuse, résultait un balancement de hanches qui rappelait la tournure du canard.

Des épaules carrées, auxquelles s'attachait mal une paire de bras démesurément longs, surmontaient ce buste disproportionné, mais à la constitution puissante.

Un cou, dont l'existence était problématique, soudait au corps, plutôt qu'il ne supportait, une tête anguleuse, plus large que longue, et qui paraissait avoir été aplatie par l'action d'une presse dont elle aurait subi le refoulement.

Cette tête hérissée d'une forêt de cheveux roux, ornée de deux oreilles énormes et plates, était percée par deux yeux petits et ronds d'une couleur verdâtre, par une bouche énorme garnie de dents blanches et aiguës, au-dessus de laquelle s'avançait un nez d'une longueur fantastique, dont l'extrémité violacée paraissait affilée comme la pointe d'une aiguille. Des moustaches rousses et une barbe épaisse de même couleur accompagnaient cet ensemble dont la laideur incontestable était cependant combattue par une expression d'intelligence qui éclairait cette étrange physionomie.

Revêtu de l'uniforme des gardes de la prévôté de l'époque ou, pour mieux dire, portant les couleurs de la ville de Paris (car l'uniforme tel que nous le comprenons aujourd'hui, et tel qu'il doit être compris dans l'acception vraie du mot, n'existait pas alors, et ne devait commencer à être imposé à toute l'armée française que sous le ministère de Louvois, en 1666), tenant en main les insignes de son grade, c'est-à-dire la hallebarde ornée, au-dessous du fer, de l'oriflamme aux couleurs et aux armes de la ville, il demeurait droit en selle de manière à ne pas perdre une ligne de son buste athlétique.

Répondant avec empressement au muet appel de son chef, il avait poussé sa monture de manière à se rapprocher respectueusement du prévôt.

— Richard, lui dit celui-ci.

— Monseigneur? fit le sergent en saluant militairement.

— Je vais pénétrer seul dans la foire.

— Oui, monseigneur.

— Tu vas demeurer à la porte de Buci avec les hommes.

— Oui, monseigneur.

— Et tu attendras là les ordres du lieutenant-criminel.

— Oui, monseigneur.

Et le prévôt, pensant que le prévôt n'avait pas d'autres ordres à lui donner, fit reculer lentement sa monture.

Le prévôt de Paris semblait de nouveau être en proie à une méditation profonde. Du geste, il rappela près de lui le sergent de ses archers, qui déjà était près de regagner la tête de la petite escorte. Richard obéit rapidement.

— Richard, reprit M. d'Aumont d'une voix grave, et en fouillant de ses regards les yeux du sous-officier comme s'il eût voulu deviner la pensée qui se cachait sous ce crâne épais.

— Monseigneur? répondit le sergent avec l'impassibilité qui semblait être le côté saillant de son caractère.

— Il y a quinze ans que tu es au service de la prévôté...

— Quinze ans et sept mois, monseigneur.

— Tu as toujours fait ton service avec régularité et exactitude.

— J'ai fait de mon mieux, monseigneur.

— Enfin je te crois fidèle à ton devoir et attaché à ma personne.

Richard s'inclina profondément, autant pour remercier le prévôt de Paris de la bonne opinion qu'il paraissait avoir de lui, que pour l'affermir encore dans cette opinion émise.

— Que dirais-tu, continua M. d'Aumont, si tu étais à même de rendre un service nouveau à la ville et à son chef, d'une gratification annuelle de vingt pistoles prises sur ma cassette particulière?

— Je dirais, fit Richard avec une expression de satisfaction évidente, que monseigneur daignerait récompenser royalement son très-humble serviteur, mais qu'il ne saurait augmenter le dévouement que je lui témoignerai en toute occasion.

— Eh bien! Richard, cette gratification que je te promets, tu peux la gagner cette nuit même; ce dévouement dont tu parles, tu peux m'en donner sur l'heure une preuve éclatante.

Richard redressa sa large tête et dressa ses oreilles volumineuses.

— Écoute-moi avec attention, reprit le prévôt de Paris après un léger silence. Tu as remarqué la maison devant laquelle nous nous sommes arrêtés tout à l'heure, M. de Bernac et moi?

— Rue Saint-André-des-Arts?

— Précisément.

— Oui, monseigneur.

— Eh bien! au lieu de demeurer à la porte Buci, ainsi que je te l'avais dit, tu laisseras le commandement de l'escorte à Charlot.

— Oui, monseigneur.

— Tu retourneras seul, et à pied, rue Saint-André-des-Arts, tu gagneras la porte de la maison indiquée en te faufilant sans être vu...

— Très-bien.

— Tu as remarqué aussi l'homme qui nous a parlé?

— Sans doute.

— Tu le reconnaîtras?

— Parfaitement.

— Bien! Cette maison et cet homme doivent être, à partir de ce moment, le but de ta surveillance la plus inquiète et la plus minutieuse...

— Je comprends.

— Tout ce qui se passe dans la maison, tout ce qu'accomplira l'homme me sera révélé chaque matin.

— Monseigneur aura un rapport détaillé.

— Je te donne plein pouvoir pour tout ce qui concerne cette mission. Emploie qui tu voudras, fais ce que tu jugeras convenable, mais que rien ne t'échappe...

— Je réponds de tout, fit Richard en clignant ses petits yeux ronds qu'animèrent subitement des éclairs d'intelligence et de malice.

— Alors, je puis compter sur toi?

— Entièrement, monseigneur.

Le prévôt fit un signe de contentement.

— J'aurai la clef de tous ces mystères, pensa-t-il en rassemblant les rênes, tandis que Richard rejoignait l'escorte et donnait à voix basse des ordres à Charlot, le premier archer qu'avait indiqué le prévôt. Cette nuit j'arrêterai La Chesnaye, et demain je le ferai confronter avec cet homme qui prétend l'avoir vu, et dont l'histoire étrange mérite d'être approfondie.

Richard revint près du prévôt.

— Monseigneur n'a pas d'autres instructions à me donner? demanda-t-il.

— Non, répondit M. d'Aumont ; sois prudent, actif et discret.

— Monseigneur peut s'en rapporter à moi.

Et sur un dernier geste de M. d'Aumont, le sergent des gardes de la prévôté salua profondément, et laissa son chef continuer son chemin vers l'entrée de la foire célèbre.

Sautant ensuite à terre, il confia sa monture à l'un des archers et s'effaça pour laisser défiler la petite troupe qui suivait à pas lents le prévôt de Paris.

Puis s'assurant sur ses jambes tordues, en frappant le sol de ses pieds larges et plats pour détruire l'engourdissement causé par une longue course à cheval, il ferma et rouvrit à plusieurs reprises ses petits yeux verdâtres par un mouvement rapide des paupières.

— Vingt pistoles ! murmura-t-il, c'est un joli denier, sans doute ; mais un ami vaut mieux que cela, et La Chesnaye est plus généreux que monseigneur le prévôt !

Et, tournant sur lui-même, Richard reprit, avec une rapidité de marche dont on n'eût pas cru capable sa conformation bizarre, le chemin parcouru quelques instants auparavant par MM. de Bernac et d'Aumont, au moment où celui-ci franchissait la porte Buci et pénétrait dans la foire.

IV

LE CHAMP DE FOIRE.

A une époque où les communications entre les diverses contrées de la France présentaient les difficultés les plus grandes, les foires avaient une importance dont il est difficile de se faire une idée précise dans les temps modernes.

Rouen possédait celles de la Chandeleur, de Saint-Romain et du Pardon ; Falaise, celle de Guibray ; Paris les foires de Saint-Germain, du Temple, de Saint-Ovide et la foire aux Jambons.

Parmi ces dernières la plus remarquable, la plus renommée et celle qui a joué le plus grand rôle dans l'histoire politique, artistique et commerciale de la grande ville était, sans contredit, la foire Saint-Germain, du droit de laquelle les religieux de l'abbaye Saint-Germain des Prés étaient en possession depuis les temps les plus reculés.

Située sur le terrain où s'élève aujourd'hui le marché Saint-Germain, la foire étendait ses limites jusqu'à l'extrémité actuelle de la rue de Tournon et jusqu'aux environs du Luxembourg et de Saint-Sulpice, au midi. Au nord elle était bornée par la rue du Four (ainsi surnommée à cause du « four banal » auquel elle aboutissait), rue qui la séparait de l'abbaye Saint-Germain, ce monastère de grande mine, ce palais abbatial où les évêques de Paris s'estimaient heureux de coucher une nuit, enveloppé de créneaux comme un château fort, hérissé de tours et de hautes flèches à pleins cintres, et dans lequel on ne pénétrait que par une herse et un pont-levis.

A l'est étaient les remparts de la ville, de la porte Buci à la porte Saint-Germain ; à l'ouest, les jardins immenses et les terres en culture de l'abbaye.

La construction du champ de foire se composait de deux espèces de halles, longues de cent trente pieds chacune, larges de cent, formées de vingt-deux travées et couvertes par une charpente immense, remarquable par son élévation et justement admirée par sa hardiesse.

Neuf rues se coupant à angle droit partageaient en vingt-quatre groupes ou travées toutes les boutiques appelées loges ou huches dont le nombre atteignait le chiffre de cent quarante.

Sept grandes portes livraient passage, jour et nuit, à la foule qui, selon ses habitudes et ses mœurs, choisissait ses heures de promenades.

Les boutiques les plus éloignées du centre étaient celles des marchands de draps et d'étoffes. On vendait des verreries, de la faïence, de la porcelaine et autres menues marchandises dans celles qui étaient immédiatement les plus rapprochées des premières.

Enfin celles du centre étaient occupées par les orfèvres, les bijoutiers, les merciers, les lingères, les peintres, les marchands de tableaux, les confiseurs, les taverniers, les salles de danse, les objets de curiosité de toute espèce, les théâtres, les académies de jeux, les armuriers, les brodeurs, les tailleurs et une quantité d'autres professions parmi lesquelles nous devons placer en première ligne celles des rôtisseurs, revendeurs, pâtissiers, cabaretiers, « chez lesquels, dit un chroniqueur de l'époque, on pouvait manger à tout prix, pour un teston, pour deux, pour un écu, pour quatre, pour dix, pour vingt même par personne, si vous le désirez.

Tout autour de ces halles s'étendaient, surtout dans la direction du midi, de vastes terrains faisant également partie de la foire, compris dans son enceinte et où s'établissaient à ciel découvert les marchands de chevaux, de bestiaux, d'oiseaux. Sur ces terrains s'élevaient nombre de constructions particulières : maisons, maisonnettes, boutiques et cabarets.

Le 3 février de chaque année avait lieu, avons-nous dit, l'ouverture de la foire Saint-Germain.

Dès l'aube du jour une foule immense encombrait les rues abritées par la charpente aérienne, mais toutes les boutiques, théâtres, maisons et académies étaient hermétiquement fermés.

A dix heures arrivaient en cortège le prévôt de la ville (plus tard ce fut le lieutenant de police qui remplit cette fonction), les commissaires du Châtelet, les syndics de la foire et le garde-marchands.

Le cortège parcourait les deux halles ; puis s'arrêtant au centre, le prévôt criait à haute voix, entre deux fanfares éclatantes :

— Messieurs, ouvrez vos loges.

Aussitôt, et comme par enchantement, les fermetures des boutiques tombaient et les riches étalages apparaissaient aux yeux de la foule dans toute leur luxuriante variété.

Des cris joyeux retentissaient de toutes parts et la fête commençait à la plus grande joie des marchands, des bourgeois, des écoliers, des gentilshommes, des tire-laine et des coupeurs de bourse.

Les désordres, auxquels l'absence presque totale d'une police organisée donnait lieu, n'étaient pas le cachet le moins particulier de ce marché public et offraient un attrait de plus à ceux qui le fréquentaient.

Nous n'en finirions pas si nous voulions donner ici la trop nombreuse liste des exploits de messieurs les tire-laine, bandits, aventuriers, de toute nature qui se pressaient en foule au sein de cette bruyante réunion.

C'était effectivement un vaste et libre champ pour toutes les industries bonnes ou mauvaises, avouables ou blâmables, que cette foire établie sur un vaste terrain, pourvue de tout ce qui pouvait attirer et satisfaire les passions, d'une durée de deux mois et où avaient accès, sans acception aucune, toutes les classes de cette population parisienne composée de tant d'éléments hétérogènes et à laquelle se joignait encore un concours énorme d'étrangers et de provinciaux.

C'était moins une foire qu'un assemblage féerique de tout ce que l'époque offrait de richesses et de misères, un vaste réceptacle de grands seigneurs et de brigands, d'écoliers et de bourgeois, d'honnêtes femmes et de courtisanes, de voleurs et de volés, et auquel nous ne saurions mieux faire que de comparer ce Palais-Royal de 1820 dont nos pères nous ont raconté les splendides et ignobles merveilles.

Et maintenant que nous croyons avoir donné au lecteur une idée suffisante de cette foire illustre et du spectacle qu'elle offrait, nous allons le prier de pénétrer avec nous à la suite de M. le prévôt de Paris, lequel vient de laisser son escorte à la porte de Buci et de s'avancer sur le champ de foire

VII

LE LIEUTENANT CIVIL.

Immédiatement à droite, après cette porte d'entrée que venait de franchir le prévôt de Paris, se dressait une petite maisonnette de construction évidemment provisoire et qui servait de siége à la police de la fête; si toutefois on peut donner ce nom de police qui sert de titre depuis deux siècles à cette grande et mystérieuse institution si utile à la sûreté générale, à l'art, alors dans l'enfance, des La Reynie, des Sartines et des Foucher.

Un soldat de la maréchaussée faisait faction devant la porte de la demeure. En apercevant le prévôt, il s'avança vivement, salua et prit la bride du cheval.

M. d'Aumont s'élança à terre et pénétra dans la salle basse occupant tout le rez-de-chaussée de la maison.

A l'extrémité de cette salle, servant de corps de garde, on avait placé des bancs qu'occupaient une douzaine de soldats et d'archers. A la vue de leur chef suprême, les soldats et les archers se levèrent brusquement.

Le prévôt les salua de la main avec cette politesse particulière aux grands seigneurs et qui, malheureusement, a disparu avec eux, puis il gagna les premières marches d'un escalier pratiqué dans le côté opposé à celui où l'on voyait les bancs, et gravit le premier étage.

Ce premier étage était divisé en deux pièces.

Dans la première étaient assis deux ou trois scribes, commis, secrétaires et autres employés de l'administration civile. Le prévôt traversa cette pièce au milieu des témoignages de respect que lui prodiguaient ceux qui s'y trouvaient, et pénétra dans la seconde dont il ouvrit la porte en soulevant le loquet de la serrure.

Cette seconde pièce, de proportions moins vastes que la première, était occupée, à son centre, par une table-bureau toute couverte de papiers soigneusement rangés en liasses différentes.

Devant cette table ou plutôt derrière cette table, se tenait, le corps à demi enfoncé dans l'un de ces vastes fauteuils comme on les faisait alors, un homme de cinquante ans à peu environ, à la physionomie fine et intelligente, et dont le corps était revêtu d'une longue et ample robe rouge aux reflets sanglants. Ce nouveau personnage était M. de Villiers, lieutenant civil de la prévôté de Paris.

Pour bien comprendre aujourd'hui les fonctions de ce magistrat, il faut dire que, dans l'origine, le prévôt de Paris, institué par Hugues-Capet, était chef du Châtelet, chargé du gouvernement politique et des finances dans la ville, vicomté et prévôté de Paris, y représentait le roi pour le fait de la justice, connaissait des priviléges des bourgeois, et était conservateur-né de ceux de l'Université.

En outre et par un privilége remarquable, la juridiction du prévôt de la capitale pouvait appeler devant elle des procès de toutes les parties de la France pour les actes qui avaient été scellés de son sceau.

Enfin les arrêts du prévôt de Paris étaient exécutoires dans la France entière pour tout ce qui regardait l'approvisionnement de la ville.

Comme on le voit, la puissance et les attributions de ce magistrat, qui avait le premier rang dans Paris après le souverain et les seigneurs du parlement, et qui, lorsqu'on ouvrait le rôle du Palais à la grande-chambre, avait le droit de rester couvert comme les princes, ducs et pairs et envoyés du roi; la puissance et les attributions de ce magistrat, disons-nous, étaient immenses, et de leur grandeur même résulta une division forcée dans les fonctions générales.

Le prévôt de Paris eut trois lieutenants pour l'aider à administrer sa charge; ces trois lieutenants étaient: le lieutenant criminel, le lieutenant civil et le lieutenant de robe courte.

Ces trois magistrats étaient placés, bien entendu, sous la suprématie du prévôt de Paris dans toutes les affaires dont ils connaissaient.

Aussi, lorsque M. d'Aumont entra dans le cabinet du lieutenant civil, celui-ci s'empressa-t-il de quitter son siége et de s'avancer vers le prévôt avec toutes les marques d'une déférence profonde.

— Eh bien! monsieur de Villiers, dit M. d'Aumont en attirant à lui un fauteuil, et en faisant signe au lieutenant civil de reprendre sa place; eh bien! monsieur de Villiers, quelles nouvelles?

— Excellentes, monseigneur, répondit le magistrat.

— Touchant ce maudit La Chesnaye, que Dieu confonde?

— Oui, monseigneur.

— Le tenez-vous donc, cette fois?

— J'ose en répondre.

— Alors vos renseignements étaient exacts.

— On ne peut plus exacts.

— La Chesnaye est à la foire?

— Il a dû y entrer à neuf heures, et neuf heures viennent de sonner il y a quelques minutes à peine.

— Très-bien; les issues sont gardées?

— Toutes.

— Vos exempts seront actifs.

— Je réponds d'eux.

— Mais, fit observer le prévôt, il est peu probable, il est même impossible que le capitaine se promène ici avec le costume ordinaire que décrit son signalement?

— En effet, monseigneur, cela est impossible à supposer.

— Mais sous quel costume, alors, s'est-il caché ce soir?

— Voilà ce que j'ignore encore.

— Et ce que vous devriez savoir, monsieur, dit le prévôt d'un ton sévère.

Le lieutenant civil regarda le cadran d'une horloge accrochée à la muraille.

— Dans moins d'un quart d'heure, dit-il, vous serez satisfait, monseigneur.

— Comment cela ?

— Je pourrai vous remettre le signalement exact et complet de l'habillement porté par La Chesnaye.

— Ah ! ah ! vous avez des espions dans la foire ?

— Trois seulement, mais excellents et qui suffiront.

— Quels sont-ils ?

— Ce sont trois des hommes mêmes de la bande commandée par La Chesnaye, et qui, sondés adroitement, dirigés habilement, ont consenti à nous livrer cette nuit leur chef, pour l'espérance de cent écus donnés comptant, et la certitude de n'être pas inquiétés à propos de leur vie passée.

— Très-bien, monsieur de Villiers ; et je crois enfin que, cette fois, nous trouverons cet homme introuvable, et que nous aurons l'explication de ces alibis étranges et jusqu'ici inexplicables.

— Dans dix minutes, monseigneur, mes trois espions seront ici et nous feront leur rapport. Les ordres sont donnés d'avance, toutes les portes sont surveillées et l'arrestation de ce hardi brigand sera opérée avant la fermeture de la foire.

— Attendons donc, monsieur de Villiers.

— Attendons, monseigneur.

Et les deux magistrats, après cet échange de paroles, demeurèrent muets et silencieux.

Moins de dix minutes après, ainsi que l'avait dit le lieutenant civil, un bruit de pas retentit dans l'escalier.

Ce bruit se rapprocha rapidement, et un coup léger fut frappé à la porte de la chambre.

— Entrez, fit M. de Villiers.

Puis se retournant vers le prévôt :

— Voici l'un de mes espions, ajouta-t-il.

— Enfin ! dit M. d'Aumont en se levant, nous allons donc connaître la vérité !

VIII

LES TROIS ESPIONS

La porte de la pièce servant de cabinet au lieutenant civil tourna sur ses gonds et livra passage à l'homme que venait d'annoncer M. de Villiers.

Cet homme à demi couvert de haillons, à la physionomie sinistre, à l'expression basse et repoussante, offrait bien le type de ces larrons de bas étage, espèce d'oiseaux de proie toujours prêts à se nourrir de toutes les dépouilles qu'ils rencontrent.

Il entra dans la chambre en saluant profondément par une succession de courbettes qui dénotaient la flexibilité remarquable de sa colonne vertébrale.

— Approche, maître drôle ! dit brusquement M. d'Aumont en ne se donnant pas la peine de réprimer le signe de dégoût inspiré par la vue du misérable.

Celui-ci fit trois pas en avant.

— Aux ordres de monseigneur le prévôt, fit-il en se courbant plus encore, au point d'imprimer à son individu la configuration d'un accent circonflexe.

— Ah ! ah ! tu me connais donc ? demanda M. d'Aumont.

— Quel est celui de nous qui ne connaît pas monseigneur le prévôt de Paris, répondit effrontément l'espion.

— Tu sais alors que je n'ai pas pour habitude de faire quartier aux bandits de ta sorte. Donc, si tu nous as trompés dans la mission qu'on t'a confiée, n'attends de moi ni grâce ni pitié.

— Et si j'ai agi loyalement, monseigneur ?

— Je ratifierai les promesses que t'a faites M. le lieutenant civil.

— C'est-à-dire cent écus dans ma pochette et l'oubli de mes fautes ? dit le voleur, devenu employé de police, avec un accent de douceur hypocrite.

— Oui, répondit M. d'Aumont.

— Alors je puis me promener librement, et monseigneur peut compter les écus.

— Tu as donc réussi ? demanda vivement M. d'Aumont.

— Oui, monseigneur.

— Tu peux nous livrer La Chesnaye ?

— Oui, monseigneur.

— Ce soir ?

— A l'instant même.

Le lieutenant civil adressa à son chef un regard de triomphe.

— Où et comment peut-on trouver le capitaine ? demanda brusquement le prévôt.

— De la façon la plus simple et la plus facile, répondit l'espion. Le capitaine La Chesnaye est en ce moment au centre de la foire, dans la loge d'un rôtisseur portant le n° 27. Il soupe joyeusement en compagnie de deux de ses hommes et d'un sergent de la maréchaussée, qui ignore sans doute en quelle compagnie il se trouve. Je crois qu'ils méditent tous trois un coup sur la loge d'un orfévre qui touche à celle du rôtisseur.

— Comment peut-on le reconnaître ?

— Il porte un costume gris, brodé de soie noire, pourpoint et grègues de même couleur en drap, bottes de cheval, une dague au pommeau de fer sans ciselure, chapeau gris à la mode nouvelle avec une aigrette noire. Il a pris l'apparence d'un fils de la bourgeoisie voulant jeter au vent les écus de son patrimoine ; le déguisement est admirable !

— Vous avez entendu ? dit le prévôt au lieutenant civil.

— Oui, monseigneur, répondit celui-ci.

— Eh bien, faites vite ! Prenez cet homme avec vous ; il vous conduira.

Le lieutenant civil se précipita vers la porte ; mais en ce moment cette porte s'ouvrit brusquement, et un second personnage, mis à peu près dans le goût du premier, entra précipitamment.

Celui-ci avait le regard plus fin, la mine plus rusée que l'autre. En reconnaissant le prévôt de Paris, il s'inclina profondément devant lui ainsi que devant le lieutenant civil ; mais prenant aussitôt la parole avant qu'on eût eu le temps de l'interroger :

— Messeigneurs, dit-il, si vous voulez prendre le capitaine La Chesnaye, il n'y a pas un instant à perdre !

— Tu viens donc aussi de le voir, toi ? demanda vivement le lieutenant civil.

— Je viens de lui parler, à lui-même.

— Très-bien ! Et il est toujours dans la loge 27, chez le rôtisseur ?

— Dans la loge 27, chez le rôtisseur ! s'écria le nouveau venu avec étonnement. Mais vous vous trompez, monseigneur ! Le capitaine est dans le Champ-Crotté. Il vient, malgré l'heure avancée, de réveiller un maquignon pour lui acheter un cheval.

(On appelait Champ-Crotté un vaste terrain faisant partie de la foire et réservé exclusivement à la vente des animaux vivants et des bestiaux.)

« La Chesnaye dans le Champ-Crotté ! s'écria le prévôt. Mais ne m'as-tu pas dit que tu viens de le voir dans la boutique d'un rôtisseur ? ajouta-t-il en se retournant vers le premier arrivé.

— Sans doute ! Je l'affirme ! répondit celui-ci.

— Quel costume porte celui que tu as vu ? reprit le prévôt en revenant au second espion.

— Un costume militaire, monseigneur : justaucorps en buffle, hausse-col d'acier poli, chausses de drap rouge, bas de même nuance, chapeau allemand sans panache, épée au pommeau d'or. On jurerait un officier des armées de Sa Majesté !

— Morbleu ! s'écria le prévôt avec colère, l'un de vous deux me trompe ! Malheur à celui-là !

— Rougegorge prétend-il donc aussi avoir vu le capitaine ? dit le deuxième arrivé en toisant le premier d'un regard de suprême dédain.

— Oui, je le prétends et je l'affirme ! répondit celui que l'on venait de désigner sous le nom de Rougegorge, sobriquet donné sans doute et que justifiait le long cou cramoisi du drôle, cou ressemblant plutôt à celui d'un animal dont on eût gratté vigoureusement la peau jusqu'au vif, qu'à celui d'une créature humaine. Et je dis que toi, Jean-sans-Rate, tu mens effrontément si tu prétends le contraire.

Jean-sans-Rate, dont le surnom devait provenir évidemment de la facilité avec laquelle il pouvait fournir une longue course, facilité que rendait probable la maigreur excessive de son corps, Jean-sans-Rate se planta menaçant devant son interlocuteur.

— Tu oses soutenir que tu viens de voir La Chesnaye autre part que sur le Champ-Crotté ? dit-il avec colère.

— Oui, je le soutiens. Je viens de le voir soupant dans la boutique d'un rôtisseur, dans la loge n° 27, où il doit être encore, et, de plus, j'affirme qu'il portait un costume gris des pieds à la tête et qu'il avait tout l'air d'un jeune bourgeois en humeur de s'amuser.

— Et moi, j'affirme que je viens de lui parler sur le Champ-Crotté et qu'il était revêtu du costume militaire que j'ai décrit !

Le prévôt et le lieutenant civil demeuraient muets et embarrassés entre ces deux affirmations si contraires et soutenues si énergiquement.

— Quelle heure était-il quand vous l'avez vu ? demanda le prévôt, rouge d'impatience.

— Neuf heures sonnaient à Saint-Germain des Prés quand il entrait chez le rôtisseur, dit vivement Rougegorge.

— Neuf heures retentissaient à l'horloge de la chapelle des Carmes déchaussés alors qu'il réveillait le maquignon, ajouta aussitôt Jean-sans-Rate.

— Mais par tous les diables de l'enfer, s'écria M. d'Aumont, il ne pouvait être à la fois et dans deux costumes différents à la même heure au centre et à l'extrémité méridionale de la foire ! Encore une fois, l'un de vous deux se joue de la justice !

— Je jure que je dis vrai ! fit Jean-sans-Rate.

— J'atteste que je ne mens pas ! dit Rougegorge.

— Monseigneur, reprit vivement le premier des deux espions, je connais parfaitement La Chesnaye ; j'ai servi durant six mois sous ses ordres en Picardie.

— Et moi, ajouta le second, j'ai combattu avec sa bande la maréchaussée de Bretagne dans la forêt de Machecoul, il y a à peine une année.

— Enfin, je viens de lui parler de ma propre bouche.

— Et moi, je viens de le voir de mes propres yeux.

— Que monseigneur le prévôt me fasse accompagner sur le Champ-Crotté, et j'engage ma tête que je lui livre le capitaine !

— Que monseigneur le prévôt donne l'ordre qu'on vienne avec moi chez le rôtisseur, et si on n'y arrête pas La Chesnaye, que je subisse la grande et la petite torture !

M. d'Aumont rougissait de colère.

— Encore !... toujours ! » s'écria-t-il.

Puis, reprenant tout à coup le calme par un effort puissant de volonté :

— Appelez le lieutenant de robe courte qui doit être arrivé ! dit-il au lieutenant civil.

Le magistrat en sous-ordre qui, depuis quelques instants, n'osait pas affronter les regards de son chef, obéit avec empressement. Ouvrant vivement la porte :

— Monsieur d'Aubusson ! appela-t-il à haute voix.

Un nouveau personnage, vêtu de noir, quitta aussitôt un siége qu'il occupait dans la pièce précédant le cabinet du lieutenant civil et s'avança vers celui-ci. C'était le lieutenant de robe courte dont nous avons plus haut expliqué les attributions.

— Monsieur d'Aubusson, dit rapidement le prévôt de Paris, vous allez prendre avec vous dix de vos meilleurs archers, accompagner cet homme et arrêter sur l'heure celui qu'il vous désignera. Puis vous me ramènerez ici, sous bonne garde, l'un et l'autre. Surtout surveillez bien celui-ci, vous m'en répondez au nom de la justice.

Et M. d'Aumont désigna Jean-sans-Rate.

— Vous, monsieur de Villiers, ajouta-t-il en s'adressant au lieutenant civil, faites-vous suivre par vos exempts et courez avec celui-là à la loge indiquée ! Allez, messieurs ! agissez rapidement et avec intelligence. A votre retour je saurai qui je dois punir et qui je dois récompenser !

Le lieutenant civil et le lieutenant de robe courte s'inclinèrent sans répondre, puis l'un saisit par le bras maître Rougegorge et l'autre maître Jean-sans-Rate.

A l'instant où ils allaient sortir tous quatre, un bruit de pas précipités retentit sur l'escalier.

— Ah ! s'écria avec joie le lieutenant civil, c'est Laurent sans doute, et celui-là va certainement éclaircir la situation.

Et se précipitant vers un troisième individu, qui, moins mal vêtu que les deux premiers cependant, ne paraissait pas de condition sociale meilleure, il le prit par le bras et l'entraîna jusque devant le prévôt avec une énergie qui dénotait le désir violent éprouvé par le digne magistrat de sortir de la perplexité dans laquelle il était plongé.

— As-tu vu La Chesnaye ? demanda-t-il d'une voix brève.

— Oui, monseigneur ! répondit Laurent.

— A quelle heure ?

— Comme neuf heures sonnaient à la fois à Saint-Germain des Prés et à la chapelle des Carmes, c'est-à-dire il y a moins de dix minutes.

— Ah ! fit le prévôt avec un soupir de satisfaction. Et où cela l'as-tu vu ?

— A côté de la porte Saint-Germain.

— A côté de la porte Saint-Germain ! s'écria M. d'Aumont, tandis que lui et le lieutenant civil, Rougegorge et Jean-sans-Rate se regardaient avec stupéfaction.

— Oui, monseigneur, continua tranquillement Laurent. Au moment même où le capitaine allait descendre de cheval pour pénétrer dans la maison de Jonas, ce juif qui tient, ainsi que vous ne l'ignorez pas, une académie de jeux, à l'entrée même de la foire.

— Impossible ! s'écria le prévôt.

— Je vous affirme, monseigneur, que je viens de voir le capitaine qui est en ce moment dans la maison indiquée, à

L'heureux joueur tenait à la main sa boîte ouverte et montrait à l'assemblée le bijou qu'elle contenait. — Page 21, col. 2.

telles enseignes même qu'il est revêtu de son long manteau rouge, qu'il porte la tête nue comme cela est son habitude...

— Impossible ! répéta le lieutenant civil.

— Oh ! fit Laurent avec assurance, je connais bien le capitaine, et si monseigneur veut me faire prêter main-forte, je lui promets de lui conduire ici La Chesnaye avant qu'une demi-heure soit écoulée. Encore une fois, non-seulement

je l'ai vu, mais il m'a parlé, et me croyant encore à son service il m'a ordonné d'aller surveiller les actions de monseigneur le prévôt...

— Quoi ! s'écria M. d'Aumont, il connaît ma présence ici, quand j'arrive à l'instant, quand chacun ignorait ma venue ?

— Oui, monseigneur.

— Mais la maison de Jonas se trouve à l'extrémité de la foire opposée à celle où est le Champ-Crotté, dit le lieutenant civil.

— Sans doute, monseigneur, dit Laurent qui ne comprenait évidemment rien à cette observation.

— Partez, messieurs, dit brusquement le prévôt en s'adressant aux deux lieutenants, et exécutez rigoureusement les ordres que je viens de vous donner. Quant à toi, l'ami, ajouta-t-il en posant son doigt sur l'épaule de Laurent, tu vas me conduire immédiatement chez Jonas.

Et s'adressant ensuite à deux des scribes placés dans la pièce précédente, et dont la porte était demeurée ouverte :

— Que l'on fasse fermer sur-le-champ toutes les portes de la foire, continua-t-il en se tournant vers l'un d'eux, que personne ne sorte sans mon ordre.

Le scribe se précipita vers l'escalier et disparut à la suite du lieutenant civil et du lieutenant de robe courte qui tous deux descendaient en compagnie de Rougegorge et de Jean-sans-Rate.

— Vous, monsieur, dit le prévôt en s'adressant au second commis, courez à la porte Buci, vous y trouverez mes gardes d'escorte, vous leur ordonnerez en mon nom de mettre pied à terre et de venir ici me rejoindre sans perdre une seconde.

Le deuxième scribe s'élança aussi rapidement que l'avait fait son collègue.

— Dussé-je faire arrêter tout Paris cette nuit, dit M. d'Aumont en frappant le plancher du talon de sa botte avec une colère qu'il ne cherchait plus à maîtriser, j'aurai cet homme entre mes mains !

IX

L'HOMME AU MANTEAU ROUGE.

C'était rue Saint-André-des-Arts, en face du couvent des Grands-Augustins et à quelques pas de la porte Buci, que le comte de Bernac avait quitté M. d'Aumont. Le jeune gentilhomme était parti au galop.

Prenant une direction opposée à celle suivie jusqu'alors par lui et son compagnon, il avait descendu, durant quelques instants, la rue Saint-André-des-Arts ; puis, se jetant brusquement à droite, il s'était élancé dans la rue de l'Éperon, laquelle longeait à cette époque une partie de l'enclos du cimetière Saint-André.

Précipitant sa course rapide en dépit de l'obscurité et du mauvais état des chaussées, mais maintenant vigoureusement sa monture, il avait gagné la rue du Jardinet. Après avoir atteint l'angle de cette rue, il avait modéré l'ardeur du genêt d'Espagne, et l'avait contraint à reprendre le pas.

On était aux premiers jours de mars, nos lecteurs le savent, et à cette époque de l'année les nuits sont encore souvent très-froides.

Effectivement, une bise glaciale, soufflant du nord-ouest, faisait grincer sur leurs tringles les girouettes des hôtels et les enseignes des marchands.

De grands nuages noirs courant rapidement dans le ciel, se déchiraient çà et là, sous la force de la brise impétueuse, et permettaient de temps à autre à un rayon de la lune, qui venait de se lever à l'horizon, de glisser jusque sur la terre, où se projetait sa lueur tremblotante en traînées argentées.

Attirant à lui les plans de son collet fourré pour se prémunir sans doute contre les atteintes pernicieuses du froid, le comte continua sa route jusqu'à l'endroit où la rue du Jardinet se soude à la rue du Paon.

Se dirigeant dans cette voie nouvelle en face de laquelle s'ouvrait la porte Saint-Germain qui, de même que la porte Buci, communiquait avec le champ de foire, il longea durant quelques secondes le côté droit des maisons, et arrivé à la hauteur de l'une d'elles, il s'arrêta brusquement. Se penchant sur la selle, il heurta doucement du doigt l'huis clos hermétiquement.

Sans nul doute, quelqu'un attendait aux aguets, derrière la porte, car cette porte s'entr'ouvrit aussitôt, et un homme s'avança dans la rue.

Le comte sauta à terre ; l'homme prit, sans mot dire, la bride du genêt d'Espagne, et M. de Bernac pénétra dans l'allée profondément obscure servant d'entrée à la maison.

Cinq minutes s'écoulèrent sans que ni l'homme ni le cheval ne bougeassent, et sans que le plus léger bruit se fît entendre dans le logis.

Puis à la place du gentilhomme élégant qui venait de pénétrer dans la maison, en sortit un homme de haute stature, enveloppé dans les plis d'un énorme manteau rouge qui ne permettait pas de voir le costume qu'il portait.

Cet homme était tête nue et une barbe noire et épaisse lui couvrait une partie du visage, tandis que ses cheveux de même nuance, rabattus sur le front, cachaient presque ses yeux.

Il paraissait être âgé de dix ans au moins que le comte de Bernac, dont il possédait la taille et la corpulence. Prenant les rênes de la monture, il s'élança en selle sans, non plus que ne l'avait fait le jeune seigneur, prononcer une parole.

Le vêtement qui le recouvrait était tellement vaste, que ses plis retombaient sur la croupe, sur l'encolure et sur les flancs du genêt d'Espagne, dont il devenait difficile alors d'admirer les formes et de distinguer la robe.

Rendant la main, le cavalier partit rapidement dans la direction de la porte Saint-Germain qu'il atteignit promptement et qu'il franchit sans ralentir l'allure de son cheval.

Neuf heures retentissaient en ce moment et à la fois au nord et au sud, à l'orient et à l'occident du champ de foire, c'est-à-dire à Saint-Germain des Prés, à la chapelle des Carmes, aux Grands-Augustins et au couvent des Cordeliers.

L'homme au manteau rouge pénétra dans l'enceinte de la foire, et promena autour de lui un regard rapide.

Ce regard sembla avoir rencontré ce qu'il cherchait, car le cavalier se dirigea droit vers l'angle formé par la première travée et le chemin circulaire qui suivait l'enceinte.

A cet endroit, un individu se tenait accroupi par terre ; mais, en apercevant celui qui venait vers lui, il se redressa vivement :

— C'est toi, Laurent ? dit l'homme au manteau rouge d'une voix rude, contrastant étrangement avec l'organe doux et agréable qu'avait fait entendre le comte de Bernac, qui tout à l'heure montait le magnifique genêt d'Espagne.

— Oui, capitaine ! répondit en tressaillant le personnage interrogé.

— Rien de nouveau, ici ?

— Non, capitaine.

— Où sont le lieutenant civil et la maréchaussée ?

— A la porte de Buci.

— Le prévôt de Paris est avec eux ?

— J l'ignore.

— Mais moi, je te l'apprends.

— B'en, capitaine.

— Tu vas te rendre à la porte Buci, et surveiller attentivement toutes les démarches du prevôt et de ses agents.

— Oui, capitaine.

— Et s'ils venaient de ce côté de la foire, tu accourrais me prévenir.

— Où vous trouverais-je?

— Chez Jonas. Je n'en sortirai pas de la nuit, à moins que tu n'y viennes. Tu as compris ?

— Oui, capitaine.

— Eh bien, va ! et que le diable soit avec toi !

Laurent fit un signe affirmatif et s'éloigna aussitôt.

L'homme au manteau le regarda un moment, puis il parut vouloir revenir sur ses pas, car il tourna sa monture à gauche et s'éloigna à son tour.

Laurent, qui tout d'abord était parti d'un pas rapide, s'arrêta soudain en s'abritant derrière une loge dont l'ombre épaisse le plaçait dans une obscurité complète.

Avançant doucement la tête, il sembla épier d'un œil vigilant le cavalier auquel il venait de parler, puis voyant celui-ci gagner au pas de son cheval une maison située sur le champ de foire, mais de l'autre côté de la seconde travée, il sourit avec une satisfaction évidente :

— Il va bien chez Jonas, murmura-t-il. D'ailleurs, pourquoi se serait-il défié de moi ? Il ne se doute de rien !

Et ouvrant le compas de ses longues jambes, il se précipita en courant dans la direction de la porte Buci.

Mais il paraît que si Laurent avait l'œil vigilant, l'homme au manteau rouge l'avait plus vigilant encore, car à l'instant où le premier, quittant son poste d'observation, bondissait en avant et disparaissait dans l'ombre, le cavalier laissa échapper de ses lèvres un ricanement sec et moqueur.

Puis, enlevant son cheval avec une merveilleuse adresse, il le fit pirouetter sur les pieds de derrière et lui enfonça les éperons dans les flancs.

Le cheval, par le mouvement brusque qu'il venait d'opérer, se trouvait directement en face de la porte Saint-Germain, par laquelle il venait de sortir de la ville.

Avec la rapidité d'une flèche lancée par une main puissante, il franchit en sens contraire cette fois, cette même porte, et, rentrant dans Paris à fond de train, il atteignit, en moins de deux secondes, l'endroit de la rue du Paon où s'était arrêté le comte de Bernac.

Sans doute encore on attendait le retour du cavalier au manteau rouge, car la porte de la maison était entr'ouverte, et le même individu qui avait gardé le genêt d'Espagne se tenait sur le seuil.

Le cavalier lui jeta les rênes, comme l'avait fait le comte, et disparut précipitamment dans la maison.

Tout cela avait été accompli avec une telle rapidité que personne dans la foire, autre que Laurent, n'avait pu apercevoir la présence du mystérieux personnage. Il faut dire aussi que cette partie des travées, placées près de la porte Saint-Germain, étant exclusivement réservée aux drapiers, dont le commerce finissait avec le jour, était toujours à peu près déserte la nuit venue.

Seule, la maison de jeu du juif Jonas donnait à ce côté de la foire quelque animation ; mais, à cette heure, le jeu était dans toute sa fougue, et aucun des joueurs ne songeait à quitter la partie.

Les quelques valets qui attendaient leurs maîtres, ou se tenaient là à la disposition du premier venu devant l'académie de jeux, étaient déjà trop éloignés de la porte pour que, dans l'ombre de la nuit et dans cette partie obscure de la foire, ils eussent pu remarquer la courte apparition de l'homme au manteau.

Personne donc n'avait vu celui-ci.

Après cinq nouvelles minutes d'attente, le personnage qui maintenait le cheval se vit relevé de son emploi. Le comte de Bernac venait de mettre le pied dans l'étrier.

Il rassembla ses rênes, et, sans même remercier le valet, il remonta au pas la rue du Paon.

Le jeune seigneur sifflait entre ses dents un air de chasse, et caressait de sa main blanche et élégante sa fine moustache noire et son menton soigneusement rasé, ainsi que le voulaient les plus récentes lois de la mode qui commençait à proscrire les barbes longues si fort portées sous les règnes précédents et sous la première partie de celni d'alors.

Bientôt il atteignit la porte Saint-Germain, que sa monture franchissait pour la troisième fois depuis un quart d'heure, et, tournant à gauche après avoir pénétré dans l'enceinte de la foire, du côté opposé à celui vers lequel s'était dirigé l'homme au manteau pour aller trouver Laurent, il s'arrêta devant la porte d'une maison de pauvre apparence, mais dont l'ardent éclat des lumières qui s'échappaient par les fenêtres, et le bruit joyeux de voix rieuses entremêlé de chants et de cris partant de l'intérieur, contrastaient singulièrement avec la muraille noircie et crevassée qui s'élevait sur la rue.

Cette maison était celle qu'avait louée Jonas, le Juif tenant une académie de jeux, au prix fabuleux de quatorze cents livres pour quinze jours.

M. de Bernac mit pied à terre, livra les rênes du genêt d'Espagne à l'un des cinq ou six valets qui stationnaient sur le seuil, ainsi que nous l'avons dit, et pénétra dans le logis.

X

L'ACADÉMIE DE JEUX

Une académie de jeux, au commencement du dix-septième siècle, n'était pas malheureusement chose rare à Paris, où, dit l'Estoile, on comptait quarante-sept brelans autorisés, payant chacun à la magistrature une redevance d'une pistole par jour, et plus du triple de maisons clandestines.

Mais à l'époque de la foire Saint-Germain, alors que Paris voyait affluer dans son enceinte une quantité innombrable de gentilshommes, de bourgeois, de clercs de tous pays et de toutes provinces, le nombre des académies de jeux subissait un accroissement fabuleux.

La funeste et ruineuse passion du monarque pour ce coupable amusement, en donnant l'exemple à toutes les classes de la société, avait développé ce vice dans des proportions réellement extraordinaires.

« Le 23 février 1605, le roy, dit l'Estoile, perdit sept cents écus à la foire Saint-Germain en jouant à trois dés avec M. de Villars. »

Quelques années plus tard, à la date du 18 janvier 1609, nous trouvons dans les Œconomies royales de Sully la copie de cette lettre adressée par Henri IV et qui donne la preuve de l'amour de ce prince pour les jeux de hasard.

« Mon ami, j'ai perdu au jeu vingt-deux mille pistoles (plus de six cent mille francs d'aujourd'hui) que je vous / e de faire incontinent mettre ès mains de Feydeau qui vous rendra celle-ci, afin qu'il les distribue aux particuliers auxquels je les dois, ainsi que je lui ai commandé.

« Paris, ce lundi matin 18 janvier (1609).

« Signé : HENRI. »

Cette conduite de Henri IV porta aux mœurs une funeste atteinte ; le souverain révoqua en quelque sorte, par exemple, les lois anciennes qui défendaient le jeu, et ces grandes qualités mêmes aggravèrent le mal en rendant moins honteuse une passion qu'elles entouraient de leur prestige.

Les courtisans ne se firent pas faute d'imiter le maître, et la ville imita la cour.

D'après ce que nous venons de dire, on comprendra facilement l'affluence du monde qui devait se rencontrer dans chaque académie de jeu, et lorsque nous ajouterons que celle tenue par Jonas était la plus renommée, et passait pour posséder les banquiers les plus riches, on ne s'étonnera pas qu'elle fût le lieu de rendez-vous des joueurs les plus déterminés et les plus avides d'émotions et de gains.

Aussi, lorsque M. de Bernac gravit les marches de l'escalier communiquant avec le premier étage, où se trouvaient les salles de jeux, se heurta-t-il à des groupes nombreux disséminés sur les degrés : les uns offrant le type morne et désolé de ces sacrificateurs du hasard maltraités par la fortune ; les autres étalant la joie du triomphe, et faisant sauter dans leurs mains les pistoles qu'ils venaient de ramasser sur le tapis vert des tables.

Le comte, saluant quelques-uns, mais salué par le plus grand nombre, atteignit la première salle où régnait un bruit formidable, bruit causé par le roulement sec des dés sur le bois, par le maniement des pièces d'or ou d'argent, par les cris des joueurs, par les blasphèmes, par les exclamations d'enthousiasme, par les disputes s'engageant sur un point, par les rires éclatant sur un autre.

Gentilshommes de robe et d'épée, grands seigneurs et financiers, écoliers et clercs, bourgeois et magistrats, commis et marchands, la cour, la ville, le palais, la province et le peuple se coudoyaient là sans souci et sans vergogne, sans s'occuper des distinctions de rangs ni de castes, offrant le spectacle bizarre de la réunion de toutes les classes à une époque où chacune d'elles était séparée de l'autre par une ligne de démarcation presque toujours infranchissable.

Parmi ces joueurs de tous rangs et de toutes conditions, deux surtout se distinguaient par le délabrement de leurs costumes qui, de riches et de brillants qu'ils avaient dû être précédemment, étaient devenus d'horribles accoutrements, hideuse livrée du vice, portée avec une insouciance et une aisance décelant le peu de cas que faisaient les deux joueurs des sourires méprisants qu'ils provoquaient.

Ces deux hommes, placés chacun à une table différente mais voisine, sacrifiaient au dieu du jeu avec un malheur remarquablement égal.

Leurs adversaires gagnaient presque à tous coups, et cependant, en dépit des haillons qui les couvraient et qui attestaient le piètre état de leur bourse, ils faisaient face à toutes les pertes avec un sang-froid de grand seigneur et une loyauté incontestée.

« Jehan de la Potence et Jacques le Baguenaud peuvent bien s'appeler désormais Jehan et Jacques les Malchanceux ! dit l'un des joueurs en ramassant une somme assez ronde provenant du gain.

— C'est vrai ! répondit celui que désignait le premier nom. J'ai perdu toute la soirée.

— Et moi aussi ! ajouta le second.

— Que dira Jonas qui nous a confié le soin de sa banque ?

— Bah ! il dira ce qu'il voudra. Je joue loyalement, tant pis si la chance me tourne le dos.

— Eh bien ! je vais profiter de votre malheur, reprit le joueur qui venait de gagner. Dix pistoles à chaque table !

Les dés roulèrent, le joueur gagna.

— Je double ! dit-il en laissant tout.

Jehan de la Potence et Jacques le Baguenaud, les deux employés de Jonas, perdirent encore.

La foule était émerveillée. Les joueurs abondèrent contre les banquiers.

— Sulpice les Jambes-Torses nous ruine ! murmura Jehan.

Le jeu continua, devenant de plus en plus ardent.

Les indécis, les timides s'étaient laissé tenter par le bonheur de Sulpice, le joueur heureux, et pontaient rondement contre la banque.

Jehan et Jacques perdirent quelques coups encore, puis vint enfin un coup formidable. Des sommes énormes, relativement au jeu ordinaire, étaient tenues de tous côtés.

Jehan, Jacques et Sulpice échangèrent un rapide regard. Sulpice tenait les dés pour l'assemblée.

— Trois ! dit-il.

— Cinq ! répondit aussitôt Jacques le Baguenaud.

— Sept ! fit Sulpice en passant à l'autre table.

— Dix ! répondit Jehan de la Potence.

La chance venait de tourner, la banque gagnait. Les joueurs reculèrent en voyant leur espérance déçue.

— Je double ! dit Sulpice.

Les autres l'imitèrent, la banque gagna encore.

Les écus d'or, les testons, les pistoles, les sous d'argent s'entassaient devant Jehan et devant Jacques.

Le troisième coup les pontes furent moins nombreux, la banque perdit ; ce changement ranima de nouvelles ardeurs et de plus vives espérances. Le jeu reprit avec une animation nouvelle.

Faut-il le dire ? Jehan de la Potence, Jacques le Baguenaud et Sulpice les Jambes-Torses étaient ce que l'on a appelé depuis et ce qu'on appelait déjà alors des « allumeurs. »

Ils excitaient adroitement les écus à sortir des poches pour s'emprisonner dans la caisse de Jonas.

M. de Bernac avait sans doute une grande habitude de ces sortes de tripots, car il ne parut nullement étonné, lui, l'élégant seigneur, d'avoir à se frayer un passage au milieu de la foule outrageusement mélangée qui encombrait la première salle.

Traversant donc cette foule en se glissant adroitement et rapidement entre les tables et les joueurs, il gagna la seconde salle qui, attenant à une troisième, formait le centre de l'étage.

Cette seconde pièce plus grande, mieux éclairée, moins bruyante que la première, n'était pas cependant moins encombrée de monde que celle qui la précédait.

On n'y voyait aucune table de jeu. De nombreux sièges dispersés de toutes parts formaient comme des flots autour desquels circulaient les flots d'une foule toujours et incessamment agitée.

Chaque siège, inutile de le dire, était garni de son propriétaire ou plutôt de son locataire provisoire.

A première vue, la société qui s'étouffait volontairement entre les parois de cette pièce paraissait beaucoup moins mêlée et beaucoup plus choisie que celle encombrant la première salle.

Là, le velours, le satin, la soie, les plumes, les aigrettes, les fourrures, les bijoux ruisselaient et épanouissaient leurs mille couleurs sous le feu des bougies de cire brûlant dans des candélabres, dans des supports attachés aux murailles et dans des lustres suspendus au plafond.

Quinze ou vingt femmes richement parées, presque toutes jeunes et belles, occupaient chacune un fauteuil autour duquel se groupait une cour empressée et brillante.

Des saillies joyeuses, des propos grivois, des compliments ampoulés, des interrogations facétieuses, des réponses spirituelles ou burlesques se croisaient de toutes parts au milieu d'un brouhaha général.

De temps à autre cependant un grand silence se faisait, puis à ce silence succédait tantôt un tonnerre de bravos, d'applaudissements et de cris louangeux, tantôt un éclat de rire homérique et des sifflets méprisants.

Voici quelle était la cause de ce silence, suivi presque aussitôt de cet éclatant tumulte.

D'abord, cette foule qui paraissait inactive se livrait cependant à toutes les émotions du jeu.

A l'extrémité de la salle se dressait une estrade sur laquelle était placée une table. Sur cette table étaient deux urnes énormes en magnifique marbre blanc. Derrière chacune de ces urnes se tenait debout un homme à la physionomie froide et impassible, et revêtu d'une sorte d'uniforme vert et rouge.

Entre ces deux hommes, et, par conséquent, placé devant la table entre les deux urnes, on voyait assis un vieillard à l'air vénérable, et dont les regards éteints attestaient une cécité complète.

De l'autre côté de la salle, c'est-à-dire à côté de la porte d'entrée que venait de franchir le comte de Bernac, un quatrième personnage, vêtu du même uniforme que les deux premiers, debout sur l'estrade, était placé devant un petit bureau en bois de chêne, sur lequel était ouvert un grand registre.

A côté de ce registre étaient posées une écritoire, des plumes et une paire de longs ciseaux.

Le jeu que jouaient ceux qui pénétraient dans la seconde pièce s'appelait « la blanque ou jeu de blanque. »

C'était la loterie à sa première apparition en France.

Chaque personne, homme ou femme, désirant prendre part au jeu s'adressait, en entrant, à la personne placée derrière le bureau et lui remettait un écu ou une pistole, suivant les conditions imposées. Chez Jonas, la « blanque » ne se jouait qu'à une pistole la partie.

En échange de la pistole donnée, le joueur écrivait une devise, un nom, un chiffre, le signe qu'il voulait enfin, sur la feuille du registre.

Le préposé prenait ses ciseaux, découpait la partie de la feuille sur laquelle était tracé le signe, roulait le papier et le déposait dans une boîte à côté de l'écritoire, puis il transcrivait ce même signe donné par le joueur sur un petit carton qu'il remettait à celui-ci.

Ce carton portait un numéro, que le greffier traçait en double sur le papier roulé.

Le joueur entrait alors dans la salle et allait se mêler aux groupes, riant, causant, devisant en attendant le commencement du jeu.

Lorsque le nombre de billets assigné par le banquier était pris, on portait ces billets, en grande cérémonie, dans l'une des deux urnes placées sur la table de l'estrade.

Dans l'autre urne, on déposait une certaine quantité de petites boîtes cachetées, autant de boîtes qu'il y avait de billets vendus.

Alors l'aveugle plongeait à la fois ses deux mains dans les deux urnes, la main droite dans l'urne aux billets, la gauche dans celle aux boîtes, puis il retirait ensemble une boîte et un billet.

Aussitôt chacun des deux hommes se tenant debout aux deux côtés de l'aveugle s'emparait d'un objet.

Le premier lisait à haute voix la devise, le nom, le chiffre, ou montrait le signe qui se trouvait sur le papier déroulé, en prononçant d'une voix claire le numéro d'ordre.

Le gagnant s'approchait alors, remettait le carton qu'il avait reçu en échange de sa pistole, et prenait la boîte des mains du second individu, boîte qu'il était obligé, d'après les règles du jeu, d'ouvrir toute grande, afin que la foule des joueurs pût en voir le contenu.

Or, il faut dire que, sur cinquante boîtes, quarante-neuf étaient vides et une seule contenait un lot, lot d'ordinaire magnifique, il est vrai, et consistant le plus souvent en un riche bijou.

Mais enfin, d'après la règle établie, il y avait quarante-neuf perdants pour un gagnant, et le nombre des mauvaises chances l'emportant de beaucoup sur celui des bonnes, bien peu étaient favorisés par le sort.

De là ce silence dont nous avons parlé, et qui régnait dans la salle chaque fois que l'aveugle plongeait ses mains dans les urnes; ces trépignements d'enthousiasme lorsque le gagnant empochait un lot; ces rires et ces sifflets, lorsqu'il ouvrait une boîte vide.

Comme il y avait autant de boîtes que de billets, le tour de chacun arrivait successivement, ce qui rendait le jeu fort long.

Les boîtes vides s'appelaient des « blanques, » du mot italien « bianca, » parce que l'intérieur en était blanc. De là le nom par lequel on désignait ce jeu, qui faisait alors fureur dans la haute classe de la société.

A l'instant où le comte de Bernac entrait dans la salle, on venait de proclamer un lot gagnant, et les bravos éclataient de toutes parts.

XI

CATHERINE.

L'heureux joueur tenait à la main sa boîte ouverte, et montrait à l'assemblée le bijou qu'elle contenait.

Ce bijou était un magnifique nœud de corsage, comme les femmes en portaient alors, fait en pierres turquoises merveilleusement enchâssées dans une monture en or émaillé.

Aussi, parmi les cris d'enthousiasme qu'avait provoqués ce gain superbe, les exclamations des joueuses avaient-elles de beaucoup dominé les bravos des joueurs.

Le gagnant était un homme, jeune encore, de taille moyenne, mais bien fait de sa personne et doué d'une élégance remarquable.

Vêtu à peu près dans le même goût que le comte de Bernac, c'est-à-dire à la dernière mode du temps, il portait un pourpoint de satin de couleur *Espagnole malade* (nuance jaune soufré, à laquelle on avait donné ce singulier nom), des chausses de soie écarlate, et un collet de peau de senteur.

Une admirable épée toute garnie de diamants pendait à son côté.

En s'avançant au milieu de l'assemblée, cet homme, sans nul doute personnage d'importance de la cour, se trouva face à face avec le comte de Bernac qui venait d'entrer.

Il poussa une exclamation de joyeuse surprise.

— Eh! Bernac! s'écria-t-il en démenant le bras droit, en branlant la tête, en changeant de pied, en prenant enfin ces allures débanchées qui commençaient si fort à être de bon goût, et que d'Aubigné, le grand-père de la dernière et inavouée épouse de Louis XIV, a si bien décrit dans son *Baron de Fœneste*. Eh! Bernac, que te voilà brave! mon bel ami! tu es plus frais et plus épanoui qu'une rose!

— Bonsoir La Guiche! répondit le comte en tendant la main au jeune seigneur.

— Qu'es-tu devenu depuis cinq jours que tu es introuvable?

— Il a été cloîtré par sa maîtresse! répondit un gentilhomme qui venait de saluer également M. de Bernac.

— Le crois-tu, d'Herbaut?

— Par Dieu! Cette cruelle, cette rebelle ne devait-elle pas finir par rendre les armes à ce beau front, à cette moustache si bien troussée? et puis ce beau collet de peau de senteur! C'est pour en mourir!

En ce moment une jeune femme qui, depuis l'entrée de Bernac dans la salle, n'avait pas un seul instant détaché ses beaux yeux du jeune seigneur, se leva de son siége et marcha résolûment et sans la moindre apparence d'embarras vers le groupe formé autour du nouvel arrivant.

— Bonsoir, comte! dit-elle familièrement en souriant à Bernac, de façon à laisser voir tout l'éclat de l'émail de ses dents blanches et admirablement rangées entre le corail de ses lèvres entr'ouvertes.

Cette charmante personne, âgée au plus de vingt-cinq ans, du moins à en juger par la fraîcheur de son visage, était petite de taille et mignonne dans toute sa gracieuse personne.

Une magnifique chevelure brune couverte de poudre à la violette et retroussée autour d'un gros tampon sur le sommet du crâne figurait une poire volumineuse.

Eh bien! en dépit de ce dévergondage de la mode, cette femme était jolie dans toute la plus véritable acception du mot.

Ses grands yeux noirs, aux prunelles veloutées nageant dans le blanc limpide de l'œil, s'abritaient sous deux longues paupières extrêmement mobiles et frangées de longs cils d'ébène frisés et soyeux.

Son nez, fin, légèrement retroussé du bout, donnait à sa physionomie cette expression mutine et rieuse qui s'accorde si bien avec la fraîcheur de la jeunesse.

Sa bouche, bien arquée, dessinait en s'ouvrant deux fossettes coquettes et provoquantes qui se creusaient dans des joues aux contours arrondis. Son menton rond n'était pas trop déparé par la mouche qui en cachait cependant une faible partie. Enfin ses cheveux, relevés en arrière, découvraient un front pur et légèrement bombé.

La coupe du visage dessinait ces lignes harmonieuses que l'on devait admirer un siècle et demi plus tard dans les portraits de Watteau et dans ceux de Greuze.

Au salut et au sourire de sa ravissante interlocutrice, le comte de Bernac avait répondu par un clignement de paupières et par un geste de la main qui dénotaient, aux yeux de l'observateur le moins clairvoyant, une familiarité évidente.

Puis, portant à ses lèvres la blanche main qui lui était offerte :

— Bonsoir, ma reine d'amour, dit-il d'un ton moitié galant moitié railleur.

— Ah! baronne, s'écria d'Herbaut, si vous accueillez si bien Bernac, je le dirai à Roquelaure!

— En ce cas, il vous faudra aller à Bordeaux, monsieur le marquis.

— Bah! Roquelaure est donc là-bas?

— Sans doute, puisque M. d'Epernon y est, et vous connaissez bien le proverbe à propos de Roquelaure et d'Epernon, les deux inséparables : Qui toque l'un toque l'autre!

— Silence, messieurs! dit d'Herbaut. Voici l'aveugle qui va tirer un nouveau billet.

Effectivement, les conversations se turent subitement dans toutes les parties de la salle et l'attention de l'assemblée entière se porta vers le bureau placé au fond sur l'estrade.

L'aveugle venait de plonger ses deux mains dans les deux urnes et d'en retirer un billet roulé et une boîte. Les deux préposés s'emparèrent aussitôt des objets tirés, et l'on proclama le numéro et la devise.

L'un et l'autre correspondaient au carton que tenait à la main le marquis d'Herbaut. Le gentilhomme s'avança vivement.

— A moi! dit-il.

Le second employé lui remit la boîte.

D'Herbaut, le regard ému, ouvrit le couvercle; mais il poussa une sourde exclamation et fit une légère grimace.

La boîte était vide : c'était une « Blanque. »

Aussitôt les rires, les sifflets, les bravos ironiques, les railleries et les quolibets éclatèrent de toutes parts. Le tumulte résultant de ce nouveau tirage avait déplacé ou disjoint les groupes de causeurs.

Le comte de Bernac, se reculant un peu en arrière, laissa d'autres gentilshommes se placer entre lui et son ami La Guiche, et faisant un signe imperceptible à la jeune et jolie femme dont nous avons parlé, il gagna lentement l'embrasure de l'une des fenêtres ouvrant sur la rue.

La jeune femme l'avait suivi, et là, isolés tous deux, ils parurent s'être ménagé un tête-à-tête.

XII

LA COQUETTE.

— L'affaire marche-t-elle? dit vivement le comte, mais à voix tellement basse, que sa compagne dut deviner plutôt qu'entendre cette question.

— A merveille! répondit-elle sur le même ton.

— Vous êtes sur les traces?

— J'ai levé l'animal et je l'ai fait suivre jusque dans sa bauge.

— Très-bien! c'est lui que je soupçonnais?

— Lui-même.

— Vous ne vous trompez pas?

— Aucunement.

— Alors nous pourrons agir?

— Quand vous voudrez!

— Cette nuit, en ce cas!

— Cette nuit si cela vous convient.

— Le duc est absent?

— Il est parti à huit heures et ne rentrera pas avant le jour.

— A merveille, mais comment avez-vous pu vous mettre sur ses traces?

— J'ai fait agir et parler M. de Bellegarde, son ami et son compagnon.

— Vous êtes une véritable sirène, Catherine, et la plus adroite créature que je connaisse.

— Est-ce un compliment?

— C'en est même deux.

— Je le prends comme tel.

— Maintenant, veuillez m'écouter...

— J'écoute.

M. de Bernac, avant de poursuivre la conversation, retroussa sa moustache et jeta autour de lui un regard désœuvré en apparence, mais, en réalité, d'une investigation profonde.

Puis, voyant que quelques têtes étaient çà et là curieusement tournées de son côté, il se redressa sur ses hanches, prit une pose avantageuse, et saisit dans les siennes l'une des mains de sa gracieuse interlocutrice.

Celle-ci parut comprendre par une intuition merveilleuse la pensée et l'intention du jeune seigneur, car elle lui lança, en inclinant légèrement la tête de façon à la tourner vers l'assemblée, une œillade assassine, et elle s'appuya contre le montant de la fenêtre de la façon la plus coquette.

Pour tous, le jeune homme et la jeune femme semblaient goûter les charmes d'un amoureux entretien.

— M. d'Aumont est sur le champ de Foire, dit Bernac sans plus élever sa voix qu'il ne l'avait fait, mais en se penchant vers sa compagne comme s'il lui eût glissé à l'oreille la phrase la plus passionnée.

— Le prévôt de Paris! fit Catherine en souriant de son plus coquet sourire.

— Lui-même.

— Et que vient-il faire ici?

— Vous ne le devinez pas?

— Non?

— Il vient opérer l'arrestation de La Chesnaye.

— En vérité? fit Catherine en tressaillant.

— Du moins, telle est son intention.

— Et... croyez-vous qu'il réussisse?

— Franchement, je ne le crois pas!

— Ce pauvre prévôt! dit la jeune femme en riant sans la moindre contrainte. Ce capitaine La Chesnaye lui fera tourner la tête!

— En attendant, il faut agir, vous comprenez?

— Parfaitement.

— Les pistes sont croisées, mais enfin...

— Précaution est mère de sûreté? interrompit la belle Catherine.

— Précisément.

— Eh bien! nous allons agir... Où sont-ils?

— Où vous savez.

— Aux endroits convenus ce matin?

— Oui.

— Très-bien... reposez-vous-en sur moi.

— Chère baronne, ma belle reine, dit à haute voix le comte en voyant La Guiche et d'Herbaut qui s'approchaient de la fenêtre où il causait avec Catherine, vous êtes bien la plus fière, la plus cruelle, la plus désespérante fille d'Ève que j'aie jamais rencontrée!

— Et vous, comte, le plus entreprenant des gentilshommes comme vous en êtes aussi le plus coureur d'aventures et le moins fidèle poursuivant d'amour! répondit en minaudant la jolie baronne.

— Oh! oh! par Notre-Dame! vous voici en querelle réglée, mes beaux oiseaux d'amour! dit La Guiche en se dandinant plus que jamais.

— A mon secours, chevaliers! dit Catherine en riant aux éclats.

— Quoi, belle dame! courez-vous un danger?

— Un grand, dont Dieu me garde!

— Lequel? demanda d'Herbaut.

— Celui dont me menace le comte!

— Et! par saint Jacques! qu'est-ce donc?

— Il me menace de me voler mon cœur, sous prétexte que j'ai pris le sien!

— Cela est donc vrai?

— Si cela est, je vous jure que j'ai commis ce crime sans la moindre intention.

— Oh! baronne! dit La Guiche en prenant la main droite de son interlocutrice, tandis que, de la gauche, la jeune femme portait son mouchoir vers le haut de son visage comme pour l'abriter. Oh! baronne! m'est avis que vos paroles cachent un bel et bon mensonge. Vous cachez votre figure pour dissimuler votre sourire, et vous voilez sous la broderie de ce mouchoir l'éclat de vos yeux sans pareils, pour nous empêcher de lire dans votre regard.

— Vous vous trompez, chevalier! dit Catherine en se découvrant le visage et en dardant sur le gentilhomme le rayon fascinateur de sa noire prunelle. Si je porte mon mouchoir à mes yeux, c'est que ces lumières me font mal.

Et du geste, elle indiqua un candélabre à six branches, lequel, placé qu'il était contre la fenêtre, derrière le comte de Bernac, inondait de lumière la jeune femme et ceux qui l'entouraient.

— Ces lumières vous font mal? répéta La Guiche.

— Horriblement!

— Alors, il faut les enlever...

— C'est ce que M. de Bernac n'a pas eu la galanterie de me proposer.

— Je vais appeler un valet, dit d'Herbaut.

— Cela sera bien long! fit Catherine en souriant.

— Faut-il donc l'enlever moi-même? demanda La Guiche en désignant le candélabre.

— Je n'osais vous le dire, mais je serais heureuse d'être, une fois ma vie, servie par vous, chevalier!

— Coquette! dit La Guiche en riant.

— Non! dites capricieuse, si vous voulez.

— Un caprice énoncé par une aussi jolie bouche est un ordre auquel on ne saurait refuser d'obéir. Je vais porter ce candélabre dans l'autre pièce.

— Non, dit vivement Catherine, placez-le, derrière moi, à côté de celui qui est devant l'autre fenêtre.

Et elle désigna la seconde croisée à laquelle elle tournait le dos, et dont l'embrasure était effectivement garnie d'un candélabre semblable à celui de l'éclat duquel se plaignait la baronne.

— J'obéis, reprit le chevalier, mais à une condition.

— Laquelle?

— C'est qu'en échange du service que je vous rends, vous porterez ce bijou en souvenir de moi.

Le gentilhomme présenta la boîte renfermant le nœud de corsage en turquoise qu'il avait gagné.

— Vous vendez cher vos services, chevalier! dit en riant la baronne.

Et de sa main mignonne elle prit le précieux joyau.

La Guiche enleva le lourd candélabre d'un bras nerveux et le porta vers l'endroit indiqué.

D'Herbaut se recula pour lui livrer passage.

Ce double mouvement eut pour résultat d'isoler de nouveau, et durant quelques secondes, le comte et la baronne. Bernac se rapprocha vivement :

— Eh bien ! dit-il.

C'est fait ! répondit Catherine.

— Quoi ?

— Dans deux minutes ils seront prévenus et le prévôt peut agir.

— Ainsi, ce déplacement de candélabre était un signal ?

Catherine ne répondit pas, mais elle cligna vivement ses beaux yeux.

— Adorable ! fit le comte en baisant ardemment l'une des mains de la jeune femme.

— Par la mordieu ! vous me faites jouer un joli rôlet, comme disait le feu roi Charles IX , s'écria avec un ton marqué de mauvaise humeur et de dépit M. de La Guiche qui se retournait précisément en cet instant.

— Mort de ma vie ! on jurerait que tu vas te fâcher, chevalier, dit le comte avec un accent de raillerie dédaigneuse.

— On jugerait peut-être avec vérité, comte de Bernac !

— Par Notre-Dame ! à ton aise !

Il y avait dans le ton dont ces paroles furent prononcées, un accent de provocation tel, que le chevalier tressaillit et dressa la tête comme un cheval de guerre au son de la trompette.

— Mordieu ! fit-il, on dirait que tu cherches un coup d'épée ?

— Et si je le cherchais effectivement ?

— Tu l'aurais trouvé !

— Alors, demain au Pré-aux-Clercs ?

— A dix heures ?

— A dix heures.

— Tu as tes seconds ?

— Je les aurai !

— Très-bien !

Et les deux gentilshommes se toisèrent un moment du regard.

— Admirable ! s'écria d'Herbaut ; je ne savais justement que faire de ma matinée. La Guiche, je serai ton second.

Un duel entre gentilshommes était alors chose si ordinaire, si commune, une rencontre, où la mort s'ensuivait parfois, avait lieu sous des prétextes si légers, si futiles, qu'aucun de ceux des assistants qui entendirent la conversation précédente n'y accorda la moindre attention.

D'ailleurs La Guiche, Bernac et d'Herbaut continuèrent à causer avec Catherine comme si de rien n'était, et la jeune femme, cause évidente du duel arrêté, ne songea même pas à interrompre le cours de ses coquetteries provoquantes.

L'aveugle venait de plonger pour la troisième fois ses mains dans les urnes, et le silence s'établit comme d'ordinaire subitement au milieu de l'assemblée bruyante.

Neuf heures et demie retentirent en ce moment à une horloge voisine.

L'attention de MM. de La Guiche et d'Herbaut s'était reportée vers l'estrade. Catherine en profita pour se rapprocher encore du comte.

— Pourquoi avoir provoqué le chevalier ? dit-elle.

— Pour me battre ! répondit Bernac.

La baronne haussa ses épaules blanches, rondes et potelées, et fit une petite moue d'impatience.

— La cause réelle de ce duel ? demanda-t-elle sans se retourner vers son interlocuteur, et en étouffant à demi ses paroles sur l'éventail à miroir garni de plumes blanches qu'elle portait attaché à son corsage par une chaîne d'or émaillé.

— Vous voulez la connaître ?

— Oui, dit-elle à voix plus haute au milieu du tumulte que venait de provoquer l'annonce d'un lot gagnant.

Eh bien ! c'est...

Le comte n'eut pas le temps d'achever.

— Tiens ! voici le prévôt de Paris, s'écria subitement, et avec un étonnement manifeste, le marquis d'Herbaut, en désignant de la main le magistrat qui venait effectivement d'apparaître à l'entrée de la salle réservée au jeu de la blanque.

— Votre bon ami, M. d'Aumont, comte de Bernac, ajouta Catherine en souriant. A propos, quand épousez-vous sa fille, la belle Diane, dont on dit des merveilles ?

Le comte ne répondit pas ; mais il lança un regard sévère à la baronne.

— Oh ! oh ! fit-elle.

Un grand tumulte et un grand mouvement venaient de s'opérer dans les trois salons de jeu.

— Que personne ne sorte ! dit le prévôt d'une voix vigoureusement accentuée. Au nom du roi, notre maître, je l'ordonne ! Gardes, surveillez les issues !

LA LOGE DU ROTISSEUR.

La foire Saint-Germain ayant le droit, par privilège exclusif, de ne fermer qu'à onze heures du soir, c'est-à-dire trois heures après que le couvre-feu d'hiver avait fait éteindre les lumières de tous les autres quartiers de Paris, était, à neuf heures du soir même, dans toute son animation.

Le point central surtout, là où se dressaient les théâtres, où s'ouvraient les loges des taverniers, rôtisseurs, confiseurs, orfèvres, marchands de modes et d'objets de curiosité et d'art, tous ces industriels, enfin, qui aiment à étaler leurs produits sous les reflets des lumières factices, était dans tout l'éclat de sa splendeur.

De même que dans les salles de l'académie de jeux de blanque, toutes les classes de la société se pressaient confusément dans les rues étroites bordées de boutiques splendidement illuminées.

Le point central de la foire était formé par une petite place séparant les deux grandes halles, et résultant de la rencontre de quatre travées qui en faisaient chacune un côté différent.

Là se dressaient les deux théâtres de la foire, établis par des comédiens ambulants, lesquels, d'après une sentence du lieutenant civil à la date du 5 février 1596, devaient payer chaque année la somme de deux écus aux confrères de la Passion, en possession du privilège exclusif des théâtres de Paris.

Le prix des places, dans chaque salle de spectacle, n'était pas alors hors de l'atteinte des bourses les moins bien garnies.

Le parterre se payait cinq sous et les loges dix sous par place.

Chose remarquable, et qui fait remonter l'application de la censure théâtrale aux premiers temps même du théâtre, il était interdit alors aux comédiens de représenter aucun pièce sans l'avoir préalablement communiquée au procureur du roi (magistrat remplissant alors les fonctions du minis

Isolés tous deux, ils parurent s'être ménagé un tête-à-tête. — Page 22, col. 2.

tère public près les juridictions subalternes) et sans l'avoir fait revêtir de son approbation.

En face, et tout autour de ces salles de théâtres, s'étalaient les boutiques des taverniers, confiseurs, rôtisseurs et orfévres.

Tout un public, celui composé des flâneurs, des buveurs, des amateurs de théâtre, des promeneurs désœuvrés, auxquels se joignaient nombre de mendiants et de vauriens, affluait vers ce point central de la foire.

Les tavernes et les rôtisseries étaient encombrées, les loges des orfévres et des confiseurs étaient obstruées par la foule qui s'entassait à leurs abords.

Tout un cercle de curieux entourait chaque boutique.

L'une d'elles surtout, la loge d'un orfévre, située la seconde dans la première rue aboutissant à la place, attirait la cohue par son splendide étalage.

Au premier rang de cette cohue, le front collé sur les vitrines protectrices (luxe de devanture que possédaient seuls les orfévres et que nécessitait leur propre sûreté), se tenait un petit homme de petite taille, assez vilainement vêtu, au front bas, aux yeux fuyant le regard, au nez tellement aplati et tellement retroussé, qu'il semblait plutôt une tache qu'un point saillant au milieu du visage.

Près de cet homme, appuyant son bras sur le sien, était une femme grande, sèche, maigre, à la tête allongée en forme de coin, emmanchée sur un cou d'une longueur démesurée.

Il y avait une telle disproportion de taille entre eux, la femme était si grande, l'homme si petit, que, loin d'avoir l'air de s'appuyer sur le bras de son compagnon, la femme semblait prête à emporter celui qu'elle tenait au bout de sa main osseuse.

Tous deux étaient absorbés dans la contemplation des richesses étalées par l'orfévre.

— Oh! Mathias le Camus, disait la femme, vois donc ces belles plaques de corsage!

— Et ces épingles de cheveux, Jacqueline la Longue, répondait Mathias, qu'en dis-tu?

— Je dis que je voudrais bien les avoir avec ces beaux boutons verts!

— Et moi je voudrais bien pouvoir te donner tout cela, Jacqueline, dit Mathias avec un soupir; peut-être alors croirais-tu à mon amour et te montrerais-tu moins inhumaine!

La femme sourit en ouvrant une bouche énorme fort mal garnie de dents longues et larges, ébréchées et inégales.

— Ah! si tu me donnais seulement un bijou! dit-elle.

— Lequel te plairait, ma mignonne? demanda Mathias en se rapprochant de la porte fermée sur laquelle il s'appuya.

— Tous! répondit Jacqueline.

— Hélas! fit Mathias le Camus, cela me désole de ne pouvoir contenter ton envie ! Allons-nous-en, Jacqueline la Longue !

— Allons-nous-en, Mathias le Camus !

Et l'homme et la femme, poussant de profonds soupirs, se retournèrent pour passer au milieu de la foule.

— La belle ribaude ! pour la parer de bijoux, dit un écolier en riant. Elle est plus décharnée que le squelette dont le recteur nous a fait cadeau !

Mathias et Jacqueline s'étaient éloignés.

— As-tu fait ? demanda Jacqueline.

— Oui, répondit Mathias.

Et ouvrant sa main droite il fit voir un morceau de cire sur lequel était l'empreinte de la serrure de la porte de l'orfévre.

— Alors j'aurai les bijoux ? ajouta Jacqueline avec joie.

— Tu les auras.

— Qui t'aidera à faire le coup !

— Talbot le Bossu et le grand Coërce en personne.

— La charité, mon bon monsieur et ma bonne dame, dit une voix nazillarde qui semblait sortir de terre. N'oubliez pas le pauvre infirme disgracié par la nature... La charité !...

Celui-ci, qui implorait ainsi une aumône des nombreux promeneurs, était accroupi sur le sol à quelques pas de la loge de l'orfévre.

Une horrible déviation de la colonne vertébrale tordait le corps du malheureux, lequel se traînait péniblement sur deux jambes grêles et chétives. Une tête énorme essayait en vain de surmonter la poitrine ou plutôt la bosse dans laquelle elle disparaissait presque entièrement.

— La charité ! cria le mendiant au moment où Jacqueline et Mathias passaient devant lui.

Mathias étendit la main à la hauteur du chapeau qui s'avançait vers lui.

— Merci ! mille grâces, mon bon monsieur, mille bénédictions sur vous et sur la belle dame ! nazilla le mendiant, en prenant vivement dans son feutre graisseux l'objet que venait d'y déposer Mathias.

— L'heure ? fit à voix basse Mathias sans arrêter sa marche.

— Minuit ! cour des Miracles ! répondit le bossu.

Puis il reprit aussitôt en élevant sa voix :

— La charité, mes bons messieurs ! La charité, mes bonnes dames !

C'était l'empreinte de la serrure prise que Mathias avait glissée dans le chapeau du mendiant.

— Maintenant, dit-il à Jacqueline, laissons faire Talbot le Bossu.

— Et s'il fait le coup tout seul ? dit Jacqueline avec inquiétude.

— Il n'oserait. Les rois de la cour des Miracles nous protégent et les argotiers ne se volent pas. D'ailleurs le grand Coërce est de moitié avec nous.

— Oh ! la bonne odeur de rôtisseries ! fit Jacqueline en dilatant les vastes narines de son nez crochu.

Elle et Mathias longeaient alors effectivement la loge d'un rôtisseur. Cette loge, la dernière de la rue et qui faisait suite à celle de l'orfévre, portait sur un écriteau qui décorait le dessus de sa porte le numéro 27. Elle resplendissait de bruit et de lumière.

Il était alors neuf heures et quelques minutes.

Des tables dressées tout autour de la pièce et accompagnées de bancs et de tabourets étaient garnies de consommateurs, les uns soupant joyeusement, les autres jouant aux dés ou aux cartes le prix du repas que l'on venait d'absorber ou de celui que l'on s'apprêtait à commander.

Sur le point de la salle le plus proche de la porte, étaient attablés quatre hommes qui paraissaient causer avec cet entrain et cette animation qu'expliquent toujours, vers la fin d'un repas, l'abondance des bouteilles vides et les verres encore pleins des convives.

Trois de ces hommes semblaient par leur mise et par leurs manières appartenir à l'une des honorables corporations de la bourgeoisie parisienne.

Le quatrième, d'allures plus brusques, de ton plus fier, de gestes plus hardis, décelait dans toute sa personne les habitudes et les usages de la vie militaire.

Le premier des bourgeois, celui placé au centre de la table, portait un costume de drap gris argenté de noir, un chapeau de même nuance que le pourpoint et les grègues, bas de forme et large de bords, orné d'une aigrette noire, et, contre l'usage des gens de sa classe, mais par mesure de précaution sans doute, une dague au manche de fer passée dans la ceinture de cuir noir qui lui serrait la taille.

Des flots de cheveux noirs, s'échappant de dessous la forme du chapeau, flottaient autour de la tête et tombaient épais jusque sur le col rabattu de la chemise.

Une barbe épaisse, mal peignée, couvrait la partie inférieure du visage, ne laissant apercevoir que les pommettes des joues dont la peau mate tranchait nettement avec la couleur foncée et luisante de la barbe et de la chevelure.

Un nez droit, de forme romaine, aux narines mobiles, surmontait les moustaches, et, malgré l'ombre projetée par les larges bords de la coiffure, on pouvait distinguer des sourcils fins et bien dessinés, s'arrondissant en forme d'arc au-dessus de deux yeux remarquablement beaux, de couleur brune et aux paupières bordées de cils touffus.

Cet homme paraissait âgé d'au moins quarante ans.

Ses deux compagnons, plus jeunes de quelques années seulement, étaient vêtus l'un d'un costume en drap brun foncé, l'autre d'un pourpoint et de grègues en drap bleu.

Tous deux, quoique les traits de leur visage fussent différents, quoique l'un fût roux de barbe et de cheveux et l'autre châtain foncé, avaient un même cachet dans leurs manières qui, nous le répétons, paraissaient être celles de bourgeois aisés en quête d'une soirée de plaisir.

Le quatrième personnage, celui à la tournure militaire, avait un pourpoint bleu galonné de blanc et des grègues pareilles.

Un chapeau noir à plumes lui couvrait la tête, et de grandes bottes protégeaient ses jambes nerveuses.

De taille moyenne, sec et vif dans ses mouvements, l'œil hardi, la physionomie expressive, la moustache blonde fièrement troussée, il parlait, gesticulait avec un aplomb et une rapidité décelant l'extrême confiance qu'il avait en lui.

Une longue épée, dont l'extrémité traînait à terre, s'appuyait contre le siège sur lequel le soldat était assis.

La conversation, avons-nous dit, était fort animée entre ces quatre personnages.

— Comme cela, mon digne archer, mon excellent monsieur Giraud, disait le plus âgé des bourgeois, en choquant son verre contre celui du soldat, comme cela vous portez une haine sans égale à ce bandit dont nous parlons ?

— A La Chesnaye ? s'écria l'archer en frappant sur la table : c'est-à-dire que je le déteste de toute la puissance de mon âme et que je donnerais la moitié de ce qui me reste à vivre pour me trouver, fût-ce l'espace d'une demi-seconde, face à face avec lui !

— Vous ne l'avez donc jamais rencontré dans vos excursions ?

— Jamais, mon cher monsieur Babin...

— Mais vous avez bien dû avoir son signalement ?

— Peuh ! le drôle change de peau chaque jour, et j'ai

ntre mes mains plus de cinquante renseignements con-
aires. Aussi n'y crois-je plus, aux signalements; mais ce
ne je crois fermement, ce dont je suis sûr et convaincu,
'est que je trouverai ce bandit!

— Vous?

— Moi-même! fit Giraud avec une extrême assurance.

— Quoi! vous vous chargeriez de cette capture si im-
ortante?

— Certes! et je n'ai même quitté le service de la prévôté
e Rouen, je ne suis venu à Paris que dans cette louable
ntention. Qu'en pensez-vous?

— Je pense que si vous réussissez, vous rendrez un
norme service aux honnêtes gens.

— Et à moi-même.

— Mais, franchement...

— Franchement... quoi?

— Je doute que vous réussissiez.

— Pourquoi?

— Parce que toute la maréchaussée et toute la police du
royaume ont échoué dans cette tâche depuis plus d'une
année!

— La maréchaussée et la police obéissent au simple sentiment du devoir, et moi, aujourd'hui, j'obéis à trois sentiments qui ne pardonnent pas et qui font accomplir des
miracles : la haine, l'amour et le désir de la vengeance.
Comprenez-vous? Ce qu'ils n'ont pu faire, je le ferai.

— Votre assurance me fait plaisir, mon cher Giraud,
mais je ne comprends pas pourquoi vous haïssez La Chesnaye si mortellement.

— Mortellement est le propre mot, répéta l'archer en
fronçant ses épais sourcils fauves.

— Il vous a donc offensé personnellement?

— Oh!... fit Giraud en levant le poing vers le ciel
comme pour le prendre à témoin du serment de vengeance
qu'il faisait tacitement.

M. Babin remplit le verre de l'archer et le poussa à boire,
ce qui, nous devons l'avouer, ne lui fut aucunement difficile.

— Cordieu! murmura à l'oreille de Babin le bourgeois
assis à sa gauche, il a eu la langue dure à délier; mais je
crois enfin que la chose est faite et que nous allons savoir
ce qu'il faut que nous sachions.

M. Babin fit un signe affirmatif et se retourna vers l'archer, lequel avait vidé son verre sans s'apercevoir de ce
mouvement des deux convives.

Les vapeurs du vin d'Anjou envahissaient rapidement le
cerveau de l'archer.

Jacqueline la Longue et Mathias le Camus s'étaient arrêtés en face de la rôtisserie dont les émanations engageantes avaient si fort attaqué les nerfs olfactifs de Jacqueline.

Tallebot le Bossu, implorant toujours à haute et nazillarde voix la charité des passants, s'était traîné à la suite
des deux autres.

Jacqueline regardait çà et là les toilettes des femmes qui
se promenaient dans la foire.

Mathias et Tallebot, tout en paraissant examiner l'intérieur de la loge du rôtisseur, ne quittaient pas de l'œil le
personnage que l'on venait de désigner sous le nom de
maître Babin.

Celui-ci ne semblait pas accorder la moindre attention
aux deux hommes.

Par un mouvement naturel, il posa ses deux coudes sur
la table et pencha son front sur ses mains élevées. Une
mèche de ses longs cheveux tomba en avant. Babin prit
cette mèche dans ses doigts effilés, joua quelques instants

avec elle sans mot dire, puis, la séparant en deux, il en dirigea les deux extrémités l'une à droite, l'autre à gauche.

Cette action était si simple qu'elle ne pouvait soulever
la moindre attention. M. Babin releva aussitôt la tête. Tallebot et Mathias venaient d'échanger un regard intelligent
et rapide.

Mathias le Camus reprit le bras de Jacqueline la Longue
et l'entraîna en se dirigeant vers la gauche.

— Ma mignonne, lui dit-il, tu n'auras pas encore cette
nuit les bijoux que je t'ai promis.

— Pourquoi? demanda Jacqueline.

— Parce qu'il y a autre chose à faire; mais ne crains
rien, demain est le fils d'aujourd'hui, et il hérite de son
père!...

Tallebot le Bossu recommença son refrain habituel, et,
tournant sur lui-même avec une difficulté qui faisait peine
à voir, il remonta la rue en gagnant à droite.

M. Babin reprit la bouteille à demi pleine, sans même
donner un coup d'œil aux trois personnages qui s'éloignaient, et remplit de nouveau le verre de ses compagnons
et le sien.

XIV

L'ARCHER DE ROUEN.

— Voyons, mon digne ami, reprit Babin d'un ton insi-
nuant et en choquant son verre contre celui de Giraud,
faites-nous vos confidences jusqu'au bout. Nous sommes
tous trois bons bourgeois de Paris, fort peu habitués aux
récits émouvants tels que doit les faire un brave soldat
comme vous l'êtes, et ces récits nous intéresseront au plus
haut point, je vous l'affirme. Voyons! dites-nous pourquoi
vous en voulez si fortement à celui que vous nommez le
capitaine La Chesnaye?

— La Chesnaye, répéta Giraud en passant la main sur
son front comme pour écarter les vapeurs qui voilaient son
cerveau.

— Oui!

— La Chesnaye est un misérable!

— Très-certainement! répondit le bourgeois de Paris.

— Un brigand! ajouta Giraud.

— Sans contredit!...

Sous l'influence du vin capiteux qu'il avait bu et que lui
avait évidemment versé Babin avec une intention perfide,
de l'animation de la conversation, de l'atmosphère énervante
qui régnait dans la salle et de la colère que ses propres pensées faisaient naître, Giraud avait atteint rapidement les
limites voisines de l'ivresse complète.

Son visage empourpré offrait les teintes du rouge le plus
vif et le plus ardent.

Un moment il demeura muet, la tête dans ses mains et
les coudes sur la table.

— Vous l'aurez fait trop boire! murmura le voisin de
droite, dont les paroles furent étouffées par le bruit régnant
dans la loge.

M. Babin fit un signe négatif, puis prenant la main de
Giraud :

— Vous disiez donc, reprit-il d'une voix de plus en plus
insinuante, que ce La Chesnaye vous avait offensé?

— Écoutez, dit tout à coup l'archer qui, par suite de l'un

de ces effets inexplicables de l'ivresse, parut durant quelques instants avoir reconquis tout son calme et tout son sang-froid. Ecoutez! il y a dans la forêt de Maromme, près Rouen, un château appartenant au marquis d'Assigny de Motteville.

Au nombre des gens de service du château, se trouvait un jardinier qui avait une nièce.

Cette nièce, nommée Jeanne, habitait Rouen, et était la plus belle fille de la ville. Un grand nombre d'adorateurs la poursuivaient avec force protestations d'amour.

Parmi ces adorateurs, était un archer de la prévôté qui se nommait André. Cet André était bien un peu libertin, un peu trop gai compagnon peut-être, mais au demeurant c'était un homme brave, hardi, et je puis dire intelligent et actif.

Jeanne avait écouté André lui parler de mariage, mais quand, sur son autorisation, car elle l'aimait aussi, du moins le lui avait-elle dit et le croyait-il, quand, sur son autorisation, la demande fut portée à l'oncle, celui-ci refusa, et, de plus, emmena sa nièce au château du marquis d'Assigny. Vous comprenez?

— A merveille! répondit le bourgeois de Paris.

Giraud passa la main sur son front vermillonné et ruisselant de sueur.

— Voulez-vous boire? demanda M. Babin en levant une bouteille.

— Non! répondit l'archer, plus de vin! De l'eau, maintenant!

Et, saisissant une grande cruche que portait un garçon, il se versa une large rasade d'eau claire qu'il but avidement.

— Alors? reprit M. Babin.

— Alors, continua l'archer, André fut au désespoir, mais ce n'était pas un garçon à se laisser abattre facilement.

Plus d'une fois il s'était aventuré dans la forêt de Maromme, s'était approché du château dans l'espoir d'apercevoir sa fiancée de quelque élévation voisine; mais, après une longue attente, il lui avait fallu battre en retraite. Jeanne restait invisible, cachée qu'elle était par les hautes murailles du manoir.

Une circonstance cependant vint en aide à l'amoureux désolé.

Un jour qu'il revenait tristement d'une excursion dans la forêt, il fit la rencontre de bûcherons dont plusieurs lui étaient connus. Il apprit que ces hommes, plus heureux que lui, avaient entrée franche dans le château, étant souvent requis par le jardinier pour les fortes corvées.

André savait écrire, et même à l'occasion il composait une chanson tout comme son compatriote Olivier Basselin de Vire.

Un des bûcherons se chargea de remettre à Jeanne les lettres de l'archer, mais la moitié des difficultés était seule vaincue, car si Jeanne savait lire, elle ne savait pas écrire, et par conséquent elle ne répondait que verbalement à son adorateur quelques mots que le bûcheron messager oubliait en route ou dénaturait dans son insouciance.

André, de plus en plus furieux et désolé, se laissa peu à peu aller à l'exaltation de son esprit, exaltation qui effrayait Jeanne au plus haut degré.

Il ne parlait de rien moins que de recourir au rapt, et, s'il le fallait, à l'incendie du château, à toutes les violences enfin pour recouvrer un bien qu'un oncle cruel n'avait pas le droit de lui refuser.

Dans la dernière épître qu'il écrivit, surtout, il sommait Jeanne de prendre la fuite et lui annonçait que la nuit suivante, à trois heures du matin, il viendrait l'attendre sous les murs du manoir avec quelques-uns de ses amis, et que

si elle ne venait pas, il se sentait capable de se livrer aux dernières extrémités.

Ici le narrateur fit une pause nouvelle pour avaler un second verre d'eau.

L'action bienfaisante du liquide agissait sans doute rapidement, car l'ivresse à laquelle Giraud avait été un moment sur le point de succomber semblait être presque complétement dissipée.

Les trois bourgeois l'écoutaient avec cet intérêt marqué, toujours flatteur pour celui qui parle.

Aussi, fut-ce sans se faire prier, que l'archer reprit :

— Il faut que vous sachiez maintenant, que quelques jours auparavant, ce maudit La Chesnaye avait, à la tête d'une partie de sa bande, eu maille à partir avec la maréchaussée et la prévôté de la province.

André ne faisait pas partie du détachement qui se battit.

Comme cela n'arrivait que trop souvent, les troupes du prévôt eurent le dessous, et plus de trente archers furent faits prisonniers par les brigands qui les emmenèrent avec eux.

Or, ce même soir où Jeanne avait reçu d'André la lettre dont je vous ai parlé, elle était remontée plus tôt que de coutume dans sa petite chambre placée au-dessus du logis de son oncle.

Elle s'était mise à la fenêtre qui donnait sur une des grandes routes de la forêt, et elle maudissait son ignorance qui ne lui permettait pas de répondre aux lettres de son fiancé, pensant qu'un mot d'elle eût peut-être suffi pour ramener la raison dans l'esprit égaré de l'archer.

Tout à coup il lui sembla apercevoir sous les arbres de la forêt, malgré l'obscurité naissante, comme un reflet d'armes, puis elle vit distinctement une petite troupe d'hommes.

Bientôt elle reconnut l'uniforme de la maréchaussée que portait André, et elle compta trente archers conduits par un homme enveloppé d'un vaste manteau qui lui parut être son amoureux en personne.

Pensant qu'André mettait son projet à exécution, mais qu'il avait devancé l'heure dans son impatience, croyant que ses camarades lui prêtaient main-forte, elle se sentit prise d'une alarme si vive, qu'oubliant toute prudence, elle quitta sa chambre, descendit, traversa les cours et monta sur les remparts.

Les archers arrivaient précisément alors au pied des murailles.

— André, est-ce toi? demanda-t-elle avec une anxiété profonde.

— Oui, répondit-on à voix basse.

— Je t'en conjure, renonce à ton projet!

— Non! répondit encore la voix en baissant le ton davantage.

— Mais il y aura bataille avec les gens du château. Tu seras blessé, tué peut-être.

On ne répondit pas.

— Eh bien! reprit-elle avec désespoir, puisque rien ne peut te fléchir, je vais partir avec toi!

Et, saisissant une corde laissée par mégarde sur le rempart, elle l'attacha à l'un des créneaux, et, se recommandant à Dieu, elle se laissa glisser à terre.

Deux bras vigoureux l'enlevèrent avant qu'elle n'eût touché le sol et placèrent son visage sous un rayon de la lune qui venait d'apparaître derrière un nuage.

— Quelle est cette colombe qui vient ainsi se jeter dans nos serres? demanda une voix rude.

— Horreur! cria Jeanne ; ce n'est pas lui!

— Eh! fit une autre voix, c'est la belle Jeanne, l'amoureuse de l'archer André.

— Silence! fit une voix plus rude encore que celle de

l'homme qui avait parlé le premier. Prenez cette femme, garrottez-la, et bâillonnez-la.

Le personnage qui venait de donner ses ordres du ton le plus impératif était celui qui portait un manteau et qui paraissait être le chef de la petite troupe.

Jeanne voulut crier, mais déjà un morceau d'étoffe empêchait les sons de sortir de sa gorge ; elle voulut se débattre, mais ses mains blanches et ses petits pieds étaient énergiquement serrés sous l'action d'une corde solidement attachée.

Un homme la prit et la porta dans un fourré voisin, puis il revint rejoindre ses camarades.

Eh bien ! messieurs, continua Giraud en frappant sur la table avec une rage frémissante, ces archers étaient de faux archers.

C'étaient des voleurs de la bande maudite revêtus des costumes arrachés à leurs prisonniers, et celui qui les commandait n'était autre que La Chesnaye en personne.

Le bandit conduisit ses hommes à la porte du château et frappa avec violence.

— Au nom du roi Henry quatrième, s'écria La Chesnaye à voix haute, nous, lieutenant du prévôt de Rouen, enjoignons aux habitants du château de nous laisser faire enquête de justice en ce manoir.

Le marquis d'Assigny était absent. Son intendant accourut en toute hâte.

— Qui cherchez-vous, messieurs ? demanda-t-il à celui qu'il prenait pour un officier de la prévôté.

— Nous cherchons le capitaine La Chesnaye que nous savons être en ce moment réfugié ici.

XV

MAITRE GIRAUD.

— L'intendant, continua Giraud, affirma qu'aucun indice ne justifiait le soupçon de protection accordée par les habitants du château à un chef de brigands ; mais le soi-disant officier de la prévôté insista en disant qu'il n'avait point à commenter les ordres qu'il avait reçus, mais bien à les exécuter sur l'heure, et, pour ce faire, il enjoignit à l'intendant de lui faire à l'instant ouvrir les portes du manoir.

Le pont-levis du château d'un gentilhomme ne s'abaisse pas facilement, messieurs, vous le savez, et le nom de la justice n'est pas toujours suffisant pour avoir accès dans une demeure seigneuriale. Aussi l'intendant ne se pressait nullement d'obéir, et peut-être bien même eût-il laissé de l'autre côté des fossés ceux qu'il prenait pour des archers de la prévôté de Normandie, lorsque La Chesnaye tira de sa poche une lettre qu'il fit passer à l'intendant, le priant d'en prendre connaissance.

Cette lettre, contre-signée du prévôt de Rouen, revêtue du sceau de la ville, était du marquis d'Assigny de Motteville lui-même.

Par cette missive, le gentilhomme enjoignait à tous ses gens, domestiques, vassaux, écuyers, officiers et autres, de se conformer, sans opposition, à tout ce qu'il plairait à l'officier de la prévôté d'ordonner et de faire, ajoutant que les ordres et les actions dudit officier n'avaient d'autre but que le service du roi et le bien de la province.

L'intendant examina minutieusement écriture, signature et cachet.

Ecriture, signature et cachet émanaient bien du marquis son seigneur et maître, il ne put en douter un seul instant.

Les archers attendaient toujours.

En face d'ordres aussi précis, l'intendant ne pouvait qu'obéir ; il ordonna donc que le pont-levis fût abaissé et que les portes fussent ouvertes.

La Chesnaye, continuant à jouer son rôle avec une audace et un aplomb merveilleux, laissa quatre de ses hommes de garde à la porte du manoir, leur donnant pour consigne de passer par les armes impitoyablement quiconque se présenterait pour entrer ou quiconque tenterait de sortir.

Puis il ordonna à l'intendant et à tous les gens du marquis, sans exception, de le suivre au château.

Domestiques et valets furent laissés dans une salle basse dont la porte, dûment verrouillée en dehors et gardée par quelques archers, devint infranchissable.

Pendant ce temps, La Chesnaye et le reste de la troupe entraînaient l'intendant.

Sur l'ordre intimé d'avoir à remettre toutes les clefs de toutes les chambres, voire même celles de tous les meubles et bahuts, le pauvre intendant commença à soupçonner, trop tard, qu'il était tombé dans un piège ; mais la lame d'un poignard, lui chatouillant la gorge, fit cesser toutes ses hésitations : il donna les clefs demandées.

Lié, bâillonné et enfermé dans un cabinet sombre, le malheureux ne put jeter ni un cri d'alarme, ni tenter de fuir.

Dès lors les bandits se trouvèrent entièrement maîtres du château dont, sans doute, ils convoitaient depuis longtemps le pillage.

En une heure tout fut fait.

Espèces monnayées, argenterie massive, belles œuvres d'orfèvrerie, bijoux précieux, diamants, pierres fines, armes de luxe, costumes de soie et de velours, toutes les richesses, tous les trésors, enfin, du marquis d'Assigny de Motteville passèrent aux mains de La Chesnaye et des siens.

Puis quand il ne resta plus rien à prendre, rien à piller, rien à voler, l'ordre de la retraite fut donné, tous s'éloignèrent emportant leur butin, et ne se soucièrent même pas de relever le pont-levis abaissé.

Ils gagnèrent le fourré où ils avaient déposé Jeanne, et où étaient attachés leurs chevaux ; le chef prit la jeune fille en croupe et tous s'éparpillèrent dans la forêt.

Une demi-heure plus tard, le marquis, que l'on n'attendait que le lendemain, revenait au château accompagné de ses hommes de suite.

Grand fut son étonnement de trouver son pont-levis abaissé, sa herse relevée, et l'accès de sa demeure ouvert à tout venant ; mais plus grande encore fut sa stupéfaction, et celle de ses gens, en voyant l'intérieur de la demeure absolument désert.

A ses cris de colère et d'impatience répondit une sourde rumeur partant de la salle souterraine.

Les gens du marquis se précipitèrent et délivrèrent enfin les valets enfermés par les bandits, et dont la prison avait été si bien choisie que, tous réunis, n'avaient pu forcer la porte bardée de fer, ni les fenêtres solidement grillées.

Interrogés, ils racontèrent ce qu'ils savaient ; mais leurs renseignements étaient moins précis encore que ceux donnés par le coup d'œil qu'offrait le château pillé.

Toutes les portes étaient ouvertes, tous les bahuts, tous les coffres, tous les meubles étaient béants et vides.

On chercha partout l'intendant, que l'on commençait à soupçonner de complicité.

Le pauvre diable, découvert enfin dans le cabinet où l'avait fait jeter La Chesnaye, était dans un état pitoyable. Son bâillon l'étouffait et le sang jaillissait de ses chevilles, tant les cordes le serraient rudement.

Revenu à lui, il confessa la vérité, tendant au marquis, pour sa défense, la lettre que lui avait remise La Chesnaye.

M. d'Assigny examina le papier avec une attention profonde et une surprise visible.

Son écriture, son seing, son cachet, celui du prévôt de Rouen étaient si parfaitement imités, qu'il hésita tout d'abord. Enfin, il déclara que cette pièce était fausse, et qu'il n'avait jamais écrit rien de semblable.

Il fallait bien reconnaître que le noble seigneur avait été la victime d'une ruse habile, et que sa demeure avait été souillée par une bande de brigands d'une audace et d'une adresse au delà de toute croyance.

Furieux d'avoir été joué ainsi, le marquis ne savait à qui s'en prendre, lorsque le jardinier vint le trouver.

L'oncle de Jeanne, sitôt qu'il l'avait pu, s'était mis à la recherche de sa nièce, dont l'absence l'avait vivement inquiété pendant la perquisition des faux archers.

La chambre de Jeanne était vide : mais sur le lit de la jeune fille était, tout ouverte, la dernière missive d'André, celle dans laquelle il menaçait le château de surprise et d'escalade.

Le jardinier, ne sachant pas lire, porta le papier à son seigneur.

A peine celui-ci en eut-il pris connaissance qu'il entra dans un nouvel accès de rage plus épouvantable encore que le premier, jurant qu'il aurait justice de tous les archers de la province.

Une heure après, un bûcheron venait raconter qu'il avait vu Jeanne enlevée par un archer.

Cette fois le doute n'était plus permis : on pensa que le fiancé de la nièce du jardinier avait mis à exécution ses menaces et que ses camarades, tout en servant ses projets, avaient profité de l'occasion qui s'était présentée de commettre un acte de pillage.

Plainte fut portée immédiatement au prévôt de Rouen par le marquis.

Il fut constaté que cette même nuit André et quelques-uns de ses camarades étaient sortis de la ville pour n'y rentrer qu'au jour venu, et qu'ils avaient passé l'espace de temps compris entre cette sortie et cette rentrée dans la forêt de Maromme.

Effectivement le malheureux archer, n'écoutant que son amour, était parvenu à entraîner ses camarades et s'était dirigé vers le château où il était arrivé trois heures après le départ des bandits.

L'affaire s'instruisit rapidement. Toutes les preuves étaient à la charge d'André et de ses amis. La question ordinaire et extraordinaire leur fut appliquée, et la douleur arracha à quelques-uns l'aveu d'un crime qu'ils n'avaient pas commis.

André supporta tout, nia énergiquement, raconta la vérité, mais le tribunal, convaincu, le condamna ainsi que les siens à la pendaison.

Le matin du jour où il devait subir son supplice, le prévôt vint le trouver dans sa prison et lui apprit, qu'en raison des services antérieurs qu'il avait rendus, quelqu'un avait sollicité et obtenu une lettre de grâce en sa faveur, mais que ses camarades allaient subir la peine de mort infligée par le lieutenant criminel, et que lui-même serait pendu en effigie.

Puis, sans vouloir l'entendre, le magistrat le fit mettre hors de prison.

André assista, caché dans une maison, au supplice de ses amis, et jura sur leurs cadavres une vengeance éclatante.

En quittant la ville il rencontra un bûcheron, lequel lui apprit que le lendemain du vol, il avait vu Jeanne dans la forêt, qu'elle avait pu lui parler durant quelques minutes, qu'elle lui avait révélé qu'elle était en la puissance de La Chesnaye et la façon dont elle était tombée entre ses mains.

Il était trop tard pour éclairer la justice. André ne rentra pas à Rouen, mais il se mit à la recherche de Jeanne et de ses ravisseurs.

Durant six semaines, il fouilla la province sans pouvoir recueillir le moindre renseignement. Alors il pensa avec raison que La Chesnaye et sa bande avaient probablement abandonné, pour quelque temps, le théâtre de leurs exploits et étaient allés porter leurs rapines dans d'autres parties du royaume.

— C'est égal, dit Babin en voyant le narrateur s'arrêter, André doit de fières actions de grâces à ce quelqu'un qui l'a si à propos tiré des griffes du bourreau en sollicitant près du roi.

— Cela est vrai ! fit Giraud.

— Et ce quelqu'un-là est un grand seigneur, sans doute?..

— Peut-être...

— Comment ? Vous ne savez donc pas qui il est?

— Non.

— Et André non plus n'en sait rien ?

— André non plus.

— Quoi ! un homme le sauve de la potence et il ignore le nom de cet homme, de ce sauveur ?

— Il l'ignore.

— Voilà qui est étrange !

— Nullement. André a été jeté hors des prisons sans explication aucune, et depuis il n'est jamais revenu à Rouen. Comment et par qui vouliez-vous qu'il apprît à qui il devait sa grâce ?

— Votre André n'est guère reconnaissant, en ce cas !

— Oh ! s'écria Giraud, si fait, je vous le jure ! Il ne connaît pas encore le nom de son sauveur, mais il le connaîtra, et, comme il a fait serment de se venger de La Chesnaye, il a fait serment aussi de vouer une reconnaissance éternelle à celui qui l'a sauvé.

— Mais, en attendant, il ne sait pas à qui il doit ce service ?

— Il ne le sait pas !

Giraud prononça ces mots avec un accent de vérité à laquelle on ne pouvait se méprendre.

Maître Babin fit une grimace d'impatience et un geste de déception.

L'un de ses compagnons se pencha vers lui.

— Je vous disais bien que nous ne saurions rien ! fit-il à voix extrêmement basse.

— Mais nous savons déjà une chose assez importante, j'imagine ! répondit Babin.

— Quelle chose?

— C'est que Giraud existe.

Puis revenant à l'archer, qui semblait absorbé dans ses pensées :

— Et qu'est devenu aujourd'hui ce pauvre André ? demanda-t-il.

— Aujourd'hui, reprit l'archer avec force, l'archer André se nomme Giraud et il est venu à Paris pour tenir son serment, car il a appris que La Chesnaye se trouvait dans la capitale.

XVI

LE BOURGEOIS DE PARIS

— En vérité, mon cher maître, fit le bourgeois de Paris en se renversant sur son siège, cette histoire est des plus intéressantes, elle m'a vivement impressionné, et si vous avez jamais besoin de mes services, faites état de moi pour tout ce que bon vous semblera.

— Merci ! répondit Giraud. Je vous ai conté mes malheurs, mais le reste me regarde seul ! J'ai mon plan arrêté... Dieu seul et moi savons ce que j'ai souffert, Dieu seul et moi saurons ce que souffriront ceux qui m'ont enlevé la femme que j'aimais, qui m'ont livré à la torture et qui ont fait tuer mes amis innocents !

Il y avait, dans le ton dont furent prononcées ces paroles, une énergie tellement sauvage que maître Babin ne put retenir un mouvement.

L'archer se leva et s'approcha de la porte comme un homme qui a besoin d'air pour chasser les vapeurs accumulées dans son cerveau.

— Celui-là est à craindre ! murmura le voisin de gauche à l'oreille du bourgeois de Paris.

— Eh bien ! on le surveillera, répondit froidement celui-ci. Tu connais l'homme maintenant, charge-toi de lui.

Le voisin fit un signe de tête indiquant son consentement.

À cet instant un nouveau personnage se glissa plutôt qu'il ne s'introduisit dans la loge du rôtisseur. Ce personnage, vêtu en ouvrier de l'époque, passa devant Babin et ses amis sans paraître faire la moindre attention à eux, mais en passant il éternua fortement.

Babin se leva aussitôt, appela le garçon, régla la dépense et se disposa à quitter la loge en compagnie des deux autres bourgeois.

— Adieu, mon cher Giraud, dit-il à l'archer toujours demeuré sur le seuil de la porte de la loge ; nous rentrons chez nous, car il se fait tard, et voici neuf heures et demie qui vont sonner. Vous savez où je demeure ? Rue de la Vannerie, à l'enseigne du Soleil-d'Or. Je serai heureux de vous voir chez moi toutes les fois que vous voudrez bien me faire visite.

Giraud inclina la tête sans répondre : il était évidemment plongé dans une rêverie profonde.

Le bourgeois portant le pourpoint bleu était demeuré le dernier dans la loge du rôtisseur.

Tandis que Babin saluait l'archer, et prenait congé de lui, il s'était approché d'un groupe de gens occupés à souper, et en passant près de la table autour de laquelle ils étaient assis, il avait fait tomber le couteau de l'un d'eux.

— Mille pardons ! fit-il en se baissant pour ramasser l'ustensile de table.

Celui auquel appartenait le couteau s'était baissé en même temps, de sorte que les deux têtes se rencontrèrent à la même hauteur.

Le bourgeois prononça deux ou trois paroles à voix extrêmement basse.

Le soupeur, qu'on nous permette d'employer ce mot, se redressa comme s'il n'eût pas entendu, et l'homme au pourpoint bleu s'éloigna.

— Au revoir, maître Jacques, bonne nuit, maître Thomas ! dit Babin en serrant les mains de ses deux amis, qui, ainsi que lui, se trouvaient alors au milieu de la rue.

— Vous ne rentrez pas avec nous ? demanda l'un d'eux.

— Non, j'entre chez mon compère Marteau l'orfèvre, dont vous voyez la loge, j'ai à lui parler.

— Alors, bonne nuit.

— Bonne nuit.

Les deux bourgeois, celui au pourpoint brun et celui au pourpoint bleu, se prirent bras dessus bras dessous et s'engagèrent dans la foire, se dirigeant vers l'une des extrémités aboutissant à l'une des portes de sortie.

Babin entra, ainsi qu'il venait de le dire, dans la loge de l'orfèvre située une boutique plus haut que celle du rôtisseur et devant laquelle s'étaient si fort émerveillés Mathias le Camus et Jacqueline la Longue.

L'archer Giraud était toujours sur le seuil de la porte. Il put donc, s'il n'était pas trop absorbé dans ses pensées, voir Babin pénétrer dans la huche de son compère Marteau.

Neuf heures et demie sonnaient en ce moment.

Moins de cinq minutes après, une petite troupe composée d'une douzaine d'archers apparut à l'extrémité de la rue.

Au même instant surgit de l'une des travées donnant sur la place une seconde troupe à peu près aussi forte que l'autre, et qui boucha l'entrée de la rue dont la loge du rôtisseur formait la première boutique.

Cette manœuvre provoqua immédiatement la curiosité des passants et celle des gens occupés dans les loges. La foule s'amassa donc avec cette rapidité qui est le caractère particulier du peuple parisien.

— La maréchaussée ! la maréchaussée ! cria-t-on de toutes parts.

— Laissez faire la justice du roi ! dit le sergent commandant l'escouade en faisant barrer la rue dans toute sa largeur par les gardes qui faisaient résonner sur le sol les crosses épaisses de leurs arquebuses.

— Qu'y a-t-il ? Est-ce un voleur ? Que nous veut-on ? — demandait-on de tous les côtés à la fois.

Mais les plus inquiets étaient évidemment ceux qui se trouvaient chez le rôtisseur, dont la loge paraissait être cernée.

Quelques-uns voulurent en sortir. Le sergent les en empêcha rudement.

— Qu'est-ce donc, fit le rôtisseur avec cette émotion particulière à tout marchand qui se voit menacé dans la vente de ses marchandises.

— M. le lieutenant civil va vous l'apprendre ! répondit le sergent.

— M. le lieutenant civil ! — répéta le bourgeois en suivant de l'œil la direction indiquée par le soldat.

En tête de la seconde troupe s'avançait effectivement le magistrat. Rougegorge marchait à ses côtés tenu fortement par le bras par un archer de stature colossale.

Le lieutenant civil fit arrêter sa troupe et barrer la rue à cinquante pas environ de l'endroit où stationnait la première.

Une douzaine de loges, parmi lesquelles était celle de l'orfèvre où était entré Babin, se trouvaient comprises dans cet espace gardé à vue.

Le lieutenant civil s'avança en compagnie de l'espion et de l'archer qui surveillait attentivement celui-ci.

Comme le magistrat passait devant la loge de l'orfèvre, un jeune gentilhomme en sortait en riant aux éclats.

— Tiens! c'est vous, monsieur de Villiers! s'écria le gentilhomme avec le ton évaporé et les allures déhanchées que nous avons décrits dans les précédents chapitres. Que diable venez-vous faire à la foire?

— Mon devoir, monsieur le comte de Bernac, — répondit le lieutenant civil en s'inclinant profondément.

Effectivement, l'homme qui venait de s'élancer si allègrement dans la rue était bien le jeune et élégant seigneur que nous connaissons.

Même costume, même visage, même voix, mêmes allures : une méprise n'était pas possible.

— Ah! le comte avec insouciance, vous allez arrêter quelque drôle, je le vois. Allons, bonne chance! Ah! dites-moi, ajouta-t-il en s'arrêtant après avoir fait quelques pas, où diable est en ce moment M. d'Aumont?

— Monseigneur le prévôt est dans la maison de Jonas, monsieur le comte, répondit le magistrat.

— Tiens! est-ce qu'il a eu la fantaisie de jouer à la blanque?

— Je ne le crois pas, monsieur le comte.

— Alors, je vais l'y trouver. Au revoir, mon cher lieutenant.

— Votre humble serviteur, monsieur le comte.

Et le lieutenant civil élevant la voix :

— Laissez passer M. le comte de Bernac! — cria-t-il à ses archers.

Ceux-ci ouvrirent respectueusement leurs rangs, et le jeune seigneur, passant au milieu d'eux, continua sa route dans l'intérieur du champ de foire.

Le lieutenant civil, Rougegorge et l'archer continuèrent de leur côté à s'avancer vers la loge du rôtisseur, dont ils atteignirent rapidement la porte. L'archer Giraud s'effaça pour leur livrer passage en saluant militairement le magistrat.

Rougegorge, qui avait d'un regard vif et pénétrant parcouru la salle, fit un geste de désespoir.

— Il n'y est plus! dit-il. Nous avons trop tardé! Si monseigneur m'avait écouté, il serait à cette heure entre nos mains!

— Dis donc plutôt, maître drôle, que tu as voulu te moquer de la justice et voler une récompense promise ; mais tu payeras cher ta conduite, s'écria le magistrat avec colère. Archers! gardez bien ce misérable!

— Je jure que je n'ai pas menti! hurla l'espion que l'archer avait saisi de sa main herculéenne. Je jure que je n'ai pas menti! Il était là il n'y a pas une demi-heure! J'en atteste tous ceux qui sont ici! Il y était vêtu de gris des pieds à la tête avec des broderies noires et une aigrette noire! Il soupait à cette table avec trois autres personnes!

— C'est vrai! c'est vrai! dirent quelques-uns des assistants. Il y avait tout à l'heure, à cette table, un homme vêtu comme il le dit.

— Vous voyez, monseigneur! s'écria l'espion. Il portait sa grande barbe noire et ses cheveux longs!

— Oui! dirent encore plusieurs.

— Vous entendez? et j'affirme par serment que cet homme était le capitaine La Chesnaye.

— Le capitaine La Chesnaye! s'écria la foule avec stupeur, car ce nom redouté était bien connu dans toute la ville.

— Le capitaine La Chesnaye! répéta une voix forte, tu dis que le capitaine La Chesnaye était là tout à l'heure?

Et l'archer Giraud s'avança rapidement en désignant du geste la table où il avait soupé lui-même.

— Eh mais! s'écria l'un des assistants, celui-là dont le bourgeois au pourpoint bleu avait fait tomber le couteau, cet homme doit bien le savoir puisqu'il soupait avec lui.

— En effet, ajouta Rougegorge, celui-là était le quatrième convive.

— Il est sans doute de sa bande, reprit l'homme qui venait de parler, et maintenant il joue l'étonnement.

— Moi! de la bande de ce brigand, moi! hurla Giraud en portant la main à son épée.

— Archers! — cria le lieutenant civil, qui crut à un geste de menace.

Quatre soldats de la maréchaussée se précipitèrent aussitôt.

— Arrêtez cet homme! — ordonna le magistrat en désignant Giraud.

L'archer de la prévôté de Rouen poussa un rugissement formidable en bondissant en arrière et en mettant l'épée à la main.

L'un des soldats épaula son arquebuse.

Mais soit que Giraud eût changé d'avis, soit qu'il comprît que la résistance était impossible, il jeta à terre l'épée un moment menaçante.

— Vous m'accusez donc d'être complice de La Chesnaye? dit-il au lieutenant civil.

— Oui, répondit celui-ci. Les témoignages vous accusent, vous l'avez entendu.

— Eh bien! dit froidement Giraud, que l'on m'arrête! je me rends!

Et il se plaça de lui-même au milieu des archers.

— Mais comment a disparu cet homme vêtu de gris, par où est-il passé? demanda le lieutenant civil en s'adressant à la foule. Répondez au nom du roi et de sa justice.

Un profond silence suivit cette interrogation, personne n'ayant fait attention à la sortie des trois bourgeois, et n'ayant pu par conséquent remarquer la direction qu'ils avaient prise.

Seul, Giraud savait que Babin, celui qu'on prétendait n'être autre que le hardi capitaine lui-même, était entré chez l'orfèvre ; mais soit qu'il n'eût pas entendu la question du magistrat, soit qu'il n'y voulût pas répondre, il demeura muet, les bras croisés sur sa vaste poitrine.

L'expression de la physionomie de l'archer était froide et impénétrable, mais l'éclair qui jaillissait parfois de ses prunelles ardentes indiquait le travail incessant de la pensée.

Sur l'ordre du lieutenant civil, les soldats de la maréchaussée se mirent à fouiller les loges voisines de celle du rôtisseur.

Après un quart d'heure de recherches minutieuses et infructueuses, ils vinrent annoncer au magistrat que personne autre que les gens qui se trouvaient dans la rue ne pouvait être dans les loges vides.

Effectivement, marchands et acheteurs étaient rangés dans l'espace demeuré gardé par les deux troupes de soldats. Les boutiques étaient entièrement désertes.

Rougegorge et le lieutenant civil passèrent en revue toute cette foule, mais le premier secoua la tête :

— Il n'y est pas! dit-il tristement.

— Aucune de ces loges n'a-t-elle donc une sortie par derrière? demanda Giraud à l'un des archers qui le gardaient.

— Aucune, répondit le soldat ; ainsi ton chef ne pourra nous échapper s'il est là-dedans.

Giraud releva sa tête expressive qu'une pensée subite éclaira soudain.

— Ah! il n'y a pas d'autre sortie et il n'y a plus personne dans les loges! murmura-t-il. Le bourgeois de la rue de la Vannerie se serait-il métamorphosé en gentilhomme? C'est ce qu'il faudra savoir.

Mais ne communiquant cette réflexion à aucun des assistants, il s'enveloppa de nouveau dans un silence absolu,

Elle avait pris le chemin du Champ-Crotté, tournant la foire pour éviter de donner l'éveil. — Page 33, col. 1.

attendant qu'il plût au lieutenant civil de donner des ordres touchant sa personne.

XVII

LE CHAMP-CROTTÉ.

Lorsque les trois troupes d'archers de la prévôté en quête de l'introuvable La Chesnaye avaient quitté le poste de police situé près de la porte de Buci, dirigées chacune par Rougegorge, Jean sans Rate et Laurent, et commandées l'une par M. de Villiers, l'autre par le lieutenant de robe courte, et la troisième par M. d'Aumont lui-même, elles s'étaient séparées presque aussitôt, suivant chacune une direction différente.

Celle conduite par M. de Villiers, le lieutenant civil et Rougegorge, avait gagné la loge du rôtisseur, et nous venons d'assister à la déconvenue qu'elle avait éprouvée.

Les archers dirigés par le prévôt de Paris et par Laurent s'étaient mis directement en marche vers la maison de Jonas.

Quant à la troisième troupe, soumise aux ordres du lieutenant de robe courte, et suivant les indications de Jean sans Rate, elle avait pris le chemin du Champ-Crotté, tour-

nant la foire pour éviter de donner l'éveil en amenant les curieux sur son passage.

C'est de cette expédition dont nous allons nous occuper maintenant ; mais, avant de conduire le lecteur à la suite de messire Jean sans Rate, et de voir si le lieutenant de robe courte sera plus heureux que son supérieur le lieutenant civil, nous devons précéder les archers sur le Champ-Crotté, et, remontant de quelques instants en arrière, reprendre notre récit au moment où neuf heures sonnaient à l'abbaye Saint-Germain.

Le Champ-Crotté était situé, nous croyons l'avoir dit, dans la partie sud de la foire, sur les terrains où se sont ouvertes depuis les rues de Tournon et de l'Ancienne-Comédie.

Ce côté, réservé aux vendeurs de bestiaux, aux maquignons, aux oiseliers, était à ciel découvert et fort peu éclairé une fois la nuit venue, ce qui le faisait paraître triste et désert à l'heure où les deux halles renfermant les loges étaient dans leur plus brillante animation.

De vastes écuries, d'énormes étables étaient bâties tout alentour et séparées çà et là par de petites constructions basses et évidemment provisoires, lesquelles servaient de gîte aux marchands et aux gardiens.

Une sorte de palissade séparait le champ de foire des bes-

1re s.

3

tiaux du terrain de manége entretenu par les maquignons.

Un peu avant que neuf heures sonnassent et que Jean sans Rate ne quittât son poste d'observation derrière les planches d'une écurie, pour gagner rapidement le bureau de police où l'attendait le lieutenant civil en compagnie du prévôt de Paris, un personnage, qui venait de réveiller un maquignon, se faisait seller un cheval, en dépit de la soirée avancée, et se mettait en devoir d'essayer l'animal en le conduisant sur le terrain de manége.

Aux observations du maquignon, lequel, troublé dans son sommeil, avait dit à l'acheteur qu'il eût mieux valu attendre au lendemain, le soleil levé, celui-ci avait répondu qu'il ne pouvait différer l'acquisition qu'il prétendait faire d'un excellent coursier.

Il ajouta que, forcé par son devoir de se mettre en voyage cette nuit même, et manquant de cheval, il devait à tout prix s'en procurer un.

Puis il dit qu'il était en mesure de payer comptant, et il fit sonner dans sa main une bourse des mieux garnies.

Le bruit de l'argent avait naturellement réveillé le marchand de chevaux, et, mettant alors autant d'empressement qu'il venait de manifester de répugnance, il ordonnait à ses valets d'écurie d'allumer des torches et d'éclairer le terrain de manége, afin que le gentilhomme pût essayer à son aise tous les chevaux qu'il lui plairait.

L'acheteur attendit paisiblement. Bientôt les lumières qui brillèrent de tous côtés permirent de contempler son costume.

Il portait un justaucorps en buffle, un hausse-col d'acier poli, des chausses de drap rouge, et des bas de même nuance enfouis dans de grandes bottes.

Une lourde épée à pommeau d'or pendait à son côté gauche, et un chapeau allemand, sans panache, était posé sur sa tête.

Les bords de ce chapeau, projetant une ombre épaisse sur la figure, empêchaient d'en examiner les traits.

Tout, dans le costume, dans les allures, dans la tournure du personnage dénotait l'homme de guerre.

Comme on le voit, le rapport de l'espion avait été minutieusement exact. Maintenant l'homme que désignait ce rapport était-il le fameux capitaine La Chesnaye?

Jean sans Rate était à quelques pas de l'acheteur lorsque la lueur des torches apportées par les valets avait éclairé sa personne. Sans doute ce que vit l'espion lui suffit pour constater l'identité du personnage, car il tourna brusquement sur ses talons, et, se glissant le long des bâtiments, il se précipita vers le centre de la foire, pour de là gagner le cabinet du lieutenant civil, où nous l'avons entendu affirmer qu'il venait de voir sur le Champ-Crotté le capitaine La Chesnaye en personne.

L'homme au pourpoint de buffle n'avait même pas jeté un regard dans la direction de Jean sans Rate.

Avait-il vu l'espion? ne l'avait-il pas vu? Le pour ou le contre était également impossible à affirmer.

D'ailleurs, au moment où Jean sans Rate s'éloignait, on amenait un magnifique cheval jusque sur le terrain de manége.

Le cavalier sauta en selle avec une aisance parfaite, rassembla les rênes, caressa l'encolure du bel étalon à robe noire, et faisant signe aux palefreniers de s'écarter, il suivit au pas la palissade qui séparait de la partie de la foire réservée spécialement aux bestiaux.

Comme il passait devant les halles de la foire, franchissant l'espace privé de palissade, et qui servait de communication entre les halles et le Champ-Crotté, deux hommes, débouchant d'une de ces rues bordées de loges dont nous avons donné plus haut la description, entrèrent à leur tour

sur le terrain de manége. Ces deux hommes étaient à pied.

L'un portait un costume de couleur sombre. Il était de très-haute taille, maigre, élancé; son maintien était grave, son geste sévère, et son regard paraissait singulièrement briller dans l'ombre épaisse qui l'enveloppait lui et son compagnon.

En effet, les splendides illuminations de la foire qui régnait à quelque distance n'arrivaient pas jusqu'au Champ-Crotté, et les torches portées par les valets à l'autre bout du terrain de manége ne suffisaient pas pour combattre efficacement l'obscurité de la nuit.

Le second promeneur était de taille moyenne, large d'épaules et d'encolure. Il était revêtu d'un ajustement militaire, et, suivant l'usage de l'époque (l'uniforme n'existait pas alors), il portait sur la poitrine les armoiries du colonel commandant le régiment dans lequel il servait.

Ces armoiries étaient celles de M. de Balagny, que le roi Henri IV venait de mettre à la tête de l'un des six régiments nouvellement créés par lui.

En débouchant sur le terrain de manége, et en voyant les torches portées par les valets d'écurie, le premier des deux hommes fit un geste d'impatience.

— Encore du monde ici, dit-il.

— Que voulez-vous, maître, répondit le second, il y a du monde partout, à la foire Saint-Germain.

— Détestable idée que j'ai eue d'y venir, en ce cas.

— Vous ne pouviez faire autrement pour me parler, puisque j'étais de garde à la porte de l'Abbaye.

— C'est vrai.

— D'ailleurs, qui fait attention à nous? Ce cavalier qui essaye un cheval vient de passer là sans même nous apercevoir...

— N'importe! je n'aime pas ces lieux de réunion bruyante, et je ne saurais rester longtemps ici; puis Aldah m'attend. Voyons, Hector, as-tu bien compris ce que je t'ai dit?

— Parfaitement.

— Répète, alors.

— Voici, maître, les instructions que vous venez de me donner.

Et le militaire fit une légère pause.

— Demain, 14 mars, reprit-il, celui que nous attendons doit arriver à Paris...

— Bien.

— Il entrera par la porte Neuve un peu avant dix heures du matin...

— C'est cela.

— Je serai moi-même à la porte Neuve à sept heures. Je serai relevé de garde demain à cinq heures, et je connais le sergent qui commandera le poste de la tour du Bois, donc la chose me sera facile.

— Très-bien.

— J'indiquerai au jeune homme le logis de la rue de Hoqueton...

— Et pas un mot qui puisse lui faire supposer que tu me connaisses...

— Soyez tranquille, maître.

— Quant à moi je serai sans doute au Pré-aux-Clercs, et de là, je verrai ce qui se passera sur l'autre rive.

Hector s'inclina en silence.

L'homme aux vêtements sombres parut réfléchir profondément, et son compagnon, n'osant troubler ses pensées, reporta toute son attention sur le cavalier qui parcourait le terrain de manége.

En écuyer consommé, celui-ci faisait exécuter à sa monture toutes ces coquetteries dont est capable un cheval habilement dirigé.

Voltes, courbettes, changements de pieds, huit décrits

avec netteté et élégance, arrêts subits, piaffés relevés, faisaient pousser des exclamations admiratives aux maquignons d'écurie.

Bientôt cette admiration éclata en applaudissements bruyants, et attira quelques curieux isolés d'abord, puis peu à peu plus nombreux, et qui bientôt formèrent une haie vivante le long de la palissade.

L'homme aux vêtements sombres demeurait toujours rêveur.

Son compagnon, entraîné progressivement par l'attention qu'il accordait aux exercices de l'habile écuyer, avait fait plusieurs pas en avant.

— Mordieu ! s'écria-t-il en applaudissant à une succession de changements de pieds à l'aide desquels le cheval venait d'accomplir une douzaine de demi-cercles en sens opposé ; mordieu ! voilà un gentilhomme qui me semble réaliser la fable du Centaure dont vous m'avez jadis raconté les prouesses.

Le cavalier se rapprochait des deux personnages demeurés dans l'ombre.

Il avait repris le pas, et le maquignon, chapeau à la main, marchait à la hauteur du coursier.

— Ce cheval vous convient-il, mon gentilhomme ? demanda le marchand de chevaux de sa voix la plus caressante. Il semble fait pour Votre Seigneurie. C'est une bête admirable dont j'ai refusé déjà deux cents pistoles en beaux quadruples d'Espagne ! Il est né dans les plaines de Grenade, et il marque à peine cinq ans, quoiqu'il ait déjà jeté sa gourme, je le garantis ; vous ne sauriez trouver le pareil. Oh ! j'ai vu tout de suite ce qui convenait à monseigneur. Aussi, ai-je choisi du premier coup le meilleur animal de mes écuries. Je suis sûr, mon gentilhomme, que vous êtes satisfait.

— C'est selon, répondit le cavalier. Le cheval est beau, il est bon, bien qu'il ait quelques défauts. Ainsi, il a trop d'ardeur pour posséder beaucoup de fond ; il n'a pas les allures régulières. Mais enfin il pourra me convenir si le prix n'est pas exorbitant...

En entendant ces paroles prononcées d'une voix rude et vibrante, et les premières sorties de la bouche du cavalier qui parvinrent jusqu'aux oreilles du compagnon d'Hector, l'homme aux vêtements sombres tressaillit brusquement et se rejeta en arrière.

— Cette voix !... je ne puis me tromper... murmura-t-il.

— Qu'avez-vous donc, maître ?... fit le soldat au régiment de Balagny en se rapprochant.

— Il faut connaître le nom de cet homme ! répondit vivement l'étranger. Là peut-être est la clef de ce mystère que je poursuis depuis si longtemps.

Hector allait sans doute répondre, lorsqu'un incident inattendu attira subitement son attention et celle de son interlocuteur.

Le cavalier et le maquignon regagnaient le côté opposé du terrain de manœuvres, quand un homme de taille gigantesque et de formes athlétiques arriva prendre rang parmi les curieux.

Cet homme, qui paraissait ivre, chantait ou plutôt hurlait une vieille chanson ligueuse dont le refrain bien connu domina un moment le brouhaha de la foule des assistants et les bruits provenant de la foire :

Et je n'ai, moi,
Par la sang-Dieu !
Ni foi, ni loi,
Ni feu, ni lieu,
Ni roi,
Ni Dieu !

— Hon ! fit l'un des curieux en s'écartant pour livrer passage au nouveau venu, c'est Pierre l'Assommeur, l'un des princes de la cour des Miracles !

Pierre l'Assommeur continua son chemin et sa chanson, trébuchant à chaque pas et rugissant à chaque strophe.

Le cavalier avait arrêté net sa monture.

— Combien ton cheval ? demanda-t-il au maquignon.

— Je vous l'ai dit, mon gentilhomme, répondit le marchand, j'en ai refusé deux cents pistoles...

— Les refuses-tu encore ?

— Mais...

— Parle ! je suis pressé.

— Eh bien !...

— Les voilà...

Le cavalier jeta sa bourse aux mains du maquignon. Celui-ci reçut la bourse, la soupesa un moment, puis il s'inclina en manière d'acquiescement.

— Si je suis content, je reviendrai te voir, — cria l'acheteur. Et enfonçant ses éperons dans le ventre de sa monture, il rendit la main.

L'animal fit en avant deux ou trois pas rapides et s'élança follement à travers le terrain du manège. Arrivé à l'extrémité, il disparut dans l'obscurité qui régnait à ces dernières limites du Champ-Crotté.

Avait-il tourné à droite ? s'était-il lancé à gauche ? Personne ne pouvait le dire, mais cheval et cavalier venaient d'échapper à tous les regards.

On n'entendait plus la chanson de Pierre l'Assommeur.

Cette petite scène s'était accomplie d'une façon si rapide, qu'Hector et son compagnon avaient à peine eu le temps de la constater. Le dernier paraissait toujours en proie à une émotion violente.

— Laissez faire la prévôté ! cria tout à coup une voix sonore. Que personne ne bouge ! que personne ne cherche à fuir !

Chacun se retourna brusquement : à la lueur des torches on aperçut des archers se tenant sur une même ligne et bouchant la communication du Champ-Crotté avec les halles, l'un des deux seuls endroits par où l'on pût sortir du terrain de manège, l'enceinte étant complètement fermée par la ligne des écuries, des étables et des maisonnettes qui se touchaient, appuyées les unes sur les autres.

Le lieutenant de robe courte et Jean sans Rate marchaient en avant du centre de la troupe. Les assistants demeuraient stupéfaits.

— Les archers de la prévôté ! murmuraient-ils. Qui donc vient-on arrêter ?

Et chacun regardait son voisin avec méfiance.

Neuf heures et demie sonnèrent.

Jean sans Rate s'avança vivement sur le terrain de manège, comme son compagnon Rougegorge s'élançait au même instant dans la boutique du rôtisseur.

D'un regard rapide, il parcourut le terrain vide, et se précipitant vers le maquignon, lequel comptait ses pistoles en versant le contenu de la bourse dans sa large main :

— Un homme t'est venu réveiller tout à l'heure pour que tu lui vendes un cheval ? s'écria-t-il.

— Mais... fit le maquignon en hésitant.

— Répondez ! s'écria le lieutenant de robe courte.

— Eh bien ! c'est vrai, dit le marchand.

— Tu lui en as vendu un ? continua l'espion.

— Oui...

— Où est cet homme ?

— Cet homme ? répéta le maquignon.

— Oui ! dit le magistrat.

— Ma foi ! il doit être sur le terrain de manège. Il vient de me payer et il est parti au galop dans cette direction.

Le marchand de chevaux indiqua la partie plongée dans une obscurité profonde qui formait l'extrême limite du Champ-Crotté.

— Ventre-Mahon! s'écria Jean sans Rate, il se sera évadé!

— Impossible! dit le lieutenant. Aucune issue n'existe de ce côté. La moitié de mes hommes veille à la sortie du marché aux bestiaux, et personne ne peut même rentrer dans la foire sans ma permission. Si tu ne nous as pas trompés, celui que nous cherchons ne saurait nous échapper. Que dix hommes aillent avec toi fouiller les maisons, les étables et les écuries. Moi, je demeure à cette place, gardant ce passage. Archers! prenez des torches et faites votre devoir!

Quelques hommes se détachèrent de l'escorte et s'emparèrent des torches portées par les valets d'écuries, puis, sous la conduite de Jean sans Rate, ils commencèrent leurs visites domiciliaires, ayant grand soin d'examiner en même temps le terrain de manége.

D'autres torches brillant à gauche indiquaient que la communication entre le marché aux bestiaux et le champ de foire était également surveillée.

Les curieux, les maquignons, les valets, les palefreniers demeuraient bouche béante et yeux ouverts, attendant la fin de l'événement.

Le Champ-Crotté, dans toute son étendue, figurait la forme d'un parallélogramme allongé. L'un des petits côtés se soudait aux halles de la foire par une haute et forte palissade.

Les trois autres côtés étaient garnis de bâtiments serrés les uns contre les autres. ainsi que nous l'avons dit. Une muraille construite par les soins de l'abbé de Saint-Germain, afin d'éviter toute fraude, entourait encore ces bâtiments.

Donc, toute autre issue que celle donnant sur les halles n'existait pas et ne pouvait être pratiquée.

Ces issues étaient au nombre de deux : la première donnant sur le terrain de manége, la seconde sur le marché aux bestiaux.

En face de chacune de ces issues était une rue étroite bordant à droite et à gauche la réunion des deux halles, et qui, communiquant toutes deux, l'une avec la porte de l'Abbaye donnant sur la campagne, l'autre avec la porte Saint-Germain s'ouvrant dans la ville, permettaient aux animaux de se rendre dans le Champ-Crotté pour y être vendus, et d'en sortir après vente faite.

Ces deux issues venaient d'être occupées simultanément par les archers de la prévôté.

Il était donc matériellement impossible, ainsi que l'avait dit le lieutenant de robe courte, qu'un homme, demeuré dans l'enceinte du terrain de manége, pût tenter de s'évader sans être pris.

Tout ce qu'il aurait pu faire eût été de se réfugier soit dans une écurie, soit dans une étable, soit dans le logis d'un marchand.

Les archers, en fouillant l'intérieur des bâtiments, devaient donc incontestablement le trouver.

Ceux-ci, au reste, accomplissaient merveilleusement leur devoir. A chaque bâtiment visité avec soin, ils faisaient sortir tous les habitants, et, fermant solidement portes et fenêtres, ils emportaient les clefs, ne devant permettre l'accès des demeures que leur mission une fois remplie.

Le nombre des torches s'était décuplé, et la lumière se projetait d'un bout à l'autre du parallélogramme.

Ainsi que nous pensons l'avoir expliqué, le Champ-Crotté était divisé, dans toute sa longueur, par une palissade ouverte au centre et laissant communiquer librement ensemble le terrain de manége et le marché aux bestiaux.

Les archers avaient déjà visité une douzaine de maisons ou d'écuries, et ils continuaient activement leurs recherches jusqu'alors demeurées vaines.

Jean sans Rate mettait surtout à l'œuvre une persistance, un acharnement, une minutie incroyables.

Tout à coup, par l'ouverture dont nous venons de parler, surgit un cavalier, sortant du marché aux bestiaux et s'avançant au pas sur le terrain du manége.

Ce cavalier montait un cheval blanc de toute beauté, et les lumières qui éclairaient le Champ-Crotté permettaient d'admirer son splendide costume.

Les archers près desquels il passa firent à la fois un mouvement brusque, mais ce mouvement fut aussitôt réprimé par un sentiment de profond respect.

« Monsieur le comte de Bernac, murmura l'un d'eux en saluant.

Le comte, car encore une fois c'était lui, c'était bien lui, c'était bien le même costume, le même visage, la même taille, les mêmes gestes, les mêmes allures que ceux du gentilhomme élégant que nous connaissions, le comte continua sa route vers le lieutenant de robe courte.

« Vive Dieu! s'écria-t-il quand il fut à portée du magistrat, vous avez bien fait de faire allumer des torches, monsieur le lieutenant, mais puisque vous illuminez le Champ-Crotté, vous eussiez mille fois mieux fait encore d'éclairer cette damnée rue, qui va à la porte Saint-Germain. De la sorte, je ne me serais pas perdu et je ne pataugerais pas depuis une heure dans ce maudit Champ-Crotté qui ne saurait être mieux nommé!

Monsieur le comte s'est égaré sur le champ de foire? balbutia le lieutenant de robe courte, stupéfait de la présence du gentilhomme.

— Eh! sans doute! c'est pardieu bien votre faute!

— Ma faute?

— Certes! Figurez-vous, mon digne lieutenant, que, parti du grand Châtelet avec cet excellent M. d'Aumont, nous nous sommes quittés rue Saint-André-des-Arts, lui, pour se rendre à la porte Buci, vaquer à je ne sais quelle affaire criminelle, et moi pour gagner l'Académie de jeux de Jonas par la porte Saint-Germain. Or, la maison de Jonas est dans cette abominable ruelle que vous vous plaisez à laisser dans une obscurité absolue. J'avais la tête occupée... de mes amours sans doute, de sorte que j'ai passé devant la maison sans m'en apercevoir. Quand ma présence d'esprit m'est revenue, j'étais au milieu d'une obscurité complète, et mon cheval avait de la boue par-dessus ses balsanes. J'étais en plein marché aux bestiaux, et j'y serais peut-être encore sans l'idée véritablement lumineuse qu'ont eue tous ces gens, de se promener avec des torches à la main. »

Le magistrat était tellement stupéfait de rencontrer, là où il s'attendait à trouver un horrible bandit, un jeune et élégant gentilhomme dont le nom, la personne, la famille étaient connus de toute la cour, dont le prochain mariage avec la fille unique du prévôt de Paris n'était un secret pour personne, qu'il demeura muet et le regard fixe.

Au reste, toutes ces raisons puissantes n'eussent-elles pas existé, que l'explication de sa présence sur le Champ-Crotté donnée par le comte était tellement naturelle, tellement plausible, qu'il était matériellement impossible d'hésiter un moment à l'admettre.

Le lieutenant de robe courte balbutia quelques formules d'excuse.

« Mais, dit le comte, que diable faites-vous ici, à propos, et pourquoi ce déploiement de maréchaussée et ce luxe de luminaire?

— Nous procédons à une arrestation, monsieur le comte.

Oh! oh! Et qui est-ce que vous arrêtez, s'il n'y a pas d'indiscrétion, toutefois?

— Un misérable dont nous allons enfin purger la société.

— Et ce misérable, c'est?

— La Chesnaye!

— La Chesnaye! reprit le comte.

— La Chesnaye! répétèrent les assistants avec un effroi et une émotion que personne ne songea à cacher.

— Oui, dit le lieutenant de robe courte, La Chesnaye qui est encore sur le terrain de manége, j'en suis sûr, et qui, il y a vingt minutes à peine, maquignonnait ce maquignon pour acheter un cheval, à l'aide duquel il voulait fuir sans doute.

— Alors, reprit M. de Bernac, c'est donc lui qui vient de passer tout à l'heure près de moi dans les ténèbres.

— La Chesnaye a passé près de vous!... s'écria le magistrat.

— Mais je ne saurais en répondre. Tout ce que je puis vous dire, c'est que tout à l'heure, à l'autre bout du Champ-Crotté, un cavalier a passé sous les naseaux de mon cheval, avec une rapidité et une brusquerie telles, que j'ai failli être désarçonné.

— Et de quel côté se dirigeait ce cavalier?

— Par là-bas, vers les dernières masures du marché aux bestiaux.

— Grand merci pour les renseignements que vous me donnez, monsieur le comte, je vais faire fouiller ce côté du champ de foire.

— Alors, mon digne lieutenant, je vous laisse à vos affaires. Ah! dites-moi! Où est en ce moment M. le prévôt de Paris?

— M. le prévôt doit être encore dans la maison de Jonas.

— Cela tombe à merveille! j'y vais précisément. Mais, je vous en conjure, faites donc éclairer cette damnée rue aux Bestiaux, afin qu'une autre fois je ne fasse plus fausse route, lorsque les pensées d'amour me troubleront la cervelle. Allons, au revoir, mon cher lieutenant.

— Je suis votre serviteur, monsieur le comte.

Et, se retournant, le lieutenant fit signe aux archers de laisser passer le noble seigneur.

Celui-ci poussa son cheval, se dandinant sur sa selle, et relevant coquettement sa fine moustache.

En longeant la palissade pour prendre la rue aboutissant à la porte du marché et dans laquelle était située la maison de Jonas, il passa devant les deux hommes que nous avons laissés spectateurs muets et attentifs de ces diverses scènes.

Depuis l'apparition du comte l'homme aux vêtements sombres n'avait pas quitté des yeux le gentilhomme, et le regard qu'il dardait sur lui étincelait de la façon la plus étrange.

En voyant venir à lui le jeune seigneur, il saisit Hector par le bras et l'entraîna violemment en arrière comme pour éviter une rencontre.

Mais il était trop tard: le comte avait aperçu les deux hommes.

Arrêtant brusquement sa monture et portant la main à son feutre, il salua profondément le personnage inconnu.

— Eh quoi! fit-il de sa voix la plus douce, seigneur Van Helmont, fuyez-vous donc ma présence?

— Aucunement, monsieur le comte, répondit celui que venait de saluer le gentilhomme. Je me reculais pour vous laisser passer.

— Ne serait-ce donc pas à moi à vous céder la place, à vous, le plus ancien ami de feu mon excellent et malheureux père? Ce qui m'étonne, c'est de vous trouver à la foire Saint-Germain, vous le plus savant de nos savants, le plus sérieux de tous les adeptes!

— Je m'étonne plus encore d'y être moi-même, monsieur.

— Mais, pardon, je trouble peut-être indiscrètement vos propres affaires. Veuillez m'excuser et me permettre de vous dire: au revoir!

— Au revoir, monsieur le comte, dit Van Helmont d'une voix sèche.

Le comte s'inclina plus profondément encore que la première fois et disparut, en s'engageant au grand trot dans la rue du Marché-aux-Bestiaux.

— Oh! fit à demi-voix l'homme en faveur duquel l'élégant seigneur venait de déployer une politesse si respectueuse, oh! tu as entendu, Hector? La Chesnaye était là devant nous.

— Oui, interrompit le soldat; je n'ai pas perdu une parole. Enfin, maître, nous touchons au terme! Il ne peut échapper, et les archers vont l'amener là dans quelques instants...

— Les archers ne trouveront personne! dit gravement le mystérieux personnage. La Chesnaye leur a échappé!

— Vous croyez?

— J'en suis sûr. Ce mystère impénétrable, c'est à moi seul qu'il appartient de l'éclaircir. Je suis bien l'instrument de Dieu! A moi à récompenser les bons et à punir les mauvais!... Viens, Hector, partons! nous n'avons plus rien affaire ici. Retourne à ton poste... moi, je vais interroger Aldah. Seulement, sois fidèle.

Le soldat s'arrêta immobile.

— Doutez-vous de votre serviteur, maître? demanda-t-il d'une voix émue.

— Non! reprit Van Helmont après un moment de silence, mais sans la moindre hésitation, non, je ne doute pas de toi; la preuve en est que la moitié de mes secrets t'appartient. Demain, songe à ce que je t'ai dit: sois à la porte Neuve.....

— J'y serai, interrompit Hector. Demain matin, celui qui doit venir me trouver à son entrée à Paris.

— Et le soir, ajouta Van Helmont, tu iras m'attendre sous les murs de l'hôtel Soissons.

Hector tressaillit brusquement.

— Oh! maître, dit-il avec effroi, vous voulez donc retourner encore dans cette maison maudite?

— Il le faut!

— Prenez garde!

— A quoi?

— Je ne sais, mais c'est un pressentiment..... La rue des Vieilles-Étuves vous sera fatale!

— Dieu n'est-il pas visiblement avec moi?

Hector courba la tête.

— D'ailleurs, reprit son interlocuteur après un instant de silence, ce que je fais, ne faut-il pas que je le fasse!... Viens! partons!

Tous deux s'éloignèrent, en gagnant la rue opposée à celle prise par le comte de Bernac. Cette rue conduisait à la porte de la foire donnant sous les murailles de l'Abbaye.

Pendant ce temps, les archers continuaient leurs recherches, et Jean sans Rate, impatient et anxieux, multipliait ses efforts pour atteindre le but promis, tandis que le lieutenant de robe courte commençait à pâlir de crainte.

Une heure après que les événements que nous venons de raconter dans les précédents chapitres s'étaient accomplis dans la boutique du rôtisseur et sur le Champ-Crotté, le lieutenant civil et le lieutenant de robe courte étaient de nouveau réunis dans la maison de la porte Buci, réservée à la police.

Les deux magistrats, debout tous deux et silencieux, paraissaient absorbés dans un monde de réflexions amères. Tout à coup, la porte du cabinet s'ouvrit et M. d'Aumont entra dans la pièce.

Son visage était pâle et contracté.

— Eh bien, monsieur de Villiers? demanda-t-il brusquement en s'adressant au lieutenant civil, avez-vous enfin réussi?

— Non, monseigneur, balbutia le magistrat dont le front s'empourprait du rouge de la honte, je suis arrivé trop tard.

— Et vous, monsieur le lieutenant de robe courte? continua le prévôt en se tournant vers le second magistrat.

— J'ai échoué également, monseigneur, dit le malheureux lieutenant. J'ai fait fouiller en vain tout le Champ-Crotté. La Chesnaye avait disparu sans que je puisse m'expliquer sa fuite.

— Ainsi, vous n'avez vu personne, monsieur de Villiers?

— Personne autre qu'un homme que j'ai fait arrêter sur l'assurance donnée par des témoins oculaires, qu'il avait été vu soupant avec ce La Chesnaye que Dieu confonde!

— Où est ce prisonnier?

— Dans la salle voisine, monseigneur. Il demande même à vous parler.

— Qui dit-il être?

— Cet archer de la prévôté de Rouen dont vous connaissez l'histoire.

— Giraud!

— Oui, monseigneur.

— C'est bien!

— Monsieur le prévôt aurait-il mieux réussi que nous? demanda le lieutenant civil.

— Non, messieurs, La Chesnaye m'a échappé également; mais ce dont j'ai la certitude, c'est que vos deux espions vous trompaient. Bonne et prompte justice sera faite des misérables.

— Rougegorge ne nous trompait pas, dit vivement M. de Villiers. Plus de dix personnes m'ont affirmé avoir vu, peu d'instants avant mon arrivée, celui qu'il m'avait désigné pour être La Chesnaye.

— Jean sans Rate n'a pas menti, ajouta aussitôt le lieutenant de robe courte. Tous les gens qui étaient sur le terrain de manège et notamment qui a vendu le cheval à La Chesnaye, ont témoigné de la véracité de son rapport.

— Mais, s'écria M. d'Aumont avec colère, si l'un a dit vrai, il faut que l'autre ait menti. Il ne saurait y avoir de milieu entre ces deux affirmations différentes.

— J'en appelle au témoignage de M. le comte de Bernac, lequel passait sur le terrain du manège alors que l'on cherchait La Chesnaye. Lui-même l'a vu!

— M. le comte de Bernac était également près de la loge du rôtisseur, ajouta vivement le lieutenant civil.

— Je quitte à l'instant M. de Bernac chez Jonas, dit le prévôt, et il m'a appris effectivement vous avoir rencontrés tous deux successivement en venant me retrouver. Mais M. de Bernac n'a que faire dans nos opérations, messieurs! Il est évident que nous sommes le jouet d'habiles misérables. Ce sont des misérables qu'il faut découvrir à tout prix et, par le sang-Dieu! nous y parviendrons! Monsieur de Villiers, faites entrer cet homme qui désire me parler.

Le lieutenant civil s'empressa d'obéir, et l'archer de la prévôté de Rouen fut introduit dans le cabinet en présence des trois magistrats.

— Vous vous nommez Giraud? dit M. d'Aumont.

— Oui, monseigneur, répondit l'archer.

— Vous êtes accusé d'avoir soupé ce soir même avec La Chesnaye!

— Je le sais, monseigneur!

— Qu'avez-vous à me dire?

— Rien, en présence de ces messieurs.

— C'est donc à moi seul que vous voulez parler?

— Oui, monseigneur, à vous seul.

— Laissez-moi, messieurs, dit le prévôt.

— Mais, monseigneur, la prudence... fit observer le lieutenant civil.

— Je suis armé, interrompit M. d'Aumont. D'ailleurs, dussé-je courir risque d'existence, il faut que cette affaire s'instruise sans plus tarder. Allez, messieurs! si j'avais besoin de vous, j'appellerais.

Le lieutenant civil et le lieutenant de robe courte s'inclinèrent et sortirent.

— Eh bien! dit le prévôt en se retournant vers Giraud, lorsqu'il se vit seul avec l'archer. Je sais qui vous êtes, je connais toute votre histoire, je vous ai vu lors du procès du comte de Bernac devant le parlement, vous pouvez parler sans crainte.

— C'est ce que je veux faire, dit Giraud.

— Il s'agit de La Chesnaye?

— Non monseigneur!

— De qui donc s'agit-il? s'écria le prévôt avec étonnement.

— Il s'agit de M. le comte de Bernac!

— Du comte de Bernac?

— Oui, monseigneur.

Le prévôt réfléchit durant quelques instants, puis relevant la tête et regardant fixement Giraud :

— Parlez! dit-il, j'écoute!

XVIII

DIANE.

Le grand Châtelet, siège de la prévôté de Paris et habitation du prévôt, était situé sur la rive droite de la Seine, à l'emplacement qu'occupe aujourd'hui le côté occidental de la place du Châtelet, là où s'élève la fontaine monumentale placée dans l'axe du nouveau pont, qu'en cette année, 1860, on est en train de construire sur le fleuve.

Jadis forteresse destinée à défendre les remparts de la ville, le Châtelet avait vu changer forcément sa destination lorsque l'enceinte de Paris fut élargie sous Philippe-Auguste.

Depuis lors, il avait été concédé à la prévôté de la capitale, laquelle y avait établi le point central de sa juridiction.

Le monument avait néanmoins conservé son apparence formidable et farouche, avec ses tours noires et hideuses, ses portes basses aux battants massifs et ses murailles crénelées.

Quatre rues étroites, sombres, malsaines, tortueuses, serpentaient autour de l'édifice. C'étaient la rue Saint-Leufroi, la rue Trop-va-qui-dure ou Qui-m'y-trouvera-si-dur, celle de la Vallée-de-la-Misère, et enfin la rue de la Triperie.

Depuis l'année 1593 que messire Jacques d'Aumont était prévôt de la bonne ville, il résidait donc au grand

Châtelet en compagnie de madame d'Aumont sa femme, et de mademoiselle Diane sa fille.

Les appartements affectés au prévôt de Paris occupaient le premier étage de la façade de la forteresse, et les fenêtres s'ouvraient par conséquent sur la berge de la rivière en face du pont au Change.

Ce soir, ou pour mieux dire, cette nuit du 13 mars 1605 où commence notre histoire, deux de ces vastes croisées étaient seules éclairées, et le reste de l'édifice était plongé dans une obscurité profonde.

Ces deux fenêtres, brillant dans l'ombre comme les deux yeux d'une bête fauve, étaient celles d'une pièce de formes et de proportions élégantes, servant de petit salon ou de parloir à la famille du prévôt.

L'une de ces montres-horloges, sorte de boîte carrée, large, épaisse, au cadran posé à plat, placée sur une table voisine de la fenêtre de droite, marquait dix heures.

Une seule personne occupait alors le petit salon dans lequel nous venons de pénétrer, et cette personne était mademoiselle Diane d'Aumont.

Blonde, blanche, rose, fraîche comme une fleur de mai, mignonne et délicate comme la tige d'un jeune saule, dont sa taille possédait la flexibilité élégante, gracieuse dans chacun de ses mouvements, vive et légère comme l'oiseau qui va prendre son vol, la jeune fille offrait le type parfait de cette beauté empreinte d'un cachet de poésie et de chasteté que les artistes se sont plu à donner à la mère du divin Sauveur.

Son costume, presque religieux, car il se composait d'une simple robe de laine blanche, prêtait encore à l'illusion et, debout qu'elle était devant une fenêtre, le front appuyé contre les vitres, le corps encadré par les rideaux de tapisserie qui retombaient sur le plancher en plis épais, elle ressemblait à s'y méprendre (pour ceux qui eussent pu la voir du dehors) à l'une de ces madones italiennes immobiles dans leurs niches de marbre.

Sans doute la fille du prévôt de Paris était absorbée dans une contemplation ardente ou subissait le charme d'une rêverie profonde, car depuis plus d'un quart d'heure qu'elle avait quitté son siége pour s'approcher de la fenêtre, elle n'avait pas changé de position.

Ses yeux, plongeant dans les ténèbres épaisses qui enveloppaient la berge et le quai, ne se détachaient pas de la direction du pont au Change, dont la masse noire se dessinait à peine dans l'obscurité.

Le plus profond silence régnait dans la pièce.

On n'entendait que le tic-tac régulier de l'horloge et le sourd murmure causé par les eaux du fleuve qui se ruaient sur les piles des arches du pont.

Diane, toujours immobile, la main droite appuyée sur la vitre à la hauteur de son joli visage, semblait redoubler d'attention.

Enfin, son petit pied frappa le plancher en signe d'impatience, et ses doigts se contractant, firent résonner le verre avec une rapidité convulsive.

— Il ne m'aime pas! dit-elle tout à coup en répondant aux pensées qui se pressaient sous un front poli comme l'agate. S'il m'aimait, il serait revenu... Il sait bien que je suis seule, puisque ma mère est auprès de madame Marie, et il devait quitter mon père après l'avoir accompagné jusqu'à la porte Buci. Voici deux heures déjà qu'ils sont partis et il ne revient pas !... Oh! décidément il ne m'aime pas! il ne m'aime pas !

Et la jeune fille, faisant un mouvement pour quitter la fenêtre, se retourna à demi.

Deux larmes, deux perles limpides, tremblaient au bord de ses longs cils et glissèrent sur ses joues veloutées comme le fruit du pêcher.

Abandonnant son poste d'observation, elle fit quelques pas en avant vers la table et se pencha pour interroger le cadran de l'horloge.

— Dix heures! reprit-elle en se redressant. Il ne viendra plus maintenant... et lors même qu'il viendrait... ma mère va rentrer, mon père ne peut tarder, et il ne pourrait me confier ce grand secret dont il me parle sans cesse... ce secret qui semble s'opposer à notre bonheur, et qu'il devait me révéler ce soir...

Diane se laissa tomber sur un fauteuil.

— Oh! fit-elle avec désespoir, s'il ne m'aimait pas, je mourrais !

A cet instant un bruit sourd retentit au dehors; la jeune fille se leva avec la rapidité de l'éclair.

— Le galop d'un cheval! murmura-t-elle, tandis qu'une rougeur ardente lui montant au visage, envahissait ses joues et son front. C'est lui sans doute.

En souriant soudainement à travers ses larmes à l'espoir de voir bientôt celui qu'elle attendait avec une anxiété profonde, Diane courut vers la fenêtre reprendre le poste qu'elle avait quitté.

Le bruit qui l'avait fait tressaillir arrivait alors jusqu'à elle d'une façon distincte.

Son grand œil bleu dilaté s'efforçait de percer les ténèbres, et toute son âme paraissait être passée dans ce regard inquiet.

— C'est lui! c'est lui! s'écria-t-elle avec une joie expansive et en posant sa main droite sur le côté gauche de son corsage comme si elle eût voulu comprimer les battements de son cœur.

La lumière qui éclairait le petit salon où se trouvait la jeune fille se projetait vaguement à travers les vitres, et, en dépit des rideaux de tapisserie garnissant les fenêtres, lançait au dehors un double rayon qui se découpait en nuance dorée dans l'ombre de la nuit noire.

Ce double faisceau lumineux renvoyé par le plafond blanc de la pièce faisant fonction de réflecteur, descendait sur la partie du quai où se dressait la façade du grand Châtelet, et éclairait doucement la porte d'entrée du vieux bâtiment.

A l'instant même où Diane laissait échapper l'exclamation joyeuse dont l'écho retentissait dans son jeune cœur, un cavalier accourant à toute bride par le pont au Change, débouchait sur le quai et traversait la traînée lumineuse dont nous avons parlé.

C'était la subite apparition de ce cavalier qui avait si fortement ému la pauvre enfant.

Celui qui arrivait à cette heure avancée de la nuit devait avoir le mot de passe, car non-seulement l'archer placé en sentinelle s'effaça pour le laisser passer, mais encore il appela pour faire ouvrir la porte de la forteresse.

Quelques secondes après le cavalier pénétrait dans l'intérieur du bâtiment et l'on entendait résonner sur le pavé de la cour le piétinement impatient de sa monture.

Diane s'était blottie dans l'un des immenses fauteuils à dossier armorié qui garnissaient les deux côtés de l'énorme cheminée où pétillait un feu clair, et les mains croisées, la tête à demi penchée sur son sein palpitant, elle attendait.

Tout à coup la porte tourna doucement sur ses gonds, et, sans être annoncé, le comte de Bernac apparut sur le seuil de la pièce.

Diane tressaillit encore, et l'incarnat qui colorait son joli visage sembla redoubler d'intensité.

Le comte s'avança vivement vers la jeune fille.

— J'ai cru que je n'arriverais jamais, dit-il d'une voix caressante et en imprimant ses lèvres sur une petite main blanche et fluette, aux ongles rosés, aux doigts effilés, qu'il venait de saisir dans les siennes, et qui ne lui fut que bien faiblement disputée. Tout Paris semblait se liguer pour conspirer contre mon bonheur! Enfin me voici! vous êtes seule encore, Dieu soit loué!

En achevant ces mots, le jeune homme, sans lâcher la petite main qu'il avait prise, s'était laissé glisser sur le plancher, et se trouvait alors agenouillé devant son interlocutrice.

Celle-ci fit un geste d'effroi.

— Henri! s'écria-t-elle en s'efforçant de relever le comte.

— Chère Diane! que craignez-vous donc! répondit M. de Bernac.

— Si l'on entrait!

— Qu'importe? Votre père, votre mère ne connaissent-ils pas mon amour, et ne l'approuvent-ils pas?

— C'est vrai! murmura Diane sans oser encore relever ses longues paupières que l'émotion et ce sentiment de pudeur particulier à toute jeune fille qui se trouve pour la première fois seule avec celui qu'elle aime, l'avaient contrainte à abaisser depuis l'entrée du gentilhomme. C'est vrai! mon père me disait encore ce matin que bientôt il vous nommerait son fils, et, ma mère avant de se rendre ce soir auprès de la reine, m'a baisée au front en souriant et en me disant qu'elle allait solliciter de Sa Majesté le consentement du roi à notre union.

Au lieu de répondre, le comte de Bernac laissa retomber la main qu'il tenait encore, et un soupir s'échappa de sa poitrine.

Cette action, ce soupir firent lever vivement les yeux à la jeune fille.

— Mon Dieu, Henri! qu'avez-vous donc? s'écria-t-elle après avoir contemplé son fiancé durant quelques secondes.

Le comte s'était relevé, et son visage, admirablement éclairé par les bougies de cire jaune brûlant dans un candélabre, et par la flamme ardente du foyer, expliquait suffisamment l'exclamation d'effroi que venait de pousser Diane.

Quiconque eût vu le brillant gentilhomme quelques heures auparavant, alors qu'il chevauchait côte à côte avec M. d'Aumont, ou lorsqu'il causait dans la maison de Jonas avec la belle Catherine et ses nombreux amis, n'eût, certes, pu le reconnaître, tant l'expression de sa physionomie avait pris un caractère différent.

Ses traits altérés, son visage pâli, son front chargé de nuages, ses sourcils contractés, sa bouche crispée, avaient fait subir à cette mâle et belle figure, à l'expression d'ordinaire fière et insouciante, une métamorphose complète.

Justement alarmée par ces indices de quelque peine terrible que devait éprouver celui qu'elle aimait, Diane s'était précipitée en avant et avait saisi le bras de son fiancé.

— Henri! répéta-t-elle avec anxiété, Henri! qu'avez-vous donc?

— Ne me le demandez pas, Diane! répondit tristement le jeune homme en détournant la tête.

— Henri! encore une fois, qu'avez-vous? je veux le savoir!

Diane prononça ces mots avec une énergie et une force de volonté dont on n'eût pas cru capable sa mignonne et délicate nature.

Le comte la regarda en silence.

— Vous voulez savoir ce que j'ai?

— Oui, je le veux!

— Eh bien! ma Diane bien-aimée, je suis le plus misérable et le plus malheureux des hommes.

— Vous, misérable! vous, malheureux! s'écria la jeune fille avec un étonnement manifeste et en croisant ses mains

qu'elle éleva vers le ciel. Vous, Henri? Et pourquoi me dites-vous cela, mon Dieu?

— Parce que cela est.

— Mais un malheur vous menace-t-il donc?

— Oui, Diane, et le plus grand de tous.

— Quel malheur, Henri? Par grâce, parlez vite!

— Celui de vous perdre, Diane!

— De me perdre?

— Oui.

La jeune fille recula d'un pas et ouvrit plus grands encore ses grands yeux dilatés.

— Je ne vous comprends pas, dit-elle.

— Quoi? s'écria Henri avec force, vous ne comprenez pas, Diane? Eh bien! ce mariage dont vous parlez, ce mariage que j'appelais de tous mes vœux, ce mariage qui devait être le bonheur de ma vie entière, ce mariage est désormais impossible!

— Impossible! fit mademoiselle d'Aumont en devenant subitement d'une pâleur extrême.

— Impossible! répéta le comte.

— Oh! s'écria Diane, mon père a-t-il donc retiré sa parole?

— Non, Diane; votre père consent toujours à notre union...

— Ma mère...

— Madame d'Aumont me témoigne la même tendresse...

— Mais alors, Henri, vous voyez bien que ce que vous dites est insensé!

— Ce que je dis est vrai, Diane, et c'est cette vérité qui me brise le cœur.

Diane contempla le jeune homme d'un œil ardemment interlocuteur, puis, poussant un cri et se laissant retomber sur un siège:

— Ah! s'écria-t-elle en éclatant en sanglots, vous ne m'aimez plus!

XIX

LE COMPLICE D'UN CRIMINEL D'ÉTAT.

Le comte de Bernac se précipita aux pieds de la jeune fille, et, entourant de ses bras cette taille souple et fine qui ployait sous le vent de la douleur, comme un roseau sous le souffle de l'orage:

— Ne plus vous aimer, Diane! s'écria-t-il avec un accent passionné; ne plus vous aimer, vous! Oh! ne dites jamais cela! ne le pensez jamais surtout! Ne plus vous aimer, vous si belle, si jeune, si charmante! mais ce serait un sacrilège, Diane; songez-y donc! Oui, je vous aime, chère enfant, je vous aime de toutes les forces réunies de mon âme et de mon cœur! Je vous aime comme l'oiseau aime l'espace, comme la fleur aime la rosée, comme le lion aime le désert, comme on aime enfin tout ce qui fait la vie et le bonheur, et c'est parce que je vous aime ainsi, Diane, que je sens mon courage faillir et l'existence se retirer de moi, car il me faut renoncer à vous!

En entendant ces douces paroles frapper son oreille, Diane avait séché ses larmes, et l'amour exprimé par cette voix si chère avait rendu à ses joues leur brillant coloris.

Étreignant avec une énergie fiévreuse les mains du jeune homme agenouillé devant elle:

— Mais si vous m'aimez ainsi, Henri, dit-elle, si mon père, si ma mère consentent à notre union, que parlez-vous de malheur, que parlez-vous de séparation?

— Il le faut, Diane!

— Encore?

— Il le faut!

— Mais pourquoi, mon Dieu, pourquoi?

— Parce qu'en ce moment, enchaîner votre vie à la mienne, ce serait river votre avenir de bonheur à un avenir de douleurs et de misères!

— Douleur! misère! ces mots ont-ils donc une signification pour ceux qui s'aiment; et si vous m'aimez, Henri, vous savez bien que mon cœur, à moi, vous appartient tout entier!

— Quoi, Diane, m'aimeriez-vous assez pour vous donner à moi, lors même que le malheur serait suspendu sur ma tête?

— Je ne sais pas comment je vous aime, Henri; tout ce que je sais, c'est que s'il me fallait renoncer à mon amour, je mourrais sans regrets!

— Ainsi, Diane, vous vous sentiriez le courage de braver tous les dangers pour devenir ma femme?

— Sans doute! répondit simplement la jeune fille.

— Vous renonceriez, s'il le fallait, aux plaisirs que vous promet le séjour de la cour?

— Peut-on hésiter entre le bonheur et le plaisir?

— Vous consentiriez à vivre isolée, loin du bruit des villes, sans autre société que la mienne?

— Une femme ne doit-elle pas suivre son mari partout où il lui plaît d'aller?

— Vous ne reculeriez devant aucun sacrifice?

— Mettez-moi à l'épreuve, Henri.

— Vous auriez la force de quitter cette nuit, s'il le fallait, votre père et votre mère?...

— Quitter mon père, quitter ma mère! s'écria Diane avec stupéfaction; vous voulez m'éprouver, Henri?

— Non, Diane, je vous dis la vérité! Si vous m'aimez, si vous voulez que rien ne nous sépare, il vous faut fuir avec moi.

— Fuir avec vous?

— Oui!

— Jamais, Henri, jamais!

— Alors, Diane, il nous faut renoncer l'un à l'autre.

Mademoiselle d'Aumont cachait dans ses mains sa tête si belle, qu'encadraient d'admirables cheveux blonds à demi dénoués, et dont les boucles soyeuses retombaient en cascades opulentes sur ses épaules aux contours arrondis.

— Mon Dieu, Seigneur, ayez pitié de moi! s'écria-t-elle avec l'accent du plus profond désespoir; je crois que je deviens folle!...

Le comte de Bernac parut vivement ému par l'expression navrante dont étaient prononcées ces paroles.

Il comprit que cette nature d'une exquise délicatesse était à bout de force et de courage, et qu'une semblable scène, en se prolongeant, pouvait porter un coup fatal à cette organisation si frêle.

— Diane, fit-il, en s'efforçant de donner à sa voix une expression de tendresse suprême, Diane, remettez-vous! Ayez de l'énergie, nous en avons tous deux besoin. Si je vous vois souffrir, je me tuerai à vos pieds!

— Au nom du ciel, parlez! répondit la jeune fille en réunissant ses forces. Pourquoi devons-nous renoncer l'un à l'autre? Pourquoi devrais-je fuir avec vous?

— Parce que, dans deux jours, ma tête sera mise à prix, Diane; parce que, dans deux jours, je serai poursuivi, traqué, pris et jeté au fond d'un cachot, si d'ici là je ne mets pas entre moi et mes ennemis les frontières du royaume.

— Vos ennemis, Henri; mais quels sont-ils?

— Le roi, la justice, votre père lui-même!

— Mon père votre ennemi?

— Oui, s'il ne l'est pas encore, la charge qu'il occupe le contraindra à le devenir. N'est-il pas le chef suprême de la justice de la province et de la capitale, et, comme tel, ne doit-il pas poursuivre ceux que le roi et la justice lui désignent comme coupables?

— Coupable; l'êtes-vous donc?

— Oui, Diane!

— Et de quel crime, mon Dieu?

Henri sembla hésiter un moment; puis, baissant la voix:

— Je suis l'ami du comte d'Auvergne, dit-il.

— Du comte d'Auvergne! répéta Diane avec terreur; de celui qui vient de conspirer avec M. d'Entraigues et la marquise de Verneuil; de celui que le parlement a condamné à mort pour crime de lèse-majesté!

Le comte de Bernac baissa la tête.

— Etes-vous donc complice du comte d'Auvergne? s'écria la jeune fille avec véhémence.

— Oui, murmura Henri.

— Oh! mais alors il faut fuir!

— Sans doute, Diane, si je veux vivre; car grâce ne me sera pas plus faite à moi qu'elle ne l'a été au feu duc de Biron, et le bourreau frappera encore la tête d'un gentilhomme.

Diane se renversa en arrière.

La pauvre enfant venait d'entrevoir, dans un rêve horrible, le sanglant échafaud dressé sur la place de Grève, et celui qu'elle aimait agenouillé devant le billot fatal.

Puis, se dressant brusquement, l'œil hagard, ses beaux cheveux en désordre, ses mains suppliantes:

— Partez, Henri! Fuyez! s'écria-t-elle.

— Seul? demanda le jeune homme.

— Mon Dieu! mon Dieu! ce que vous me demandez est impossible!

— Alors, Diane, je reste; advienne que pourra!

La jeune fille se tordit les bras avec désespoir; des pleurs inondaient son visage, sa respiration était courte et haletante.

Le comte de Bernac la contemplait avec une fixité étrange. L'œil du gentilhomme était sec, mais le regard ardent qui s'en échappait enveloppait la fille du prévôt de Paris de ses effluves magnétiques.

Un long silence se fit dans la pièce. Diane parut reprendre un peu de calme.

— Henri, murmura-t-elle d'une voix déchirante, oh! par grâce, dites-moi que tout cela est une épreuve; dites-moi que je viens de faire un mauvais rêve!

— Je ne puis vous dire cela, Diane, répondit le comte en secouant tristement la tête. Cela n'est point une épreuve, cela n'est point un rêve, c'est la vérité; je suis complice du comte d'Auvergne!

— Mon Dieu! mon Dieu! Mais comment vous êtes-vous jeté dans cette horrible conspiration?

— Qu'importe le motif, à cette heure, si la cause est là menaçante, dit le jeune homme avec une sorte d'emportement. Le parlement a accusé MM. d'Auvergne et d'Entraigues de complot avec le roi d'Espagne, et il les a condamnés à mort eux et leurs complices.

— Mais si on vous avait reconnu complice de ce crime de lèse-majesté, vous seriez arrêté, Henri!

— Aussi vais-je l'être, Diane!

— Mais pourquoi? pourquoi?...

— Pourquoi suis-je encore libre, voulez-vous dire? Je vais vous l'expliquer. Le comte d'Auvergne est trop bon gentilhomme pour livrer un ami ni déclarer un complice.

Aussi ne l'a-t-il pas fait ; aussi ne le fera-t-il pas ; mais entre lui et moi, existe toute une correspondance des plus significatives. Jusqu'à ce jour cette correspondance avait échappé à toutes recherches ; je croyais n'avoir rien à craindre. Ce matin un courrier m'est arrivé d'Auvergne. Il venait de la part de l'intendant du comte, et cet intendant m'annonçait que MM. d'Eurre et de Nérestan, ceux-là mêmes qui avaient jadis arrêté le comte, avaient fouillé minutieusement le château de Clermont, et que, le hasard et le diable les aidant, ils avaient découvert la cachette mystérieuse dans laquelle se trouvaient tous les papiers de M. d'Auvergne, et toute sa correspondance avec les complices qu'il avait jusqu'ici refusé de nommer. L'intendant ajoutait qu'il était certain d'arrêter le courrier expédié par la justice au roi, mais qu'il ne pouvait cependant me garantir que quarante-huit heures de sécurité. Il m'engage à fuir au plus vite. Maintenant, Diane, vous connaissez la vérité entière. L'avis m'est parvenu il y a douze heures. Après-demain matin il ne sera plus temps de prendre un parti ; je serai arrêté...

Diane poussa un cri.

— La mort est sur ma tête, Diane, continua le comte avec un accent véhément ; vous seule pouvez l'écarter, car je ne fuirai pas sans vous !

La jeune fille s'affaissa sur un siége voisin et parut privée de sentiments.

Le comte la poursuivait toujours de son regard fascinateur.

Tout à coup le silence lugubre qui régnait dans le petit salon fut troublé par un bruit vigoureusement accentué provenant du dehors.

C'était le piétinement d'une troupe de chevaux, traversant le pont au Change et se dirigeant vers le grand Châtelet.

Une vive clarté, produite par la lueur des torches, resplendit subitement sur le quai.

— Mon père ! — s'écria Diane.

Henri la saisit dans ses bras,

— Je t'aime ! murmura-t-il à l'oreille de la jeune fille, je t'aime à ne pouvoir vivre sans toi ! sache-le bien ! La nuit prochaine, il y a bal masqué, tu te rappelles, à l'hôtel de l'ambassadeur d'Espagne. Ton père et ta mère doivent t'y conduire : ils me l'ont dit. A la faveur d'un déguisement, ta fuite nous est possible. J'aurai tout préparé, Diane, si tu m'aimes nous fuirons ensemble... Si tu refuses, Diane, je me livre moi-même au lieutenant-criminel, je te le jure sur mon honneur de gentilhomme !

Diane ne répondit pas, mais un cri sourd, ressemblant au râle d'un mourant, s'échappa à travers sa gorge aride.

Le comte de Bernac enleva la jeune fille et la porta, à demi inanimée, jusque sur le seuil d'une pièce voisine dont il ouvrit lui-même la porte.

— Voici votre père, continua-t-il, en laissant glisser à terre son précieux fardeau et en désignant du geste l'entrée du Châtelet, à la porte duquel se pressait la cavalcade qui venait de traverser le pont. Rentrez dans votre chambre, il ne faut pas qu'il vous voie, car s'il vous voyait, Diane, il voudrait connaître la cause de vos larmes, et, s'il la connaissait, il serait forcé de me poursuivre, sous peine d'être accusé lui-même du crime que l'on m'impute.

— Oh ! fit la jeune fille en se soutenant à peine, c'est donc là, Henri, ce grand secret que vous deviez me confier ?

— Oui, Diane, et vous voyez que vous seule pouviez l'entendre. Maintenant, ma vie et ma mort sont entre vos mains... Vous êtes l'arbitre souverain de ma destinée... Le bonheur pour tous deux ou la mort pour moi par la main du bourreau... Réfléchissez, Diane ! vous avez jusqu'à la nuit prochaine !

Et sans attendre la réponse de la jeune fille, dégageant ses vêtements que la pauvre enfant tenait d'une main défaillante, il referma la porte de la chambre de Diane, traversa d'un bond le salon et s'élança au dehors.

— Elle partira ! murmura-t-il en posant le pied sur la première marche de l'escalier, qu'il s'apprêtait à descendre. Elle partira ! répéta-t-il, tandis qu'un éclair de triomphe illuminait son œil noir. Elle partira ! Par la mordieu ! je l'enlèverais plutôt de force, mais j'aurai la conduire seul ! Ah ! je crois qu'enfin le jour du triomphe va luire ! Cornes du diable ! si Humbert n'est pas content de moi, il sera difficile ! Et maintenant, mon cher prévôt, mon excellent ami, vous pouvez vous défier de moi tout à votre aise ! Vous êtes un fin renard, mon très-cher, mais vous n'êtes pas de force encore à lutter avec moi ! Ventre-saint-gris ! si Catherine a dit vrai, la nuit sera heureuse !

Un bruit sourd, qui retentit alors au-dessous même de l'escalier, annonça le passage sous la voûte d'entrée de la cavalcade, dont la venue avait si subitement terminé l'entretien de Diane et du comte de Bernac.

Henri se pencha sur la balustrade en bois sculpté.

La rougeâtre clarté des torches qui envahit aussitôt le vestibule, le piétinement sonore des chevaux, le pas lourd des archers, le grincement de la porte massive, tournant sur ses gonds pour se refermer, indiquèrent l'arrivée du prévôt et de sa suite dans la cour intérieure du grand Châtelet.

Henri descendit lentement.

Durant les quelques secondes que le comte de Bernac mit à franchir les degrés aboutissant à la cour intérieure du bâtiment, une métamorphose complète sembla s'opérer en lui.

Le front calme, la bouche souriante, la tournure dégagée, il s'avança vers le prévôt qui venait de descendre de cheval, avec cette aisance, cette élégance, qui paraissaient lui être propres.

Derrière M. d'Aumont, se tenait le lieutenant civil, à la tête d'un peloton d'archers.

Au centre de ce peloton, quatre hommes, les mains attachées derrière le dos, demeuraient stationnaires.

— Ma foi ! mon cher prévôt, je commençais à craindre que vous ne revinssiez pas, — dit le comte en tendant ses deux mains à M. d'Aumont.

Celui-ci répondit au geste affectueux du gentilhomme, mais avec une contrainte évidente.

— Vous avez vu madame d'Aumont ? demanda-t-il.

— Non. Madame d'Aumont est toujours auprès de Sa Majesté. Il paraît que la reine Marie a le bon goût d'affectionner tendrement sa nouvelle dame d'honneur. C'est d'un excellent augure pour votre avenir, mon très-cher ami.

— Je le souhaite, répondit M. d'Aumont dont le front assombri dénotait la préoccupation profonde.

— Mais, j'ai eu l'honneur d'entrevoir mademoiselle Diane, ainsi que vous m'en aviez octroyé permission. Je dis entrevoir, car votre charmante fille semblait fatiguée et après quelques minutes d'un entretien que j'ai trouvé bien court, je vous le jure, elle m'a demandé la permission de rentrer dans ses appartements. Demeuré seul, je vous ai attendu, ne voulant pas quitter le Châtelet sans vous serrer les mains, et, ajouta M. de Bernac en baissant la voix, savoir quel avait été le résultat de votre expédition.

— Il a été tel que vous-même sembliez le prévoir, répondit le prévôt en secouant la tête.

— Ainsi le capitaine La Chesnaye...

— Possède décidément le don d'ubiquité, car il est à

fois partout et cependant on ne peut le trouver nulle part.

— Bref! vous avez fait buisson creux, comme disait messire Jacques de Fouilloux.

— Pas tout à fait cependant, à défaut d'un solitaire, j'ai forcé des ragots, — répondit M. d'Aumont en désignant de la main les quatre personnages placés au milieu des archers.

A cet instant même, une division s'opérait dans le groupe indiqué, par suite des ordres que venait de donner le lieutenant civil.

Trois des prisonniers, conduits par quelques soldats, se détachèrent de la masse et traversèrent la cour, passant sous les yeux du prévôt de Paris et du comte de Bernac.

Ces trois prisonniers étaient Rougegorge, Jean sans Rate et Laurent.

Tout en paraissant examiner avec attention ceux que lui désignait le prévôt, Henri ne quittait pas de l'œil la physionomie sévère de M. d'Aumont :

— Les rapports étaient exacts, pensa-t-il. Ce digne prévôt n'est plus le même qu'il était avec moi il y a deux heures. Cordieu! je crois que la grande partie va enfin commencer. Mais du diable! si je ne lis pas toujours dans son jeu aussi clairement que je le fais en ce moment.

Et sans quitter cet air d'insouciance railleuse qui seyait à merveille à sa physionomie fine et expressive, le comte se retourna vers M. d'Aumont.

XX

LE PRISONNIER.

— Sont-ce donc des complices de La Chesnaye? demanda le jeune gentilhomme en indiquant les trois prisonniers.

Je le crois, répondit M. d'Aumont.

— Alors, ils seront pendus?

— Haut et court!

— Ma foi! ils le méritent bien, car il est difficile de contempler plus hideuse face que chacune de ces trois abominables figures.

Les trois espions, dont la trahison envers La Chesnaye avait évidemment tourné à leur préjudice, s'engouffraient alors sous une voûte basse, sombre, à l'accès défendu par une épaisse grille de fer, et qui conduisait aux prisons souterraines du vieux Châtelet.

Le comte les suivit un moment du regard, puis, en les voyant disparaître, il haussa les épaules, et un sifflement railleur glissa entre ses lèvres.

— Et celui-ci que vous semblez réserver pour la bonne bouche, puisqu'on le garde le dernier, est-ce aussi un complice du terrible capitaine? reprit-il en levant le doigt dans la direction du quatrième personnage dont venait de se rapprocher le lieutenant civil.

— Je le crois également, répondit le prévôt; mais je ne saurais rien préciser à son égard.

— De quoi l'accuse-t-on, alors?

— D'avoir soupé ce soir avec La Chesnaye.

— Bah! ce gaillard-là a soupé ce soir avec votre illustre bandit?

— Oui.

— Où cela?

— A la foire Saint-Germain.

—Et on l'a arrêté, lui, sans arrêter le capitaine?

La Chesnaye s'était échappé avant l'arrivée du lieutenant civil.

— Eh bien, mais, si celui-ci a soupé avec La Chesnaye, il doit être de ses amis, et par conséquent il peut vous renseigner précieusement...

— Cela se peut, en effet; mais cet homme affirme ne pas connaître les gens avec lesquels il était attablé chez le rôtisseur où on l'a pris. Il les a rencontrés, dit-il, sur le champ de foire; enfin il se prétend archer de la prévôté de Rouen, et ce titre prouvé le justifierait de tous soupçons.

— Le drôle a l'air hardi, fit observer M. de Bernac, et certes il n'a pas pour habitude de baisser les yeux, car depuis quelques instants il darde sur nous ses regards brillants, comme s'il voulait nous incendier avec leurs rayons flamboyants. Vive Dieu ! si ces deux yeux gris étaient aussi bien deux pistolets, il y a tout à parier qu'à cette heure, vous et moi, nous serions transpercés d'outre en outre. Par les cornes du diable ! il faut que j'examine de près ce produit de votre chasse!

Et sans attendre la permission du prévôt, le comte s'avança vivement dans la direction de l'homme dont il venait de parler.

Celui-ci n'était autre que Giraud, le malheureux archer, arrêté quelques heures auparavant dans la loge du rôtisseur où nous l'avons entendu raconter l'odyssée de ses amours.

Se renfermant dans une impassibilité complète, et dans un mutisme absolu depuis l'instant où il était sorti du cabinet du lieutenant civil, après sa conversation avec le prévôt de Paris (conversation à laquelle nous n'avons pas assisté, mais dont nous allons bientôt connaître le résultat), Giraud n'avait point tenté la moindre résistance, et s'était laissé conduire avec une résignation qui, chez tout autre, eût annoncé l'abattement, mais qui, chez lui, dénotait une résolution arrêtée.

En entrant dans la cour du grand Châtelet, en se voyant en face de l'entrée de ces geôles terribles qui rendaient au monde si peu de ceux que l'on confiait à leurs antres fétides, Giraud n'avait manifesté aucune émotion, et son regard terne et sans expression avait à peine daigné parcourir l'enceinte de la vaste cour.

Tout à coup, cependant, ce regard vague était devenu fixe et s'était splendidement allumé, en même temps qu'un frémissement nerveux avait agité le corps du prisonnier.

Ce double phénomène s'était produit à l'instant même où le comte de Bernac, franchissant les derniers degrés de l'escalier qu'il descendait, s'était avancé près de M. d'Aumont.

La lueur des torches portées par les archers éclairait en plein le prévôt de Paris et le jeune gentilhomme.

L'œil de Giraud avait brillé d'un éclat sombre et s'était fixé sur l'élégant seigneur pour ne plus s'en détacher.

C'était cette attention profonde portée sur sa personne qui avait si fort frappé le comte de Bernac.

En voyant le jeune gentilhomme s'avancer vers lui, Giraud n'avait pas baissé ses regards, mais sa physionomie avait pris subitement une expression d'impassibilité complète.

Le comte, offensé sans doute par cette muette et constante investigation dont il était l'objet, lança au prisonnier un regard impérieux, mais ce regard ne sembla nullement intimider l'archer.

Au contraire, Giraud releva la tête d'une façon plus insolente encore.

Lui aussi se trouvait alors placé en pleine lumière, et le comte put examiner à son aise ces traits vigoureusement accentués, et cette chevelure roussâtre ruisselant sous le jeu des flammes résineuses.

Mais, soit que cet examen rapide suffît au jeune seigneur, soit qu'il ne jugeât pas digne de le poursuivre plus longtemps, il pirouetta sur les talons éperonnés de ses bottes, tourna le dos à l'archer et revint vers le prévôt.

Celui-ci avait gagné le vestibule du grand escalier et semblait en proie à une vive émotion.

M. de Bernac fit signe à un valet de lui amener son cheval.

— Vous partez, Henri? demanda M. d'Aumont en se rapprochant.

— Oui, l'heure est avancée et vous n'avez, je crois, aucunement besoin de mes services.

M. d'Aumont se rapprocha encore de son interlocuteur.

— Ce soir, dit-il, en nous quittant, avant de pénétrer dans la foire Saint-Germain, vous m'avez fait de pressantes recommandations concernant l'affaire dont j'allais m'occuper...

— Cela est vrai.

— Pourquoi m'avez-vous fait ces recommandations?

— Pourquoi je vous ai donné ces conseils? répéta le comte en regardant fixement le prévôt.

— Oui.

— Oh! mon Dieu, par une raison bien simple, mon excellent, ami, raison que je vous ai déjà souvent et longuement expliquée. Je crois, en mon âme et conscience, devoir une réparation à ce malheureux La Chesnaye, et en le voyant menacé de votre terrible persécution, je tentais de le protéger.

— Mais je ne vous parle pas de La Chesnaye, je vous parle de moi. Vous me pressiez d'abandonner cette affaire, attendu que, suivant vous, mal pouvait m'en arriver.

— Cela est ma conviction.

— Sur quoi se base cette conviction, c'est ce que je vous demande...

— Mon Dieu! je ne sais... c'est un pressentiment.

— Ainsi vous n'avez pas d'autre motif?

— Aucun autre.

— Vous me le jurez?

— Foi de gentilhomme!

M. de Bernac prit les rênes du genêt d'Espagne qu'on venait de conduire devant lui.

Déjà il posait le pied dans l'étrier, lorsque le prévôt de Paris, dont l'émotion paraissait augmenter de minute en minute, lui saisit le bras et retint l'élan que prenait le gentilhomme pour sauter en selle.

— Monsieur le comte, dit-il d'une voix brève, avant que nous nous séparions, il faut encore que je vous parle.

— A vos ordres, répondit Henri en abandonnant sa monture.

Les deux hommes, placés comme ils l'étaient sous le vestibule du grand escalier, étaient hors de portée de toute oreille indiscrète.

— M. de Bernac, commença M. d'Aumont, depuis quatre années que vous êtes arrivé de votre province pour vous rendre à la cour, je vous ai accueilli, vous le savez, non-seulement avec cette courtoisie que se doivent réciproquement deux hommes de qualité, mais encore avec un empressement dénotant le plaisir que me causait votre amitié...

— Sans doute, mon cher prévôt, et croyez que je n'oublierai jamais votre charmant accueil, répondit Henri avec cette réserve de l'homme qui ignore encore sur quel terrain son interlocuteur veut mener la conversation.

— Il y a six semaines vous m'avez confié votre amour pour ma fille, et vous m'avez fait l'honneur de témoigner votre ardent désir d'une alliance entre nos deux familles...

— Alliance que je désire toujours avec la même ardeur.

— Votre naissance, votre personne, votre fortune, tout parle en votre faveur et j'ai, par conséquent, accueilli votre confidence comme elle méritait de l'être...

— Ce dont je vous ai une profonde reconnaissance, interrompit le comte. Mais permettez-moi de vous dire, mon cher et excellent ami, que je ne comprends nullement ce soir la portée de vos paroles.

— Je m'explique...

— Et je vous écoute.

— Ce matin, j'ai vu le roi.

— Au conseil?

— Oui. Sa Majesté m'avait fait appeler. Il s'agissait de ce capitaine La Chesnaye dont l'audace et les rapines ont fini par émouvoir le roi lui-même. Les plaintes abondent, les crimes sont patents, les attentats journaliers, et Sa Majesté ne m'a pas caché le grave mécontentement qu'elle éprouvait de voir ce bandit non encore entre les mains de la justice.

— Eh bien! mon cher prévôt, cela n'est pas votre faute, car je suis témoin que vous faites tout ce que vous pouvez pour vous emparer de cet effronté coquin.

— Je le sais, le roi le sait aussi, mais néanmoins ma vigilance et l'amour de mes devoirs paraissent être mis en doute. Bref, j'ai beaucoup d'ennemis, vous ne l'ignorez pas. D'un autre côté j'occupe un poste éminent, extrêmement recherché et partant envié de tous les courtisans; n'ai pas ou peu de fortune. Ma charge de prévôt de Paris m'est d'absolue nécessité pour soutenir l'éclat de mon nom. Mes ennemis poussent à ma ruine, le roi est mécontent, je me vois à la veille de ma perte si je ne réponds d'une façon victorieuse aux accusations dont je suis l'objet.

— Et quelles sont ces accusations?

— Je vous l'ai dit : manque de vigilance et oubli de mes devoirs.

— Et pour les détruire, il vous faudrait, je pense, procéder immédiatement à l'arrestation du capitaine La Chesnaye?

— Vous avez deviné.

— Eh bien! mon cher ami, procédez! Qui vous en empêche?

— Jusqu'ici le hasard, ou pour mieux dire une complication étrange d'événements et un mystère que je n'ai encore pu percer.

— Alors?

— J'ai promis formellement au roi, ce matin même, à plein conseil, qu'avant quarante-huit heures, le capitaine La Chesnaye serait arrêté. Or, aller avouer au roi après-demain que j'ai échoué dans cette entreprise serait aller moi-même procéder à ma perte. Vous comprenez?

— Parfaitement, répondit le comte en secouant la tête; c'est diablement malheureux alors que vous ayez manqué ce bandit ce soir à la foire Saint-Germain. Après cela, vos renseignements étaient sans doute inexacts et La Chesnaye n'était certainement pas à la foire.

— Mes renseignements étaient exacts et La Chesnaye était ce soir à la foire.

— Vous en êtes sûr?

— J'en suis certain.

En prononçant cette affirmation d'un ton sec, le prévôt de Paris leva son regard clair et investigateur sur le jeune gentilhomme.

Celui-ci supporta avec un calme et une aisance accomplis ce coup d'œil profond, et ses yeux noirs ne s'abaissèrent pas un seul instant devant l'éclair qui jaillissait des prunelles de son interlocuteur.

M. d'Aumont, comme s'il eût eu honte de prolonger

plus longtemps cet examen étrange, détourna la vue et posa doucement sa main droite sur le bras du jeune homme.

XXI

LE LIMIER

— Pardonnez, mon cher comte, continua le prévôt de Paris en donnant à sa voix un accent plus doux; pardonnez ce qu'il peut y avoir de singulier dans la façon dont je vous parle, mais ma situation présente est assez pénible pour me servir d'excuse. D'ailleurs mes chagrins sont un peu les vôtres, puisque vous allez devenir mon fils, car je crois que vous aimez ma fille d'un amour véritable ?...

— J'aime Diane de toute la force de mon âme! fit M. de Bernac avec une vivacité dénotant une passion sincère et ardente.

— Alors je puis continuer sans crainte de vous blesser ?

— Sans doute! Parlez, je vous prie.

— Eh bien! vous pouvez m'aider puissamment dans la réussite de l'entreprise que je poursuis.

— Dans l'arrestation de La Chesnaye ?

— Oui.

— Je puis vous aider, moi ?

— Vous-même.

Le comte de Bernac se prit à rire bruyamment.

— Ventre-saint-gris! s'écria-t-il gaiement, serais-je donc, m'en douter, exempt de la prévôté?

— Ne riez pas, comte, et répondez-moi.

— Ah çà! c'est donc sérieux ce que vous me dites?

— Très-sérieux.

— Je puis vous aider réellement dans l'arrestation de votre bandit?

— Vous le pouvez.

— Comment cela?

— D'une façon bien simple. Vous le connaissez.

— Je connais La Chesnaye ?

— J'en suis certain.

— Voilà qui est fort!

— Je vous répète que j'en suis sûr.

— Alors, mon cher prévôt, je n'ai rien à vous répondre puisque vous affirmez, mais permettez-moi cependant de trouver votre affirmation singulière et de vous en demander la cause.

— Mon cher Henri, dit M. d'Aumont en regardant fixement le jeune seigneur, j'ai toujours éprouvé pour vous, depuis que je vous connais, une sympathie réelle, sympathie dont la cause est, sans nul doute, dans l'heureux hasard qui m'a permis jadis de vous être utile.

— Dites : de m'arracher à une mort certaine...

— Bref, je vous aime sincèrement.

M. de Bernac s'inclina.

— Je commence par vous affirmer que l'accomplissement de ce projet de mariage qui doit faire de vous mon fils est l'un de mes vœux les plus chers...

Le comte s'inclina une seconde fois.

— Mais, continua le prévôt, si comme homme je dois respecter vos secrets privés, comme magistrat il est de mon devoir de vous demander aide et assistance lorsqu'il s'agit de servir la cause du roi et celle de la justice. Or, chaque fois qu'il a été question entre nous de ce bandit qui désole la capitale et les provinces, vous avez pris presque sa défense...

— Permettez, dit vivement le comte de Bernac, je vous ai dit le sentiment auquel j'obéissais.

— Ce soir alors que j'accusais La Chesnaye du meurtre qu'il a commis sur le Pont-Neuf, vous m'avez précisément mis à même de constater la présence du capitaine cette même nuit à trente lieues de l'endroit où le crime avait été accompli.

— Eh bien! en agissant ainsi il me semble que je servais la justice puisque je l'éclairais.

— Oui, seulement cet homme auquel vous m'avez fait parler, quittait sa maison une demi-heure après que nous l'avions vu, et près de la rue du Paon on perdait sa trace.

— Ah! ah! vous avez donc fait surveiller ce pauvre diable? fit M. de Bernac dont les sourcils se contractèrent brusquement et dont la prunelle étincelante lança un jet lumineux.

— C'était mon devoir, répondit M. d'Aumont.

— Ensuite? dit le comte en reprenant son expression de calme railleur.

— Ensuite, mon cher Henri, vous m'avez, je le répète, vivement et chaudement recommandé de laisser en paix ce La Chesnaye. Or, en admettant, ainsi que je dois le faire, la délicatesse de pensée qui vous fait agir, en admettant que poussant à l'extrême ce sentiment de réparation que vous prétendez devoir à un bandit insigne accusé à tort du meurtre de votre père, il est vrai, mais accusé à juste titre d'autres assassinats accomplis dans des circonstances plus horribles encore, en admettant toutes ces raisons, dis-je, je ne puis m'empêcher d'ajouter que l'intérêt que vous portez au capitaine La Chesnaye est étrange...

— De sorte que vous concluez?

— Je conclus que, par suite d'une circonstance et d'un concours d'événements que j'ignore, vous avez d'autres raisons pour vous intéresser à La Chesnaye que celles que vous avez bien voulu me donner ce soir. Est-ce vrai ?

— Cela est effectivement possible, mais ce n'est pas un motif pour que cela soit.

— Oh! pas de réponse évasive, je vous en prie!

M. de Bernac se redressa vivement en caressant sa moustache.

— Pardon, dit-il. Est-ce une conversation amicale que nous avons ensemble, ou bien est-ce un interrogatoire que je subis? Bref, ai-je devant moi mon ami, M. d'Aumont, ou suis-je en face du premier magistrat de la capitale?

— C'est un ami qui vous parle, mon cher Henri, se hâta de dire le prévôt de Paris.

— Fort bien! je répondrai alors à mon ami, M. Jacques d'Aumont, qu'il se trompe complétement en pensant que je puisse l'aider dans l'arrestation du bandit qu'il recherche; que les renseignements particuliers que je lui ai donnés sont l'effet du hasard; que je ne connais nullement l'illustre La Chesnaye, mais que, lors même que je le connaîtrais, je ne donnerais aucun indice sur lui; que lors même que je pourrais le livrer, je ne le ferais point, car le métier de délateur ne convient pas à un gentilhomme.

Le ton dont cette réponse fut faite était empreint d'un sentiment de hauteur qui fit secouer tristement la tête à M. d'Aumont.

— Nous ne nous entendons pas, dit-il. Je croyais vous avoir fait comprendre que mon honneur et mon repos dépendaient de l'arrestation du capitaine.

— J'ai parfaitement compris, mon cher prévôt, mais, encore une fois, je ne puis rien en cette circonstance pour vous témoigner mon affection.

— C'est toujours à l'ami que vous parlez, Henri ?

— Toujours.

— Et si c'était au magistrat?

Le comte rejeta en arrière sa tête expressive avec un mouvement plein de fierté.

— Si le magistrat m'interrogeait, je ne répondrais même point, dit-il d'une voix brève.

— Alors, reprit M. d'Aumont, excusez-moi, monsieur le comte; je me serai trompé dans mes conjectures.

—Mon cher et excellent ami, fit M. de Bernac en changeant brusquement d'air et de manières, et en se rapprochant du prévôt avec un geste amical, croyez que je comprends parfaitement ce que votre situation morale a de pénible, et que je voudrais pouvoir vous servir efficacement; mais croyez aussi que je ne puis rien, malheureusement. La nature hardie, brave et audacieuse de ce La Chesnaye me plaît; j'aime la lutte qu'il soutient contre la société, et voilà pourquoi j'ai paru m'intéresser à lui; mais de le connaître... je n'ai point cet honneur.

— Dès lors, mon cher comte, ne parlons plus de rien à ce sujet; je vous répète que je me suis trompé.

Henri s'inclina en signe qu'il admettait pour bonnes les excuses que lui adressait son interlocuteur, mais son visage ne trahit aucun des sentiments qu'avait pu faire naître en lui la conversation qui venait d'avoir lieu.

Minuit sonna à l'horloge du grand Châtelet.

— Minuit! fit le comte après avoir écouté en silence le nombre des heures retentissant sur le timbre cuivré. Mes gens vont me croire au fond de la Seine ou dans les griffes de votre capitaine La Chesnaye. Au revoir, mon cher prévôt; je rentre à l'hôtel. A propos, vous allez toujours demain soir au bal de l'ambassadeur d'Espagne?

— Sans doute, répondit M. d'Aumont; tout le cour y sera.

— J'aurai l'honneur de danser un branle avec mademoiselle Diane, et si d'ici là j'apprenais quelque chose, croyez que je serais heureux de vous mettre face à face avec ce La Chesnaye, que Dieu confonde! A demain donc, et que d'ici là le Seigneur vous garde!

— A demain! — répéta le prévôt.

Le comte se rapprocha du genêt d'Espagne et s'élança en selle avec sa légèreté accoutumée.

Le prévôt de Paris, le front toujours soucieux, fit au eune homme un geste amical.

— Au revoir! le comte en poussant sa monture.

— A demain! — reprit M. d'Aumont.

Le cavalier traversa la cour et s'engagea sous la voûte sombre et basse communiquant avec la porte d'entrée du grand Châtelet.

Bientôt on entendit les sabots ferrés du genêt d'Espagne résonner sur les planches sonores du pont-levis jeté sur le fossé.

Giraud, l'œil toujours ardemment fixé sur le gentilhomme, l'avait suivi du regard avec la persistance du vautour contemplant une proie qu'il craint de voir échapper.

Au moment où le comte disparut sous la voûte, il fit un mouvement en avant comme s'il eût voulu s'élancer à sa suite; mais l'arquebuse d'un archer, brusquement étendue en travers, arrêta l'élan du prisonnier.

Giraud, rappelé à sa situation présente par le geste du soldat chargé de veiller sur lui, recula d'un pas.

Ses yeux, en changeant de direction, rencontrèrent le prévôt qui gravissait lentement les marches de l'escalier que venait de descendre le comte.

M. d'Aumont, lui aussi, paraissait en proie à une émotion inaccoutumée.

Enfin, s'arrêtant subitement, il sembla prendre une résolution nouvelle.

Se retournant vers ses archers:

— Déliez les mains du prisonnier, et laissez-le venir vers moi.

Un coup de poignard, en tranchant les cordes qui retenaient captifs les bras de l'archer, lui rendait la liberté de ses mouvements.

En deux bonds Giraud fut auprès du prévôt.

— Écoute, dit M. d'Aumont avec une agitation fébrile, cet homme, que tu as osé accuser, est l'un de mes meilleurs amis; c'est le futur époux de ma fille unique. C'est te dire que si tu t'es trompé, que si tu as voulu te jouer de la justice, il n'y aura pas de tortures assez horribles, pas de supplices assez affreux pour te punir de ton infâme accusation.

— Et si j'ai dit vrai? fit Giraud sans paraître ému des paroles du prévôt.

— Si tu dis vrai? Cet homme, fût-il déjà mon gendre, ma fille dût-elle mourir de sa mort, la justice du roi suivra son cours!

— Alors, répondit Giraud, je réponds du succès.

— N'espère pas me tromper par un grossier artifice! Partout où tu seras, je saurai te rejoindre!

— Si je ne réussis pas, vous ferez de moi ce que vous voudrez.

— Tu es donc certain de ce que tu as promis?

— Oui. Je ne sais encore où est La Chesnaye, mais ce dont je réponds, c'est que cet homme est son complice. D'ailleurs je répéterai devant vous ce que j'ai dit hardiment devant le parlement de Paris, lors du procès relatif à la revendication du nom et des biens des Bernac: celui-là qui vient de vous quitter, celui-là que la cour a reconnu pour l'unique descendant de la vieille famille bretonne, celui-là n'est point l'homme que vous avez sauvé, alors qu'il était enfant, du précipice où l'avait jeté l'assassin de son père. Le parlement a repoussé ma déposition, le parlement lui a donné gain de cause; mais le parlement s'est trompé, et celui-là qui sort du grand Châtelet porte un nom qu'il a volé!

— Va donc! — s'écria le prévôt en baissant la tête.

Et, se tournant vers les gardes:

— Laissez passer cet homme, dit-il; il est libre!

Giraud poussa un cri sourd ressemblant à un rugissement de joie, et franchissant d'un seul bond les marches qui le séparaient de la cour, il s'élança sous la voûte et traversa le pont-levis avec la rapidité d'un trait lancé par une main habile et vigoureuse.

Une fois sur le quai, il s'arrêta, et, tournant sur lui-même, il fouilla de l'œil les ténèbres qui l'entouraient.

A gauche, en remontant le fleuve, dans la direction du pont Notre-Dame et du port au foin, il aperçut une ombre côtoyant la berge.

Un rayon de lune perçant les nuages, et tombant d'aplomb sur le quai, permit à l'archer de distinguer nettement la robe blanche du genêt d'Espagne, et les couleurs éclatantes de l'habillement du comte de Bernac.

— Jeanne, murmura l'archer, si tu souffres, me voici sur le chemin de ta délivrance; mais, si tu m'as trahi... le vengeur se dressera sur ta route.

Et, s'assurant que sa longue épée jouait facilement dans le fourreau, il s'élança en rasant les maisons pour mieux dissimuler sa personne.

La lune, qui disparut presque aussitôt sous le nuage dont elle avait un moment percé l'opacité, rendit les ténèbres plus sombres encore.

XXII

MADAME D'AUMONT.

A l'heure où l'archer Giraud, remis en liberté par les ordres de M. d'Aumont, franchissait la porte de sortie.

grand Châtelet, un de ces lourds et massifs carrosses, tels que les représentent les gravures de l'époque, quittait la façade du Louvre devant laquelle il stationnait depuis long-temps, passait devant l'église Saint-Germain-l'Auxerrois, descendait la rue des Fossés-Saint-Germain, longeait l'hôtel de la Monnaie, alors situé en face de la rue Tirechape, s'engageait dans la rue Périn-Gosselin, dont il remplissait la largeur tout entière, et gagnant le nouveau quai, se dirigeait vers le grand Châtelet.

La porte de la résidence prévôtale s'ouvrit à deux battants devant la lourde voiture qui, s'engageant sous la voûte, décrivit un demi-cercle dans la cour et vint s'arrêter devant le vestibule du grand escalier sur les dernières marches duquel avait eu lieu l'entretien que nous avons rapporté, entre le prévôt de Paris et le comte de Bernac.

Une femme de tournure élégante, mise avec une recherche du meilleur goût (suivant la mode de l'époque), s'élança vivement par l'ouverture du carrosse et pénétra dans le vestibule.

Cette femme, âgée d'un peu moins de quarante ans, offrait encore, en dépit de son âge et de la pâleur de ses traits, le type achevé d'une beauté accomplie.

C'était madame d'Aumont, femme du prévôt de Paris, et récemment nommée dame d'honneur de la jeune épouse d'Henri IV.

Elle revenait du Louvre où l'avait appelée son service auprès de la reine Marie.

Madame d'Aumont était fort pâle, avons-nous dit ; mais à cette pâleur se joignait encore une profonde altération des traits.

Gravissant vivement les degrés conduisant au premier étage, elle laissa à gauche la porte du salon où avait eu lieu le tête-à-tête de Diane et d'Henri, et, longeant un corridor éclairé par les reflets d'une lampe suspendue au plafond, s'arrêta devant une porte toute garnie de velours cramoisi et de clous à tête dorée.

Faisant jouer le ressort de la serrure, elle poussa le battant et pénétra dans une pièce de belle dimension. Cette pièce était le cabinet de travail du prévôt.

Assis devant une longue table surchargée de papiers, le front serré entre ses doigts, dans la situation, enfin, d'un homme plongé dans un dédale de réflexions pénibles, M. d'Aumont était là immobile et silencieux.

Au bruit causé par l'entrée de sa femme, dont les jupes soyeuses battaient les chambranles de la porte, le magistrat releva sa tête pensive.

Madame d'Aumont marcha rapidement vers lui.

— Eh bien ? fit-elle.
— Rien, répondit M. d'Aumont.
— Vous n'avez pas réussi ?
— Non.
— La Chesnaye vous a encore échappé ?
— Oui.
— Alors nous sommes perdus, et perdus sans ressource !

Et madame d'Aumont se laissa tomber sur un siége, comme si la force de se soutenir lui eût manqué tout à coup.

— Perdus ! s'écria M. d'Aumont en se redressant par un mouvement opposé à celui accompli par sa femme, perdus ! dites-vous ? Et comment ? pourquoi ? S'est-il donc passé ce soir quelque chose de nouveau au Louvre ?
— Oui.
— Vous avez vu le roi ?
— Oui, répondit encore madame d'Aumont.
— Eh bien ?
— Nos ennemis ont agi et nous poussent vers l'abîme.
— Quoi ! le roi méconnaît à ce point mes services !

— Le roi est entraîné par madame de Verneuil, avec laquelle il s'est secrètement réconcilié, et la marquise obéit, vous le savez, aux instigations du duc de Mercœur.
— Alors ?...
— Alors ce soir a eu lieu au Louvre, en ma présence, dans les appartements de la reine, devant toute la cour, une scène préparée d'avance par vos ennemis, et dont nous serons les victimes si un miracle ne nous vient en aide.
— Mais quelle scène ?
— La famille de Lavardin est venue en grand deuil se précipiter aux pieds du roi et lui demander bonne et prompte justice à propos de l'assassinat commis sur l'unique et dernier héritier de cette famille.
— Mais ! s'écria le prévôt de Paris avec emportement, le roi n'ignore pas que si M. de Lavardin a été assassiné sur le Pont-Neuf, il y a quelques nuits, son véritable meurtrier est le duc de Mercœur, puisque c'est lui qui a traité avec La Chesnaye pour la mort du gentilhomme.
— Cela est possible ; mais M. de Mercœur nie toute participation à ce crime. Bien plus, comme il devait se battre avec M. de Lavardin, il prétend que son honneur est aujourd'hui intéressé à la recherche du coupable, et il s'est joint aux Lavardin pour supplier le roi de faire faire prompte justice. Vous savez que le duc de Mercœur vous a voué une haine mortelle depuis le jour où le parlement lui a dénié le titre de prince ; car il attribue à votre frère, rapporteur dans cette affaire, la déconvenue qui en est résultée pour lui. N'a-t-il pas voulu tuer l'avocat Louis Servin qui avait plaidé contre lui ? M. de Mercœur avait préparé cette scène, j'en suis certaine ; mais elle n'en a pas moins causé une impression profonde sur le roi.
— Et qu'a répondu Sa Majesté ?
— Sa Majesté a engagé sa parole royale, que pleine et entière justice serait rendue sous quarante-huit heures ; puis il a quitté l'appartement de la reine, emmenant avec lui M. de Sully, et lorsque j'ai pris congé de Sa Majesté, la reine, obéissant sans doute aux ordres qu'elle avait reçus de son époux, m'a dit en recevant ma révérence : Madame d'Aumont, je ne vous attends plus qu'avec la nouvelle que notre prévôt de Paris aura fait son devoir. D'ici là le séjour du Louvre ne saurait que vous être pénible !
— Une disgrâce ! murmura M. d'Aumont, un déshonneur !
— Qu'il vous est facile de combattre par l'arrestation immédiate de La Chesnaye ! dit vivement madame d'Aumont.

M. d'Aumont secoua la tête.

— Jacques ! s'écria sa femme avec inquiétude, vous, que j'ai toujours vu fort et énergique en face du péril, vous laisseriez-vous abattre aujourd'hui ?
— Oh ! répondit le prévôt avec un accablement profond, je me sens à peine la force de lutter.
— Pourquoi ?
— Parce que vous ne connaissez encore que la moitié du malheur qui nous menace.
— Comment ? qu'y a-t-il ?
— Il y a, dit M. d'Aumont d'une voix sourde, que ce soir, vous le savez, toutes mes mesures étaient prises pour opérer l'arrestation de ce La Chesnaye. Sa présence à la foire Saint-Germain était certaine.
— Eh bien ?
— Eh bien ! nos espions ont été trompés, ou ce La Chesnaye est parvenu à croiser ses traces de façon telle, qu'il a été impossible de les suivre. Le lieutenant civil, le lieutenant de robe courte et moi-même avons échoué à la même heure. Je revenais de chez Jonas après avoir constaté aussi l'apparition momentanée du bandit dans les environs de la

maison de jeu, mais après avoir constaté aussi sa disparition complète quelques instants avant mon arrivée, lorsque je m'arrêtai dans le cabinet du lieutenant civil.

M. de Villiers avait opéré l'arrestation d'un homme, accusé d'avoir soupé avec La Chesnaye en personne.

Ma première pensée fut d'interroger immédiatement cet homme. Lui-même demandait à me parler, mais à moi seul. On l'introduisit en ma présence, mais dès les premiers mots, je reconnus dans le prisonnier cet archer de la prévôté de Rouen, dont je vous ai raconté l'histoire...

— Celui-là même qui fut condamné à mort et gracié au moment du supplice?

— Précisément. Vous n'ignorez pas ce dont cet homme accuse La Chesnaye, et la haine qu'il a jurée au bandit qui lui a ravi sa fiancée et qui a failli le faire pendre. Eh bien! cet archer, ce Giraud, comme il se nomme, m'a raconté que ce soir, à la foire Saint-Germain, il s'est vu accoster par trois bourgeois, lesquels, après avoir lié connaissance avec lui, l'ont invité à souper, et en buvant lui ont fait raconter son histoire. L'un de ces bourgeois était La Chesnaye lui-même.

— Et Giraud ne l'a pas reconnu?

— Giraud ne l'avait jamais vu.

— Mais ce nouveau malheur dont vous parliez et qui nous menace?

— J'y arrive. Comme Giraud achevait son souper avec les compagnons que lui avait fait rencontrer le hasard, ceux-ci se levèrent et prirent congé de lui. Deux d'entre eux s'éloignèrent à travers la foire et le troisième, celui-là que l'on prétend être La Chesnaye, entra dans la loge d'un orfévre. Au même moment M. de Villiers faisait fermer la rue à ses deux extrémités. Chaque loge n'ayant aucune autre sortie que celle ouverte sur la rue, il devenait constant que La Chesnaye devait être pris chez l'orfévre... Et cependant les archers n'ont trouvé personne, et cependant chaque loge a été minutieusement fouillée. Mais à l'instant où le lieutenant civil procédait à son enquête, un personnage, un gentilhomme, quittant la boutique de l'orfévre, dans laquelle était entré La Chesnaye et dont il n'était pas sorti, s'élança dans la rue sans paraître se soucier de la présence de la justice.

— Eh bien? fit madame d'Aumont, qui suivait avec un intérêt facile à comprendre la narration de son mari. Eh bien? vous avez fait arrêter ce personnage?

— Non! répondit le prévôt.

— Pourquoi?

— Parce que Giraud devait se tromper.

— Qu'importe!

— Savez-vous quel était celui que me désignait l'archer?

— Quelque grand de la cour peut-être?

— Plus que cela pour nous! c'était le comte de Bernac!

— Le comte de Bernac! s'écria madame d'Aumont avec stupeur.

— Le comte de Bernac! répéta le prévôt.

— Lui un complice de La Chesnaye! impossible!

— C'est aussi ce que j'ai pensé, et voilà pourquoi je n'ai pas ordonné l'arrestation.

— Mais alors, ce malheur dont vous parliez n'existe pas, car une telle supposition serait insensée.

— Je n'affirme pas que ce malheur existe, madame, mais je suis sous le coup d'une perplexité effrayante. Au nom du comte de Bernac prononcé par moi, Giraud s'est récrié encore. Il a connu jadis cette famille, vous ne l'ignorez pas, il a été attaché à la personne même du comte de Bernac, assassiné il y a plus de vingt ans, et il m'a répété, avec toute l'ardeur d'une conviction profonde, qu'il n'avait pas menti devant le parlement, alors que seul, entre tous les témoins appelés, il s'obstinait à ne point reconnaître le jeune comte.

— Mon Dieu! que me dites-vous là? s'écria madame d'Aumont en proie à l'agitation la plus vive, mais si M. de Bernac nous avait trompés, que deviendrait notre fille! Diane adore le comte, Diane voit tout un avenir de bonheur dans son union avec lui, Diane est d'une nature si frêle, si délicate, si aimante! Arracher brusquement, violemment, cet amour de son cœur, ce serait tuer notre enfant!

— C'est là le secret de ma conduite, madame, répondit M. d'Aumont. L'amour du père a fait hésiter le magistrat dans l'accomplissement de ses devoirs. Mais j'espère encore que ce Giraud se sera trompé, que cet homme est un misérable vendu à nos ennemis, qu'il a abusé de ma confiance pour reprendre sa liberté, qu'il s'est évadé enfin et que je ne le verrai jamais.

— Et Diane? demanda madame d'Aumont. L'avez-vous vue ce soir?

— Non! la pauvre enfant repose et je n'ai point voulu troubler ses rêves de bonheur.

— Je ne saurais non plus la voir, ajouta madame d'Aumont en serrant les mains de son mari. Elle s'enquerrait du trouble qui se lit sur mon visage, et lui avouer la vérité est impossible!

— Si Giraud m'a trompé ou s'est trompé lui-même, dit lentement M. d'Aumont, Diane sera heureuse et je supporterai seul la disgrâce du roi...

— Mais s'il avait dit vrai? demanda d'Aumont.

— S'il avait dit vrai? si celui qu'il accuse avait volé le nom dont il se pare, s'il était l'infâme complice d'un bandit, la justice du roi suivrait son cours!

— Mais Diane? mais notre fille? s'écria la mère avec effroi.

— Avant d'être père, je suis magistrat, madame!

Sceaux. — Typographie de E. Dépée

LE CAPITAINE LA CHESNAYE

GRAND ROMAN HISTORIQUE

PAR ERNEST CAPENDU

DEUXIÈME SÉRIE

XXIII

L'ABBAYE DES AUGUSTINS.

Un court silence suivit ces nobles et fières paroles. Madame d'Aumont se leva, fit quelques pas dans la pièce, puis elle vint se rasseoir près de son mari.

— Mon ami, dit-elle doucement, j'étais tellement loin de m'attendre à la confidence que vous venez de me faire, que vos paroles m'ont frappée de stupeur, et m'ont tout d'abord privée de réflexion. Maintenant que je suis un peu plus calme, j'envisage les choses comme elles doivent l'être, et je me sens rassurée en ce qui concerne le bonheur de notre enfant. M. Bernac est complétement en dehors de tout ceci, j'en réponds, et ce Giraud se sera évidemment joué de vous : il n'y a pas à en douter.

Le prévôt, sans répondre, interrogea sa femme du regard.

— Réfléchissons, continua madame d'Aumont. Quel est ce Giraud qui ose accuser un loyal gentilhomme de participation avec les plus épouvantables bandits ? Un ancien valet, un ancien archer, un homme accusé lui-même de

IIe s.

4

brigandage, un condamné gracié, et qui devait flétrir la main du bourreau! Quel est, au contraire, le comte de Bernac? Le descendant de l'une de nos meilleures familles, un gentilhomme connu de toute la cour, et dont la réputation est sans tache. Giraud a nié l'individualité d'Henri, mais Giraud a été seul de son opinion. Rappelez-vous à votre tour. Plus de dix témoins, tous anciens serviteurs du comte de Bernac le père, tous ayant connu Henri enfant, tous ayant assisté à l'horrible drame qui l'a privé si jeune de ses parents, l'ont reconnu sans hésiter. Les preuves de son identité étaient telles que le parlement a été unanime dans sa déclaration. Henri lui-même se rappelait tout, jusqu'au souvenir de votre généreux dévouement pour lui...

— Cela est vrai, dit le prévôt.

— Depuis quatre ans que nous le voyons intimement, avez-vous jamais remarqué rien qui fût à son désavantage.

— Rien!

— Enfin, depuis vingt et quelques années que le comte de Bernac a été assassiné, s'est-il présenté quelqu'un se disant le dernier représentant de la famille? A-t-on jamais disputé ce titre à Henri?

— Jamais...

— Un indice même s'est-il jamais défavorablement élevé contre lui!

— Non, je l'avoue.

— Eh bien! vous reconnaissez toutes ces choses, monsieur d'Aumont, et cependant, aux premiers mots d'un inconnu, d'un homme de rien, vous vous prenez à douter d'un gentilhomme, votre ami!

— Louise! dit le prévôt de Paris d'une voix grave, si tu étais à ma place, si, comme moi, tu étais à même de contempler dans leur hideuse nudité les plaies qui rongent la société, tu en arriverais parfois à douter de toi-même!

— Oh! dit madame d'Aumont, j'espère que maintenant vous n'en doutez plus,

— Peut-être!

— Mais que ferez-vous, Jacques?

— J'attendrai. Il est évident que toutes les probabilités sont de votre côté, et je donnerais dix ans de ma vie pour que vous ne vous trompiez pas, car il s'agit du bonheur de notre enfant. Je verrai le roi, j'obtiendrai un délai... Pendant ce temps je pourrai prendre des mesures énergiques. Recevez toujours Henri avec la même aménité. Qu'il ne soupçonne rien de notre conversation... Trois hommes autres que ce Giraud ont prétendu avoir vu ce soir La Chesnaye à la foire Saint-Germain. Ces trois hommes, je les ai fait arrêter. Mais je vais ordonner qu'ils soient libres. Je triplerai la récompense promise pour celui qui me livrera le bandit, enfin j'agirai, Louise, avec toute la prudence qu'exigent notre situation et le rang qu'occupe le comte de Bernac; mais j'agirai aussi, je vous en préviens, avec toute la rigueur que m'impose le devoir de ma charge.

Comme M. d'Aumont achevait de prononcer ces paroles, un bruit retentissant vint de nouveau troubler le silence qui régnait sur le quai.

Le prévôt de Paris se rapprocha vivement de la fenêtre.

— Le chevalier du guet! s'écria-t-il avec surprise. Que signifie sa venue à pareille heure?

Au même instant une lueur rougeâtre, s'élevant au-dessus des toits des maisons bâties sur l'autre rive de la Seine, dans l'île de la Cité, embrasa l'horizon dans la direction de Notre-Dame, dont les tours monumentales s'éclairèrent soudain.

— Un incendie! s'écria madame d'Aumont.

— M. le chevalier du guet! annonça un archer en entr'ouvrant la porte du cabinet du prévôt de Paris.

— Entrez! fit M. d'Aumont en s'avançant au-devant du chef de la milice royale chargé de veiller à la sûreté de la capitale durant la nuit.

Le chevalier du guet, ruisselant de sueur et les habits en désordre, se précipita dans le cabinet du prévôt.

Qu'y a-t-il? demanda précipitamment M. d'Aumont.

— Un crime horrible, monseigneur!

— Lequel?

— L'hôtel de Mercœur a été forcé tandis que le duc était au Louvre. Les appartements ont été pillés, trois valets ont été pendus, et le feu a été mis aux bâtiments. Je viens vous demander secours pour combattre l'incendie.

— Et qui a commis ce crime, monsieur, le savez-vous?

— Parfaitement, monseigneur: c'est encore la bande de ce damné La Chesnaye, commandée par lui-même. Il a tué en se retirant deux de mes gardes.

— La Chesnaye! s'écria le prévôt.

Oui, monseigneur, tous ceux de mes hommes qui l'ont vu l'ont reconnu d'après le signalement donné. Au reste, lui-même a pris soin de laisser évidentes les traces de son passage. Ce qu'il y a de singulier dans cet événement, c'est que chacun des trois pendus dans la cour portait sur la poitrine un écrit où étaient tracés ces mots:

JUSTICE DE LA CHESNAYE,

puis au bas des trois potences que les bandits avaient dressées était le portrait du duc de Mercœur arraché de la boiserie de sa salle à manger. Ce portrait était souillé de boue et le mot « LACHE » était écrit en grosses lettres sur le front du duc. Quant aux autres valets, ils avaient été garrottés et placés dans l'écurie. On ne leur avait fait aucun mal, et leurs effets avaient été scrupuleusement respectés. On n'a pillé et incendié que les appartements de monseigneur.

Le prévôt regarda sa femme avec stupéfaction.

— A cheval, monsieur! s'écria-t-il enfin en s'élançant au dehors. Commandez mon escorte, et envoyez quérir une compagnie de gardes suisses pour porter secours à l'hôtel du duc de Mercœur.

Les flammes avaient succédé à la lueur rouge et dardaient vers le ciel leurs langues acérées et menaçantes.

En quittant le grand Châtelet, M. de Bernac avait pris, nous croyons l'avoir dit, la direction du port au foin.

La nuit, en s'avançant, était devenue de plus en plus froide, et un vent du nord, que rendait plus aigre encore le voisinage du fleuve, soufflait avec violence.

M. de Bernac frissonna aux premières atteintes de cette brise piquante, et arrêtant un moment sa monture, après avoir franchi la montée du pont Notre-Dame, il déboucla les courroies du porte-manteau placé en travers sur la selle de son cheval.

Prenant alors le vêtement, il le secoua pour en défaire les plis, et se le jetant sur ses épaules par-dessus son collet fourré, il s'enveloppa soigneusement pour se protéger contre la fraîcheur pénétrante.

Cela fait, il remit son cheval en marche, contraignant le genêt d'Espagne à prendre le pas.

La tête tournée vers la rivière, le jeune seigneur semblait suivre, avec une attention extrême, les grands nuages qui couraient au-dessus de la Cité.

Le quai était entièrement désert.

Arrivé en face le petit bras du fleuve qui sépare la Cité

de l'île Saint-Louis, alors à peu près inhabitée, le comte s'arrêta, semblant hésiter sur ce qu'il devait faire.

Poussant son cheval vers la Seine, il descendit la berge, et parut vouloir entrer dans le lit de la rivière, mais il arrêta sa monture au moment où celle-ci posait bravement dans l'eau son pied garni de balsanes flottantes.

L'œil fixe et interrogeant évidemment les deux extrémités des deux îles, le comte attendit.

Cette attente dura environ dix minutes : tout à coup une lueur brillante, cette même lueur que devaient apercevoir quelques instants plus tard le prévôt de Paris et sa femme, s'éleva près du port Saint-Landry, provenant de l'intérieur de la Cité, et éclaira d'un reflet rougeâtre les maisons avoisinantes, et les eaux sombres qui coulaient en grondant.

A cette apparition subite, le comte fit brusquement pirouetter sa monture, remonta la berge au galop, gagna le port au foin et, traversant le quai en ligne directe, s'engagea bientôt dans la rue de la Mortellerie.

Mettant au trot le genêt d'Espagne, qui rongeait d'impatience son mors plein d'écume, il passa derrière l'hôtel de ville, se dirigeant par la rue de la Tixeranderie et la rue Jean-Pain-Mollet, vers le cloître Saint-Merry.

Au moment où le comte traversait la rue des Lombards, un aboiement sinistre et prolongé retentit derrière lui, au loin, dans la direction des rues qu'il venait de suivre.

Ce cri, qui cependant n'avait rien d'extraordinaire, parut attirer toute l'attention du cavalier, car il prêta l'oreille, et, se tournant brusquement sur sa selle, il plongea son regard pénétrant dans les ténèbres qui s'étendaient derrière sa monture.

Mais ne rencontrant rien probablement qui lui parût digne d'être observé, il remit son cheval au trot en activant un peu l'allure.

Seulement il parut vouloir changer de direction, car, tournant brusquement à gauche, il descendit rapidement la rue Trousse-Vache.

A l'instant où il atteignait l'angle de la rue de la Féronnerie, un second aboiement, tout semblable au premier, mais un peu plus prolongé encore, retentit de nouveau derrière le comte.

— Ah! ah! murmura M. de Bernac sans se retourner cette fois. Ce cher prévôt aurait-il poussé la précaution jusqu'à me faire suivre? Cornes du diable! je plains ceux qu'il aura attachés à mes pas.

Et rendant la main en serrant en même temps les genoux, il lança au galop le magnifique genêt d'Espagne.

Celui-ci parcourut comme une flèche la rue de la Féronnerie, tourna court le long des piliers des halles, et gagna la rue des Deux-Ecus au moment où un troisième aboiement plus sinistre encore, et plus prolongé que les deux premiers troublait le silence qui régnait dans les rues désertes.

— Ventre-saint-gris! Il paraît que je suis suivi de près! murmura le comte en accélérant l'allure vive de son cheval.

Entre la rue des Deux-Ecus et la rue Saint-Honoré, presque en face de l'hôtel de Soissons, s'élevaient alors de vastes bâtiments abandonnés et qui avaient été jadis la demeure d'une congrégation particulière de religieux de l'ordre des Augustins, à l'abbaye desquels le terrain et les bâtisses appartenaient encore.

Ces bâtiments, aux trois quarts ruinés et qui avaient maintes fois été dévastés durant les guerres de la Ligue et le siège de Paris, étaient presque entièrement privés de boiseries extérieures.

L'ouverture des fenêtres et celle des portes existaient encore, mais croisées et battants avaient disparu.

Les fenêtres du rez-de-chaussée étaient dans un état de dégradation complet.

Ces fenêtres, percées à hauteur d'homme, n'étaient séparées l'une de l'autre que par un montant de pierre d'une minime largeur, mais en revanche d'une épaisseur énorme.

Ces ouvertures béantes donnant sur une salle basse, ancien parloir de l'abbaye, avaient l'air de vastes cavernes, dont l'antre disparaissait sous les voiles d'une obscurité profonde.

Le comte de Bernac venait, avons-nous dit, de tourner l'angle de la rue des Deux-Ecus.

En apercevant à sa gauche les bâtiments de l'abbaye ruinée, il poussa un sifflement aigu, accompagné d'une modulation bizarre.

Un sifflement pareil lui répondit aussitôt.

Le comte passait alors devant la première fenêtre du rez-de-chaussée dont nous venons de parler.

Abandonnant brusquement les rênes de sa monture, dégageant, par un mouvement rapide, ses pieds des étriers, ramenant de la main gauche les longs plis de son manteau brun, il appuya sa main droite sur le pommeau de la selle, et s'élançant avec la légèreté d'un écuyer consommé, il bondit par l'ouverture béante et disparut aussitôt.

Le genêt d'Espagne, comme s'il ne se fût pas aperçu de l'absence de son cavalier, continua sa course, toujours rasant la muraille; mais, comme il passait devant la troisième fenêtre, un homme s'élança à son tour de l'intérieur de l'abbaye et tomba en selle avec un aplomb merveilleux.

Cet homme, dont la taille, la tournure, les formes, étaient en tous points semblables à celles du comte de Bernac, était, de même que le jeune seigneur, enveloppé dans les plis d'un vaste manteau brun.

Cette substitution de cavalier s'était accomplie avec une rapidité tellement merveilleuse, tellement instantanée, pourrions-nous dire, qu'un observateur, placé à courte distance et trompé par les ombres de la nuit, n'eût certes pu s'en apercevoir.

Le cheval n'avait pas un seul instant varié son allure, et la régularité de son pas eût suffi, seule, pour convaincre un espion que rien d'extraordinaire n'avait eu lieu.

Le nouveau cavalier continua sa route par la rue des Deux-Ecus, et disparut à l'angle formé par la réunion de cette voie étroite avec la rue de Grenelle.

Au moment où le genêt d'Espagne longeait la haute muraille de l'hôtel de Soissons, une ombre, suivant le pied des maisons bâties sur le côté droit de la rue des Deux-Ecus, passa, rapide, devant les fenêtres de l'abbaye.

Cette ombre disparut au tournant de la rue, à la suite du cheval.

Le comte de Bernac, en tombant dans la salle basse, où il venait de pénétrer d'une manière si peu conforme aux usages ordinaires, s'était blotti derrière le mur d'appui de la fenêtre qu'il avait si lestement franchie.

Quand l'ombre dont nous avons parlé était passée en face de lui, de l'autre côté de la rue, il avait avancé la tête.

— Messire Giraud! murmura-t-il en opérant un brusque mouvement rétrograde. Corbleu! le drôle a du flair, de l'audace et de l'adresse... Mais bast! reprit-il après un moment de silence, maintenant il a perdu la voie, et le diable s'il y peut revenir. Dans tous les cas, il faut prévenir Catherine, ceci la regarde encore plus que nous, j'imagine!

Le comte, quittant alors la fenêtre, au bas de laquelle il s'était toujours tenu blotti, s'enfonça dans la profondeur des bâtiments, traversant les pièces, longeant les corridors, évitant les passages encombrés, trouvant les issues, en dépit de l'obscurité profonde au milieu de laquelle il marchait avec une facilité et une sûreté qui dénotaient une laborieuse étude de ces ruines désertes et une grande habitude de leur parcours.

Après avoir atteint le premier étage, en franchissant les degrés mobiles d'un escalier croulant, il se trouva au centre d'une série de pièces qui avaient dû servir jadis d'appartement au chef de la congrégation, s'il fallait en juger par les vestiges d'élégance qui décoraient encore les murailles, et qui contrastaient d'une manière frappante avec la sévérité froide des autres chambres, privées absolument de toute ornementation.

M. de Bernac marcha droit vers une petite porte située au fond de l'appartement.

Cette porte, en fer ciselé et d'un travail admirable, avait sans doute échappé à la dévastation générale, grâce à sa solidité à toute épreuve.

Le jeune seigneur, sans hésiter un seul instant, s'appuya contre cette porte et posa ses lèvres sur un ornement placé à la hauteur de son visage.

Un léger sifflement, semblable à celui d'une couleuvre, retentit doucement.

Aussitôt la porte s'ouvrit, et le comte se trouva sur le seuil d'une petite pièce plongée, comme le reste de l'édifice, dans des ténèbres épaisses.

Refermant la porte sur lui, il traversa cette petite pièce, dans laquelle aboutissait l'ouverture d'un corridor étroit.

S'engageant dans cette espèce de sentier, il le contourna, en le suivant, une partie des bâtiments intérieurs, et parvint à un escalier construit dans l'épaisseur même de la muraille, et qui descendait, en tournant sur lui-même comme une vis d'Archimède, dans les profondeurs de l'ancien couvent.

Au bas de l'escalier, une lueur vive vint frapper au visage le nocturne explorateur des ruines de l'abbaye.

Une seconde porte tout ouverte donnait accès dans une salle souterraine luxueusement éclairée par d'énormes bougies de cire plantées dans des chandeliers d'argent massif, semblables à ceux qui décorent d'ordinaire les autels.

Un homme et une femme se trouvaient dans cette salle, et saluèrent l'entrée du gentilhomme par une double exclamation joyeuse.

La femme, soigneusement enveloppée dans une longue pelisse garnie d'une admirable fourrure de renard bleu, dont l'ampleur faisait disparaître toutes les parties des vêtements qu'elle portait en dessous, avait, suivant l'usage de l'époque, le visage recouvert d'un masque de velours noir nommé « loup. »

Ce masque, dissimulant les deux tiers de la face, ne laissait apercevoir que le front, le menton, le bas des joues et la bouche; mais ce front était si blanc et si poli, ces joues étaient si veloutées, ce menton si mignonnement troué par une fossette rose, cette bouche possédait des lèvres si fraîches et si vermeilles, qu'il était impossible de ne pas reconnaître tout d'abord les grâces et la verdeur de la jeunesse dans cette femme dont la pose nonchalante et élégante, sans affectation, révélait la perfection des formes corporelles.

Une main posée sur les genoux, et dont le ton foncé de la pelisse faisait ressortir encore la blancheur; l'autre, appuyée sur une petite table placée près du siége qu'occupait la jeune femme, la tête droite, le buste à demi effacé dans l'ombre, le col et les épaules encadrés par le collet de fourrure aux reflets brillants, la personne que nous mettons en scène offrait dans tout son ensemble un cachet d'exquise distinction et une harmonie de lignes par laquelle l'œil se sentait aussitôt captivé.

Le compagnon de cette gracieuse créature était assis sur un fauteuil largement sculpté, et séparé d'elle par la longueur de la table.

Ce personnage était revêtu du même costume que celui que portait maître Babin, le bourgeois de la foire Saint-Germain, auquel l'archer Giraud avait fait confidence de son histoire.

Pourpoint gris relevé de broderies noires, chapeau de feutre garni d'une aigrette noire, tout, jusque dans les moindres détails de l'habillement, était de la plus rigoureuse exactitude.

Cet homme paraissait être de la même taille que le comte de Bernac, et exactement de la même corpulence.

Son visage, comme celui de la jeune femme, était caché sous un loup de velours noir, mais ce masque couvrait entièrement le front, et sa ligne inférieure disparaissait dans l'épaisseur d'une longue barbe noire, qui paraissait être le prolongement du loup, tant les deux nuances se confondaient entre elles.

L'homme et la femme, avons-nous dit, avaient fait entendre une exclamation joyeuse au moment où le comte de Bernac franchissait le seuil de la pièce mystérieuse.

Le jeune gentilhomme, sans répondre à cette espèce de salut de bienvenue qui lui était adressé, dégrafa son manteau brun, le jeta sur la table, et attirant à lui un siége sur lequel il se laissa tomber :

— Ouf! fit-il, la gorge me brûle!... J'ai soif!

La jeune femme se leva aussitôt, courut à une armoire en chêne sculpté scellée dans la muraille, ouvrit la porte de cette armoire, et, plongeant ses mains délicates dans l'intérieur du meuble, en tira successivement deux coupes en or d'un travail splendide, et un flacon en cristal contenant une liqueur limpide d'une belle couleur d'ambre jaune.

Elle déposa le tout sur la table, déboucha ensuite le flacon et remplit les deux coupes.

M. de Bernac prit la sienne et la vida d'un trait.

L'homme masqué, qui n'avait cessé de contempler le gentilhomme d'un œil interrogateur, se tourna alors de façon à être complètement face à face avec celui-ci.

— Quelles nouvelles? dit-il brusquement.

— Bonnes et mauvaises, répondit M. de Bernac en se renversant sur son siége.

— Voyons les mauvaises, fit la jeune femme en se rasseyant : gardons les bonnes pour la fin. Elles seront le baume sur la blessure.

— Bien parlé, ma mie! s'écria le comte de Bernac; j'ai toujours dit que vous aviez de l'esprit comme un démon.

— Et vous n'avez pas l'habitude de mentir, ajouta la séduisante créature en laissant voir sous ses lèvres carminées l'émail de ses dents blanches.

— Donc?... reprit l'homme au masque.

— Donc, fit M. de Bernac, notre excellent ami, M. Jacques d'Aumont, prévôt de la bonne ville de Paris, s'est mis plus que jamais dans la tête de procéder à l'arrestation en attendant le jugement et l'exécution, avec accompagnement de tortures ordinaires et extraordinaires, de ce maudit capitaine La Chesnaye qui, prétend-on, désole la capitale et les provinces.

La jeune femme haussa les épaules.

— Histoire ancienne, dit-elle dédaigneusement; c'est la répétition de notre conversation de ce soir chez Jonas.

— C'est possible, ma belle Catherine; mais ce que je n'ai pu ajouter ce soir chez Jonas, attendu que je l'ignorais encore moi-même, c'est que, de plus que le limiers du prévôt, La Chesnaye a à ses trousses un diable incarné décidé à le suivre jusqu'au fond des enfers, plutôt que de renoncer à sa poursuite.

— Et ce diable, c'est?

— Ton ex-amoureux de Rouen, ma toute belle.

— L'archer Giraud ?

— En personne !

Catherine secoua la tête avec le même mouvement dédaigneux.

— Ceci, dit-elle, est là répétition de ce que vient de me raconter Humbert.

Elle désigna l'homme masqué.

Le comte fit un mouvement brusque.

— Toi aussi, Humbert, tu as vu Giraud ? s'écria-t-il.

— Oui, répondit l'homme masqué.

— Quand cela ?

— Ce soir.

— Où ?

— A la foire Saint-Germain, dans la loge numéro 27.

— Tu lui as parlé ?

— Nous avons soupé ensemble avec Caméléon et Bernard.

Les yeux du comte s'enflammèrent soudain, et lancèrent deux éclairs rapides.

— Ah ! fit-il, le diable est pour nous : tu l'as fait boire ?

— Sans doute...

— Et il t'a révélé...

— Rien !

— Rien ? s'écria M. de Bernac.

— Absolument rien, répéta Humbert ; rien autre que ce que nous savons de reste.

— Ainsi l'homme qui a obtenu sa grâce...

— Il ne sait qui il est ; il ignore même quel peut être le nom de cet homme !

— Mordieu ! c'est jouer de malheur !

— Mais, ajouta Humbert, Giraud n'est plus à craindre ; car il a été arrêté ce soir vers les dix heures comme complice du capitaine La Chesnaye, avec lequel il a été prouvé que l'archer avait soupé.

— Il a été arrêté ce soir à dix heures, effectivement, répondit le comte de Bernac en secouant la tête ; mais, ce que vous ignorez encore, c'est qu'à minuit Giraud était relâché.

— Giraud est libre ! s'écria Catherine.

— Il a été relâché ! ajouta celui que l'on avait désigné sous le nom d'Humbert.

— A telle enseigne, mes bons amis, que le drôle, lancé à ma poursuite, m'a suivi jusque dans la rue des Deux-Ecus.

Catherine et Humbert se regardèrent, et, au travers de leurs masques, leurs yeux lancèrent deux jets étincelants.

XXIV

LA CONFÉRENCE.

— Mais, s'écria vivement l'homme masqué, il ne t'a pas vu pénétrer jusqu'ici ?

M. de Bernac laissa échapper de ses lèvres le sifflement railleur qui paraissait lui être habituel.

— Caméléon était à son poste, dit-il en souriant, et à cette heure, si Giraud n'a pas perdu la trace, il doit constater que le comte de Bernac est rentré dans son hôtel.

— D'ailleurs, ajouta Catherine, vous faites à Giraud plus d'honneur qu'il ne mérite.

— En effet, dit Humbert, que pouvons-nous avoir à redouter de cet homme ?

— Presque rien, répondit le comte toujours avec son même sourire railleur, presque rien, mon cher Humbert ! Giraud est actif, brave, intelligent, il est poussé par deux puissants moteurs : l'amour et la vengeance ; donc il n'y a rien à redouter de lui ! Giraud a été au service du feu comte de Bernac ; Giraud a déposé contre nous lors du procès de revendication avec un acharnement impitoyable ; Giraud a prétendu que le jeune enfant portait au bras gauche un signe indélébile.

— Mais, interrompit brusquement Humbert, le parlement a rejeté sa déposition, qui ne s'appuyait sur aucune preuve.

— Mais, reprit aussitôt M. de Bernac, Giraud peut rencontrer celui que tu sais, et de leur réunion à tous deux résulterait peut-être un danger si terrible que nous userions nos forces à vouloir le braver.

— Celui dont tu parles n'a pu rencontrer Giraud.

— Pourquoi ?

— D'abord il est loin d'ici !

— Il est tout près, au contraire.

— Lui ? s'écria Humbert.

— Lui ! répéta le comte.

— Comment ?...

— Mercurius l'a vu ce soir.

— Où ?

— Sur le Champ-Crotté.

— Impossible !

— Mercurius ne s'est pas trompé ; il lui a parlé. Tu vois que Giraud est à craindre !

L'homme masqué poussa une exclamation sourde, ressemblant plutôt au rugissement d'une bête fauve qu'à un cri sorti d'une poitrine humaine.

Il fit un mouvement tellement brusque qu'il faillit renverser la table massive placée entre lui et Catherine, et son œil étincelant sous le trou du loup de velours noir parut s'animer subitement d'un feu sombre.

— Il est à Paris ? répéta-t-il.

— Oui.

— Tu le savais ?

— Je le savais.

— Et tu n'as rien dit ?

— Qu'avais-je à dire ? Je le surveillais, c'était assez.

Humbert et le comte échangèrent un double regard.

Catherine les regardait avec étonnement.

— Je ne comprends pas, dit-elle.

— Il est inutile que tu comprennes ! répondit sèchement M. de Bernac.

— Ah ! vous avez des secrets pour moi, messieurs ?

— Nous avons des secrets pour vous ! fit Humbert d'une voix grave.

— C'est bien ! répondit Catherine.

Il y avait dans l'accent dont furent prononcés ces mots un mélange de colère, de dépit et de menace dont celui que nous avons jusqu'ici entendu nommer le comte de Bernac sembla subitement s'offenser.

Le jeune gentilhomme se leva brusquement, et se plaçant en face de Catherine :

— Ma mie, dit-il d'une voix rude qui contrastait étrangement avec la douceur de son organe ordinaire, je devine vos pensées. Vous songez à exploiter l'amour de Mercurius pour vous immiscer complètement dans nos affaires. Sachez que Mercurius, pas plus qu'Humbert et que moi, n'a le droit de trahir nos secrets, et priez Dieu surtout qu'il ne le prenne jamais ce droit qui ne saurait lui appartenir, car si cela arrivait, Catherine, si l'un de nous révélait un jour ce qu'il a juré de cacher, ce jour-là serait le dernier que verrait luire le confident indiscret auquel il serait confié. Homme ou femme, enfant ou vieillard, celui-là mourrait sans pitié ni miséricorde. Tu es jeune, jolie, adroite, tu nous sers à merveille, Catherine, j'en conviens; mais, en revanche, nous te servons bien aussi suivant tes goûts et tes désirs. De fille de rien que tu étais, nous t'avons faite grande dame; de pauvre nous t'avons faite riche; d'obscure nous t'avons rendue brillante et recherchée : la cour et la ville sont à tes pieds; tu es enviée, adorée, adulée, heureuse enfin : ne demande pas autre chose ; contente-toi de la part que nous t'avons faite, mais ne cherche pas à connaître ce que tu dois ignorer. La folle passion que tu as su inspirer à Mercurius ne saurait te mettre à l'abri de la lame de ma dague. Enfin, souviens-toi que nous ne confions jamais nos secrets qu'à la tombe qui se referme. Et maintenant, ma chère fille, continua le comte en changeant de ton et en revenant à celui d'une galante familiarité, donne ta blanche main que je la baise, et compte toujours sur notre amitié à toute épreuve.

Durant ce petit discours, Catherine avait successivement baissé la tête, et lorsque le comte acheva en s'avançant vers elle pour lui prendre la main, elle tendit le bras et s'inclina gracieusement en signe de soumission passive.

Le masque qui lui couvrait les traits empêchait de suivre sur sa physionomie l'impression produite par les dures paroles du comte, et ses yeux baissés ne permettaient pas davantage de lire dans son âme.

M. de Bernac effleura de ses lèvres la petite main qui lui était abandonnée, et, la laissant ensuite retomber avec insouciance, il se retourna vers Humbert qui, pendant cette scène, avait conservé une impassibilité de statue.

— Eh bien ! dit-il, revenons à Giraud. Que penses-tu ?

— Je pense, répondit l'homme masqué, que tu as commis une faute grave.

— Laquelle ?

— Tu es venu du grand Châtelet jusqu'ici, suivi par un seul homme. La nuit est noire, les rues désertes; les fontes de ta selle étaient garnies de pistolets tout chargés, comment se fait-il que cet homme vive encore ?

— Tu ne comprends pas ?

— Je l'avoue.

— Eh bien, le meurtre de Giraud ou sa disparition cette nuit même eussent tout simplement servi à prouver demain au prévôt l'assertion des paroles formulées par le drôle !

— C'est vrai !

— C'est heureux que tu comprennes.

— Et tu as raison, répéta Humbert.

En ce moment un léger coup de sifflet retentit dans la petite pièce.

— Mercurius ! s'écria Humbert.

— Mercurius ! répéta Catherine en s'élançant en avant.

Un pas rapide se fit entendre dans l'escalier qu'avait descendu précédemment le comte pour gagner la chambre mystérieuse où venait de se passer la scène que nous avons mise sous les yeux du lecteur, et presque aussitôt un homme apparut sur le seuil de la porte demeurée ouverte.

Cet homme, de taille semblable à celle du comte de Bernac et à celle d'Humbert, était vêtu de velours noir des pieds à la tête, et un masque de même étoffe et de même nuance lui couvrait aussi le visage.

Porter un loup pour sortir la nuit n'était pas alors, il faut le dire, une habitude en dehors des usages reçus.

Durant le seizième siècle et la première partie du dix-septième siècle, cacher ses traits sous un masque était fort de mode, et ce genre de travestissement avait été

adopté avec empressement à cette époque où le relâchement effrayant des mœurs avait gagné toutes les classes de la société.

Sentiment de pudeur et plus encore facilité plus grande de faire le mal, tels avaient été les mobiles qui, par les uns et par les autres, avaient fait sanctionner l'habitude italienne. Le masque faisait partie du costume.

Sortir sans loup était alors une chose presque honteuse et extraordinaire, surtout pour les femmes.

Bassompierre dit dans ses Mémoires, que lorsqu'Henri III fit poursuivre sur la route de Gascogne sa sœur, Marguerite de Valois, Larchaut qui commandait les archers se permit plusieurs outrages, et fit même démasquer la reine pour la mieux reconnaître, et l'auteur du Divorce satirique ajoute, à propos de cette même aventure, que « les filles de la reine suivaient en désarroi, qui sans masque, qui sans devantier, et telles sans tous les deux. »

Les hommes avaient fini également par adopter cet usage, notamment pour se livrer avec moins de contrainte aux débauches nocturnes et aux expéditions galantes.

Lorsque le second personnage masqué, qui venait de pénétrer dans la pièce où se trouvaient Catherine, Humbert et le comte, avait apparu sur le seuil, la jeune femme s'était, avons-nous dit, élancée vers lui.

Cet élan, plein d'étonnement et de tendresse, accusait sans doute une passion partagée, car l'homme vêtu de velours noir pressa Catherine sur sa poitrine avec un frémissement de joie et de bonheur qu'il ne chercha point à dissimuler.

— Enfin ! s'écria la jeune femme, te voilà sain et sauf !

— C'est fait ! dit le nouveau venu en s'adressant à Humbert et au comte.

— Ainsi, l'hôtel de Mercœur ? demanda ce dernier.

— Est en flammes.

— Les trois valets assassins ?

— Pendus.

— Et le duc ?

— Son portrait a été souillé de boue, et j'ai tracé moi-même le mot « lâche » sur son front.

— Donc le capitaine La Chesnaye est vengé ?

A peu près car j'ai laissé sur le bureau du duc la seule pièce qui se trouvât à l'abri de l'incendie puisqu'elle est construite dans un pavillon situé dans les jardins; j'ai laissé, dis-je, une lettre où je prévenais Sa Seigneurie que, si elle continuait à attribuer ses crimes aux autres, elle serait traitée d'abord comme l'était son effigie, et ensuite comme l'avaient été ses valets.

— Très-bien ! dit Bernac.

Et se tournant vers Catherine :

— Tes renseignements étaient exacts, ajouta-t-il, et encore cette fois tu nous as servis avec ton adresse et ta fidélité accoutumées. Tu choisiras les bijoux enlevés cette nuit de l'hôtel Mercœur, les plus beaux joyaux...

— Non, dit vivement Catherine, je n'ai pas agi pour avoir une récompense; j'ai agi cette fois par amour. Mercurius commandait l'expédition, je voulais qu'il réussît ; je voulais le préserver de tous dangers en le prévenant, et je n'ai agi que pour lui seul.

— N'importe ! répondit M. de Bernac. Tu aimes les bijoux, et je veux que tu choisisses les plus riches ! Maintenant, mes amis, continua le comte en s'adressant aux deux hommes, maintenant que La Chesnaye a vengé ses insultes, il faut que nous songions, nous, à notre avenir, aux plaisirs qui nous attendent, aux dangers qui nous menacent, et, pour cela faire, il faut que vous m'accordiez sur l'heure quelques instants de sérieuse attention.

— Parle ! dit simplement Mercurius
— Nous t'écoutons ! ajouta Humbert.
Catherine se rapprocha vivement.

XXV

LES PROJETS DE M. DE BERNAC.

M. de Bernac jeta loin de lui le chapeau empanaché qui lui couvrait la tête, et, appuyant ses deux coudes sur la table et son menton sur ses deux mains réunies, il parut réfléchir profondément.

Humbert, Mercurius et Catherine, groupés en face de lui, l'attendaient en silence.

Rien de singulier comme le spectacle offert par la réunion de ces quatre personnages.

L'un avec son costume splendide et éclatant, son visage découvert, sa physionomie mobile, sur laquelle se reflétaient tour à tour une foule de sentiments différents; les trois autres avec leurs vêtements sombres (la pelisse de Catherine dérobant aux regards sa toilette multicolore), leurs masques de velours noir, et n'offrant d'animés, immobiles qu'ils étaient, que les rayons ardents lancés par leurs prunelles à travers les trous ronds du loup impénétrable.

La lumière tombant de haut (les candélabres étaient fort élevés) donnait encore à cette scène muette un cachet plus fantastique.

Tout à coup M. de Bernac releva la tête, et abaissant les bras, il les croisa sur sa poitrine en se renversant en arrière.

— Toi, Humbert, toi, Mercurius, et toi-même, Catherine, dit-il de cette voix brève et sèche, indice de l'habitude du commandement, vous connaissez la route dans laquelle nous marchons, vous savez quel but nous voulons atteindre.

« Eh bien ! cette route est aux trois quarts parcourue; ce but, nous n'avons plus qu'à étendre la main pour y toucher. Encore quelques heures de patience et notre mission sera accomplie, et notre séjour à Paris deviendra inutile.

« J'aime les périls, vous ne l'ignorez pas ; mais j'aime les périls qui profitent, et non les dangers stériles, qui ne sauraient même donner un peu de gloire à ceux qui les bravent.

Or, à Paris, à cette heure, les dangers nous entourent, et aucun profit ne nous pousse à les affronter. Donc, notre but atteint, notre mission remplie, il nous faut partir. Est-ce votre avis ?

Tous trois s'inclinèrent en signe d'affirmation.

— Nos grottes d'Étretat nous attendent ! continua M. de Bernac en s'animant. Là, nous trouverons nos richesses entassées : là, nos moyens de défense sont réellement formidables, nos approvisionnements énormes. Nous aurons près de nous nos plus dévoués compagnons, devant nous les belles et splendides campagnes de la Normandie, derrière nous l'immensité de l'Océan. A nous la contrée entière, dont nous serons rois, en dépit du roi de France lui-même ! A nous les droits de haute et basse justice sur les peuples qui nous entoureront ! A nous les richesses inépuisables des villes et des châteaux ! A nous enfin cette existence sublime d'aventures et de plaisirs, de combats et de fêtes, de dangers et d'amours ! Partout où nous voudrons, nous porterons la terreur; partout où nous voudrons, nous sèmerons l'espérance. Le bien et le mal seront dans chacune de nos mains, et, maîtres de la terre, maîtres des hommes, maîtres des choses, nous vivrons dans nos retraites inaccessibles comme les dieux du paganisme vivaient dans leur Olympe, interdit aux mortels ! Dites, mes amis, cette existence n'est-elle pas au-dessus des conditions humaines, et ne serait-ce pas la réalisation de vos rêves ? »

Humbert et Mercurius s'étaient levés, électrisés par les paroles du comte.

Catherine, l'œil ardent et la main frémissante, paraissait en proie à une émotion plus vive, car la nature de cette femme, nature éminemment sensuelle, était plus faite que toute autre pour subir l'attrait de cette existence en dehors des lois que venait de dépeindre M. de Bernac.

Tous trois tendirent les bras vers l'orateur.

— Partons ! dirent-ils d'une même voix.

M. de Bernac leur fit signe du geste de reprendre les places qu'ils avaient soudainement quittées.

— Le secret des grottes m'appartient seul, dit-il, et, sans le secours de cette retraite sûre et inaccessible, l'existence dont je vous parle serait impossible. Donc il dépend de moi de réaliser vos projets de bonheur.

— Sans doute, dit Mercurius.

— Eh bien ? fit Humbert.

— Eh bien ! mes amis, il faut encore m'entendre, car je n'ai pas fini.

M. de Bernac fit une courte pose.

— Pour quitter Paris, reprit-il, pour conserver la magnifique position que nous possédons et l'allier à la splendide existence que nous allons mener, il faut d'abord que notre mission soit accomplie en entier, ensuite que nous ne laissions derrière nous aucune chance de péril, enfin que nous emportions avec nous des gages de bonheur pour le présent.

Est-ce votre avis ?

— Sans doute ! dirent les hommes.

— Or, poursuivit le comte, notre mission a un double but : posséder d'une part une somme assez considérable pour pouvoir lever autour de nous une armée presque aussi formidable que celle du roi de France. De l'autre, nous venger de cette justice qui nous menace de sa rigueur; mais que cette vengeance soit telle qu'elle épouvante à tout jamais ceux qui tenteraient de nous poursuivre, et qu'elle rassure ceux, au contraire, qui accourraient se grouper autour de nous.

« Sur les trois millions de livres qui nous sont nécessaires pour élever à quinze mille le chiffre de nos hommes, et de cette façon enserrer dans un même réseau la Normandie, la Picardie, l'Île-de-France, l'Anjou et l'Orléanais, un million nous manque encore.

« La vengeance dont je vous parle, vous ignorez à cette heure les moyens de l'exercer.

« Quant aux périls, que nous ne devons pas laisser derrière nous, ils nous entourent cependant de tous côtés ! Giraud est sur nos traces. Celui que vous savez est revenu. S'ils se rencontrent, s'ils se réunissent, nous nous trouverons en face d'adversaires redoutables, puissants et implacables; et fuir le terrain du combat deviendra impossible sans abandonner la cause.

« Enfin, ces gages d'un bonheur présent, tu les possèdes seul, Mercurius, car toi seul es en possession de la femme que tu aimes.

« Eh bien ! continua M. de Bernac en accentuant plus énergiquement ses paroles, ce million qui nous manque pour devenir les seigneurs les plus puissants de la France, cette vengeance que nous devons laisser derrière nous, ces périls que nous devons conjurer, ce bonheur que nous devons .ous avoir et emporter avec nous, grâce à mes plans, grâce à ce que je veux faire, nous pouvons en espérer la réalisation immédiate. ◦

« Oui ! s'écria-t-il, avant vingt-quatre heures, et cela dépend de vous maintenant, nos ennemis seront anéantis, notre vengeance assurée, le million dans ta caisse, Mercurius, et celle que tu aimes dans tes bras, Humbert.

— Comment ? que faut-il faire ? s'écrièrent à la fois Mercurius et Humbert.

— Parlez ! ajouta Catherine.

Le comte les regarda profondément tous trois.

— Avant de continuer, dit-il, avant de dérouler mes plans, j'ai deux conditions à vous imposer.

— Quelles conditions ? fit la jeune femme.

— Les voici. Je pourrais plutôt dire : la voici, car, en réalité, la première condition acceptée, il ne vous serait plus loisible de refuser la seconde.

— N'importe ! dit Mercurius; formule-les toutes deux.

— Nous t'écoutons ! ajouta Humbert.

— Et moi, j'accepte d'avance ! fit Catherine.

Bernac la regarda en souriant.

— Si tu continues, dit-il, je finirai par croire que tu as autant d'esprit à toi seule que nous trois ensemble.

— Je suis femme...

— Et tu n'as que les défauts de ton sexe, ajouta le comte.

— C'est ce qui fait ma force.

— Et l'amour de Mercurius ?

— Peut-être !

Le comte lança à la jeune femme un regard légèrement ironique.

— Cela eût été dommage de te laisser végéter dans une condition secondaire, dit-il. Mais revenons à ce que j'ai à vous dire :

« La première condition est celle-ci : jusqu'ici, mes amis, toi, Humbert, toi, Mercurius, et moi, nous avons vécu sur le pied le plus parfait de l'égalité dont parle Platon. Or, cette égalité n'est plus possible. Je ne prétends pas faire de vous deux esclaves, mais je prétends faire de vous deux ministres. En en un mot, je veux être roi !

Les deux hommes masqués se regardèrent.

— Te crois-tu donc supérieur à nous ? dit Humbert.

— Oui, répondit nettement le comte. Je reconnais vos qualités à tous deux, je reconnais votre science, votre intelligence, votre esprit ; je sais que peu d'hommes existent qui puissent être comparés ; je sais enfin que chacun de vous, dans les connaissances qui lui sont propres, n'a qu'un être sur terre qui lui soit supérieur, celui grâce auquel nous sommes aujourd'hui puissants et savants, celui qui nous a ouvert les voies de tous les plaisirs et de toutes les jouissances, celui qui nous a mis à même de gravir ou de descendre à notre gré tous les degrés de l'échelle sociale...

— Mais celui dont tu parles te domine aussi ! fit Mercurius.

— Sans doute, et je ne cherche pas à fuir cette domination. Je l'ai reconnue et la reconnaîtrai encore, mais cette domination est toute intellectuelle, et celle que je veux avoir sur vous est absolue. Bref, vous sentez-vous disposés à m'obéir sans réserve et à accomplir mes volontés sans les discuter ?

Humbert et Mercurius se regardèrent encore.

— Et si nous refusions de reconnaître ton pouvoir suprême ? dit Humbert après un moment de silence.

— Dès ce soir, répondit M. de Bernac, nous serions désunis.

Mercurius se leva vivement.

— Nous perdons là, dit-il, un temps probablement précieux. Nous jures-tu d'être toujours fidèle et dévoué à la cause commune ?

— Oui, répondit M. de Bernac.

— Alors, je jure, moi, de t'obéir sans réserve.

— Bien ! fit Catherine.

— Et toi, Humbert, fit le comte.

— Je le jure aussi.

— Maintenant, la seconde condition ? dit Mercurius.

— C'est de reconnaître, dès cette nuit, dès cette heure, la suprématie que vous m'accordez.

— Donne-nous tes ordres ! dit encore Mercurius.

— Et nous t'obéirons à l'instant même ! ajouta Humbert.

M. de Bernac leur tendit les mains.

— Merci, mes amis, merci, mes frères ! dit-il d'une voix légèrement émue. J'ai voulu voir jusqu'où allait la confiance que vous aviez en moi. Maintenant, je vous jure que je suis digne de cette confiance. Demain, à pareille heure, nous partirons tous, emportant nos richesses, laissant nos ennemis morts et notre vengeance terrible, et emmenant avec nous, toi, Mercurius, cette Catherine que tu aimes, et toi, Humbert, cette Diane d'Aumont que tu adores !

Humbert redressa la tête en frémissant de joie.

— Quoi ! fit-il, tu as réussi ?

— Oui !

— Tu as vu Diane ?

— Je l'ai quittée il y a une heure.

— Elle était seule ?

— Seule avec moi.

— Et elle consent ?

— Je te réponds qu'elle partira, si tu ne gâtes pas demain ce que j'ai fait ce soir.

Humbert saisit les mains du comte et les serrant dans les siennes, il les pressa avec effusion.

— Merci, frère ! dit-il d'une voix sourde.

Puis après quelques secondes de silence.

— Ainsi, reprit-il, elle ne s'est doutée de rien ?

— De rien absolument ! répondit M. de Bernac.

— Elle t'a écouté ?

— Avec une attention profonde et une émotion des plus vives, je t'en réponds ! Au reste, j'ai été touchant, pathétique, élégiaque et terrible tout ensemble. J'ai trouvé de ces phrases entraînantes que l'on dit si bien sans en penser un mot. La pauvre enfant a été subjuguée...

— Et elle a promis de partir ?

— Non, mais elle partira.

— Bravo ! s'écria Catherine qui avait écouté, sans y prendre part, la conversation qui venait d'avoir lieu entre les trois hommes, et qui semblait avoir oublié complètement la sévérité dont le comte avait fait preuve à son égard. Bravo ! monsieur de Bernac ; vous servez bravement et merveilleusement les amours d'autrui ! Jadis vous m'avez enlevée au profit de Mercurius, et demain vous allez enlever Diane au profit de Humbert. Quel désintéressement sublime ! Mais n'aurez-vous donc jamais la récompense de votre généreuse conduite, et après avoir protégé si efficacement nos amours à nous, ne nous mettrez-vous jamais à même de servir les vôtres ?

Le jeune voyageur enfonça ses éperons dans les flancs de son cheval et l'un et l'autre s'élancèrent dans le fleuve. — Page 15 col. 2.

XXVI

LE CHEF.

Le comte se dressa d'un seul bond.

— Vive Dieu ! ma belle, s'écria-t-il, tu es plus près que tu ne le penses de voir ta bonne volonté mise à l'épreuve !

— Vous êtes amoureux ? s'écria Catherine avec un air de doute manifeste.

— Oui, répondit M. de Bernac, mais avant de parler de moi, parlons des intérêts qui nous concernent tous. Vous avez juré de m'obéir tous trois, je commence à commander.

Demain soir il y a bal masqué à l'hôtel de don Pedro de Tolède, l'ambassadeur d'Espagne?

— Oui, dit Humbert.

— Nous irons tous quatre.

— Bien!

— Là est le million que je vous promets.

— A l'ambassade? s'écria Mercurius.

— Dans les coffres mêmes de l'ambassadeur. Il est arrivé ce matin en beaux quadruples d'Espagne. Cet argent de Sa Majesté Catholique devait servir à soudoyer les ennemis du roi de France, nous ferons donc une action patriotique en l'empêchant de suivre sa destination. Catherine connaît don Pedro, elle se chargera de nous ouvrir les voies jusqu'au trésor.

Catherine sourit en faisant un signe affirmatif.

— Diane sera au bal, Humbert, et de gré ou de force il faudra qu'elle suive le comte de Bernac. Au point où j'ai su amener les choses, la réussite à cet égard n'est pas douteuse. Donc les conditions d'argent pour tous nos hommes, et de bonheur pour vous deux seront remplies.

— Restent, dit Mercurius, la vengeance à accomplir et les dangers à écarter.

— La vengeance! reprit le comte. L'enlèvement de Diane et notre fuite nous l'assurent.

— Comment? fit Humbert.

— Je devine! dit vivement Catherine : M. d'Aumont est perdu en cour s'il n'arrête pas La Chesnaye et... il ne l'arrêtera pas. Sa place perdue, sa fille enlevée ; la vengeance sera belle...

— Et, ajouta le comte de Bernac, elle fera trembler ceux qui tenteraient de nous persécuter encore, car avant quinze jours chacun saura que La Chesnaye en est l'auteur. Je me charge de répandre ce bruit et de le propager.

— Maintenant, les périls? fit Mercurius dont les yeux étincelaient à travers les trous de son masque.

— Les périls! s'écria de Bernac en s'animant davantage; les périls! Ils seront anéantis si comme toi, Mercurius, comme toi, Humbert, je puis partir la nuit prochaine avec celle que j'aime!

— Avec qui? interrompit curieusement la jeune femme.

— Avec celle que j'aime! je te le répète, répondit le comte sans paraître vouloir donner d'autres explications.

— Mais les dangers? fit encore observer Mercurius.

— Seront conjurés par la réussite même de mes amours.

— Comment! s'écrièrent les deux hommes.

M. de Bernac avait changé de place depuis quelques instants, et il se trouvait debout alors entre Mercurius et Humbert.

Passant par un geste rapide chacun de ses bras autour du cou de chacun des deux hommes, il ramena les deux têtes à la hauteur de ses lèvres, puis il murmura quelques paroles à voix tellement basse que Catherine, en dépit de ses efforts, ne put même parvenir à saisir aucun son.

Mercurius et Humbert poussèrent en même temps une exclamation de surprise.

— Elle! firent-ils d'une voix, et en reculant chacun d'un pas.

— Oui, répondit M. de Bernac, et comprenez-vous maintenant qu'il me faille la réunion de toutes vos forces pour mener à bien cette entreprise? Comprenez-vous que de sa réussite même dépend notre tranquillité à venir, et que cette tranquillité acquise ne peut plus être à jamais troublée?

Humbert et Mercurius firent un signe affirmatif.

— Alors je puis compter sur vous? poursuivit le comte.

— Nous avons juré, dit Humbert.

— Mais, dit Mercurius, nous servons encore ainsi la haine de notre père, et nous gardons pour nous seuls ce secret puissant qu'il doit nous révéler?

— Oui.

— Oh! fit Humbert avec admiration, ton plan est sublime!

— Et facile à exécuter, ajouta Mercurius.

— Donc, reprit le comte, résumons : demain soir à dix heures, là-bas... où vous savez.

Les deux hommes s'inclinèrent en signe qu'ils comprenaient.

— Et à minuit à l'hôtel de don Pedro.

— Bien! dit Humbert.

M. de Bernac prit le manteau qu'il avait jeté sur la table et le drapa sur ses épaules, puis, ramassant le feutre qui avait roulé sur le plancher, il se coiffa avec un geste empreint d'une aisance cavalière.

— Catherine! dit-il, tu auras demain la clef du cabinet d'armes de l'ambassadeur.

— Je l'aurai, répondit la jeune femme.

— Mercurius! continua le comte, tu te charges de la garde de la porte de la Tourelle. Que rien ne puisse nous entraver dans notre départ.

— Repose-t'en sur moi, dit Mercurius. Demain Bernac aura les mots de passe.

— Le trésor te regarde également.

Mercurius sourit.

— Le million fût-il en monnaie d'argent au lieu d'être en quadruples d'or, j'ai les bras assez robustes pour l'emporter! dit-il orgueilleusement.

— Toi, Humbert, tu feras tout préparer dans la journée pour notre fuite, tu présideras au départ des autres. Garde trente hommes d'escorte, c'est assez. La force brutale ne peut être employée, il ne s'agit que de ruse, et un plus grand nombre nous gênerait, loin de nous servir. Que les autres prennent dès le matin la route de Normandie.

— Compte sur moi! dit Humbert.

— Et demain soir à dix heures là-bas!

— Nous y serons! dirent à la fois les deux hommes.

— Mais, ajouta Humbert, y sera-t-il, LUI?

— Oui! répondit le comte.

— Tu en es sûr?

— J'en suis sûr!

— Tu l'as vu? il te l'a dit?

— Non, mais il a écrit.

— A qui?

— A maître Endes. Il lui donne rendez-vous pour demain soir à dix heures, au lieu ordinaire, pour expérimenter selon ce qu'il avait promis...

— Ah! s'écria Humbert, je comprends tout maintenant, et tu as raison.

— Sans doute, ajouta Mercurius. Nous aurons du même coup le secret, l'homme et la femme.

— C'est-à-dire la puissance, la tranquillité et l'amour, dit le comte de Bernac.

— Vous partez? fit Catherine en voyant le comte lui envoyer un geste amical.

— Oui, ma belle! J'ai besoin de prendre quelques heures de repos. Ne dois-je pas me battre demain pour tes beaux yeux.

— Tu te bats? fit Humbert.

— Avec qui? ajouta Mercurius.

— Avec La Guiche.

— Pourquoi?

— Vous ne devinez pas? dit le comte en souriant.

— Les deux hommes masqués firent un signe négatif.

— Demain matin, à dix heures, le capitaine La Ches-

naye conduira ses hommes sur la route de Normandie, on
l'y rencontrera sans doute. Dans tous les cas, les siens le
verront. Ne faut-il pas que le comte de Bernac soit bien et
incontestablement de sa personne à la même heure en
d'autres lieux ? Que voulez-vous de mieux qu'un duel pour
constater un pareil fait ?

— Tu es digne de nous commander, Reynold ! dit Mercurius en s'inclinant.

— A demain alors ?

— A demain !

— Au revoir, Catherine ! Et songez tous à ce que chacun de vous a à faire ! La partie est belle à jouer et plus
belle à gagner ! La nuit prochaine, à pareille heure, nous
devons quitter Paris, emportant chacun la femme que nous
aimons, le million qui nous manque, et en laissant derrière
nous notre ennemi mort et nos adversaires terrifiés !

Et le comte de Bernac adressant à Catherine un dernier
geste d'adieu, sortit de la pièce et gravit lestement les marches de l'escalier.

Humbert le suivit.

Après avoir parcouru, en sens opposé, le chemin que le
gentilhomme avait suivi seul au milieu des ruines, quelques
heures auparavant, les deux hommes atteignirent le parloir de l'abbaye donnant sur la rue des Deux-Ecus.

M. de Bernac s'approcha de la fenêtre qu'il avait si lestement franchie pour pénétrer dans l'intérieur, et avança
doucement la tête par l'ouverture.

— Personne, dit-il. La rue est déserte et la nuit plus noire
encore !

Et enjambant vivement l'appui de la fenêtre, il sauta
dans la rue.

— Veille à l'archer ! murmura Humbert en lui serrant
les mains.

— Et toi, veille sur Catherine ! Sa passion pour Mercurius me paraît un peu trop vive pour être bien vraie. Cette
femme a les trois quarts de nos secrets... Prends garde !

M. de Bernac s'enveloppa dans les plis de son long
manteau et s'enfonça dans l'ombre.

Humbert le suivit des yeux durant l'espace de quelques
secondes, puis sautant à son tour au dehors, il disparut dans
les ténèbres en prenant une direction diamétralement opposée.

Le comte s'était dirigé vers les Halles, Humbert gagna
les abords de l'hôtel Soissons.

Trois heures du matin retentissaient alors dans le silence
de la nuit à l'horloge de l'église Saint-Eustache.

FIN DE LA PREMIÈRE PARTIE

DEUXIÈME PARTIE

LES SECRETS DE MAITRE EUDES

I

LE PRÉ-AUX-CLERCS.

Le Pré-aux-Clercs, dont il a été si souvent question dans
une foule de romans, de poésies, d'ouvrages de toutes sortes
et de toutes valeurs, était une vaste prairie, riante et frai-
che, plantée d'arbres et semée de buissons, qui s'étendait
sur la rive gauche de la Seine, en face du Louvre.

Cette prairie occupait l'emplacement circonscrit aujour-
d'hui à l'est par la rue Mazarine, à l'ouest par la rue de
Bourgogne, au sud par la rue Saint-Dominique et au nord
par les quais Voltaire, Malaquais et par la majeure partie
du quai d'Orsay.

Sa longueur de l'est à l'ouest était de quatorze cents
mètres environ, et sa largeur du sud au nord de quatre à
cinq cents mètres.

Jusqu'à la fin du seizième siècle et même durant les
premières années du dix-septième, le Pré-aux-Clercs était
divisé en deux parties distinctes : le grand Pré et le petit
Pré.

Le petit Pré était situé au nord de l'enclos de l'abbaye
Saint-Germain, occupant seulement la distance comprise
aujourd'hui entre les rues Mazarine et des Petits-Augustins,
et entre la rue du Colombier et le quai Malaquais.

Le petit Pré était séparé du grand Pré par un canal assez
large, qui s'étendait en longueur depuis la rive de la Seine,
jusqu'au bas de la rue Saint-Benoît, suivant en grande
partie le parcours actuel de la rue Bonaparte.

En 1368, le petit Pré fut cédé à l'Université, et servit,
ainsi que le grand Pré, de promenade favorite aux clercs
ou écoliers, d'où le nom qui leur fut donné à tous deux.

Déjà, au seizième siècle, la ceinture de murailles crénelées qui entourait la capitale devenant trop étroite pour
contenir la population toujours croissante de la Cité, cette
population s'était rejetée au dehors des fortifications et avait
construit activement les faubourgs de la ville.

Le petit Pré-aux-Clercs, envahi peu à peu, commença à
se couvrir de maisons, et sous le règne de Henri IV, on y
ouvrit la rue des Petits-Augustins, renvoyant au grand
Pré les écoliers et les promeneurs.

En 1605, à l'époque où remonte notre récit, le petit Pré-
aux-Clercs n'existait plus du tout.

Le grand Pré, d'une étendue beaucoup plus vaste, avait
conservé sa destination première et était, sous Henri IV, la
seule promenade plantée d'arbres où les habitants de Paris
pussent venir, librement et à l'abri des feux du soleil, se
procurer un exercice salutaire.

Durant la foire Saint-Germain surtout, cette promenade,
dont elle était presque mitoyenne, se voyait envahie par la
foule.

Le cadre de cet ouvrage ne nous permet pas de donner
ici l'historique de ces deux prairies, célèbres et qui, cependant, suffiraient amplement, rien que par leur simple récit,
à présenter un aperçu précis des mœurs et des usages des
Parisiens, depuis les Capétiens jusqu'aux Bourbons.

Outre les avantages appréciables d'une promenade ver-
doyante, ombragée et voisine du fleuve, le grand Pré-aux-
Clercs offrait encore aux oisifs et aux amateurs de bons
vins, une collection remarquable de cabarets et de guin-
guettes.

Des bosquets touffus, des tables à demi cachées sous le
feuillage, des garçons bien dressés, des servantes accortes
et engageantes, les meilleurs crûs de l'Anjou, établissaient
d'une façon marquée la supériorité des cabarets du Pré-
aux-Clercs et justifiaient la vogue dont ils jouissaient.

Un jeu de paume en plein air, des jeux d'arc, d'arbalète
et d'arquebuse, et un jeu de volant (invention toute nouvelle), attiraient les joueurs empressés de faire montre de
leur adresse et les spectateurs qui se pressaient curieusement autour d'eux.

Plus loin, quatre belles allées couvertes, dont une dominant la Seine, engageaient les pas des promeneurs tran-

quilles et des bancs de pierre ou de bois, placés de distance en distance, invitaient au repos et à la conversation.

Un bac établi sur la Seine, en face de la Porte-Neuve et vis-à-vis la rue qui aujourd'hui porte ce nom faisait communiquer le Pré-aux-Clercs avec la rive droite de la rivière.

Rien de plus curieux, l'heure de la promenade venue, que de voir cette foule bigarrée de grandes dames avec leurs éclatantes toilettes, de gentilshommes aux pourpoints soyeux, aux chapeaux garnis de plumes multicolores, traverser le fleuve, qui sur le bac, qui dans les nacelles des passeurs, les uns se pressant sur le plancher massif du lourd bateau remorqué à la corde servant au passage, les autres nonchalamment étendus dans les esquifs de louage, qui souvent accomplissaient une course jusqu'au Pont-Neuf, avant de descendre sur la berge leurs locataires dédaigneux de se mêler à la foule.

Les écoliers et les habitants de la rive gauche affluaient par la porte de Nesles, à côté de laquelle se dressait la tour fameuse qui devait être démolie un demi-siècle plus tard, pour faire place au palais Mazarin.

Mais si, dans l'après-midi et vers le soir, le Pré aux-Clercs présentait un coup d'œil joyeux et animé, le matin il changeait lugubrement d'aspect.

Désert et touffu, il offrait ses tapis de verdure, ses carrefours épais, aux duels si fréquents qui décimèrent la noblesse durant le seizième et le dix-septième siècle.

Le lieu de promenade devenait le champ de bataille, et plus d'un petit pied chaussé de velours et de satin, en se posant le soir sur le sable, foulait une terre encore humide du sang répandu le matin.

Bien peu de rencontres, pendant le premier siècle que nous venons de citer et le premier quart du second, eurent lieu sur un autre terrain.

Le Pré-aux-Clercs avait été adopté, par les gentilshommes, pour y bien vivre et pour y bien mourir.

Louis IX, en interdisant le combat judiciaire, introduit jadis dans la Gaule avec la féodalité et la barbarie, ayant fait perdre peu à peu au duel son caractère légal, avait espéré le voir disparaître des mœurs, mais Henri II devait en faire renaître l'usage, par son amour des armes et son imprudence.

Fortifiés par les principes d'un faux point d'honneur, voulant remplacer par la vengeance personnelle l'action protectrice des lois, les duels firent bientôt, parmi la noblesse française, sous les règnes de Charles IX, de Henri III et de Henri IV, d'effrayants progrès et dégénérèrent même en assassinats.

Les habitants de Paris étaient journellement témoins de ces scènes sanglantes.

On se battait, le plus ordinairement, à l'épée et à la dague, trois contre trois, et quelquefois six contre six.

Celui qui avait dépêché son adversaire avait le droit de courir au secours de ses amis.

C'était, on le voit, une véritable bataille, que ces rencontres où la mort moissonnait presque toujours les trois quarts des combattants.

Les seconds épousaient la querelle du gentilhomme qui réclamait leurs services, sans même s'enquérir de la cause qui leur faisait tirer l'épée.

On donnait sa vie avec une insouciance décelant incontestablement une bravoure digne d'éloges, mais indiquant aussi une légèreté d'esprit et un manque de raisonnement sévèrement blâmables.

Les familles puissantes avaient des spadassins qu'elles nourrissaient au sang, comme le dit plus tard Richelieu, en parlant du chevalier de Guise et de son duel avec le baron de Luz.

Justement effrayés de cette fureur de meurtres, de cette ardeur à prodiguer et à répandre le sang, les gouvernants cherchèrent à y mettre obstacle, mais l'édit de 1566, l'ordonnance de Blois de 1579 et un arrêt du parlement de Paris de 1599, demeurèrent impuissants et inutiles.

Le nombre des duels allait toujours croissant, et en 1604, Sully donna avis au roi que, depuis son avénement au trône (1585), c'est-à-dire en l'espace de seize années, on pouvait porter de sept à huit mille le nombre des gentilshommes du royaume tués en combats singuliers.

Les lieux ordinaires choisis pour ces rencontres étaient le derrière des murs des Chartreux, le moulin de Saint-Marceau, et surtout et avant tout, ainsi que nous l'avons dit, le grand Pré-aux-Clercs.

C'était au Pré-aux-Clercs, on se souvient sans doute, que le comte de Bernac avait donné rendez-vous au chevalier de La Guiche, dans la maison de jeu de Jonas, pour le lendemain dix heures.

Ce matin même où devait avoir lieu le duel, le 14 mars 1605 par conséquent, un cavalier de bonne mine et de tournure élégante, suivait, au pas de sa monture, l'endroit où l'on devait planter, quelques années plus tard, les arbres du Cours la Reine, et longeait les jardins des Tuileries, encore à l'état inculte, se dirigeait vers la Porte-Neuve, après laquelle s'élevait péniblement la nouvelle galerie du Louvre, alors en cours d'achèvement, par les soins de l'architecte Androuet du Cerceau.

Ce cavalier, dont le frais visage révélait la jeunesse, pouvait avoir au plus vingt-huit ans.

Grand, élancé, gracieux dans ses mouvements, il était porteur de l'une de ces physionomies heureuses qui séduisent au premier abord.

Ses longs cheveux châtain clair, ses beaux yeux bleus, ses fines moustaches, ses joues rosées, son nez droit, sa bouche un peu grande, mais garnie de dents fort belles, constituaient l'ensemble d'un visage sur lequel s'épanouissait le cachet brillant de la santé, et dont le front, large et découvert aux tempes, semblait promettre une intelligence peu commune.

Vêtu d'un costume de voyage, armé d'une solide rapière, dont le fourreau battait les flancs de son cheval, et qui, à en juger par son air de vétusté et par l'usure de sa poignée, attestant de longs et loyaux services, devait être une arme de famille, le jeune cavalier avançait lentement dans sa marche, jetant autour de lui de ces regards curieux et étonnés, particuliers au voyageur à l'approche d'une grande ville ou d'un pays qu'il ne connaît pas encore, et qui cependant est le but de sa route.

En traversant la Porte-Neuve, il s'arrêta devant le poste destiné aux soldats de garde, et avisant un vieux sergent, assis à califourchon sur un banc avec la gravité d'un philosophe :

— Monsieur le sergent, dit-il d'une voix douce et enjouée, vous paraît-il incongru que je vous adresse deux questions sans avoir l'honneur de vous connaître?

Le vieux soldat releva la tête, et examina rapidement le cavalier avec une sûreté de coup d'œil qui eût fait honneur à un brigadier de gendarmerie.

— A vos ordres, mon gentilhomme, fit-il en se levant.

— Eh bien! monsieur le sergent, reprit le jeune voyageur, faites-moi l'amitié de me dire d'abord quelle heure il peut être en ce moment?

Le sergent se pencha vers l'entrée du corps-de-garde, à côté de la porte duquel il était, et après avoir interrogé l'horloge placée à l'intérieur :

— Huit heures un quart, répondit-il.

— Grand merci.

— Ensuite, mon gentilhomme?

— Ensuite, monsieur le sergent, connaissez-vous dans Paris, et pourriez-vous m'indiquer, une hôtellerie où un homme de qualité puisse descendre, sans courir de risque pour son honneur et sans trop exposer cependant sa bourse?

Le vieux militaire prit son menton entre le pouce et l'index de sa main droite, et inclinant légèrement le front en avant, parut se livrer au travail d'une réflexion pénible :

— Une hôtellerie décente pour un gentilhomme et dans laquelle il ne fût pas trop volé, répéta-t-il en se redressant pour lever les yeux au ciel. Du diable si je connais cela à Paris... Voyons cependant... Nous avons bien *Les Trois-Aveugles de Compiègne*, dans la rue de la Licorne, mais je n'oserais répondre de la moralité de l'hôte; son père et son grand-père ont été pendus pour vol et assassinat sur la personne de voyageurs, sa femme est en prison et son fils aîné...

— Je préférerais une autre maison, interrompit en riant le cavalier.

— Il y a, rue de la Grande-Truanderie, le *Grand Pélican*, mais on ne saurait y manger, même pour son argent.

— Passons, alors.

— Ah! fit le sergent comme s'il se souvenait tout à coup; il y avait, rue de la Huchette, la *Carpe qui pleure*, excellente hôtellerie, bonne table et bon gîte, pas ou peu de dépenses...

— C'est mon affaire, s'écria le voyageur.

— Oui, mais la maison a été brûlée il y a quinze ans, durant les guerres de la Ligue, ajouta le sergent en secouant la tête; maintenant, il n'y a plus qu'un tas de décombres à la place.

— Diable! fit le cavalier en riant, j'aurais peine à trouver ce qu'il me faut, à ce qu'il paraît.

— Attendez, mon gentilhomme, attendez!

— Oh! j'attends, sergent, car j'ai heureusement tout le temps d'attendre!

— Nous avons encore l'hôtellerie des *Deux-Pendus*, à la place aux Veaux; le *Verre-Cassé*, rue Trousse-Vache; l'*Hôtellerie du Bel-Air*, rue de la Mortellerie, mais je me ferais un scrupule d'envoyer là un homme de naissance et d'épée...

— Jusqu'ici, fit observer le gentilhomme, je sais bien où je ne dois pas aller, mais cela, quoique fort intéressant déjà, ne saurait me suffire...

— Attendez encore, mon gentilhomme!

— J'attends toujours, sergent.

— Cette fois, je crois que je tiens votre affaire!

— Voyons cela.

— Connaissez-vous la rue du Hoqueton?

— Non.

— Et la rue Bourtibourg?

— Pas davantage.

— Vous ne connaissez donc pas Paris, mon gentilhomme?

— C'est la première fois de ma vie que j'y mets les pieds, ou pour mieux dire ceux de mon cheval.

— Diable! diable! il est difficile de vous renseigner, alors, car la maison n'a pas d'enseigne et c'est vraiment dommage, vous auriez été là comme dans un paradis. Je ne sais même pas comment je n'y ai pas songé plus tôt! Bon lit, bon vin et une hôtesse qui est gentille comme un cœur! C'est la nièce de mon propre cousin germain, sergent, comme moi, au régiment de Castel-Bayard! Ah! c'est vraiment bien malheureux que vous ne connaissiez pas Paris.

— Mais, sergent, est-ce que la maison de la nièce de votre propre cousin germain est située de façon à ce qu'on ne puisse la trouver, même en cherchant bien?

— C'est difficile, mon gentilhomme.

— Mais ce n'est pas impossible, j'imagine?

— Je ne dis pas cela.

— Eh bien, alors?

— Dame! si vous voulez essayer, je vais vous donner les premières indications.

— Donnez, sergent, et, en revanche, prenez ceci pour boire à ma santé.

Et, fouillant dans la poche de ses chausses, le jeune cavalier prit une pièce de monnaie blanche qu'il offrit à son interlocuteur.

II

LE BAC.

— Le sergent prit la pièce d'argent sans se faire prier davantage et la fit disparaître dans le creux de sa large main.

— Mon gentilhomme, dit-il ensuite en étendant le bras dans la direction du Louvre, vous allez suivre la berge de la rivière tout droit, sans vous déranger....

— C'est facile, interrompit le voyageur.

— Vous passerez d'abord devant le Louvre.

— Bien.

— Ensuite devant le Pont-Neuf.

— Très-bien.

— Puis devant le pont aux Marchands, le grand Châtelet, le pont au Change, et enfin vous gagnerez le port au Foin.

— Ensuite?

— Là, vous demanderez la rue des Mauvais-Garçons.

— Bon!

— Vous la remonterez tout entière, et au bout, à droite, vous trouverez la rue du Hoqueton.

— Très-bien. Après?

— Après, vous suivrez la rue du Hoqueton, et la troisième maison, à main gauche, est celle dont je vous parle. Il y a une petite porte peinte en vert, avec trois clous à têtes de cuivre placés en triangle en haut. Vous demanderez la belle Perrine, et vous lui direz que vous venez de la part du vieil Hector, le sergent au régiment de Balagny. Elle vous donnera une petite chambre très-proprette; vous vous entendrez pour le prix, et vous serez là, je vous le répète, comme le poisson dans l'eau.

— Suivre la rivière, fit le gentilhomme en récapitulant les indications données par son interlocuteur afin de se bien tracer dans la tête l'itinéraire à parcourir, passer devant le Louvre, gagner le port au Foin, demander la rue des Mauvais-Garçons, tourner à droite, et la troisième maison à gauche.

— C'est bien cela! s'écria le sergent.

— Alors sergent, il ne me reste plus qu'à vous remercier.

— A votre service, mon gentilhomme.

— Ah! encore un mot, cependant.

— Deux, si vous le voulez.

— Qu'est-ce que c'est que cette belle promenade que j'aperçois de l'autre côté de la rivière?

— En face de nous?

— Oui.

— C'est le grand Pré-aux-Clercs.

— Le Pré-aux-Clercs?

— Oui, mon gentilhomme.

— C'est donc là que la cour et la ville viennent se promener, se battre, jouer, aimer et mourir?

— Vous l'avez dit.

Il faut que j'aille visiter cette promenade! s'écria le jeune cavalier en poussant son cheval vers la berge.

— Doucement, doucement, mon gentilhomme! dit le vieux sergent. Le bac ne marche pas encore à cette heure, je ne vois aucun passeur sur la rive, et à moins que vous ne fassiez le tour par le Pont-Neuf, ce qui ne laisserait pas que d'être assez long, il vous faut renoncer à visiter ce matin le Pré-aux-Clercs.

— C'est malheureux! fit le cavalier avec un geste de regret. J'aurais voulu débuter à Paris par une excursion au Pré-aux-Clercs; cela m'aurait promis bonne chance et nombreuses aventures.

— Dame! dit le sergent en riant, il y aurait bien encore un moyen.

— Lequel?

— Ce serait de passer la Seine à la nage!

— Par Notre-Dame-d'Auray! c'est une idée! s'écria le voyageur.

— Quoi! dit le sergent avec stupéfaction, car il voyait prendre au sérieux par le jeune homme une proposition qu'il avait faite par simple plaisanterie, vous voulez traverser la rivière?

— Certainement.

— Avec votre cheval?

— Sans doute.

— Mais vous n'y songez pas, mon gentilhomme?

— Pourquoi?

— Parce que vous allez vous noyer, vous et votre monture.

— Bah! fit le cavalier avec insouciance. Mon cheval et moi, en chassant le cerf, avons bien souvent traversé des étangs deux fois larges comme vitre Seine!

— Mais vous allez vous mouiller!

— Mes bottes ne craignent pas l'eau.

— Mais attendez au moins que le bac marche.

— Je n'aime pas à attendre, monsieur le sergent.

— Ventre-Mahon! mon gentilhomme, je ne vous laisserai pas accomplir une pareille folie.

— Ne craignez rien, sergent, et laissez-moi faire, répondit le voyageur en dégageant doucement les rênes de son cheval que le vieux soldat avait saisies. D'ailleurs, je viens de mettre dans ma tête d'aller visiter sur l'heure ce Pré-aux-Clercs dont je rêve depuis tant d'années, et, par saint Marc! mon patron, rien ne saurait m'en empêcher! Je suis d'origine bretonne, voyez-vous, mon digne sergent, partant quand j'ai quelque chose dans la cervelle, il faut, bon ou mauvais, que ce quelque chose s'accomplisse. Donc, encore une fois, laissez-moi faire!

Et le jeune homme, conduisant sa monture vers les eaux du fleuve, commença à descendre la berge rapide.

Le vieux sergent courut après lui.

— Encore une fois, mon gentilhomme, s'écria-t-il, vous allez vous noyer! C'est tenter Dieu que de risquer pareille aventure! La Seine est large, profonde et rapide en cet endroit. Vous ne pourrez résister au courant...

Le pauvre sergent se démenait en pure perte, car son jeune interlocuteur continuait à avancer vers le lit de la rivière, sans lui répondre autrement que par un sourire et un geste amical.

Tout à coup le soldat poussa un cri de joie : il venait d'apercevoir du renfort venant à son aide.

Effectivement, depuis quelques instants deux nouveaux personnages étaient apparus sur la berge de la rivière.

Ces deux personnages, vêtus avec une extrême recherche et montant deux admirables chevaux de race espagnole, avaient suivi la galerie du Louvre, venant, par conséquent de l'intérieur de Paris, et se dirigeant alors vers une cabane en planches construite sur le bord de la rivière, à quelques pas de l'endroit où se trouvaient le sergent et le jeune voyageur, et en face du lieu où était amarré le bac.

— Demandez à ces deux nobles cavaliers s'il n'y a pas danger de mort à tenter ce que vous voulez entreprendre, dit le sergent en reprenant les rênes du cheval, dont les deux pieds de devant n'étaient plus qu'à quelques lignes de l'eau verdâtre. N'est-ce pas, messeigneurs, continua-t-il sans donner le temps au voyageur de lui répondre et en se retournant vers les nouveaux arrivés, n'est-ce pas que j'ai raison?

— Qu'est-ce donc, sergent? demanda l'un des deux cavaliers en s'approchant.

— Monsieur veut aller ce matin au Pré-aux-Clercs!

— Eh bien! je n'y vois pas d'obstacle.

— Mais il faut traverser la Seine!

— Sans doute! et c'est ce que nous allons faire nousmêmes.

— Vous voyez bien, sergent! dit le jeune voyageur en voulant une seconde fois dégager sa monture; mais le vieux militaire ne lâcha pas prise.

— Quoi! s'écria-t-il, mes gentilshommes, vous allez traverser la Seine?

— Certainement.

— A la nage?

Les deux cavaliers se regardèrent en ouvrant de grands yeux, puis ils partirent ensemble d'un éclat de rire joyeux et sonore.

— Entends-tu, La Guiche? s'écria l'un en reprenant haleine.

— Peste! traverser la Seine! Qu'en penses-tu, d'Herbaut? répondit l'autre.

Et le chevalier de La Guiche et le marquis d'Herbaut, car c'étaient eux se rendant au Pré-aux-Clercs, le lieu du rendez-vous indiqué la veille au soir par le comte de Bernac, le chevalier de La Guiche et le marquis d'Herbaut reprirent à rire de plus belle.

— Ce brave sergent a perdu la tête! dit le marquis.

— Ce n'est pas moi, mais bien ce gentilhomme! murmura le vieux militaire.

— Que dis-tu? demanda le chevalier.

— Je dis que ce jeune cavalier veut traverser la Seine à la nage pour s'aller promener au Pré-aux-Clercs, et que si vous ne vous joignez pas à moi pour l'en empêcher, c'est un homme perdu!

En entendant la conversation engagée derrière lui, et dont il se trouvait être le sujet principal, le voyageur s'était retourné sur sa selle d'abord, puis s'était décidé à faire faire à son cheval un mouvement de tête à la queue, qui lui avait permis de se trouver en face des deux autres cavaliers.

Les trois hommes se saluèrent avec une politesse du meilleur goût, et qui indiquait trois hommes bien élevés.

— Pardon, monsieur, dit La Guiche lorsque le sergent eut achevé, et en s'adressant directement au jeune homme, pardon, mais ce que nous raconte ce brave homme serait-il vrai ?

— Parfaitement vrai.

— Ainsi vous voulez traverser la Seine à la nage avec votre cheval ?

— Oui, monsieur.

— Et sans autre but que d'aller vous promener aux Prés-aux-Clercs ?

— Sans autre but que de contenter ma fantaisie.

La Guiche et d'Herbaut se regardèrent encore, puis se mirent pour la troisième fois à rire bruyamment ; mais ce rire était empreint d'une telle gaieté communicative que le vieux sergent ne put conserver lui-même son sérieux.

Le voyageur fronça les sourcils, et son œil bleu lança un jet de flammes.

Portant vivement la main à la garde de son épée :

— Par la mordieu ! s'écria-t-il, je n'ai pas pour habitude de me laisser railler, messieurs!

Le chevalier lui fit signe de la main d'avoir un peu de patience, puis, parvenant enfin à contenir l'éclat de sa gaieté :

— Vous vous méprenez, monsieur, dit-il avec une exquise politesse. Le marquis d'Herbaut et moi ne saurions nous railler de vous. Une fantaisie comme celle que vous voulez contenter ne peut offrir prise aucune à la moquerie, car elle décèle une bravoure évidente ; mais elle est tellement folle et tellement singulière que vous ne pouvez vous fâcher de la voir exciter la gaieté.

— Vouloir passer la Seine à la nage quand le bac est à deux pas de soi ! Avouez au moins, monsieur, que cela est par trop original ! ajouta le marquis d'Herbaut.

— Mais, répondit le jeune homme, le vieux sergent m'a affirmé que le bac ne marchait pas d'aussi bon matin.

— Cela est vrai d'ordinaire ; mais toute la question est de réveiller les passeurs et de payer double pour le passage ; c'est ce que nous allons faire.

— Et, ajouta La Guiche, si vous voulez bien nous honorer de votre compagnie, nous traverserons ensemble la Seine, mais sans mouiller un poil de nos montures.

Cette proposition était tellement raisonnable qu'il y eût eu folie réelle à la repousser.

Le jeune voyageur le comprit, et, remerciant le chevalier, il lui répondit qu'il acceptait en gardant pour lui tout l'honneur de cette rencontre.

Pendant ce temps, M. d'Herbaut avait été frapper à la porte de la cabane en planches, et avait donné ordre au passeur de se préparer à monter son bac.

Quelques minutes après, La Guiche invitait son nouveau compagnon à pousser son cheval sur le plancher du vaste bateau.

Le voyageur obéit en jetant sur les eaux de la Seine un regard de regret.

— Vive Dieu ! s'écria le chevalier en riant, on jurerait, monsieur, que vous regrettez votre traversée à la nage ?

— Ma foi, messieurs, il ne fallait rien moins que l'honneur de votre compagnie pour m'y faire renoncer, répondit le jeune homme.

— Mais ce projet était insensé ! dit le marquis.

— Insensé ou non, il était logé dans ma cervelle.

— Ah ! monsieur est entêté ? fit La Guiche en riant.

— Je suis Breton, répondit simplement le voyageur.

— Et vous arrivez de province ? demanda le marquis d'Herbaut.

— Cela se voit, n'est-ce pas, messieurs ? fit le jeune homme en souriant.

— Ne prenez pas ma question en mauvaise part, mon-

sieur, dit vivement le marquis ; je n'ai nullement l'intention de vous offenser.

— Oh ! je ne m'offense point, monsieur ; et je trouve tout naturel que, entrant aujourd'hui pour la première fois dans la capitale du royaume, je n'aie pas cette aisance et ces façons particulières aux seigneurs de la cour.

— Vous en avez au moins la bonne mine, monsieur, repartit poliment le chevalier.

Les trois cavaliers étaient entrés dans le bac, et le passeur, tirant énergiquement sur la corde tendue d'une rive à l'autre, eut bientôt fait parcourir au bateau le premier tiers de la largeur du fleuve.

Aucun des trois gentilshommes n'était descendu de cheval.

La Guiche suivait des yeux le cours de la Seine.

— Avouez, dit-il en se retournant vers le jeune homme, qu'il est plus commode d'être sur ce plancher qu'au milieu de ces eaux rapides, et que vous regrettez moins la traversée à la nage.

Le gentilhomme breton regarda fixement le chevalier.

— Avouez votre pensée entière, dit-il en souriant ; vous croyez qu'en prétendant accomplir mon projet, j'ai tout bonnement fait acte de fanfaronnade ?

— Nullement, monsieur, répondit le chevalier en se mordant les lèvres ; car, effectivement, il voyait sa pensée devinée, mais, par politesse, il ne voulait point en convenir ; nullement ! seulement je crois que, si vous eussiez mis votre intention en action, vous vous en repentiriez très-certainement à cette heure.

— Vous croyez ?

— Je le crois ; regardez comme, en cet endroit, la rivière est rapide, et comme ses eaux sont tourmentées.

— Donc vous croyez que j'aurais eu peur et que je me serais repenti ?

— Peur, non ; repenti, oui.

— Eh bien ! monsieur, comme je veux que vous ne puissiez jamais douter de ma parole, et que j'affirme que j'aurais fait sans le moindre regret ce que je voulais accomplir, je vous en donne à l'instant la preuve !

Et, avant que La Guiche ni d'Herbaut eussent pu deviner seulement sa résolution, le jeune voyageur enfonçant les éperons dans les flancs de son cheval et l'enlevant de la main, le fit bondir en avant, sauter par-dessus le plat-bord du bac, et l'un et l'autre s'élancèrent dans le fleuve.

La secousse donnée au bateau avait été si forte qu'il faillit chavirer.

Le chevalier et le marquis poussèrent en même temps une double exclamation de surprise et d'effroi.

III

LES TROIS GENTILSHOMMES.

L'intrépide cavalier et sa monture avaient tout d'abord disparu sous un nuage d'écume, soulevé par le choc de leurs corps avec les eaux profondes ; mais presque aussitôt le chevalier et le marquis purent les voir tous les deux : le cheval nageant avec vigueur, soutenu qu'il était par une main savante, et le jeune homme, ferme en selle, droit, calme et souriant comme s'il ne courait aucun danger.

— Il est fou ! s'écria d'Herbaut.

— Il est admirablement brave! répondit la Guiche.

— Mais vois donc, mon cher, il se prélasse sur son cheval comme s'il était sur la terre ferme!

— Cordieu! ce jeune homme me plaît!

— Et à moi aussi!

— C'est un hardi compagnon!

— Eh! mon gentilhomme! cria d'Herbaut, nous ne doutons plus de vous! Remontez dans le bac; vous conduirez votre cheval à la traîne.

— Grand merci! répondit le voyageur; je suis bien là et j'y reste... Soyez sans crainte, j'arriverai à la rive aussi vite que vous!

— Le chevalier de La Guiche descendit alors de cheval, s'avança sur le bord du bac qui se trouvait au beau milieu de la rivière, ôta son chapeau, et saluant en s'inclinant comme s'il eût été dans un salon:

— Monsieur, dit-il en s'adressant au nageur et en désignant de la main son compagnon qui était également descendu de monture; monsieur, j'ai l'honneur de vous présenter M. le marquis Raoul-Annibal d'Herbaut, et je suis, moi, le chevalier Charles-Philippe de La Guiche. Je vous dis en mon nom, et en celui du marquis, que nous sommes enchantés d'avoir eu le bonheur de votre rencontre et qu'il ne tient qu'à vous de devenir notre ami intime!

Le jeune homme se rapprocha du bac, et, tendant le bras droit, serra successivement les deux mains que lui offraient les deux seigneurs.

— Cette présentation vaut mieux qu'une autre, car, faite dans de telles circonstances, aucun de nous ne saurait l'oublier, dit-il joyeusement.

— Nous ferez-vous la grâce de l'achever, cette présentation, en nous confiant votre titre? demanda le marquis avec une expression de courtoisie à laquelle il n'y avait pas à se méprendre.

Le jeune homme rougit à cette demande si naturelle; puis redressant la tête comme s'il eût eu honte de ce premier mouvement de confusion, il rapprocha encore son cheval du bac qui avançait rapidement, et forçant le pauvre animal à nager contre le bateau:

— Le nom et le titre que je porte ne m'appartiennent pas, dit-il d'une voix brève. Mon nom et mon titre véritables m'ont été alors que j'étais encore au berceau. C'est une histoire de famille que je vous confierai un jour, messieurs; car je viens à Paris pour en achever le dénoûment. En attendant, on m'appelle le baron de Grandair, et je ne me nommerai pas autrement jusqu'au jour où j'aurai repris le nom et le titre de mes aïeux, après les avoir lavés dans le sang de l'infâme qui les a souillés en les prenant. Celui qui a eu l'honneur de vous répondre, messieurs, et d'accepter cette amitié que vous lui offrez si généreusement, s'appelle donc simplement du nom et du titre que je viens de vous dire.

— Baron de Grandair! répéta d'Herbaut en souriant, votre mine ne fait pas mentir votre nom, monsieur!

— Mais, malheureusement, ma fortune ne le fait pas mentir davantage, monsieur le marquis; car ma baronnie est, comme sa dénomination l'indique, une baronnie de vapeur et de fumée! Quoi qu'il en soit, je suis bon gentilhomme, messieurs, et vous pouvez me serrer la main sans déshonneur pour vous!

En disant ces mots, le baron lança un fier regard sur ses nouveaux amis; mais ce regard, dégagé de toute provocation, n'offrait que cette expression de fierté naturelle à l'homme qui a conscience de sa propre valeur.

Le marquis et le chevalier s'inclinèrent encore.

— Nous en doutons si peu, dit La Guiche, que, à partir de cette heure, nous vous considérons comme notre intime, monsieur le baron; et nous souhaitons vivement que vous fassiez de nous le même cas que nous faisons de votre esprit et de votre personne.

Le bac atteignait en ce moment la rive gauche de la Seine, et le cheval du baron de Grandair gravissait le talus recouvert par les eaux, sortant progressivement de l'onde en agitant de plaisir sa belle tête intelligente.

Une fois sur la terre ferme, l'animal se secoua en lançant autour de lui une pluie fine; puis il respira bruyamment en levant les naseaux vers le ciel.

De l'autre côté de la rivière, immobile sur la berge, le vieux sergent avait suivi des yeux la scène qui venait de se passer.

En voyant le jeune gentilhomme s'élancer dans le fleuve, il avait poussé une série de jurons énergiques:

— Corps du diable! mordieu! sangdieu! s'était-il écrié; il ne veut pas en avoir le démenti! Le voilà en pleine Seine! Oh! le maître avait raison, quelle nature! Son père était ainsi! Oh! c'est lui, c'est bien lui!... Mon Dieu! mais il va se noyer!...

Puis, en constatant la vigueur et l'adresse à l'aide desquelles maître et cheval se tiraient de ce pas difficile, l'admiration avait peu à peu succédé à la colère et à l'effroi.

— Le voilà pardieu sain et sauf! fit-il en apercevant le baron sur l'autre rive. Allons! c'est un brave et hardi chevalier! Oh! le maître doit être heureux à cette heure! Pauvre enfant, avoir tant souffert déjà à son âge! Je n'eusse pas été prévenu que sa physionomie ouverte m'aurait séduit du premier coup; mais par la barbe de saint Hector, mon patron, et le saint le plus barbu du paradis, je ne me sens pas d'aise de le voir maintenant plein de vie et de santé! Cordieu! s'il s'était noyé j'en aurais été marri pour le restant de mes jours! Il faudra que j'aille demain chez la belle Perrine savoir de ses nouvelles et lui faire mes compliments ainsi qu'à son cheval! Il me plaît, cet enfant, il me plaît!

Et le vieux sergent, la figure rayonnante et se frottant les mains en signe d'allégresse, regagna lentement le banc sur lequel il était assis lorsque le jeune voyageur avait franchi la porte Neuve.

Pendant ce temps, MM. de La Guiche et d'Herbaut avaient quitté le bac, et tous deux, en compagnie de leur nouvel ami, se dirigeaient vers le Pré-aux-Clercs.

Le baron était mouillé jusqu'à la ceinture; ses bottes et ses chausses ruisselaient d'eau.

— Le soleil me séchera! dit-il en riant.

— Venez avec nous au cabaret de la Branche-de-Saule, dit La Guiche. Une bonne flambée dans la cheminée vous séchera mieux encore, et dans un quart d'heure il n'y paraîtra plus.

— Volontiers! — répondit le baron.

— Cinq minutes après les trois jeunes gens pénétraient dans le cabaret désigné, l'un des plus achalandés du Pré-aux-Clercs, et sur l'ordre du chevalier un immense brasier brillait dans l'âtre de la cheminée sous le manteau de laquelle le baron se tenait debout, offrant successivement à la chaleur bienfaisante de la flamme les différentes parties de ses vêtements qui avaient trempé dans la rivière.

Son cheval, livré aux soins d'un valet intelligent, avait été conduit à l'écurie, et le jeune voyageur n'avait consenti à s'occuper de sa personne qu'après s'être assuré que rien ne manquait au noble animal, qui venait de lui donner une si grande preuve de courage et de confiance.

— Neuf heures et demie! dit M. d'Herbaut en interrogeant le cadran d'une montre énorme que, suivant la mode qui venait de s'introduire, il portait sur sa poitrine, suspendue autour du cou par une chaîne d'or garnie de pierreries.

Tous six se saluèrent. — Page 20, col. 2.

— Nous avons encore une demi-heure à nous! répondit La Guiche, auquel le marquis s'adressait.

C'est vrai, mais d'Arcourt est en retard. Ne lui avais-tu pas fait dire d'être ici à neuf heures ?

— Sans doute, je lui ai écrit ce matin. Au reste, il sait que le rendez-vous n'est que pour dix heures. A propos, sais-tu qui Henri amènera pour seconds ?

— Oui, il me l'a dit hier soir.

— Quels sont-ils ?

— Benzeville et d'Ornay.

— Ah! deux fines lames ! la partie sera belle, mais dangereuse pour celui à qui écherra d'Ornay! Il a un coup de pointe incroyable, et qui jusqu'ici n'a jamais manqué son homme !

— Nous tâcherons qu'il le manque cette fois, si c'est à moi qu'il s'adresse ! répondit d'Herbaut avec un sourire railleur.

— N'importe, prends garde !

Puis, se tournant vers le baron :

— Excusez-nous, cher ami, continua le chevalier, nous nous occupons là, devant vous, d'affaires qui vous intéressent peu. Puis, tout à l'heure, il faudra encore que vous ayez l'extrême obligeance de nous pardonner, car nous allons être forcés de vous laisser seul dans ce cabaret durant quelques instants.

— Je serais désolé que vous vous genassiez pour moi! répondit le baron.

— Et même, reprit La Guiche en riant, si nous ne revenions ni l'un ni l'autre, il faudrait nous excuser encore. Faites donc provision d'indulgence, je vous prie.

— Et si je ne vous revois pas ce matin, où vous retrouverai-je ?

— Au ciel peut-être, si le bon Dieu veut bien nous recevoir! dit le marquis en riant.

— Comment ? fit le baron avec étonnement.

— Nous allons nous battre, et nous attendons notre ami d'Arcourt qui me sert de second avec d'Herbaut, dit La Guiche.

— Ah! fit le jeune homme sans aucune marque d'étonnement.

— Oui, à dix heures, nos adversaires seront dans la seconde allée de droite.

— Je regrette que vous ayez vos deux seconds, mon cher chevalier; je me serais fait un véritable plaisir de tirer l'épée en votre honneur pour mieux cimenter notre amitié nouvelle.

— Ce sera pour une autre fois, baron, et je retiens votre parole.

— Et comment se nomme votre adversaire, s'il n'y a pas d'indiscrétion à connaître son nom ?

— Il n'y a aucune indiscrétion, mon très-cher !

— C'est quelqu'un de la cour, sans doute ?

— C'est un excellent gentilhomme.

— Et qui est ?

— Le comte de Bernac.

Le baron tournait alors le dos au foyer ardent. En entendant la réponse du chevalier, il fit un mouvement tellement brusque en arrière que, posant le talon de sa botte dans le feu, il fit jaillir autour de lui une pluie d'étincelles.

— Vous allez vous brûler ! s'écria le marquis.

— Le comte de Bernac ! répéta le baron sans paraître avoir entendu l'observation de M. d'Herbaut.

— Lui-même, dit La Guiche. Le connaissez-vous donc ?

Le baron ne répondit pas. Il était devenu soudain d'une pâleur extrême, puis, par une réaction subite, son visage s'empourpra et les veines de son front se tendirent sous l'effort du sang qui y arrivait en trop grande abondance,

— Le connaissez-vous ? répéta le chevalier.

— Non ! dit le baron qui avait repris tout son sang-froid. Quel est ce comte de Bernac ?

— Un gentilhomme d'excellente famille de Picardie, mais d'origine bretonne.

— Et... il habite Paris ?

— Oui.

— Depuis longtemps ?

— Depuis quelques années, je crois. Nous sommes fort liés ensemble.

— Alors, vous pourrez me présenter à lui ?

— Oui... c'est-à-dire, s'il ne me tue pas ce matin, ou si je ne le tue pas moi-même, auquel cas la présentation serait difficile, vous en conviendrez.

— Je serais enchanté de faire sa connaissance ! poursuivit le baron, répondant évidemment à ses propres pensées et sans avoir écouté les paroles de La Guiche.

— Ah çà ! baron, dit d'Herbaut en riant, est-ce qu'il en est pour vous de l'amitié comme du passage des rivières ? Vous paraissez disposé à vous jeter au cou de Bernac, comme vous vous êtes élancé dans la Seine.

— Mon Dieu ! répondit le baron en riant à son tour, mais d'un rire sec et nerveux qui avait quelque chose de strident; mon Dieu ! mon désir de connaître ce M. de Bernac est bien naturel. Un homme que vous estimez assez pour en faire votre ami et pour risquer votre vie contre la sienne doit être, à mes yeux, un gentilhomme accompli.

— Eh bien ! dit le marquis, s'il tue La Guiche, je vous présenterai à lui, je vous le promets.

— Mais, sacrebleu ! interrompit le chevalier avec impatience, l'heure va sonner, et d'Arcourt ne vient pas.

— Peut-être avait-il lui-même quelque affaire d'honneur pour ce matin, fit observer d'Herbaut.

— Il m'aurait fait prévenir.

— Ton billet ne l'aura peut-être pas trouvé à son hôtel.

— C'est possible.

— Alors, s'écria le baron, si cela est, il ne viendra pas !

— C'est probable ! dit le marquis en riant.

— Ah ! fit le chevalier qui s'était rapproché de la fenêtre et qui se penchait au dehors, le voici, sans doute.

Le baron fit un geste de dépit et de colère.

— Non, ajouta presque aussitôt La Guiche, c'est d'Ornay. Nos adversaires nous attendent, marquis, il faut être poli et aller au-devant d'eux.

M. d'Herbaut frappa du pied le plancher avec impatience, tandis que le chevalier ouvrait la porte du cabaret.

— Que le diable emporte d'Arcourt ! dit-il.

— Eh non ! s'écria le baron. Que Dieu le bénisse ! au contraire.

— Pourquoi ? demanda La Guiche en se retournant.

— Parce qu'il vous manque un second, et que me voilà !

Le marquis et le chevalier échangèrent un regard interrogateur.

Tous deux semblaient hésiter à répondre.

Par la porte ouverte on apercevait, au fond d'une allée faisant face, M. d'Ornay qui s'avançait vers le cabaret.

Plus loin, deux autres hommes demeuraient stationnaires et paraissaient attendre.

L'un de ces deux hommes était le comte de Bernac, l'autre était le vicomte de Benzeville.

IV

LES SECONDS.

— Baron, dit brusquement le chevalier de La Guiche en se retournant vers M. de Grandair, qui, le feutre crânement posé sur l'oreille droite et la main gauche appuyée sur la garde de sa longue rapière, se tenait immobile, dardant son regard clair sur les deux gentilshommes; baron, la proposition que vous me faites est assurément du meilleur goût.

Le baron s'inclina.

— Mais, continua le chevalier.

— Ah ! il y a un mais !... interrompit le jeune homme; donc, vous n'acceptez pas ?

— Permettez...

— Me croyez-vous de mauvaise naissance, par rapport à l'aveu que je vous ai fait ?

— Dieu m'en garde ! Je vous tiens pour excellent gentilhomme.

— Me croyez-vous poltron ?

— L'acte de témérité folle que vous venez d'accomplir et l'amitié sincère que je vous ai offerte, vous prouvent suffisamment que je dois avoir de votre courage l'opinion qu'il mérite...

— Eh bien, alors ?

— Eh bien ! mon cher baron, dit le chevalier avec une extrême douceur, vous êtes homme de qualité, cela se voit; vous êtes brave, c'est incontestable; vous êtes même parfait cavalier, nous venons d'en avoir la preuve; mais, dans la circonstance qui se présente, toutes ces vertus ne suffisent pas.

— Pourquoi ? demanda M. de Grandair avec étonnement.

— Parce que d'Herbaut et moi avons, à cette heure, devant nous, les trois meilleures lames de la cour.

— Eh bien ! vous n'êtes que deux ?

— Que ce d'Arcourt soit maudit ! s'écria M. d'Herbaut.

— Voyons, reprit La Guiche, parlez franchement, baron, savez-vous manier une épée ?

— Mais, je le crois, répondit le jeune homme après avoir néanmoins légèrement hésité.

Ce mouvement d'hésitation n'échappa pas aux deux gentilshommes, qui froncèrent les sourcils.

— D'ailleurs, n'ayez pas peur, messieurs, ajouta vivement le baron avec une assurance dans laquelle perçait un certain sentiment de hauteur, je saurai me faire tuer sans rompre d'une semelle.

— Eh ! il ne s'agit pas de se faire tuer, mais bien de tuer, au contraire ! s'écria M. d'Herbaut.

— Enfin, baron, fit le chevalier avec impatience, vous êtes-vous jamais battu ?

Le jeune homme hésita encore ; mais sa franchise naturelle l'emporta sur le désir de cacher l'aveu qu'il allait faire : aveu pénible à une époque où l'honneur d'un homme consistait surtout dans le nombre d'homicides accomplis par lui.

— Jamais, répondit-il cependant, tandis que le rouge de l'embarras lui montait au visage.

— Diable! fit La Guiche en regardant d'Herbaut.

Celui-ci haussa les épaules.

— Mais, par saint Marc, mon patron ! s'écria le baron dont les regards étincelaient de colère, je ne comprends pas, mes maîtres, pourquoi hésiter ? Qu'importe que je me sois ou non battu en duel ! Vous, chevalier, et vous marquis, n'avez-vous donc pas été obligés de commencer par une première rencontre avant d'en avoir une seconde ?

— Sans doute ! répondit La Guiche en souriant.

— Vous êtes-vous, l'un ou l'autre, mal comportés dans ce premier combat ?

— Moi, j'ai tué mon adversaire, ce pauvre Marolles ! dit d'Herbaut.

— Et moi j'ai blessé le mien, ajouta La Guiche.

— Vous voyez bien; alors ?

— Oui, dit le chevalier, mais j'étais élève de Thibaut.

— Et Bussy d'Amboise m'avait donné leçon à cause de l'amitié qui l'unissait à mon père, dit le marquis.

— Eh ! s'écria M. de Grandair, que toutes ces lenteurs à accepter sa proposition poussaient évidemment à bout; eh ! si je n'ai jamais pris de leçons de Thibaut ni de Bussy d'Amboise, j'ai cependant, je puis le dire, donné dans ma vie quelques preuves de courage et de sang-froid.

— Nous n'en doutons pas ! dit le marquis.

Le chevalier et le marquis se regardèrent de nouveau; mais l'hésitation qu'ils avaient manifestée tous deux à accepter la proposition du jeune homme paraissait être toujours la même chose. C'est qu'à cette époque, et ainsi que nous l'avons expliqué, les seconds jouaient un rôle si actif dans les rencontres, que l'on apportait la plus grande attention dans le choix de ceux que l'on prenait pour soutenir sa cause.

Les combattants devant s'entr'aider, de la maladresse ou du manque de courage d'un seul pouvaient résulter la défaite, la honte et souvent la mort pour les autres. Un duel, alors, était un véritable combat; il ne faut pas l'oublier, un combat à nombre égal; et les qualités d'adresse, de courage et d'énergie faisaient seules pencher la balance en faveur de l'un des deux partis.

On comprendra naturellement l'embarras profond dans lequel MM. de La Guiche et d'Herbaut, d'une part, l'absence du second sur lequel ils avaient compté; de l'autre, la proposition adressée à eux par un inconnu, dont ils avaient admiré l'intrépidité rare, il est vrai, mais qui, de son propre aveu, semblait novice dans le métier des armes.

Cependant le temps s'écoulait rapidement. Le témoin ennemi avançait à grands pas, l'heure était sonnée, le duel impossible à remettre; d'Arcourt ne venait pas, et il fallait prendre à l'instant une détermination quelle qu'elle fût.

La Guiche considéra attentivement le baron.

Celui-ci, attendant la réponse du chevalier, se tenait droit et fier, la main au pommeau de l'épée, la tête haute, l'œil ardent, le jarret ferme et la taille gracieusement cambrée.

Les regards des deux jeunes gens se croisèrent; il y avait, dans celui que lançait la prunelle du baron, une fermeté telle, une assurance si digne, une intrépidité si évidente, que La Guiche se sentit entraîné.

Il fit un pas vers le baron, et, lui tendant ses mains ouvertes, il s'écria avec cette politesse pleine de charme qui paraissait lui être naturelle :

— Pardonnez-moi, cher ami, de ne pas avoir su apprécier tout d'abord l'honneur que vous me faisiez. Puisque vous daignez être mon second, j'accepte avec empressement; et d'Arcourt vînt à cette heure que je le récuserais pour vous avoir à mes côtés !

M. d'Ornay, l'un des seconds du comte de Bernac, arrivait en ce moment à la porte du cabaret.

Le marquis d'Herbaut marcha avec empressement au devant de lui.

— Messieurs, dit M. d'Ornay après avoir échangé un salut courtois avec les trois gentilshommes, mon ami de Bernac m'envoie vous dire qu'il est aux ordres du chevalier de La Guiche, et j'ajouterai que Benzeville et moi sommes à ceux de ces messieurs...

— C'est nous qui sommes aux vôtres, mon cher comte, repartit aussitôt le marquis.

— En ce cas, messieurs, vous plaît-il que nous choisissions ensemble le terrain ?

— Celui dont vous avez fait choix est accepté d'avance, répondit La Guiche.

— Je crois fort convenable ce petit tertre que vous voyez là-bas, au bout de la seconde allée. La plate-forme est des plus engageantes, et on a de là une vue magnifique.

— Eh bien ! comte, si vous voulez nous montrer le chemin, nous aurons l'honneur de vous suivre.

M. d'Ornay salua une seconde fois et pivota sur le talon de sa chaussure.

La Guiche l'accompagna, marchant à la même hauteur.

Tous deux se mirent incontinent à deviser de choses légères, comme si la promenade qu'ils accomplissaient eût dû aboutir à une partie de plaisir.

Le baron prit le bras du marquis.

Depuis qu'il avait la certitude de se battre, la figure du baron s'était soudainement épanouie. Par instants, cependant, son front s'empourprait, ses yeux se dilataient, et de leurs prunelles claires, limpides, s'échappaient des lueurs fauves.

C'était lorsque ses regards se reportaient sur l'extrémité de l'allée, où se tenaient MM. de Bernac et de Benzeville, que le baron paraissait en proie à cette émotion manifeste dont nous venons de constater les symptômes.

Se penchant familièrement sur le bras de d'Herbaut :

— Quel est, demanda-t-il, quel est de ces seigneurs celui qui se nomme le comte de Bernac, et que doit combattre notre ami La Guiche ?

— C'est le plus grand des deux, répondit le marquis; celui qui a la chevelure si noire, la mine si fière, la tournure si élégante.

— Ah! ah! celui qui frise en ce moment sa moustache ?

— Précisément.

— Et il est de bonne famille, dites-vous ?

— D'excellente.

— D'origine picarde, je crois?

— Oui.

— Il est à Paris depuis peu ?

— Depuis cinq ans, autant que je me rappelle.

— C'est bien cela, murmura le baron, dont le front devint tout à coup sombre et rêveur.

Puis, reprenant à voix haute :

— Est-il encore pour longtemps à la cour ?

— Je le pense. Il doit, si toutefois La Guiche ne le tue pas ce matin, épouser la fille du prévôt de Paris.

— La fille du prévôt de Paris ?

— Oui.

— Et cette jeune fille est belle ?

— Adorable de grâce et de beauté.

— Et... le comte de Bernac l'aime ?

— A l'adoration.

Le baron réfléchit quelques instants.

— Pardonnez-moi, mon cher marquis, reprit-il après un léger silence ; pardonnez-moi de mettre ainsi à l'épreuve votre patience et votre bonne volonté par mes questions incessantes. J'arrive à Paris pour la première fois, j'ignore tout des choses et du monde de la cour, et j'ai grande hâte et grande envie pourtant de faire connaissance avec les unes et avec l'autre.

— Je comprends cela, baron, dit le marquis en souriant.

— Alors vous m'excusez ?

— Mieux que cela.

— Comment ?

— Vous désirez vous initier le plus promptement possible aux choses et au monde de la cour ?

— Je vous l'ai avoué naïvement.

— Eh bien ! il y a un moyen de parvenir promptement à ce but !

— Quel moyen ?

— L'ambassadeur d'Espagne, pour faire croire que notre roi Henri est réconcilié avec son maître, donne cette nuit dans son hôtel un bal masqué, car c'est aujourd'hui samedi gras, l'un des derniers jours du carnaval. Toute la cour assistera à la fête. Venez-y, de cette façon vous vous trouverez d'un seul coup et au milieu de ce monde que vous brûlez du désir de connaître. Je vous présenterai moi-même à Don Pédro de Tolède, l'ambassadeur de Sa Majesté Catholique, avec lequel je suis au mieux.

— Bravo ! j'accepte.

— Donc, c'est convenu ; à moins que...

— A moins ?... répéta le baron avec inquiétude.

— A moins que l'un de nous ne sorte pas ce matin vivant du Pré-aux-Clercs, ou même que nous y demeurions tous les deux !

Le jeune homme fit un geste indiquant la confiance qu'il avait en lui-même et en son compagnon.

— Et le comte de Bernac sera à ce bal ? reprit-il.

— Oui, si, je le répète, La Guiche lui laisse le loisir de s'y rendre.

— Et la fille du prévôt de Paris ?

— Mademoiselle Diane ?

— Ah ! elle se nomme ainsi ?

— Oui.

— Elle y sera aussi ?

— Très-certainement.

— Alors, mon cher marquis, nous irons ce soir au bal. Mais encore un mot, cependant. Ce M. de Bernac est-il donc le parent du prévôt de Paris pour épouser sa fille ?

— En aucune façon. Le comte est d'une vieille famille bretonne établie seulement depuis un demi-siècle en Picardie, et M. d'Aumont est de noblesse bourguignonne.

— M. d'Aumont ! répéta le baron en tressaillant brusquement.

— Oui, M. d'Aumont ; c'est le nom du prévôt de Paris.

— M. d'Aumont... mais il y a vingt-cinq ans, quelqu'un de ce nom existait en Normandie...

— C'était le prévôt lui-même, alors gouverneur de Rouen.

— Et il n'était pas marié, alors ?

— Non.

— Et vous dites que M. d'Aumont a promis sa fille en mariage au comte de Bernac ?

— Cette promesse est connue de toute la ville.

Le baron sembla hésiter un moment, puis il reprit avec une contrainte manifeste :

— Ne court-il pas une lugubre histoire à propos de la mort du père de M. de Bernac ? N'a-t-il pas été assassiné dans son château ainsi que sa femme ?

— Oui, dit le marquis, le comte et la comtesse ont été frappés...

— Sans qu'on ait jamais su par qui ! ajouta le baron.

D'Herbaut regarda son interlocuteur avec étonnement.

— Ah çà ! dit-il en souriant, pour un homme étranger au monde vous me paraissez fort au courant de ce qui se passe, mon cher baron ! Ce que vous dites là, à propos de la famille de Bernac, est de la plus exacte vérité.

— Oh ! fit le baron avec insouciance, en parcourant le royaume j'ai entendu raconter une partie de ces événements avec force détails invraisemblables. Je n'y avais fait alors aucune attention, et c'est le nom du comte, prononcé devant moi, qui m'a remis en mémoire une page de cette triste légende ; puis la pensée que j'allais me trouver avec lui avivait encore mes souvenirs. Mais je suis vraiment honteux, continua-t-il en changeant de ton, d'avoir ainsi abusé de votre patience. Vous avez daigné me proposer de me présenter ce soir à l'ambassadeur d'Espagne, je vous répète que j'accepte avec joie et reconnaissance. Ce soir donc, nous irons au bal.

— Oui, dit d'Herbaut sérieusement ; mais nous voici près de ces messieurs ; laissez-moi d'Ornay et prenez Benzeville.

— Pourquoi ?

Le marquis n'eut pas le temps de répondre

Les quatre gentilshommes étaient effectivement arrivés en présence de Bernac et de Benzeville.

Tous six se saluèrent.

Le petit tertre sur lequel ils se trouvaient, et dont avait parlé M. d'Ornay, était large de huit à dix mètres et long de plus du double.

Son terrain gazonné offrait un naissant tapis de verdure que la rosée du matin devait rendre glissant, mais les grands arbres qui l'entouraient, et dont les cimes rapprochées se touchaient en se confondant, compensaient cet inconvénient en ce que leurs branches protégeaient les combattants contre les atteintes des rayons du soleil, rendaient ainsi la partie plus égale.

Ces branches, nues et dénuées de feuilles (on était au commencement du mois de mars), étaient, en effet, tellement fournies et tellement entrelacées qu'elles formaient comme un berceau ou comme la voûte d'une immense coupole.

Par une éclaircie, à droite, on apercevait la Seine, les jardins des Tuileries et la nouvelle galerie du Louvre.

V

LE BERNARDIN.

— Eh bien ! chevalier, dit le comte de Bernac, que pensez-vous de ce terrain ? Il me semble que nous y serons à merveille ?

— C'est mon avis, répondit La Guiche.

Et se tournant vers le baron qu'il prit par la main en le forçant à s'avancer de quelques pas :

— Messieurs, continua-t-il, vous connaissez tous le marquis d'Herbaut, mais j'ai l'honneur de vous présenter mon second compagnon dont l'épée veut bien aujourd'hui servir ma cause : M. le baron Marc de Grandair, gentilhomme breton, arrivé tout exprès ce matin de sa province pour avoir la faveur de croiser le fer avec l'un de vous.

Le jeune homme s'inclina : Bernac, d'Ornay et Benzeville lui rendirent son salut.

— Allons ! dit l'adversaire de La Guiche en prenant d'une main le bord de son feutre qu'il lança sur la terre derrière lui, et de l'autre la garde de son épée qu'il dégaîna lestement, messieurs, à vos ordres, quand vous le voudrez ?

D'Herbaut fit vivement un pas vers d'Ornay, qui se trouvait à la gauche de Bernac, mais le baron de Grandair le devança rapidement.

— Monsieur, dit-il à d'Ornay en mettant le chapeau à la main, vous passez pour la plus fine lame de la cour, vous plairait-il de donner une leçon à un pauvre provincial ?

Le comte d'Ornay était un homme de quarante ans environ, grand, fort, bâti tout en muscles et en chair, et dont la vigueur devait être herculéenne, à en juger par sa colossale stature.

Sa physionomie, farouche et sombre, décelait une humeur peu sociable, et c'était à cette humeur, sans doute, que le gentilhomme devait la nombreuse série de duels qui faisait sa sanglante renommée, car dans chacune de ses rencontres il avait laissé un cadavre sur le terrain.

En entendant la demande que formulait celui qui réclamait l'honneur d'être son adversaire, le comte d'Ornay laissa errer sur ses lèvres un sourire railleur.

— Du diable ! s'il ne se fait pas enfiler comme un oison ! murmura le marquis d'Herbaut avec dépit. Ce sera dommage, car c'est un galant cavalier.

Puis, avec cette indifférence de l'homme qui va risquer sa vie et dont le peu de temps dont il est encore sûr lui paraît insuffisant pour s'appesantir sur le regret à donner à autrui, le marquis jeta à son tour son chapeau sur le terrain, et s'adressant à M. de Benzeville :

— A nous deux alors, baron, dit-il en mettant l'épée à la main.

Les six adversaires, établis trois par trois, sur deux lignes, en face les uns des autres, choisirent, par couple ennemi, la place qui leur semblait le plus propre au combat et le plus convenable pour éviter les chutes, soit en marchant sur l'épée, soit en rompant, car un combattant avait le droit de frapper son adversaire alors que celui-ci même était renversé et sans moyen de défense.

C'était sans doute une loi barbare, mais les duels avaient lieu ainsi, sans générosité ni miséricorde, car il était admis également, nous croyons l'avoir dit, que le premier vainqueur courût porter secours à celui des siens qui lui convenait, et deux hommes assailaient à la fois un seul, pourvu, cependant, qu'ils l'attaquassent tous deux de front.

Le tertre que La Guiche, Bernac et leurs seconds s'apprêtaient à arroser de leur sang était situé à l'extrémité du Pré-aux-Clercs.

Ces messieurs avaient choisi cet endroit à cause de son éloignement même qui le rendait plus solitaire, et bien qu'à cette heure la promenade fût ordinairement déserte, ils avaient cru devoir prendre cet excès de précaution, car si les duels n'étaient pas réprimés, ils pouvaient l'être, et en vertu des ordonnances que nous avons citées plus haut,

un piquet du guet ou une escouade de la maréchaussée eussent eu le droit de s'interposer sur le lieu du combat.

Chacun des combattants avait donc jeté autour de lui un regard investigateur, et ne rencontrant à travers les branches nues que la robe brune d'un moine qui se promenait à quelque distance, lisant en marchant dans un livre qu'il tenait à la main, tous six s'étaient convaincus qu'aucun témoin indiscret n'assistait à leur rencontre.

— Voilà un bernardin qui sera tout prêt à réciter un « De profundis » pour ceux de nous qui vont en avoir besoin, dit M. de Benzeville en saluant le marquis d'Herbaut de la main qui tenait l'épée haute, tandis que de l'autre il désignait le religieux.

— A votre service ! répondit d'Herbaut en riant. Mais ce dont nous pouvons être sûrs, c'est que le bon père ne viendra pas nous déranger. Donc, nous sommes tranquilles ; ne perdons pas un temps précieux : allons, messieurs, en garde !

— En garde ! répétèrent les cinq autres.

Les six lames acérées miroitèrent au soleil.

Au même instant, le bernardin, soit hasard, soit préméditation, ferma brusquement son livre, le fit glisser dans la large poche de sa robe, et, prenant une allée voisine, se rapprocha du tertre où avait lieu le combat.

Puis, derrière le comte de Bernac, retentit un léger froissement ; un buisson d'aubépine bordait ce côté du petit monticule.

Les branches, écartées avec précaution par deux mains nerveuses, s'entr'ouvrirent, et par l'espace qu'elles laissèrent libre, apparut dans l'ombre un œil curieux.

Pas un des six gentilshommes ne remarqua le changement opéré dans les allures du moine, ni le mouvement exécuté dans le branchage du buisson.

Celui qui se cachait ainsi pour assister au duel, était cependant arrivé au Pré-aux-Clercs en même temps que MM. de Bernac, d'Ornay et de Benzeville.

Cet homme était Giraud, l'ex-archer de la prévôté de Rouen, arrêté la veille à la foire Saint-Germain et qui, relâché quelques heures après par l'ordre de M. d'Aumont, s'était élancé à la poursuite du comte de Bernac.

Trompé par le cavalier qui avait si lestement enfourché le genêt d'Espagne en passant devant les ruines du couvent des Augustins, dans la rue des Deux-Écus, il avait suivi la piste nouvelle sans s'apercevoir qu'il prenait le change.

Le faux comte avait gagné l'hôtel de Bernac, bâti près Saint-Germain l'Auxerrois, et y avait pénétré comme s'il en eût été le propriétaire véritable.

Giraud avait attendu quelques instants, caché sous le porche de l'église ; puis, convaincu que le comte de Bernac reposait dans ses appartements, il s'était couché dans son manteau sur le pavé sec qui bordait l'entrée de la demeure.

Au premier rayon du jour, il s'était levé vivement, bien certain que personne n'avait, durant son sommeil, franchi cette porte qu'il barrait de toute la longueur de son corps.

Giraud, regagnant le porche de l'église, s'était blotti derrière un pilier, attendant les événements.

Quelques heures après un cavalier était venu frapper à la porte de l'hôtel ; ce cavalier était M. d'Ornay.

Il était entré, puis il était bientôt ressorti en compagnie du comte.

Cette fois Giraud ne pouvait se tromper : il faisait grand jour et M. de Bernac avait le visage découvert.

Soit que Giraud eût mal veillé, soit que l'hôtel de Bernac eût une entrée mystérieuse ignorée par l'espion, le comte, ainsi qu'on le voit, avait dû regagner la nuit son domicile puisqu'il en sortait à cette heure.

Les deux gentilshommes avaient atteint le bord de la rivière, où semblait les attendre un bateau tout préparé.

Giraud les avait suivis de loin, se cachant soigneusement pour ne pas être aperçu.

Le bateau, dans lequel MM. de Bernac et d'Ornay avaient pris place, parut d'abord se diriger pour traverser la Seine en ligne droite.

L'archer, désappointé, laissa glisser entre ses lèvres une exclamation de rage, croyant que le comte allait ainsi échapper à son espionnage; mais, arrivé à la hauteur de la seconde partie du Pont-Neuf, le bateau remonta le fleuve, naviguant évidemment pour doubler la dernière arche.

Un cri de joie succéda immédiatement à l'expression de colère qu'avait laissé échapper Giraud, et, se lançant rapidement dans la direction du nouveau pont, il l'atteignit, puis, sans ralentir sa course furieuse, il gagna la rive opposée.

De l'autre côté du pont il aperçut le bateau remontant toujours la Seine.

L'embarcation s'arrêta en face de la rue Pavée; le comte demeura dans le bateau et son compagnon mit seul pied à terre.

M. de Bernac paraissait attendre; mais il n'attendit pas longtemps : car d'Ornay, qui s'était enfoncé dans la rue, parut presque aussitôt amenant avec lui le baron de Benzeville.

Tous deux remontèrent dans l'embarcation, et celle-ci, virant de bord, mais longeant la rive gauche, traversa de nouveau la dernière arche du Pont-Neuf.

Giraud, dont la mission était alors facile puisqu'il pouvait voir du haut de la berge sans être vu lui-même, abrité qu'il était derrière la petite levée de terre, remplaçant alors les parapets actuels et que les inondations des hivers précédents avaient engagé les Grands-Augustins à construire devant leur propriété, Giraud marcha dans la direction qu'avait prise le bateau.

La barque doubla la tour de Nesles; Giraud franchit la porte du même nom.

La barque parut naviguer vers Chaillot; Giraud la suivit d'un pas leste, décidé à l'accompagner jusqu'à Rouen s'il était nécessaire.

Enfin le bateau s'arrêta en face du Pré-aux-Clercs; les trois gentilshommes sautèrent sur la berge et gravirent le talus.

Giraud se glissa à leur suite.

Peut-être M. de Bernac, dont l'œil vigilant était toujours ouvert, s'était-il aperçu de l'espionnage de l'archer; mais, si cela était, il ne paraissait nullement s'en préoccuper.

Peu lui importait, sans doute, que Giraud assistât ou non à sa rencontre avec le chevalier de la Guiche.

Bref, Giraud, ne perdant pas un seul instant de vue le jeune seigneur, l'avait accompagné à distance jusqu'au lieu choisi pour le duel; et, se cachant derrière un buisson, s'était disposé à assister au combat.

— J'empêcherai bien qu'on le tue! murmura-t-il en voyant l'épée de la Guiche croiser celle du comte; avant qu'il ne trépasse il faut que je sache la vérité!

Et il était demeuré immobile, s'apprêtant, ainsi qu'il le disait, à intervenir s'il en était besoin.

Quant au moine, sa venue à Pré-aux-Clercs avait de longtemps précédé l'arrivée des gentilshommes.

Ce bernardin, qui paraissait de grande taille, était enveloppé dans la longue robe particulière à son ordre, et son capuchon, abaissé sur sa tête et avançant autour du visage comme une capeline, dérobait complétement ses traits,

A peine eut-on pu distinguer, sous ces plis de bure de couleur sombre, deux prunelles noires flamboyantes qui paraissaient avoir l'éclat propre à celles des animaux nocturnes.

A quelle heure était-il entré au Pré-aux-Clercs? Aucun des habitants du lieu n'eût pu le dire; car les premiers réveillés aperçurent le moine se promenant dans l'allée côtoyant la rivière.

Lorsque le jour devint plus éclatant, et que taverniers et garçons ouvrirent les portes et les fenêtres des maisons, et sortirent pour vaquer à leurs affaires, le bernardin descendit la promenade en suivant le cours de la Seine, et vint occuper le petit tertre adopté quelques heures plus tard par le comte d'Ornay et ses compagnons.

Là, s'asseyant au pied d'un arbre, il demeura les regards fixés sur l'autre rive, dans la direction de la porte Neuve.

Se livrait-il à une méditation religieuse? attendait-il quelqu'un ou quelque chose? Voilà ce qu'il eût été impossible de définir.

Les premières heures du jour s'écoulèrent sans qu'aucun changement fût apporté dans la position du bernardin.

Il paraissait métamorphosé en statue.

Enfin, au moment où le soleil commençait à s'élever rapidement sur l'horizon, un point noir apparut tout à coup sur la rive droite de la Seine, dans la direction de Chaillot.

Bientôt ce point grandit rapidement, et finit par prendre les proportions d'un homme galopant sur un cheval.

Le cavalier suivait la route de Paris aboutissant à la porte Neuve et n'était autre que le jeune baron Marc de Grandair.

En apercevant le point noir le moine s'était levé comme mû par un ressort.

Tirant de sa poche une sorte de tube de cuivre garni de verres à ses deux extrémités, il l'approcha de son œil droit.

Ce tube n'était autre chose qu'une lunette d'approche grossièrement façonnée; mais il fallait que celui qui s'en servait fût un homme profondément instruit et grand savant en science physique, car cet instrument d'optique n'était point alors connu du vulgaire; personne n'en fabriquait et les gens qui en ont fait usage avant 1610, époque où cette découverte précieuse fut exploitée au profit du public, étaient regardés par leurs concitoyens avec cette mystérieuse terreur qu'inspiraient ces hommes d'étude auxquels on attribuait un commerce régulier avec Satan.

Le moine examina à l'aide de la lunette, le jeune homme voyageur qui côtoyait le fleuve.

Une contraction nerveuse secoua le corps du bernardin, et ses lèvres laissèrent échapper une sourde exclamation.

Ne quittant plus de l'œil le cavalier, il le vit successivement franchir la porte Neuve, pénétrer dans Paris, demeurer un moment indécis, et, enfin, s'adresser au vieux sergent de garde.

En constant l'entretien assez prolongé des deux personnages, le moine secoua la tête comme s'il approuvait cette conversation, et qu'elle parût satisfaire ses désirs intérieurs.

Lorsque le jeune baron descendit la berge, avant l'arrivée du chevalier La Guiche et du marquis d'Herbaut, pour mettre à exécution sa folle pensée de traverser la Seine à la nage, le moine, qui ne pouvait deviner la cause de ce mouvement et du débat engagé entre le voyageur et le vieux sergent, sembla en proie à l'agitation la plus vive.

Enfin survinrent le chevalier et le marquis, et le baron passa avec eux dans le bac.

Le bernardin fit un geste de mécontentement violent en voyant la direction que prenait le jeune homme; mais, lorsque celui-ci s'élança brusquement dans le fleuve, le religieux bondit en avant comme s'il eût voulu se précipiter lui-même à l'aide de l'audacieux cavalier.

Bientôt, rassuré par l'intrépidité et le merveilleux sang-froid de celui qu'il contemplait, il reprit son poste d'observation.

Le baron et les deux gentilshommes une fois sur la rive gauche, le moine, qui les suivait toujours des yeux avec une attention profonde, se dirigea rapidement vers le cabaret que La Guiche désignait alors du geste.

Durant tout le temps que le bernardin avait contemplé les faits et gestes du baron, pas une seule parole n'était sortie de ses lèvres.

D'instants en instants quelques exclamations seules lui avaient échappé.

Ces exclamations, qui décelaient l'intérêt, l'émotion ou l'étonnement, étaient toutes empreintes d'une expression de joie à laquelle on ne pouvait se tromper.

Il atteignit le cabaret presque en même temps que les trois jeunes gens, seulement il pénétra dans l'intérieur de la maison par une porte opposée.

Sans doute il était connu du cabaretier, car celui-ci le rencontrant, s'inclina respectueusement sur son passage sans se permettre de lui adresser la moindre question.

Le moine, au courant des êtres du logis, ouvrit une porte et pénétra dans une petite salle, laquelle n'était séparée que par une mince cloison de celle où venaient d'entrer le chevalier, le marquis et le baron.

Le bernardin les entendait causer, comme s'il eût été auprès d'eux.

En constatant l'intimité qui se formait entre le voyageur et les deux gentilshommes, il sourit avec une satisfaction manifeste, mais en apprenant le duel de La Guiche et en entendant la part active que le baron voulait prendre à cette rencontre, il frémit et ferma les mains en les levant vers le ciel.

Sortant précipitamment du cabaret, il s'engagea de nouveau dans la promenade, et son agitation était extrême.

Enfin il sembla se calmer un peu.

— Non! non! dit-il à voix basse. Il est impossible que Dieu l'ait amené jusqu'ici pour l'abandonner au moment où il va atteindre le but! Ce serait blasphémer que d'en douter!

Ouvrant alors le livre qu'il tira de sa poche, sans doute pour se donner une contenance, il parut bientôt absorbé dans sa lecture, se dirigeant lentement vers l'endroit où MM. de Bernac et de Benzeville attendaient leurs adversaires auprès desquels venait de se rendre M. d'Ornay.

En passant près du premier, il détourna lentement la tête et un geste d'extrême surprise accompagna le regard qu'il lança au comte.

— Lui! murmura-t-il. Allons! douter encore serait injurier la Providence. Le doigt de Dieu est visible!

Et il continua sa promenade jusqu'au moment où, comme nous l'avons dit, il ferma brusquement son livre.

Ce moment correspondait avec l'instant où Giraud écartait les branches du buisson pour mieux voir, et où les gentilshommes tombaient en garde.

On sait que l'adversaire de La Guiche était le comte de Bernac; celui de d'Herbaut, M. de Benzeville; et celui du baron de Grandair, le terrible comte d'Ornay à la réputation meurtrière et au renom trop fameux dans les sanglantes annales du duel.

VI

LE DUEL

Tout en se rapprochant des combattants qui ne lui ac-

cordaient pas la moindre attention, le bernardin, les mains serrées l'une contre l'autre, les doigts entrelacés comme pour les élever en priant vers le ciel, l'œil fixe et lançant sous l'épais capuchon qui lui couvrait le visage un regard de flamme d'une ardeur telle qu'il semblait éclairer le feu de la foudre, le bernardin était évidemment sous le coup d'une surexcitation formidable.

Ses bras s'agitaient avec des secousses convulsives sous les larges manches qui les recouvraient; ses jambes marchaient par saccades, et ses dents, s'entrechoquant sous les contractions des mâchoires, faisaient entendre un bruit sec et irrégulier.

Pour s'avancer lentement, pour contenir l'agitation de tout son être, il fallait que cet homme fût doué d'un empire extraordinaire sur lui-même ou qu'il obéît à un sentiment bien puissant.

Enfin il s'arrêta en face du tertre.

— S'il meurt! murmura-t-il, je ne croirai plus en la justice de Dieu!

Les six gentilshommes avaient la tête nue, tous six tenaient de la main droite l'épée à lame droite et effilée, comme on les portait à cette époque, et de la main gauche, la dague à lame courte et large, serrée contre la poitrine et destinée à parer les coups que l'épée ne rencontrait pas.

Les six fers polis et acérés s'étaient heurtés en se froissant dans un même choc, et chacun, après avoir jeté un coup d'œil rapide à ses voisins, avait reporté aussitôt les yeux sur son adversaire et les regards s'étaient croisés menaçants, comme venaient de se croiser les lames brillantes et meurtrières.

Bernac et La Guiche étaient de même force; ils se connaissaient tous deux, ils s'étaient vus mutuellement à l'œuvre, et leur attaque sérieuse et calme se ressentit de la conscience que chacun avait de la science de son ennemi.

Le marquis d'Herbaut comptant sur son adresse eut à peine senti l'épée de M. de Benzeville, qu'il attaqua avec une furie et un déluge de feintes, d'engagements et de froissées qui eussent, certes, ébranlé un adversaire moins habile que le sien.

De la part du comte et du chevalier, du marquis et de M. de Benzeville, le combat offrait donc des chances à peu près partagées et il était difficile de décider d'avance de quel côté serait la victoire.

Quant au baron et au comte d'Ornay, la chose, au premier abord, semblait être bien différente.

Tandis que le comte tombait en garde avec cette aisance et cet aplomb du duelliste certain de dépêcher son homme, le baron se ramassait sur lui-même avec la souplesse et l'agilité de la panthère qui s'apprête à bondir sur sa proie.

Les deux fers se choquèrent, mais le baron présenta si peu de corps à l'épée de son adversaire que la pointe de celle-ci rencontra le vide au-dessus de la tête du baron.

— Quelle est cette nouvelle manière de se battre? s'écria le comte d'Ornay en parant avec la rapidité de la foudre une attaque dans la ligne basse que venait de lui porter le baron.

— C'est la mienne! répondit Marc en bondissant subitement de côté.

— Par tous les diables de l'enfer! reprit le comte en portant coup sur coup au baron une attaque et un redoublement d'épée qui tous deux rencontrèrent la lame rapide de la vieille rapière; si vous ne savez pas vous mettre en garde, vous savez au moins manier une épée, c'est une justice à vous rendre!

— Vous croyez!

— Je le crois et je l'affirme.

— Et vous dites vrai? s'écria le baron en se dressant

soudainement et en portant au comte un coup de quarte haute avec une dextérité telle que son fer, trompant le fer ennemi, laboura le haut du bras de son adversaire.

Le comte d'Ornay poussa un cri de rage et sauta en arrière.

Sans poursuivre son ennemi hors de portée, le baron abaissa la pointe de sa rapière et attendit.

— Quand vous voudrez ! dit-il.

M. d'Ornay revint en garde, mais cette fois le sourire railleur qui avait animé sa physionomie au début du duel, avait complétement disparu.

En constatant l'adresse et la vigueur du jeune homme qu'il avait été sur le point de mépriser, le duelliste avait repris son sang-froid et son calme ordinaire.

Le combat recommença : M. d'Ornay employant toute sa science, déployant toutes les ressources de l'art dans lequel il avait conquis si fatalement cette réputation de la plus fine lame de la cour. M. d'Ornay se tenant sur la défensive, se contenta de parer, attendant un moment propice pour porter une botte décisive.

Mais il avait affaire à un homme d'une agilité telle, d'une main si ferme et si sûre que la défensive sur laquelle il se tenait exigeait la plus profonde attention de sa part, car la pointe de l'arme menaçante voltigeait autour de lui avec l'incroyable rapidité de l'éclair.

Aux regards fascinateurs lancés par les petites prunelles grises du comte, répondaient les rayons flamboyants qui jaillissaient des yeux bleus du jeune gentilhomme.

Ces regards rivés ensemble se heurtaient foudroyants et acérés.

C'était une lutte effroyable, mortelle, incessante, que se livraient ces deux hommes qui n'avaient cependant aucun motif personnel pour se haïr ; mais on devinait qu'à la fin de cette lutte un cadavre devait demeurer sur le sol.

Une seule blessure cependant avait encore été faite : c'était celle reçue par le comte, mais elle était tellement légère, tellement insignifiante qu'elle n'avait pu qu'exciter la colère de M. d'Ornay sans rien lui enlever de ses forces et sans le gêner dans ses mouvements.

Tout à coup un cri étouffé retentit à la droite des combattants : c'était M. de Benzeville qui, la poitrine trouée par l'épée de M. d'Herbaut, roulait agonisant sur le terrain déjà humide de son sang.

Le marquis jeta un regard investigateur sur les deux groupes encore debout.

Bernac et La Guiche étaient toujours aux prises, sans qu'aucun avantage eût encore fait pencher la balance en faveur de l'un deux.

Cependant, on sentait les coups mollir par suite de la fatigue ; mais les deux gentilshommes, comprenant que la force allait leur faire défaut, redoublèrent subitement d'énergie.

Là aussi le dénoûment était prochain.

Le marquis avait le droit, d'après les règles du duel, de se porter au secours de celui des siens qui avait besoin de son aide : il courut donc se placer auprès du baron, dont l'adversaire semblait en ce moment même reprendre l'offensive.

En apercevant d'Herbaut et en comprenant son intention, Marc se jeta entre lui et d'Ornay par un bond qui faillit lui être fatal, car l'épée du comte déchira son pourpoint au-dessus du bras gauche.

Le marquis se recula : au même instant, le comte d'Ornay, profitant d'une fausse attaque du jeune homme, lui porta un coup de prime en élevant la main : le fer rencontra la naissance de la clavicule et trancha les chairs dans toute la longueur en glissant sur l'os.

— Vous en tenez ! cria le comte.

Le baron rugit comme un jeune tigre blessé par le chasseur.

A ce cri, auquel répondit un sourd gémissement parti de la poitrine du moine, muet spectateur de ce drame saisissant, le marquis crut que son jeune compagnon réclamait le secours qu'il venait si prématurément de refuser.

M. d'Herbaut se précipita donc l'épée haute sur le comte d'Ornay.

Celui-ci para le coup avec sa dague ; mais un second cri, ou plutôt un second rugissement s'échappa de la bouche crispée du baron.

Bondissant vers d'Herbaut, ne pouvant parler tant sa gorge était aride, il jeta sa dague, saisit de la main gauche l'épée du marquis, l'arracha avec une violence à laquelle nulle force humaine n'aurait pu résister, et, la lançant à terre, il brisa la lame en posant dessus son pied droit.

Cette action s'était accomplie avec une rapidité telle que le marquis, stupéfait, n'eut pas le temps de tenter un geste ni de formuler une parole, mais elle avait une seconde fois été fatale au jeune baron.

Le fer du comte d'Ornay, ne rencontrant pas la parade, avait déchiré le haut du bras de son adversaire.

Comme la première, cette seconde blessure était sans gravité, mais plus que la première encore elle parut exciter le jeune homme et porter au plus haut degré sa rage fiévreuse.

« Il est à moi seul !... » hurla-t-il d'une voix rauque en foulant triomphalement aux pieds la lame qui avait voulu quelques instants avant, s'allier à la sienne pour vaincre le comte d'Ornay.

Et il se précipita sur son ennemi.

La physionomie du jeune homme avait changé d'aspect et avait revêtu subitement une expression réellement terrifiante.

L'œil fixe, les narines ouvertes, la bouche contractée, les cheveux rejetés en arrière, on lisait clairement sur son front ruisselant de sueur le mépris du danger et l'amour du carnage.

Sa respiration haletante sifflait dans sa poitrine, et sa main rapide et ferme redoublait de force et d'adresse.

Ce n'était ni la pose ni les allures d'un gentilhomme de cour voulant bien tomber sur le terrain, mais y tomber galamment et avec grâce ; c'était l'attitude, l'attaque et la défense d'un sauvage habitué à lutter avec les terribles hôtes des forêts et qui, insouciant des blessures, sait que le combat ne doit finir que par la mort de l'un des combattants.

Inquiet, hésitant, le comte d'Ornay, le farouche duelliste, était revenu à la défensive.

Le moine, palpitant tour à tour d'espérance et d'effroi, demeurait immobile, fasciné par cet émouvant spectacle.

Par moments, sa main droite frémissante semblait chercher à son côté, sous sa robe, la garde d'une épée absente.

Puis, reprenant son sang-froid, il rentrait dans son apparente impassibilité stoïque.

Par trois fois cependant, tout en combattant avec une fureur sans bornes, le baron avait lancé un coup d'œil sur les deux autres adversaires, qui continuaient aussi leur lutte acharnée.

En voyant le comte de Bernac encore debout et combattant toujours, un éclair de joie illumina son visage. On eût dit qu'il s'intéressait plus à l'existence du comte qu'à celle du chevalier ; mais cette sollicitude évidente avait un caractère étrange.

Le regard qu'il lançait sur M. de Bernac était plutôt empreint d'une jalouse inquiétude que d'un sentiment amical.

Chaque jour le comte venait s'asseoir auprès du lit de la jeune femme.

c'était un coup-d'œil semblable à celui de l'animal féroce qui craint de voir dévorer par un autre la proie qu'il s'était réservée.

Le comte et le chevalier venaient de faire un coup fourré : le comte avait le bras labouré et le chevalier la cuisse droite trouée au-dessus du genou ; leur sang coulait en abondance, mais cependant la peau seule avait été lacérée.

Le combat recommença entre eux.

Le marquis, privé de son épée que le baron avait brisée, était contraint de laisser les parties égales et de demeurer spectateur inactif.

Quant à Giraud, entraîné par le spectacle qu'il contemplait, il avait oublié tout sentiment de prudence et, écartant complétement les branches du buisson, il avançait sa tête pâle pour mieux voir.

Aucun des quatre combattants ne pouvait le remarquer, tant était grande la préoccupation personnelle de chacun.

Tout à coup M. de Benzeville fit un mouvement ; le marquis voyant que son adversaire, qu'il croyait mort, respirait encore, se précipita vers lui pour lui prodiguer les soins que réclamait impérieusement son pénible état.

En s'élançant, poussé par un sentiment d'humanité, d'Herbaut avait passé derrière La Guiche.

En ce moment le chevalier, pressé par le comte, faisait un mouvement de retraite : sa jambe gauche rencontra celle du marquis lancé en avant.

L'éperon de la botte de celui-ci accrocha le talon de celle du chevalier, et son pied retombant à faux fit perdre l'équilibre à La Guiche.

L'adversaire de M. de Bernac glissa et tomba à terre.

Le comte, ainsi que cela était son droit, fondit sur son ennemi renversé, bien que celui-ci fût dans l'incapacité absolue de se défendre.

En effet, La Guiche, en faisant un effort pour retarder sa chute et en cherchant un point d'appui par un mouvement naturel, avait abaissé vers la terre la pointe de son épée, et la poignée, recevant tout le poids du corps, avait fait pénétrer la lame dans le sol humide.

Le pauvre chevalier n'avait donc plus que sa dague pour tout moyen de défense, et encore la main qui tenait cette dague s'était engagée sous les plis du collet détaché par la violence de la chute.

D'Herbaut, les mains vides, poussa un cri d'effroi.

C'en était fait du chevalier... Déjà le fer menaçant s'abaissait sur sa poitrine... lorsque Marc, voyant le danger que courait son compagnon, fit en arrière un bond si rapide et si prodigieux, qu'il se trouva auprès du gentilhomme renversé.

D'un revers énergique il fouetta l'épée du comte au moment où la pointe atteignait le pourpoint de La Guiche, mais ce revers avait été lancé d'un bras tellement puissant que l'arme, chassée brusquement, s'échappa des doigts de M. de Bernac et alla rouler à l'extrémité du tertre.

Puis, revenant à son adversaire plus lestement encore qu'il ne l'avait abandonné, le baron porta un coup de quarte basse, lia le fer avec une adresse et une agilité inouïes et se fendit à fond en poussant un troisième rugissement sonore, mais un rugissement de joie cette fois.

L'épée du baron, glissant sous le bras de son adversaire, venait de se plonger dans le sein du duelliste.

Le coup avait été si violent que la lame disparut aux deux tiers dans la blessure.

Le comte d'Ornay chancela, frappa l'air de ses bras étendus, sa main laissa échapper son épée, qui tomba à terre, et pirouettant sur lui-même, il s'abattit lourdement sur le sol.

Le baron venait, durant l'espace d'une seconde, de secourir celui dont il avait embrassé la cause et de vaincre son ennemi : il avait sauvé la vie à un homme et donné la mort à un autre.

Ivre de sang et de fureur, à peine eut-il frappé d'Ornay qu'il se retourna vers Bernac, et ne s'apercevant pas, dans son ardeur à combattre encore, que le comte était désarmé à son tour, il se précipita pour l'attaquer, sans ralentir de force ni de furie.

Mais cette attaque fut courte : trois interventions eurent lieu à la fois.

D'une part, La Guiche s'était lestement relevé.

De l'autre, Giraud, effrayé sans doute du danger que courait celui sur lequel il veillait avec une si vive sollicitude, Giraud quitta son poste d'observation et s'élança entre les deux nouveaux ennemis.

Enfin le moine, en voyant le baron menacer le comte sans armes, était accouru sur le lieu du combat.

— Qu'est-ce que cela? s'écria de Bernac en croyant à une trahison de la part de ses adversaires.

— Au nom du Dieu de paix et de miséricorde ! dit le moine en s'avançant bravement au milieu des épées nues et en étendant un crucifix qu'il venait de tirer de son sein.

— Laissez faire, mon père ! dit le baron en voulant repousser le bernardin.

Mais celui-ci tint ferme, et se penchant rapidement vers l'oreille du jeune homme :

— Au nom de l'oasis du désert de Barca ! dit-il à voix basse et précipitée.

Cette singulière phrase parut produire sur le jeune voyageur un effet foudroyant.

Bondissant en arrière, il abaissa son épée.

— Il le faut ! ajouta le moine.

Le baron regarda fixement le bernardin; mais le capuchon de celui-ci offrait un rempart tellement impénétrable, qu'il ne put distinguer les traits du visage du religieux.

Bernac, sans reculer d'un pas, avait saisi sa dague de la main droite.

Giraud, remarquant l'intervention puissante du moine et le mouvement de retraite du baron, s'était jeté de côté, et craignant sans doute d'exciter l'attention du comte, il avait regagné les arbres, derrière lesquels il s'était tenu jusqu'alors.

La Guiche était donc seul devant le comte, mais cette fois il était debout, l'épée au poing, et son adversaire était presque à sa merci, comme lui-même se trouvait à la sienne quelques secondes auparavant.

Peut-être allait-il frapper à son tour, lorsque le bernardin, qui s'était de nouveau avancé entre les adversaires, les sépara encore :

— Assez de sang ! dit-il; deux cadavres ne vous suffisent-ils pas?

Et il désignait les corps étendus de MM. d'Ornay et de Benzeville.

— D'ailleurs, ajouta le baron, si je ne me bats pas, personne ne se battra plus !

Le moine fit un signe de tête approbateur, comme s'il eût compris une intention secrète du jeune homme sous les paroles qu'il prononçait.

— Ce bernardin a raison, dit le marquis en s'avançant à son tour; un duel ainsi coupé est comme un repas interrompu, il ne vaut plus le diable ! Donc, rengaînez, et réservez-vous pour une autre fois.

La Guiche et le comte se regardèrent un moment en silence.

Il était évident que, animés tout à l'heure l'un contre l'autre par le combat qu'ils s'étaient livrés, ils se trouvaient maintenant singulièrement refroidis.

La cause du duel avait été si légère, si futile, que, certes, aucune animosité n'existait entre eux.

En voyant les deux seconds de son adversaire gisant vaincus sur le terrain, en contemplant le comte désarmé, La Guiche comprit que c'était à lui à faire les avances de la réconciliation.

— Si tu ne tiens pas plus que moi à continuer, dit-il, restons-en là ! Veux-tu ma main ou mon épée?

Le comte hésita un moment; puis il haussa les épaules.

— Ce n'était pas la peine de nous déranger, alors, fit-il en souriant.

— Bah ! vous ferez mieux une autre fois, dit le marquis.

La Guiche passa son épée dans sa main gauche, et tendit la main droite désarmée à son adversaire.

Celui-ci y plaça la sienne.

— Ça ! dit d'Herbaut, ce pauvre Benzeville respire encore. Il faudrait tâcher de lui porter secours. Je vais courir au cabaret de la Branche-de-Saule; l'hôte est un peu chirurgien, il fera transporter chez lui le baron et en prendra soin, en attendant qu'on puisse le conduire à son hôtel.

Et le marquis fit un pas en avant; mais le bernardin l'arrêta.

— Ce devoir me regarde... dit-il; restez auprès du blessé, je vais vous envoyer les secours nécessaires.

Et il se retourna pour s'éloigner; ce mouvement le plaça près du baron.

— Demain, à dix heures, au logis que vient de vous indiquer le vieux sergent de la Porte-Neuve ! fit-il à voix extrêmement basse.

Il continua sa route sans presque s'être arrêté.

Le baron tressaillit; depuis l'intervention du moine, et les paroles qu'il avait prononcées, le jeune homme paraissait plongé dans une rêverie profonde, qui avait subitement remplacé la fureur l'animant quelques instants auparavant.

Il suivit de l'œil le moine, qui disparaissait d'un pas rapide, se dirigeant vers le cabaret en question.

— Et d'Ornay? demanda La Guiche.

— Oh! celui-là, répondit d'Herbaut en se penchant vers le corps inanimé de l'adversaire de Marc, il est mort, et bien mort.

M. de Bernac, dont l'un des seconds avait été tué, et dont l'autre ne valait guère mieux, supportait sa défaite en homme habitué à avoir été assez souvent vainqueur en semblables circonstances pour pouvoir admettre sans honte un revers de fortune.

Voulant étouffer, en apparence, le dépit qu'il ressentait au fond du cœur, et la colère que lui avaient inspirée le courage et l'adresse du baron, il se rapprocha de ses ennemis victorieux.

— Ventre-saint-gris! dit-il en désignant la blessure du comte d'Ornay, voilà un galant coup d'épée; je vous fais compliment, monsieur le baron.

— C'est son début! dit la Guiche.

— C'est une belle entrée dans le monde!

— Vive Dieu! s'écria d'Herbaut, je le crois bien! Commencer son existence à Paris en tuant le plus illustre raffiné de la cour, c'est fort beau cela!

Marc s'inclina en silence; il était toujours absorbé dans ses pensées.

D'Herbaut, la Guiche et Bernac étaient debout autour du cadavre de d'Ornay.

Giraud quittait le tertre en ce moment pour s'éloigner; il passa sous les yeux du baron qui, seul, à l'écart, se tenait immobile.

En rencontrant la personne de l'ex-archer de la prévôté de Rouen, les regards de Marc n'exprimèrent tout d'abord aucun sentiment; mais tout à coup, et à l'instant où Giraud disparaissait, l'œil du baron s'alluma, et il porta la main à son front comme pour y faire appel d'un souvenir ancien; mais son bras retomba aussitôt, et il fit un mouvement d'épaules indiquant qu'il repoussait une pensée qui venait de se faire jour dans son cerveau.

Arriva alors, envoyé par le bernardin, l'hôte-chirurgien suivi de quatre valets.

Benzeville, dont on constata de nouveau l'existence fut emporté avec les précautions infinies qu'exigeait son état.

Quant au comte d'Ornay, dont le sang devenu noir ne coulait plus de la blessure, on l'enleva péniblement à son tour, et on le transporta également dans le cabaret dont le propriétaire, habitué de longue main à ces expéditions sanglantes, et au rôle qu'il avait à y jouer, se chargea à la fois, moyennant bonne récompense, du pansement du blessé et de l'inhumation du mort.

Les duels valaient aux cabaretiers du Pré-aux-Clercs autant même et plus de profits peut-être que les chalands qui venaient le soir encombrer leurs bancs et leurs tables.

Les quatre gentilshommes avaient accompagné le lugubre cortège.

Arrivés à la porte du cabaret, La Guiche donna l'ordre que l'on amenât son cheval, ainsi que ceux de ses deux seconds.

Quant à Bernac, comme il était venu en bateau, le passeur l'attendait sur la berge.

— Au revoir, cher comte, dit le chevalier en s'adressant à M. de Bernac; à ce soir, n'est-ce pas? Tu vas au bal de l'ambassadeur d'Espagne?

— Certes; et je vous y trouverai tous trois?

— Sans doute; nous emmènerons le baron avec nous.

Bernac salua de la main les trois jeunes gens, et descendit vers la berge où était amarré son bateau.

— Reprenons-nous le bac? demanda le marquis.

— Non, répondit La Guiche, rentrons par la porte de Nesles, nous traverserons le Pont-Neuf, et nous montrerons ainsi une partie de la capitale à notre brave ami, qui est décidément aussi bon tireur d'armes qu'il est hardi cavalier. Cette promenade vous sourit-elle, baron?

— Parfaitement; mais je crains que votre blessure ne vous fatigue.

— Bah! ce n'est rien; une égratignure. J'ai noué mon mouchoir dessus et les chairs sont rapprochées. Ainsi, si vous ne voyez d'autre empêchement...

— Aucun autre!

— Alors, en route!

La Guiche poussa son cheval.

— Eh bien! venez donc, baron! cria d'Herbaut en voyant Marc immobile et les regards fixés sur la Seine.

Le jeune homme suivait avec une attention profonde le comte de Bernac qui, en ce moment, entrait dans le bateau qui l'avait amené et allait le reconduire.

— Cordieu! continua le marquis, si ce cher comte ressent de la sympathie pour vous, vous n'en manquez pas pour lui, à ce qu'il paraît, mon cher baron, car vous ne le quittez pas des yeux.

— Vous vous trompez, marquis, je regardais la Seine et la nouvelle galerie du Louvre, et je trouvais cela fort beau.

Puis, remarquant en ce moment que le fourreau d'épée du marquis était veuf de sa lame:

— Monsieur le marquis, dit-il vivement, j'ai oublié de vous prier de me pardonner la façon brutale dont j'ai agi vis-à-vis de vous en brisant votre épée. Daignerez-vous le faire et attribuer cet acte, que je regrette profondément à cette heure, à la seule crainte de voir tuer mon adversaire par une autre main que la mienne.

— Si je vous pardonne, mon cher baron! s'écria d'Herbaut; je le crois cordieu bien! D'ailleurs, vous êtes réellement le héros de la matinée...

— Oh! marquis...

— Pas de modestie mal placée, baron, dit La Guiche; vous vous êtes battu comme un lion! Jamais je n'ai vu plus belle conduite sur le terrain d'un duel. Quant à moi, vous m'avez sauvé la vie et je ne l'oublierai pas, croyez-le. Je le dis, sans faire de beaux discours: vive Dieu! je vous aime!

Marc serra la main que lui tendait le gentilhomme.

— Or çà! ajouta celui-ci, nous ne nous quittons pas de tout le jour, hein?

— Je vous demanderai, au contraire, la permission de vous quitter bientôt, dit Marc.

— Vos affaires vous réclament?

— Oui.

— Alors à votre aise, baron; mais ce soir rendez-vous chez moi, pour de là aller au bal tous trois ensemble.

— Volontiers.

— Avez-vous un déguisement?

— Oui.

— Très-bien, alors.

— Et, dit le baron, après quelques minutes de silence, vous croyez que M. de Bernac viendra ce soir à ce bal où vous voulez me conduire?

— S'il viendra à l'ambassade d'Espagne?

— Oui.

— Certes !

— Il y viendra pour deux raisons, ajouta La Guiche. La première, c'est que toute la cour y sera ; la seconde, c'est que nous y verrons la jolie Diane d'Aumont, et qu'en sa qualité de fiancé et d'amoureux passionné de la fille du prévôt il ne saurait manquer de se rendre au bal, où la beauté de celle qu'il aime brillera d'un si vif éclat.

— Ce pauvre prévôt ! dit le marquis en riant. Sais-tu, La Guiche, qu'il est fort empêché en ce moment ?

— A propos du capitaine La Chesnaye, qu'il a promis au roi de lui livrer sous quarante-huit heures ?

— Oui, et le roi tiendra d'autant plus à ce que d'Aumont ne manque pas à sa parole que La Chesnaye a fait des siennes depuis hier. Cette nuit, le drôle n'a-t-il pas osé brûler une partie de l'hôtel de Mercœur, piller l'autre partie, insulter au portrait du duc et pendre trois valets !

— Qu'est-ce donc que ce La Chesnaye dont vous parlez ? demanda le baron en reprenant son calme, car, au nom du bandit prononcé par le chevalier, il était devenu d'une pâleur extrême.

— Un chef de bandits qui désole la ville et qui jusqu'ici demeure introuvable. On raconte sur lui les choses les plus extraordinaires.

— Et vous dites que le prévôt de Paris est empêché à cause de la capture de cet homme ?

— Certes ! Ce pauvre d'Aumont risque fort d'encourir la disgrâce du roi et de se voir privé de ses charges s'il ne réussit pas à s'emparer de ce brigand, sans compter que le duc de Mercœur a juré que, si le prévôt ne le vengeait pas de La Chesnaye, il se vengerait, lui, sur le prévôt.

— Et Mercœur est homme à ne pas faillir à son serment, ajouta La Guiche.

— Et ce M. d'Aumont sera ce soir au bal, ainsi que sa fille Diane ? dit brusquement le baron.

— Oui, répondirent à la fois les deux gentilshommes.

Le baron baissa lentement son front, devint rêveur.

— De Bernac ! d'Aumont ! Diane ! murmura-t-il intérieurement, car ses lèvres ne tressaillirent même pas. Je les aurai donc vus tous trois aujourd'hui ! A cette heure enfin ma mission commence ! Un autre aussi me reste à trouver ; mais celui-là non plus, celui-là surtout n'échappera pas à ma vigilance ! Oh ! bonheur et espoir à ceux qui ont aimé mon père ; mais malheur et vengeance sur ceux qui l'ont tué, sur ceux qui ont brisé mon enfance, sur ceux enfin qui ont fait de ma jeunesse une longue et pénible torture !

Puis il ajouta :

— L'Indien a tenu sa promesse ; il ne m'a pas trompé. C'était lui sous cette robe de moine ; mais cet autre homme que j'ai vu passer... cet homme qui me semble avoir tenu une si grande place dans mes rêves, si ce n'est dans mes souvenirs, quel est-il ?

— Eh bien ! qu'avez-vous donc, baron ? vous ne dites rien ! fit La Guiche en frappant familièrement sur l'épaule de son compagnon. Tenez, cette haute tour que vous voyez à votre gauche, c'est la fameuse tour de Nesles, et en face de nous voici la porte du même nom. Un temps de trot, dans trois minutes nous serons au Pont-Neuf, la merveille nouvelle du vieux Paris !

Et les trois cavaliers, activant l'allure de leurs montures, s'engagèrent sous la voûte qui faisait communiquer le pont-levis jeté sur le fossé d'enceinte avec la capitale du royaume.

VII

MARC.

La petite chambre que loua le baron dans la maison de dame Perrine, la nièce du cousin du vieux sergent, était située au deuxième étage sur la rue.

Cette maison, construite durant le siècle précédent, était à l'extérieur surchargée de ces arabesques bizarres où s'étalaient tous les caprices ingénieux de l'architecture de la Renaissance.

Une tourelle en saillie, ou, pour nous servir de l'expression technique, en encorbellement, construite à l'angle droit du bâtiment, servait de cage à l'escalier, qui grimpait péniblement aux étages supérieurs.

Chacun de ces étages, au nombre de trois, était garni de fenêtres formant des cintres surbaissés, nommés « cintres en anse de panier, » et le premier, s'avançant en forte saillie sur la rue, établissait ce qu'on appelait à cette époque un « avant-solier, » espèce de galerie couverte qui protégeait contre la pluie ou l'ardeur du soleil les bourgeois qui devisaient assis sur une poutre ou sur un banc de pierre devant la porte du logis.

Au-dessus de cette porte, suivant l'usage qui faisait des légendes, inscriptions latines ou françaises, un des ornements usités des maisons, on lisait cette devise, ou plutôt cette sentence, que l'architecte ingénieux et érudit avait appropriée à la destination du bâtiment :

Cui domus est victusque decens et patria dulcis,
Sunt satis hæc vitæ ; cætera, cura, labor.

(Maison et table convenables, douce patrie, suffisent à l'homme ; le reste n'est que fatigue et souci.)

Le toit, élevé et très-aigu pour faciliter l'écoulement des eaux, était garni au faîte par une crête de plomb, et le pignon offrait orgueilleusement à l'œil ses sculptures étranges et son front crénelé.

La chambre, louée par le jeune homme au prix modeste d'une demi-pistole par semaine, était meublée suivant le goût de l'époque, qui admettait l'art et l'élégance, mais à laquelle toute idée de confortable était complètement inconnue.

Ainsi les portes étaient mal closes, les larges dalles qui recouvraient le plancher étaient froides, les tapisseries qui ornaient les murailles étaient souvent soulevées par la bise qui soufflait du dehors, et le jour n'arrivait dans l'intérieur qu'affaibli et terne à travers les châssis en plomb des fenêtres, dans lesquels étaient encadrés de très-petits vitrages.

Il n'y avait pas de cheminée : chaque maison n'avait alors qu'un chauffoir ou « chauffe-doux, » situé dans la salle du rez-de-chaussée, immense cheminée sculptée, sous le manteau de laquelle s'abritaient locataires et propriétaires.

Un grand lit en chêne, un bahut, quelques escabeaux, une table et deux de ces sièges garnis de coussins d'étoffe et nommés alors des « caucans, » composaient tout l'ameublement.

Quelque médiocre que fût ce logis, le baron l'avait accepté et s'en était contenté avec cette facilité de l'homme habitué à ne pas faire fi des plus mauvais gîtes.

Sans doute pour pénétrer plus tôt dans ce Paris qu'il ne connaissait pas et qu'il avait hâte de voir, le jeune homme avait, le matin, précédé son léger bagage, car vers la fin du jour, après qu'il eut quitté ses nouveaux amis La Guiche et d'Herbaut, et qu'il eut arrêté sa chambre dans la maison de dame Perrine, il était revenu à la porte Neuve, et, s'arrêtant là où il s'était arrêté pour parler au vieux sergent, chef du poste, il promena un regard interrogateur sur la route qu'il avait parcourue avant son entrée dans la capitale, et qui descendait, en le suivant, le cours du fleuve.

Le baron avait si bien combiné son temps que l'attente ne fut pas de longue durée.

Quelques instants avant le coucher du soleil qui s'enfonçait à l'horizon, laissant se détacher, sombres et ombrées, sur un fond rouge et chaud, les tours massives de Notre-Dame, la tour de Nesles et les tourelles pointues de l'hôtel de Nevers, un homme conduisant une mule apparut dans la direction de cette partie extérieure de Paris qui devait vingt années plus tard devenir le cours la Reine.

Homme et bête avançaient lentement, l'un tirant l'autre par la bride.

La mule portait, placée en travers sur son dos, une valise de convenable grandeur.

En apercevant l'animal et son conducteur, le baron laissa échapper un soupir de satisfaction et, poussant son cheval, il courut au-devant d'eux.

Le conducteur arrêta la mule et salua le jeune voyageur.

— Rue du Hoqueton, dans la maison de dame Perrine! dit le baron ; puis il expliqua au paysan le chemin qu'il avait à suivre pour atteindre le logis, chemin que lui avait expliqué à lui-même le vieux sergent, quelques heures auparavant.

Bien certain que l'homme ne pouvait se tromper ni faire fausse route, Marc reprit au grand trot le chemin qu'il venait de parcourir.

Une demi-heure après, il regagnait sa chambre où ne tardait pas à venir le rejoindre le conducteur de la mule, lequel déposa dans un coin la valise qui était passée du dos de l'animal sur les épaules de l'homme.

Le baron paya le prix du transport et renvoya le paysan.

La nuit était venue : le jeune homme appela dame Perrine qui s'empressa de monter chez son nouveau locataire.

L'hôtesse du baron était une belle personne de trente à trente-cinq ans, grande, forte, grasse, brune de cheveux, de sourcils et de prunelles, blanche de peau, bien assise sur ses hanches puissantes, à la physionomie souriante, au sourire agaçant, aux dents blanches et bien rangées, au regard clair et hardi, à la démarche libre.

Au moral comme au physique, dame Perrine était ce que l'on est convenu de nommer une maîtresse femme, et si son sourire aimable, son air avenant, ses appas luxuriants et sa fraîcheur attrayante attiraient les galants sur son passage, on devinait que son bras nerveux et sa main leste étaient de force à maintenir sous les bornes du plus strict respect les passions inspirées par sa solide beauté.

Dame Perrine apparut sur le seuil de la chambre tenant à la main un flambeau dans lequel brûlait une humble chandelle, car le luxe des bougies n'appartenait alors qu'aux maisons riches.

— Vous vouliez sans doute souper, mon gentilhomme?

car il se fait tard, dit l'hôtesse en plaçant le flambeau sur une table.

— Ma foi! dame Perrine, je n'y songeais pas, mais je sens que vous avez raison : mon estomac crie famine! répondit le baron en souriant.

— Que vous servirai-je, mon gentilhomme?

— Ce que vous voudrez, ma belle hôtesse.

— Un demi-quartier de venaison, une tarte aux raves, un petit pâté de bœuf haché, un pot-pourri, une galimafrée... des darrioles à la crème, des talmouses au fromage mou (1)...

— Oh! oh! dame Perrine, interrompit Marc en coupant court à l'énumération que faisait l'hôtesse avec une volubilité résultant évidemment de l'habitude. Oh! oh! me prenez-vous pour un receveur des tailles? Ma bourse ne me permet pas de telles somptuosités et un morceau de venaison me suffira.

— Accompagné d'une bonne bouteille de vin d'Anjou au moins?

— Va pour le vin d'Anjou !

— J'en ai d'excellent et dont vous me direz des nouvelles, mon gentilhomme!

Et tournant prestement sur ses talons, dame Perrine s'élança dans l'escalier qui gémit aussitôt sous ses pas, qu'en dépit de notre galanterie nous ne saurions qualifier de légers.

Cinq minutes après, Marc était servi dans sa chambre, ainsi qu'il en avait manifesté le désir.

Depuis qu'il avait quitté La Guiche et d'Herbaut, le baron paraissait en proie à une méditation profonde, dont l'avaient à peine tiré l'arrivée de l'homme chargé de lui apporter son bagage et la courte conversation qu'il venait d'avoir avec dame Perrine.

Assis devant la table, il demeura d'abord toujours absorbé dans ses pensées, puis il attira à lui la venaison et la bouteille de vin d'Anjou, se coupa une tranche de gibier, se versa une rasade et se mit à manger et à boire sans paraître accorder la moindre attention à ce qu'accomplissaient sa main, sa bouche et son estomac.

Évidemment l'esprit était loin de s'occuper du corps et le baron n'avait pas la moindre conscience de ce qu'il mangeait et de ce qu'il buvait.

Bientôt même le côté spirituel de sa nature domina tellement le côté matériel, que le jeune homme cessa de s'occuper du repas qu'il était en train de prendre et, ses coudes sur le bord de la table, sa tête dans ses mains dont les doigts fouillaient les boucles soyeuses de sa chevelure, il se laissa aller entièrement au travail de son cerveau.

Se levant brusquement, il se dirigea vers la valise que le paysan avait déposée près du lit, il ouvrit le coffre et en remua le contenu pour trouver un objet qu'il semblait chercher.

Cet objet était un petit cahier de parchemin en forme de livre, dont les feuillets étaient cousus ensemble, mais dont la tranche, opposée au dos, était roussie, mangée et déchiquetée comme si elle eût souffert par l'action du feu.

Ces déchiquetures, profondes en quelques endroits, devaient même altérer sensiblement l'intérieur du petit volume.

(1) Plusieurs de ces mets ont complétement disparu de notre table, entre autres le *pot-pourri*, qui se composait de bœuf, de veau, de mouton, de lard et de légumes, et la *galimafrée*, sorte de fricassée de volaille assaisonnée avec du vin, du verjus, des épices, et liée avec la fameuse *sauce cameline*, faite elle-même suivant la recette d'alors, avec « de bonne cannelle, de bon gingembre, de bons clous de girofle, de bonne graine de paradis, de bon pain et de bon vinaigre. »

Le baron prit le livre et revint à sa place; puis, attirant à lui le flambeau, il posa le cahier sur la table.

— Dans deux heures, dit-il à voix haute, en se parlant à lui-même, je vais commencer à jouer la terrible partie dont l'issue sera l'arrêt de mon avenir et peut-être même le terme de mon existence!... Voyons... suis-je bien préparé à la lutte? Ai-je bien toutes mes forces?... Suis-je dans la plénitude de mes facultés?... N'ai-je rien oublié? Rien ne peut-il m'entraver?

Examinons!... Récapitulons!... Le général, avant de livrer une bataille décisive, revoit soigneusement ses plans et compte minutieusement le nombre des soldats dont il dispose...

Ne négligeons pas ces règles de la stratégie habile... Voyons si je ne me suis pas trompé jusqu'ici! Voyons mes forces, mes moyens d'attaque et de défense!

En achevant ces mots, le baron se leva, fit quelques tours dans la pièce, s'arrêta devant le bahut dont il parut contempler les sculptures et, reprenant ensuite sa marche lente et réfléchie, il se prit à repasser dans sa tête tous les souvenirs de sa vie passée, faisant dérouler devant lui les diverses phases de son existence bizarre et aventureuse, comme se déroulent aux yeux du spectateur les toiles d'un panorama magique.

Comme il est absolument essentiel que le lecteur connaisse quelques-uns des principaux incidents de la vie antérieure du personnage que nous mettons en scène, nous nous substituerons momentanément au baron pour dévoiler les pensées qui se réfléchissaient alors dans son esprit, et, adoptant la forme d'un bref et succinct récit, nous expliquerons d'un même coup et la nature des souvenirs qu'il évoquait et les causes qui avaient déterminé sa venue dans la capitale de la France.

Ce court récit est d'ailleurs trop étroitement lié aux événements que nous avons racontés jusqu'ici et se lie trop étroitement encore à ceux qu'il nous reste à raconter dans les pages qui vont suivre, pour que nous puissions nous abstenir de le mettre sous les yeux du lecteur.

VIII

LE DÉSERT.

Trois ans avant l'époque à laquelle nous faisons remonter notre récit, c'est-à-dire vers le milieu de l'année 1602, au mois d'août, durant cette saison brûlante qui fait ressembler les déserts de l'Orient à de vastes fournaises, où le soleil, roulant au milieu d'un ciel sans nuage, inonde de ses ardents rayons la terre qui se fend et les eaux qui s'évaporent, un homme, monté sur l'un de ces coursiers arabes de pure race, à la crinière soyeuse, aux pieds légers et à la tête fine, intelligente et altière, traversait au pas cette immense plaine de Barca découpée à son centre par les limites de l'Égypte et par celles de la régence de Tripoli.

À ceux qui ne le connaissent pas, il est difficile de donner une idée véritable du désert africain.

Une étendue à perte de vue, où rien n'arrête le regard, un véritable océan de poussière se confondant à l'horizon avec le ton plombé du ciel, une terre desséchée, aride, oudreuse, couverte de buissons de palmiers nains, dont les branches entrelacées forment un réseau inextricable et dont les feuilles brûlées par le soleil et rongées par le simoun se distinguent à peine du bois, tel est à peu près le coup d'œil de ces plaines sans bornes, où vivent depuis des siècles les tribus nomades.

Le désert de Barca n'offre rien de particulier, si ce n'est que les sources d'eau vive y sont peut-être plus rares encore, et les oasis de palmiers, d'orangers et de dattiers moins fréquentes que dans les autres parties du sol africain.

Le personnage qui s'aventurait ainsi au milieu de cette mer aux flots solides, mais non moins fatales et non moins perfides que ceux de la mer aux vagues écumantes, portait par-dessus le burnous blanc des Arabes le caftan brun des Syriens et sur la tête le fez rouge des Tunisiens.

Un large pantalon turc, en étoffe de laine blanche, couvrait les cuisses du cavalier, et ses jambes étaient protégées par des bottes de cuir rouge brodé d'argent.

La selle de son cheval était de velours rouge, à pommeau et à dossier élevé suivant la mode arabe, et les larges étriers, dans lesquels s'enfonçaient ses pieds, étaient d'argent massif.

Une longue lance attachée au bras droit, et dont l'extrémité inférieure reposait sur l'étrier, se dressait au-dessus des épaules du cavalier dardant fièrement dans les airs son fer aigu et menaçant.

De lourds pistolets, luxe guerrier inusité alors parmi les Arabes, pendaient de chaque côté de la selle au pommeau de laquelle était attachée, en outre, une petite hache au manche recourbé et au fer soigneusement poli.

Sur la croupe du cheval était couché le cadavre d'une panthère. L'animal, fraîchement tué, portait à l'épaule gauche une blessure large et profonde, toute béante encore, et d'où s'échappait goutte à goutte un sang noir et épais.

Il était environ quatre heures de l'après-midi.

Le soleil, élevé à l'horizon, mais commençant cependant à décliner vers l'ouest, répandait à torrents sa lumière brûlante.

Pas un souffle d'air n'agitait le feuillage sec des palmiers nains.

La chaleur était dévorante, et ceux-là seuls qui l'ont subie sous ce climat, à cette époque de l'année, peuvent en comprendre l'intensité.

Cependant le cavalier se tenait droit en selle, et le cheval relevait nerveusement ses jambes fines comme si ni l'un ni l'autre n'eussent ressenti les atteintes de ces rayons incendiaires.

Deux heures durant le voyageur marcha sans changer l'allure de son coursier, et sans dévier de la direction qu'il avait prise. Il allait de l'ouest à l'est, c'est-à-dire tournant le dos à la régence de Tripoli et les yeux vers les rives du Nil.

Sur son passage, quelques gazelles effarouchées s'étaient levées précipitamment, bondissant par-dessus les buissons de palmiers nains; quelques chacals, quelques hyènes avaient fui à son approche; de nombreux sangliers avaient troué les arbustes pour éviter l'ennemi que l'instinct leur indiquait; mais pas une fois le cavalier n'avait manifesté le désir de poursuivre ce gibier qui cependant passait souvent à la portée de sa lance.

Pour ménager sa monture, et lui offrir un terrain meilleur que celui où s'enchevêtraient les buissons de palmiers, le voyageur avait gagné le lit desséché d'une rivière et le suivait entre deux rives escarpées.

Tout à coup, et au moment où il allait atteindre un coude assez brusque formé par le cours d'eau, il s'arrêta subitement et prêta l'oreille.

L'un de ces bruits, auxquels l'homme habitué à la solitude ne se trompe jamais, avait retenti jusqu'à lui : il avait reconnu, dans l'éloignement, les pas d'un cheval dont le sabot heurtait les pierres amoncelées dans le lit aride du torrent.

Le cavalier, qui avait parcouru le désert sans apporter la moindre attention aux hyènes et aux chacals fuyant à son approche, sans paraître se soucier des lynx et des panthères, que pouvait receler chaque touffe de palmier, dégagea vivement sa longue lance, s'assura que ses pistolets étaient amorcés, et que son cimeterre jouait bien dans le fourreau recourbé passé sous sa cuisse gauche, en constatant au milieu de ces plaines immenses et solitaires la présence de l'un de ses semblables, l'approche d'une créature faite à l'image de Dieu, suivant l'expression que l'homme a prisée dans son ridicule orgueil.

Au désert, comme partout, l'homme est le plus dangereux des animaux auxquels la terre est donnée en partage.

Le cavalier n'attendit pas longtemps.

Peut-être celui qui s'avançait ignorait-il la présence d'un autre homme ; peut-être, confiant dans sa force, ne s'en préoccupait-il pas ; le bruit de sa venue devenait de moment en moment plus distinct, et bientôt il apparut au tournant du ravin dont il suivait également le lit tortueux.

C'était un personnage de haute taille, d'une maigreur extraordinaire, sec et basané, aux sourcils et aux yeux d'un noir d'ébène, et offrant dans son ensemble le type indien dont il portait le riche et élégant costume.

Son regard, animé d'une puissance étrange et fascinatrice, avait la rigidité et le tranchant de l'acier.

En voyant le premier cavalier immobile en face de lui, il s'arrêta à son tour, car le passage était trop étroit pour qu'il permît de se croiser.

Il fallait que l'un des deux hommes cédât le pas à l'autre en grimpant sur la berge escarpée.

Le cheval du dernier arrivant releva la tête, aspira l'air par ses naseaux dilatés et poussa un hennissement joyeux.

Dans l'autre cheval, il venait sans doute de reconnaître un ami du désert.

Les deux hommes s'observèrent un moment en silence ; enfin le second, qui paraissait être de beaucoup plus âgé que l'autre, parut décidé à prendre la parole.

Inclinant légèrement la tête :

— Qu'Allah soit avec toi ! dit-il en arabe.

— Et que son Prophète t'accompagne ! répondit dans la même langue le cavalier au caftan brun.

— Tu vas du côté de la ville sainte ? reprit le premier interlocuteur en désignant l'est, la direction où se trouvait l'Arabie, et par conséquent la Mekke, la cité de Mahomet.

— Je vais où me mène la fatalité.

— Alors tu n'accomplis pas un voyage ?

— Non !... je chasse.

Et le plus jeune des deux cavaliers s'effaça pour désigner la panthère qu'il portait en croupe.

— Si tu es un véritable fils du Prophète, reprit le second cavalier, tu peux et tu dois rendre service à un voyageur égaré.

— Je ne suis pas fils du Prophète, répondit l'autre, mais je te rendrai service si tu as besoin de mon aide.

— Tu n'es pas un fils du Prophète ? s'écria l'Indien avec étonnement.

— Non !

— Tu n'es pas un croyant ?

— Non !

— Qu'es-tu donc, alors ?

— Je suis chrétien !

En achevant cette réponse, faite d'un ton fier, le jeune homme serra fortement sa lance, comme s'il se fût attendu à une attaque : le titre qu'il venait de se donner lui ayant maintes fois attiré les hostilités des habitants du désert.

Mais l'Indien ne fit pas mine de justifier la pensée de son interlocuteur.

Levant sur celui-ci un regard étonné, il le contempla avec une attention profonde ; puis il ajouta à demi-voix, mais en excellent français cette fois :

— Un Arabe chrétien, c'est étrange !

L'homme au caftan tressaillit et le sang lui monta au visage.

— Je ne suis pas Arabe ! — répondit-il vivement en changeant, lui aussi, d'idiome et en s'exprimant en pur français.

L'Indien fit un geste de surprise tellement brusque que son cheval, auquel il donna une forte saccade, se cabra violemment.

— Vous parlez français ! s'écria-t-il.

— Comme vous pouvez l'entendre.

— Et vous n'êtes pas Arabe ?

— Pas plus que musulman.

— De quel pays êtes-vous donc ?

— De quel pays je suis ? fit le jeune homme en souriant. Ma foi ! je n'en sais trop rien moi-même, et si vous pouviez l'apprendre, vous me rendriez sans doute un immense service.

L'Indien paraissait être en proie à l'émotion la plus vive. Son visage bistré avait pâli, ses traits fins et caractérisés s'étaient altérés et ses yeux humides se levèrent vers le ciel.

— Mon Dieu Seigneur ! balbutia-t-il d'une voix étranglée, votre puissance est infinie, votre bonté inépuisable, et je ne les ai jamais mises en doute ; mais si votre main secourable m'a conduit au but par une voie si merveilleuse, je me croirai l'instrument de votre volonté et je n'hésiterai plus à agir !

Le jeune homme n'avait pu comprendre le sens de ces paroles prononcées avec une onction véritable, mais que l'émotion avait étouffées dans la gorge de l'Indien.

Celui-ci parut faire un violent effort sur lui-même et reprendre tout son calme habituel.

— Il n'y a qu'un instant, reprit-il en continuant la conversation en français, je vous ai demandé un service. Je vous prenais, à votre costume, pour un fils de Mohammed, comme vous pouviez me prendre, au mien, pour un sectateur de Brahma, et vous paraissiez cependant disposé à me venir en aide. Je suis chrétien comme vous, et comme vous, sans doute, né dans de lointains parages ; votre bonne volonté me fera-t-elle défaut ?

— Nullement, répondit le jeune homme avec vivacité. Il est par trop surprenant que deux chrétiens se rencontrent sur la terre d'Afrique pour que cette rencontre ne leur soit pas favorable à tous deux. Je suis prêt et disposé à vous servir. Que voulez-vous de moi ?

— Il y a dix heures que mon cheval et moi marchons sans trouver une goutte d'eau... Nous mourons de soif et de fatigue... Ne pouvez-vous m'indiquer une source où nous trouvions la fraîcheur et le repos ?

— Facilement. A une demi-heure de marche il existe une oasis vers laquelle je me dirigeais moi-même pour y passer la nuit. En venant jusqu'ici, vous avez dû passer à peu de distance, mais vous n'avez pu la voir, enfoncée qu'est cette oasis au milieu d'un ravin profond. Pour l'atteindre, il vous faut donc tourner bride, et si vous craignez de marcher devant moi, nous pouvons échanger nos chevaux.

— Je ne crains rien ! — répondit l'Indien.

Mais avant d'obéir à l'indication que venait de lui donner son interlocuteur, il le regarda encore avec cette attention profonde et extraordinaire dont nous avons parlé.

— Votre nom, jeune homme? demanda-t-il d'une voix lente et avec un accent si doux et si sympathique que l'homme au caftan brun se sentit remué jusqu'au fond de l'âme sans qu'il eût pu définir la cause du sentiment qu'il subissait...

— Mon nom? répliqua-t-il. J'en ai deux, ceux qui habitent ces plaines m'appellent Ismaël.

— Et l'autre nom?

— Oh! fit le jeune homme en secouant la tête avec tristesse, celui-là je ne pourrais dire pourquoi je le crois mien, pourquoi il est demeuré dans ma mémoire, car il y a longtemps, si longtemps qu'il a été prononcé à mes oreilles, qu'il est resté dans mes souvenirs comme un son vague et un bruissement confus!... Qui me l'a donné jadis? Je l'ignore. Où étais-je lorsque l'on m'appelait ainsi? Dieu seul le sait!... Est-ce un souvenir réel, est-ce l'illusion d'un rêve?...

— Mais... ce nom, quel est-il? demanda l'Indien avec une tension d'esprit évidente.

— Ce nom?

— Oui.

— Vous tenez à le connaître?

— Oui... quel est-il?

— Marc! répondit le jeune cavalier.

— Marc! répéta l'Indien en baissant la tête, tandis qu'une rougeur ardente succédait à la pâleur qui avait envahi son front.

Quelques instants il demeura comme frappé d'anéantissement; puis, se redressant, il reporta de nouveau son regard sur son interlocuteur, mais ce regard avait perdu sa rigidité et sa froideur, il était empreint d'une douceur et d'une bonté ineffables et il paraissait caresser celui sur lequel il se reposait.

Enfin l'Indien s'arracha à cette contemplation muette, et, forçant son cheval à tourner sur lui-même dans l'espace étroit où il se trouvait, il s'avança dans le lit de la rivière, suivi pas à pas par l'homme au caftan brun.

IX

L'OASIS.

Tant que les deux cavaliers marchèrent dans le lit desséché du torrent, un profond silence régna entre eux.

L'un et l'autre, au reste, paraissaient encore sous le coup de l'étonnement que leur avait causé mutuellement leur rencontre.

L'Indien, la tête penchée sur l'épaule, méditait profondément. De temps à autre, son œil d'aigle étincelait, ses mains se joignaient et ses lèvres s'agitaient fébrilement: on eût dit, à l'expression de la physionomie, qu'une prière d'action de grâce s'échappait de son sein pour monter vers le Créateur.

— Lui! lui! balbutiait-il par moment en se tournant à demi sur sa selle pour regarder le jeune homme qui le suivait à courte distance. Lui! Le trouver au terme du voyage! Oh! la miséricorde de Dieu est infinie! Avoir parcouru en vain la Syrie, la Palestine, l'Arabie et l'Egypte et, au moment où l'espérance abandonnait mon cœur, me trouver face à face avec lui, dans ce désert immense où les créatures humaines sont plus rares et plus éparpillées que les esquifs sur le vaste Océan! Oh! Dieu est bon! Il a eu pitié de mes douleurs, il a daigné abaisser un regard secourable sur celui qui implorait l'aide divine!...

Le jeune homme qui venait de se donner tour à tour le nom oriental d'Ismaël et ensuite celui plus chrétien de Marc, marchait dans la voie suivie par son compagnon, se livrant de son côté à des réflexions suscitées par la présence du voyageur dont le costume et le langage contrastaient si étrangement ensemble, car si l'un était celui d'un Asiatique, l'autre était celui d'un Européen.

— A qui diable ai-je affaire? se disait-il intérieurement. Sur les côtes d'Afrique, entre l'Egypte et Tripoli, et au milieu du désert, trouver un homme, est déjà un événement bizarre, mais rencontrer un homme qui parle français, est vraiment chose invraisemblable. Je croyais jusqu'ici être le seul jouissant de ce privilége. C'est qu'à le voir à cheval, à contempler ses gestes, ses allures, à examiner ses vêtements, il est impossible de le croire autre qu'un habitant de l'Orient, et cependant son langage est celui d'un fils de l'Occident!... C'est singulier!... Après cela! moi-même, ne me prendrait-on pas pour un Syrien ou un Arabe du désert!... Ai-je le droit de m'étonner?... Et puis, que m'importe! Ai-je quelque chose à redouter, le plus léger changement, dans la misérable existence que je mène, ne sera-t-il pas toujours un bienfait?...

Et redressant la tête sur ces réflexions tranquillisantes et consolantes, Marc jeta un coup d'œil sur le chemin qui se présentait à lui.

A l'endroit où se trouvaient les deux hommes le lit du torrent faisait un nouveau coude à gauche et semblait s'élancer dans la direction de la mer.

A droite, la berge était plus basse, quoique encore d'un accès difficile.

L'Indien allait suivre le tournant tracé par le cours des eaux, lorsque Marc l'arrêta de la voix:

— A droite! dit-il. Gravissez cet escarpement. En haut nous trouverons la plaine et nous pourrons marcher de front. L'oasis est à cinq cents pas d'ici.

Le premier cavalier obéit sans répondre, et bientôt les deux hommes se retrouvèrent côte à côte au milieu des buissons de palmiers nains.

En face d'eux, le sol s'abaissait progressivement et conduisait, par une pente douce, au fond d'un ravin bordé de petits mamelons toujours couverts de cette végétation rabougrie, particulière au littoral sud de la Méditerranée, mais dont la teinte moins poussiéreuse indiquait le voisinage bienfaisant d'une source ou d'un cours d'eau.

Au contraire du ravin, se dressaient les lignes droites et élégantes des palmiers portant orgueilleusement à leur cime la couronne de verdure que forment leurs feuilles grandes, longues et régulièrement poussées.

Puis, autour de ces rois de la végétation du désert, croissaient, entremêlant leurs branches, enlaçant parfois leurs troncs, confondant leurs feuillages, les dattiers avec leur tige renflée au milieu, leurs régimes pendant en grappes jaunâtres, les citronniers, les orangers aux fruits d'or et l'olivier, dont le nom si gracieux est en désaccord complet avec la plante laide et mesquine qu'il désigne.

Sur le sol, un frais tapis de verdure séduisait l'œil du voyageur habitué au ton gris du palmier nain, et un mince filet d'eau, s'échappant d'un trou profond creusé en forme de puits et faisant l'effet d'un bassin, serpentait sous la voûte ombrée que les arbres interposaient entre

Courage ! dit-il, je vais vous venger d'abord. — Page 38, col. 1.

son onde claire et limpide et les redoutables atteintes du soleil.

Rien ne saurait rendre l'effet que produit sur l'homme et sur les animaux eux-mêmes la vue de l'un de ces frais jardins semés çà et là dans la plaine aride, stations naturelles disposées par la main de Dieu au profit de l'aventureux voyageur.

Au moment où les deux cavaliers apercevaient le charmant îlot de verdure, le soleil déclinant rapidement, nuançait d'une couleur pourpre splendide le ciel tout à l'heure d'un bleu lapis.

Ses jets de flammes, lancés presque horizontalement sur le désert, illuminaient merveilleusement les palmiers, les dattiers, les citronniers et les orangers, qu'ils noyaient dans un flot de paillettes étincelantes.

A l'est, le ciel bleu se fonçant progressivement, faisait une opposition brutale aux tons chauds qui embrasaient l'occident.

Aussitôt, une ondulation presque insensible des feuilles indiqua l'approche de la brise de mer, ce vent bienfaisant du soir, qui souffle régulièrement sur tout le littoral et vient dégager la poitrine oppressée et délasser les membres engourdis par la chaleur du jour.

En effet, la brise fraîche et saline, âcre comme les émanations de la mer, arriva doucement jusqu'aux cavaliers et souleva les pans de leurs amples burnous.

Les chevaux aspirèrent bruyamment l'air plus pur et semblèrent saluer avec joie la brise rafraîchissante.

La nature entière parut sortir de la somnolence dans laquelle l'avaient plongée les ardeurs des heures précédentes ; les oiseaux s'envolèrent gaiement et les palmiers nains eux-mêmes secouèrent leurs touffes grisâtres.

Le flamant au plumage écarlate, l'ibis aux ailes blanches frangées de noir, la pintade à la nuance ardoisée, décrivaient dans les airs mille arabesques folles au-dessus de l'oasis, poussant des cris aigus, se poursuivant, se fuyant sans se rencontrer jamais.

Au loin, le cri du chacal saluait l'approche des ténèbres et le sourd rauquement de l'hyène se mêlait aux premières notes du concert.

Marc et son compagnon atteignaient les limites de l'oasis, et les chevaux, sentant l'eau, allongeaient d'avance leurs cous gracieux.

Tout à coup, le cheval de l'Indien, qui s'était jeté un peu sur la gauche, s'arrêta brusquement, abaissa la tête vers le sol et se mit à souffler bruyamment.

Le cavalier se pencha pour voir ce qui préoccupait ainsi sa monture, et il aperçut roulant plutôt que marchant

II° s.

6

sur le tapis de verdure, un petit animal, gros comme un jeune chat, au pelage fauve tacheté de noir.

— Alerte! cria l'Indien en se redressant, une panthère!

Il n'achevait pas, qu'un rugissement formidable ébranlait les échos du désert, et qu'une panthère de la plus forte espèce bondissait du tronc d'un gigantesque palmier.

C'était une femelle qui venait se désaltérer à la source, en compagnie de son petit, qu'avait failli écraser sous son sabot le cheval de l'Indien.

Les chevaux, roidis sur leurs jarrets, se tinrent immobiles à ce rugissement sinistre, dilatant leurs naseaux et hérissant leurs crinières.

Les pauvres bêtes semblaient glacées d'effroi à cette révélation soudaine du formidable danger.

Hommes et animaux demeurèrent un moment indécis, mais ce moment fut court.

D'une main, Marc avait saisi sa longue lance, et de l'autre l'un des pistolets pendus à l'arçon de sa selle.

L'Indien portait accroché à ses côtés un trident aux lames aiguës. Brandissant l'arme meurtrière, il attendit.

En dépit de l'effrayant péril qui les menaçait, les deux hommes demeurèrent calmes et impassibles, comme s'ils n'eussent pas eu en face d'eux l'un des animaux les plus dangereux et les plus carnassiers de la création, dont la férocité et la soif du sang étaient excitées encore par l'instinct de la maternité mis en émoi.

La panthère, l'œil ardent, les lèvres retroussées, les muscles agités sans relâche, les moustaches frémissantes, les paupières clignotant, la peau se ridant et se roidissant, demeurait accroupie dans la position qu'elle avait prise en tombant, respirant par soubresauts et fouettant les airs de sa queue puissante.

Evidemment, avant de s'élancer, elle choisissait un ennemi.

Mais, quelque court que dût être ce moment d'hésitation, il sembla sans doute trop long au jeune homme, car, enfonçant dans les flancs de son cheval, ses longs éperons arabes et enlevant l'animal à l'aide de la bride, il la contraignit à s'avancer brusquement vers la panthère.

A ce trait d'audace de celui qu'elle regardait comme sa proie, la bête féroce poussa un second rugissement plus effrayant encore que le premier, et les griffes menaçantes, la gueule ouverte, elle s'élança d'un seul bond, décrivant dans l'air une courbe rapide...

Marc avait du même coup arrêté son cheval et abaissé en avant la pointe acérée de sa lance.

Ce fut le fer qui reçut le choc de l'animal.

Le corps troué de part en part, la panthère roula sur le sol, teignant la terre de son sang, se tordant furieuse dans une agonie terrifiante, poussant des cris horribles et dans sa rage agrandissant sa blessure, car la lance arrachée par la secousse des mains du cavalier était demeurée dans la plaie.

Marc fit passer rapidement son pistolet de la main gauche dans la main droite et brisa la tête du monstre qui se roidit dans une convulsion suprême.

Cette scène, on le comprend, s'était accomplie avec la rapidité de l'éclair.

L'Indien, toujours immobile, l'avait contemplée d'un regard étincelant.

— Intrépide et calme!... murmura-t-il. Il est bien le fils de son père!

Marc avait mis pied à terre et examinait si la fourrure de l'animal n'avait pas été trop gâtée par les blessures qui traversaient le corps d'outre en outre.

— Bonne chasse! dit-il joyeusement, en désignant le second cadavre couché sur la croupe de son cheval. Deux

panthères depuis le lever du soleil! Maintenant, laissons reposer nos chevaux et songeons à nous-mêmes. Les fruits du dattier et l'onde de cette source nous promettent un excellent repas.

Et sans plus s'occuper du formidable ennemi qu'il venait de vaincre, le jeune homme dessella sa monture, lui enleva le mors et la bride, et la laissa libre de ses actions.

L'Indien, avec l'impassibilité qui était évidemment le fond de son caractère, imita l'exemple donné par son compagnon.

Avec une agilité et une souplesse remarquables, Marc atteignit le feuillage d'un dattier et coupant les branches à l'aide de sa hache, il fit pleuvoir sur le sol les régimes garnis de fruits mûrs.

— Là! fit-il en sautant à terre, voici le repas préparé. Vous plaît-il de vous mettre à table?

Et il indiquait en souriant le gazon épais et moelleux, au centre duquel serpentait le filet d'eau.

L'Indien s'étendit sur l'herbe.

— Pour parler aussi bien et aussi nettement le français, dit-il, il faut que vous soyez né en France.

— C'est possible, répondit Marc, mais à ce compte, vous devez, vous aussi, être Français, bien certainement.

L'Indien secoua la tête:

— Ma mère était Indienne et mon père Hollandais, dit-il; mais j'ai vécu longtemps en Europe. Un tiers de mon existence s'est passé en France. A peine y a-t-il une année que j'ai quitté ce pays, et avant trois mois j'y serai de retour. Il n'est donc pas étonnant que je connaisse la langue française. Mais vous, jeune homme, je le répète, vous devez être Français.

— C'est possible, et je le crois comme vous!

— Comment! n'en êtes-vous pas certain?

— En aucune façon.

— Vous ne connaissez pas le pays où vous êtes né?

— Non! ce que je sais parfaitement, c'est que je ne suis pas né sur la terre orientale, voilà tout. Or, comme je ne connais que deux langues, la langue arabe et la langue française, et que je ne suis pas Arabe, je suis, comme vous, porté à croire que ma patrie est la France, mais je ne saurais rien affirmer de positif à cet égard.

— Mais qui vous a appris la langue française?

— Je l'ignore.

— Comment?

— Tout enfant, je ne parlais que cette langue; depuis, j'ai appris l'arabe.

— Mais... vos parents?

— Mes parents? répéta Marc. Je n'ai jamais donné ce titre à qui que ce fût au monde.

— Quoi! vos souvenirs d'enfance n'existent plus?

— Non... Le plus loin que je me rappelle... et cela est bien vague... j'étais bien jeune alors, à peine avais-je sept ou huit ans... j'étais malade... j'avais le corps brisé... la tête toute entourée de linges et de bandelettes... Où étais-je? je ne saurais le dire!... Qui avait causé cette maladie?... je ne le sais; mais depuis, en réfléchissant, j'ai toujours pensé qu'un accident terrible, quelque chute au fond d'un précipice peut-être, avait mis ma vie en danger, car j'ai le crâne couvert de cicatrices.

L'Indien s'était levé vivement:

— Montrez-moi ces cicatrices! « dit-il.

Marc ôta son fez et découvrit sa tête rasée, suivant l'usage arabe.

De minces filets blancs, tranchant sur le ton brun de la peau, décelaient d'anciennes blessures.

— Je comprends! je comprends! murmura l'Indien. Les fractures du crâne peuvent parfois entraîner l'anéantissement complet de l'organe de la mémoire, et détruire, sans qu'ils reviennent jamais, tous les souvenirs du passé.

— Un savant médecin maure, consulté par moi, a été de cet avis, dit Marc.

— Mais depuis cette maladie, la faculté de la mémoire vous est revenue?

— Oui, mais seulement pour ce qui fut postérieur à cette maladie.

— Et... en fouillant dans vos souvenirs... depuis lors, qu'y trouvez-vous?

— Une existence misérable. Quoique bien jeune, j'avais été vendu, il paraît, à un Arménien... j'étais esclave. Ce fut alors que j'appris l'arabe... Une vieille esclave chrétienne, ma compagne de douleurs, eut soin de moi. Elle me maintint d'abord dans la religion du Christ, qui avait dû être la mienne, et en dépit des efforts de mon maître pour me faire abjurer, je refusai de devenir mahométan... Quoique la langue arabe fût devenue celle dont j'étais contraint de me servir, je n'oubliai pas la langue française dans laquelle je m'étais exprimé jusqu'alors, et lorsque je me trouvais seul, je parlais à haute voix cette langue qui m'était devenue d'autant plus chère que personne que moi ne la connaissait... Enfin, vers quinze ans, car je ne puis connaître maintenant mon âge, las de vivre dans l'esclavage, ne me sentant pas la force de le subir plus longtemps, je brisai mes fers, je trompai la vigilance des gardiens et je m'enfuis dans le désert. Depuis dix années, je vis seul, face à face avec la nature. Je chasse le lion et la panthère, et tous les trois mois je vais à la ville la moins éloignée échanger mes fourrures contre ce qui m'est nécessaire. C'est ainsi que j'ai parcouru successivement une partie de l'Asie, l'Egypte et les côtes jusqu'à Tunis. Voici quatre mois que j'ai adopté pour séjour cette partie du désert où je trouve amplement, ainsi que vous pouvez le voir, de quoi exercer mon industrie. Maintenant, mon cher compagnon, vous connaissez mon existence entière aussi bien que moi-même.

— Quel âge croyez-vous avoir? demanda l'Indien qui avait écouté avec l'attention la plus scrupuleuse le récit du jeune homme.

— Un peu plus de vingt-cinq ans.

— Mais pour conserver une telle habitude de la langue française, il faut que vous ayez parlé cette langue autrement qu'étant seul?

— Lors de mes divers séjours dans les villes j'ai parfois rencontré des gens parlant français, et chaque occasion de ce genre qui s'est présentée, je l'ai saisie avec empressement. Voilà comment cette langue a pu continuer à m'être familière.

— Savez-vous lire et écrire en français?

— Non.

— Et en arabe?

— Je sais lire seulement. Un vieux taleb avec lequel j'ai vécu quelque temps m'a enseigné la lecture.

L'Indien baissa la tête sans poursuivre ses interrogations.

Tout en causant, les deux voyageurs avaient fait leur frugal repas et s'étaient désaltérés au clair ruisseau.

La nuit succédait au jour et descendait sur la terre avec cette rapidité particulière aux climats rapprochés de l'équateur.

Déjà les ombres enveloppaient l'horizon dans leur voile ténébreux et les cris des bêtes fauves retentissaient plus sonores et plus éclatants.

« Il faut allumer des feux pour nous préserver des mauvaises visites, dit Marc, car cette source attirera autour de nous cette nuit tous les animaux du désert. »

Et joignant le fait à la parole, le jeune homme se leva lestement.

Avec une dextérité qui révélait une habitude journalière de ce genre d'opération, il coupa des buissons entiers de palmiers nains et les disposa comme un rempart, en cercle régulier, tout autour de l'oasis.

Il fit entrer les deux chevaux dans ce cercle, puis il alla chercher l'un de ses pistolets.

Ces pistolets, d'invention récente alors, puisqu'elle remontait à un demi-siècle, étaient à rouet, c'est-à-dire munis d'une pierre de silex qui, par la détente d'un rouet, s'abaissait sur la platine et mettait le feu à la poudre du bassinet.

Il y avait peu de temps, dit Marc à son compagnon qu'il possédait ces armes si peu communes. Il les avait échangées récemment à Tunis, contre trois peaux de lions et deux peaux de panthères.

C'était le pistolet qu'il avait déchargé sur la panthère, que le jeune homme avait pris.

Sans le recharger, il mit un peu de poudre dans le bassinet, puis approchant une branche sèche de palmier, il fit jouer le rouet.

La pierre s'abattit, la poudre s'enflamma et communiqua le feu à la branche.

A l'aide de ce petit brandon, Marc embrasa successivement les fascines qu'il avait disposées en cercles.

Au centre de l'oasis se dressait une pyramide de bois mort, ou desséché par le soleil, que le jeune homme avait placé là en réserve pour alimenter les bûchers.

Bientôt la flamme s'éleva de toutes parts, et un véritable mur de feu se dressa entre les voyageurs et les bêtes fauves, dont ils redoutaient à bon droit l'approche.

Cette flamme avait en outre l'avantage d'éclairer splendidement les deux hommes, et de combattre victorieusement le froid qui, par la détente d'un rouet, succède brusquement et fatalement en Orient, à la chaleur extrême du jour.

La nuit était admirablement belle et d'une clarté phosphorescente. Des myriades d'étoiles pailletaient la voûte d'un bleu sombre qui recouvrait comme une coupole peinte les noires profondeurs du désert.

La brise ne soufflait plus.

On entendait le petillement sec de la flamme tordant le bois, que dominaient presque incessamment les lugubres hurlements des chacals, les cris du lynx, le rugissement des panthères et le rauquement des hyènes.

Parfois un roulement semblable à celui du tonnerre retentissait au loin, vibrant avec fracas dans l'espace.

Aussitôt chacals, lynx, panthères et hyènes se taisaient du même coup; un profond silence régnait dans la nature qui semblait tout entière frappée de stupeur, et un second roulement ébranlait les échos.

C'était le lion qui rugissait dans le désert.

Puis, après quelques secondes d'attente, le concert interrompu reprenait son cours infernal.

Les deux hommes paraissaient plongés tous deux dans de profondes pensées.

X

LES DEUX CAVALIERS.

— Vous connaissez la France, m'avez-vous dit? demanda brusquement Marc en rompant le silence qui régnait entre lui et son compagnon.

— Oui, répondit celui-ci en plongeant ses regards dans ceux du jeune homme.

— Est-ce un beau pays?

— Admirable!

— Plus beau que celui-ci?

— Sa beauté est différente; l'orient et l'occident ne peuvent se comparer.

— Y trouve-t-on de vastes déserts?

— Non; mais la France entière ne forme qu'une seule et même oasis. La terre y est soigneusement cultivée, les plaines fertiles, les forêts magnifiques, les fleuves nombreux et profonds. L'une des plus belles parties surtout de cette belle France est une province que l'on nomme la Picardie.

En prononçant ce nom, l'Indien regarda Marc plus fixement encore.

Celui-ci ne sourcilla pas, et son visage ne changea en rien d'expression.

— La Picardie! répéta-t-il comme quelqu'un qui entend prononcer un nom pour la première fois et qui veut le retenir.

— Oui, j'ai habité longtemps cette province... J'avais là un compagnon d'études et de travail... un noble et spirituel seigneur... Son château était près d'Amiens.

L'Indien accentua de nouveau ce mot avec une intention évidente.

— Amiens!... répéta Marc.

Il parut chercher un moment dans son esprit; puis, après quelques secondes:

— Il me semble que ce nom a déjà été prononcé devant moi, reprit-il; peut-être est-ce par l'un des voyageurs que j'ai rencontrés.

— Ce château, poursuivit l'Indien, était un vieux manoir de famille, flanqué à ses angles de hautes tours crénelées, dont les deux, ornant la façade, étaient tapissées, de leur base à leur sommet, par des lierres gigantesques aux larges feuilles touffues et toujours vertes. Une étroite voûte servait d'entrée au château, et un pont-levis abaissé sur un fossé conduisait à l'intérieur. Une cour spacieuse s'étendait sur la longueur du bâtiment, et était plantée d'arbres séculaires aux rameaux s'entrelaçant. Un charmant cours d'eau, prenant sa source dans les jardins même de l'habitation seigneuriale, déversait dans des fossés son onde claire et rapide. Seul, le derrière de la maison offrait un caractère sauvage. Le château était adossé à un précipice profond. De ce côté il n'avait qu'une seule fenêtre... celle de la chambre du comte propriétaire.

Le voyageur s'arrêta pour contempler celui qui l'écoutait.

Marc pressait son front entre ses doigts.

— C'est singulier! dit-il enfin; il me semble avoir vu dans mes rêves...

Puis s'interrompant brusquement:

— C'est une illusion! ajouta-t-il; un caprice de mon esprit. Comment aurais-je pu voir, même en rêve, un château semblable à celui que vous venez de décrire, moi qui ne sais même pas ce que c'est qu'un château de France? Et cependant...

— Le gentilhomme qui habitait ce domaine, continua l'Indien tout en suivant avec une anxiété visible les divers sentiments qui se reflétaient sur la physionomie expressive de Marc, était d'une illustre et ancienne famille bretonne, et se nommait... Mais son nom importe peu... Je l'appellerai simplement le comte Henri. D'ailleurs, je vous parle là de choses qui ne sauraient vous intéresser... et je vous empêche de prendre un repos nécessaire après les rudes fatigues d'une journée de chasse.

— Nullement! s'écria Marc avec vivacité; je n'ai pas besoin de repos... et vos paroles ont pour moi un attrait que je ne puis expliquer. Parlez! parlez encore, mais parlez-moi surtout de ce château auquel je m'intéresse sans pouvoir dire la cause de cet intérêt que je ressens. Quel était celui qui l'habitait?

— Un homme noble, bon, loyal et brave.

— Votre ami?

— Oui.

— Et en ce moment encore il est en France?

— Non!

— Où est-il?

— Il est mort.

— En combattant ses ennemis?

— Non; mais lâchement assassiné par un misérable.

— Assassiné! répéta Marc en tressaillant.

— Oui; oh! c'est une courte et touchante histoire que celle de cet homme!

— Vous la connaissez?

— Oui; j'étais son ami, je vous l'ai dit.

— Eh bien! racontez-la moi.

— Pourquoi?

— Pourquoi? Je ne saurais le dire; mais, en vous faisant cette demande, j'obéis à un sentiment dont je ne puis me rendre compte. D'ailleurs, on a rarement l'occasion de causer au désert. Peut-être est-ce le plaisir d'entendre une voix humaine frapper mon oreille, qui m'entraîne à vous interroger.

— Cela ou autre chose, peu importe! dit l'Indien; si mes paroles vous intéressent, je suis prêt à vous être agréable. La nuit est belle, il faut que l'un de nous veille pour entretenir les feux; eh bien! veillons ensemble, j'y consens volontiers... Ainsi que vous le faites observer, la causerie est rare au désert, et il est attrayant pour moi de parler des choses d'Europe au milieu de cette plaine africaine, en entendant les rugissements des bêtes fauves qui nous entourent... Et cependant les pays civilisés sont peut-être peuplés, plus encore que ces déserts, d'animaux féroces avides de sang et de carnage!

— Quoi! en France trouve-t-on donc plus de lions, de panthères, d'hyènes et de lynx que dans le sein de l'Afrique?

— Non; mais les hommes y sont plus nombreux; c'est là ce que je voulais dire.

L'Indien se tut comme s'il voulait se donner le temps de rassembler ses souvenirs; puis il reprit:

— Alors que j'étais en Picardie, il y a de cela près de trente années, habitait près du château du comte une belle et ravissante jeune fille nommée Blanche. Son père était un pauvre gentilhomme mort au service du roi, et Blanche, sans fortune et sans famille, vivait seule, ne voyant guère d'autre avenir pour elle que le voile des épouses du Christ et le séjour de la cellule d'un couvent.

« Un soir, en revenant d'une ville voisine, Blanche, suivie par un seul valet et montée sur sa haquenée noire, fit la rencontre d'un jeune cavalier.

« Le cavalier, la voyant seule, lui demanda la permission de l'accompagner. La jeune fille octroya cette faveur en s'apercevant qu'elle avait affaire à un homme de naissance.

« Le cavalier, en regardant Blanche, l'avait trouvée bien belle; en l'écoutant, il subit le charme de son esprit et au moment où il prenait congé de la jeune fille, celle-ci emportait le cœur de son compagnon.

« Cet homme, qui n'avait jamais aimé jusqu'alors et qui ne devait jamais aimer depuis, c'était moi. »

L'Indien fit une pause.

— Malheureusement, reprit-il bientôt, le lendemain il me fallait partir. Je quittai le comte sans lui rien confier de ma rencontre de la veille, et je m'éloignai l'âme remplie des plus sinistres pressentiments.

« Ces pressentiments ne devaient pas être menteurs. Deux mois après, j'appris qu'une catastrophe terrible avait frappé celle que j'aimais.

« Un autre que moi avait été séduit par la beauté de Blanche ; mais cet autre était un misérable, un bandit de la pire espèce, promenant d'un bout à l'autre de la France ses instincts de bête fauve, auxquels il obéissait sans remords ni conscience.

« Sachant bien que la noble fille repousserait fièrement et avec le mépris qu'elle méritait une passion allumée dans une âme aussi basse, le lâche eut recours à la ruse et à la violence.

« Il feignit de quitter le pays, puis une nuit, il revint à la tête de quelques-uns de ses amis, força la maison de Blanche, mal défendue par un seul valet, incendia l'habitation, et enleva la pauvre enfant, avec laquelle il s'enfuit.

« Devenue la proie d'un bandit, son esclave, sa victime, Blanche demeura six mois sans que qui que ce fût entendît parler d'elle.

« Mes recherches les plus actives furent vaines. Tout ce que je pus savoir, ce fut le nom de l'infâme ravisseur. Cet homme se nommait La Chesnaye !

« J'avais renfermé dans mon cœur le secret de mon amour, désormais malheureux, et personne, pas même le comte, n'avait été mon confident.

« Désespéré, je partis pour la Hollande.

« Quelques années après, je recevais un message du comte qui m'annonçait son mariage et me pressait de venir rendre visite à sa charmante épouse, dont il me vantait les perfections physiques et les qualités morales.

« Le messager m'apprit, en outre, que la jeune comtesse était enceinte, et que sa grossesse avancée promettait un terme prochain aux vives anxiétés de son mari.

« Voici, en effet, ce qui avait eu lieu en mon absence.

« Un matin, le comte suivait les bords d'une rivière voisine de son château, accomplissant sa promenade favorite.

« Tout à coup, sur l'autre rive, il vit accourir une femme éplorée, les vêtements en désordre, les cheveux épars. La malheureuse se dirigeait directement vers la rivière.

« Arrivée sur ses bords, à un endroit escarpé où les eaux profondes roulaient en tourbillonnant, elle s'arrêta, joignit les mains, puis s'élança rapidement dans la rivière, qui se referma sur elle.

« Bondir à terre, abandonner sa monture, déchirer ses habits et plonger dans les eaux, tout cela fut pour le comte l'affaire d'un seul et même instant.

« Après une lutte acharnée et terrible avec l'élément, qui voulait conserver sa proie, le comte parvint à ramener sur la rive le corps inanimé de la pauvre femme.

« Les valets étaient accourus : sur l'ordre de leur maître, ils transportèrent au château celle que le noble seigneur venait, au péril de sa vie, d'arracher à une perte certaine.

« La pauvre femme, à peine rappelée à l'existence, fut atteinte par une fièvre effrayante.

« Durant de longues semaines, elle fut suspendue entre la vie et la mort ; enfin la vie triompha dans ce duel épouvantable, et la femme fut sauvée.

« Bientôt elle entra en convalescence. Le comte, à demi savant, lui avait prodigué ses soins durant sa douloureuse maladie.

« Chaque jour il venait s'asseoir au pied du lit de la jeune femme, et il passait de longues heures près d'elle. La santé, en reprenant possession du corps, avait ramené la beauté et la grâce sur les traits amaigris du visage.

« Le comte trouvait chaque matin sa chère malade plus belle et plus charmante que la veille, et à tout instant il découvrait dans sa conversation des qualités nouvelles et un entraînement irrésistible.

« Que vous dirai-je ? Il l'aima, et bientôt il osa le lui dire.

« En recevant cet aveu, la jolie convalescente éclata en sanglots et s'écria avec désespoir :

« — Oh ! pourquoi m'avez-vous sauvée ? Pourquoi ne m'avez-vous pas laissée mourir ?

« Le comte ne l'avait jamais interrogée jusqu'alors sur la cause qui l'avait portée au suicide.

« Cette fois il la pressa de lui révéler la vérité.

« La pauvre enfant lui raconta sa douloureuse et lamentable histoire.

« Cette femme, c'était Blanche, que le comte n'avait jamais vue, jusqu'au jour où il s'était précipité dans la rivière pour sauver la victime du bandit.

« Elle apprit au gentilhomme le rapt et la violence dont La Chesnaye s'était rendu coupable quelques mois auparavant.

« Une fois entre les mains du brigand infâme, elle avait rassemblé toute son énergie et toute sa force pour échapper au sort horrible qui l'attendait.

« La Chesnaye l'avait conduite dans un lieu voisin où il faisait son repaire, et là il avait osé faire part à la pauvre enfant de l'amour qu'il ressentait pour elle, lui offrant de devenir sa maîtresse et de partager sa criminelle existence.

« Blanche avait repoussé avec dégoût et fierté l'ignoble proposition du bandit.

« La Chesnaye, emporté par sa passion, obéissant à sa nature vicieuse, avait successivement mis en jeu tous les moyens de séduction, toutes les ruses pour atteindre son but ; mais Blanche avait eu le courage de résister à tout.

« Prières, tendresses, menaces, elle avait tout repoussé, tout bravé.

« Un poignard, qu'elle avait arraché à la ceinture du bandit, lui avait permis de se défendre contre la violence.

« Craignant un piège tendu pour la réduire, elle refusait tout aliment, toute boisson, préférant les tortures de la faim, la mort sous son aspect le plus hideux, à la honte de succomber.

« Cependant ses forces s'épuisaient, son esprit commençait à s'égarer ; bientôt elle sentit qu'elle n'allait plus pouvoir lutter, lorsqu'un miracle de la Providence vint heureusement la sauver.

« La Chesnaye, furieux de ne pouvoir vaincre cette résistance opiniâtre, changea tout à coup de sentiments et de manière. A l'amour qu'il ressentait pour Blanche succédait une haine avide de supplices.

« Il fit jeter la pauvre enfant dans une sorte de prison obscure et malsaine, l'abandonnant à la garde de l'un de ses hommes, le plus cruel et le plus farouche.

« Blanche languit deux mois, appelant de tous ses vœux la mort trop lente à venir.

« Enfin un jour son geôlier, frappé sans doute par la main du Dieu vengeur, tomba malade. En peu de temps le mal fit de rapides progrès dans cette organisation gangrenée par les excès de toutes sortes.

« La Chesnaye était absent avec les siens. Il était en expédition loin de l'endroit où agonisaient ensemble le geôlier et la prisonnière.

« Le bandit, se sentant mourir et ayant peur sans doute de mourir seul, le bandit ouvrit la porte du cachot et supplia Blanche de lui rendre le bien pour le mal, de l'assister à sa ...eure dernière, et de lui pardonner une partie de ses crimes.

« La noble fille comprit que Dieu l'avait choisie pour racheter cette âme appartenant à l'enfer.

« Loin de fuir alors qu'elle le pouvait aisément, elle se dévoua pour soigner celui qui l'avait torturée, et qui maintenant implorait son aide.

« La mort était proche : rien ne pouvait sauver le misérable ; mais, touché du généreux dévouement de la prisonnière, il la conjura de reconquérir sur l'heure sa liberté, ajoutant que La Chesnaye devait la tuer à son retour, afin de se venger des dédains de sa victime et d'anéantir ainsi les preuves du crime qu'il avait accompli.

« Blanche pouvait fuir, je vous le répète, et cependant elle ne voulut pas quitter le moribond.

« Enfin la mort fit son œuvre et la jeune fille se trouva seule en présence d'un cadavre.

« Blanche ignorait où on l'avait conduite. Avait-elle ou non quitté sa province? Elle ne le savait pas.

« Hésitant sur ce qu'elle avait à faire, tremblante d'effroi, à demi brisée par les souffrances sans nombre qu'elle avait endurées, elle demandait au ciel le parti qu'elle devait prendre, lorsque tout à coup elle entendit les bandits qui revenaient dans leur repaire.

« Elle n'hésita plus... Une fenêtre basse donnait sur la campagne... elle l'ouvrit et s'élança.

« Un bois touffu se présenta à elle, elle s'y enfonça sans savoir où elle allait.

« Bientôt, soit réalité, soit effet de l'empire de la terreur, elle crut entendre le galop d'un cheval, elle se crut poursuivie, elle précipita sa marche.

« Puis la folie envahit son cerveau : il lui sembla voir La Chesnaye et sa bande entière obstruant tous les passages; elle fit un dernier effort... la rivière était proche, elle s'é-'ança... »

« En écoutant ce terrible récit, le comte avait pâli plusieurs fois d'indignation et de colère.

« Quand elle eut achevé :

« — Courage! dit-il. Je vais vous venger d'abord, ensuite je reprendrai le cours de cet entretien interrompu par votre pénible confidence. Espérez en Dieu et demeurez dans ce château où vous serez traitée comme ma propre sœur.

« Blanche fondit en larmes et voulut baiser les mains du gentilhomme, mais celui-ci se recula vivement, et, s'inclinant à son tour, pressa sur ses lèvres les doigts qui avaient saisi les siens.

« Le lendemain, il quittait le château sans avoir revu la jeune fille.

« Six semaines après il revenait dans ses domaines, le regard triomphant et le front joyeux.

« Blanche avait passé ces six semaines dans une retraite absolue. Lorsque le comte se présenta devant elle, la pauvre enfant devint d'une pâleur mortelle et se sentit défaillir. Elle comprenait que c'était pour elle la vie que lui apportait alors celui dont le souvenir ne l'avait pas abandonné un seul instant.

« Le comte lui prit la main et la baisa avec tous les signes du plus profond respect.

« — Blanche, lui dit-il en s'inclinant, votre enfance et votre jeunesse ont été malheureuses. La Providence doit une compensation aux souffrances que vous endurées; après les ouragans qui désolent, brille le soleil qui répare et fait oublier les désastres, telle est la loi naturelle. Un misérable a torturé votre existence, un noble gentilhomme vous offre aujourd'hui de réparer les crimes du bandit, et il espère en effacer jusqu'au souvenir... Dites, Blanche ! repousserez-vous la main qui se tend vers vous suppliante? Accepterez-vous l'amour de celui qui désormais ne pourrait vivre sans vous?... Consentez-vous à vous placer enfin sous l'égide de son nom?... Voulez-vous être sa femme ?

« Blanche ne répondit pas.

« Les yeux à demi fermés, le sein palpitant, le visage plu pâle encore, elle paraissait sous le coup d'une émotion qu'elle n'avait pas la force de supporter.

« Le comte la prit dans ses bras et la pressa contre son cœur.

— Je vous aime ! murmura-t-il avec une tendresse infinie.

« — Taisez-vous ! balbutia la jeune fille.

« — Pourquoi ? demanda le gentilhomme.

« — Parce que vous me tuez, Henri !·

« — Je vous tue ! moi qui donnerais ma vie pour épargner la vôtre, moi qui sacrifierais avec joie mon existence pour vous éviter une douleur !

« — Oh ! taisez-vous ! taisez-vous !... reprit Blanche en retrouvant un peu de l'énergie qui l'avait abandonnée; taisez vous, Henri !...

« — Mon Dieu ! expliquez-vous !... qu'avez-vous ! s'écria le gentilhomme avec stupeur, car il sentait frissonner et faiblir entre ses bras ce beau corps dont le sang semblait se figer dans ses veines.

« — Ce que j'ai ? s'écria la jeune fille. Vous m'aimez, Henri !... et moi aussi, je sens que je vous aime!

« — Mais alors, le bonheur vient à nous ! fit le comte avec transport.

« — C'est ce bonheur impossible qui me tue !

« — Impossible !... Pourquoi?

« — Parce que la honte est entre nous !

« — La honte ne saurait jamais arriver jusqu'au nom que je porte ! dit le gentilhomme avec orgueil.

« — Mais moi, Henri, je ne saurais monter jusqu'à ce nom que vous m'offrez si généreusement.

« — Pourquoi ?... je ne vous comprends pas.

« — Quoi !... s'écria Blanche, vous ne comprenez pas toute la distance que le crime de La Chesnaye a placée entre nous ? J'ai passé six mois entre les mains de ce misérable qui a la réputation trop méritée de ne respecter rien; Dieu m'a donné la force de résister, Dieu m'a donné la force de sortir pure de cet antre d'infamies ; mais le monde ne me pardonnera jamais mon malheur, et, pour tous, celle que vous voulez nommer votre femme, passera pour avoir été la victime de la brutalité d'un bandit.

« Le comte comprit tout ce qui se passait dans l'âme de la pauvre enfant.

« — Le passé n'existe plus ! dit-il lentement. La main que je vous offre a vengé l'outrage que vous avez reçu... »

— Ah ! interrompit brusquement Marc qui écoutait avec émotion et un intérêt croissant le récit que faisait l'Indien, ah ! votre ami avait puni l'infâme ? Il l'avait tué, sans doute?

— Il ne l'avait pas tué, car le monstre existait encore, ainsi que vous le verrez malheureusement bientôt, mais il avait très-certainement tiré de lui une vengeance terrible.

— Quelle sorte de vengeance? demanda Marc en homme trop habitué à vivre au milieu des Orientaux dont la maxime est, on le sait, en fait de réparation : « Dent pour dent, œil pour œil, » pour ne pas attacher une grande importance à la façon dont le comte avait châtié l'infamie de La Chesnaye.

— Quelle sorte de vengeance? répéta l'Indien, de quelle manière le comte avait-il puni le misérable ? Voilà ce que j'ai toujours ignoré et ce que j'ignore encore. Jamais mon ami ne m'a fait une seule confidence à cet égard, jamais Blanche elle-même ne l'a su; mais, je vous le répète, il fallait que cette vengeance eût été bien terrible, car elle avait porté au plus haut point la rage de celui qui l'avait subie et avait allumé dans son sein un désir effréné de sanglantes représailles.

— Comment cela ?

— Vous allez le savoir; mais voici notre feu de droite dont la flamme faiblit faute d'aliment, et depuis quelques minutes, j'entends précisément de ce côté un bruissement qui pourrait bien indiquer pour nous un dangereux voisinage. Si vous le voulez bien, nous allons avant tout veiller à notre repos. »

En achevant ces mots, l'Indien se dressa vivement et saisit son trident placé à terre auprès de lui.

Marc fut debout en même temps que son compagnon.

Se dirigeant vers le faisceau de branches qu'il avait amoncelées sur les bords du bassin, il en prit une énorme brassée et se disposa à l'aller jeter sur le bûcher mourant désigné par l'Indien.

Celui-ci, devançant le jeune homme, s'approchait avec précaution de l'extrémité du cercle de feu.

De l'autre côté du rempart ardent, à peu de distance du foyer et sous les rayons lumineux projetés par la flamme, les deux hommes aperçurent deux yeux brillants comme deux étoiles, puis un corps énorme avec une arête de longs poils hérissés sur le dos, une tête courte et carrée aux oreilles droites, longues et nues, un pelage gris obscur et des formes courtes, tortueuses et ramassées.

— Une hyène! fit Marc avec un geste de dégoût et en lançant la brassée de bois sur le bûcher incandescent qui s'éparpilla sous le choc en lançant une pluie d'étincelles.

L'Indien jeta son trident avec mépris et revint à la place qu'il occupait.

En effet, pour les habitants du désert l'hyène, cet animal lâche, astucieux, hypocrite, ce reptile des quadrupèdes, si nous pouvons nous exprimer ainsi, est l'objet du plus profond dédain.

N'attaquant jamais l'homme vivant, ne se repaissant que de cadavres, suivant les caravanes et les troupeaux dans le désert, comme le requin suit les navires dans l'Océan, elle guette sans cesse une proie qu'elle n'a ni le courage ni la hardiesse de saisir, à moins que la faim ne la presse.

Les Arabes dédaignent d'attaquer cet hôte commun de leurs plaines : s'ils le rencontrent, ils l'écrasent à coups de bâton.

Aussi fut-ce en regrettant de s'être dérangés pour une semblable cause que Marc et l'Indien reprirent leur place sur le gazon que mouillait une rosée abondante, de l'atteinte pernicieuse de laquelle ils se préservèrent en se drapant dans leur burnous.

La nuit était devenue aussi froide que le jour avait été chaud.

Les cris de bêtes fauves continuaient toujours leur étourdissant et lugubre concert.

XI

LE COMTE HENRI.

— Ce que je vous raconte vous intéresse-t-il toujours? demanda le narrateur en regardant fixement son compagnon.

— Plus que jamais! répondit celui-ci.

— De sorte que vous désirez sans doute que je continue?

— J'allais vous en prier.

— Eh bien, écoutez-moi donc, jeune homme, et écoutez-moi avec une attention profonde, reprit l'Indien d'une voix grave.

« De quels arguments se servit le comte pour vaincre la noble résistance de la jeune fille, à l'aide de quelles douces et tendres paroles parvint-il à cicatriser cette conscience justement alarmée? Peu importent ces détails!

« Qu'il vous suffise de savoir que l'amour triompha des refus obstinés de Blanche, et que le comte Henri posa sur ce front pâli par la douleur la couronne seigneuriale que lui avaient léguée ses ancêtres.

« On eût dit alors qu'une existence nouvelle commençât pour la jeune et belle épouse.

« Oubliant le cruel souvenir du passé, elle se consacra de toute la puissance de son âme et de son cœur au bonheur de son époux.

« Bientôt le ciel, voulant récompenser sans doute la généreuse conduite du comte et la sainte piété de la comtesse, le ciel bénit cette union.

« Un fils, en venant au monde, resserra plus puissamment encore les liens qui unissaient déjà Blanche et Henri.

« Ce fut à ce moment, je vous l'ai dit, que j'appris en Hollande la nouvelle du mariage de mon ami et en recevant son invitation pressante de me rendre au château.

« Revoir les lieux où avait vécu la seule femme que j'eusse aimée et que je considérais comme à jamais perdue pour moi, me causait une appréhension pénible.

« J'hésitai à reconnaître comme il le méritait le souvenir amical que m'envoyait le comte, et ce ne fut que sur un deuxième message plus pressant encore que le premier que je quittai la Hollande et me mis en route pour la Picardie.

« J'ignorais alors absolument dans quelles circonstances s'était accompli le mariage de mon ami et quelle était la femme qu'il avait épousée.

« Le comte me reçut avec les plus vives démonstrations de tendresse. Je l'aimais sincèrement moi-même, et notre réunion me causa une douce et vive émotion.

« Il y avait deux années passées que nous ne nous étions vus.

« Le comte m'apprit la naissance de son fils, et m'entraîna vivement pour me présenter à la jeune mère.

« Ce fut alors seulement que je reconnus dans la femme qu'avait épousée mon ami, celle dont le souvenir ne m'avait pas quitté un seul instant, celle que j'avais aimée et que j'aimais encore.

« Blanche, qui ne m'avait vu qu'un soir et durant plusieurs heures, ne se rappela sans doute pas le cavalier qui l'avait escortée depuis Amiens jusqu'à sa demeure, car en me voyant elle ne manifesta aucun souvenir et m'accueillit avec cette grâce charmante qui m'avait séduit deux années plus tôt.

« Muet d'émotion, de stupéfaction et de douleur, je demeurai tremblant et anéanti devant la jeune comtesse qui me regarda avec un étonnement mal dissimulé.

« Le comte, surpris lui-même de l'état dans lequel je me trouvais subitement, s'empressa de m'en demander la cause, croyant à une indisposition foudroyante.

« Enfin, me remettant un peu, je parvins à balbutier quelques paroles et, rejetant le trouble de mes sens sur la fatigue du voyage, je me retirai dans l'appartement que m'avait fait préparer mon ami.

« Les quelques heures que je passai seul furent témoins de toutes les tortures de mon cœur.

« À la vue de Blanche, la passion que je ressentais pour elle avait acquis un redoublement de force.

« Je l'avais crue morte et j'avais pleuré amèrement sa perte, mais en la retrouvant vivante, plus belle et plus charmante que jamais, en constatant entre elle et moi l'obstacle infranchissable qui s'était créé en mon absence, je sentis à l'amour qui brûlait mon cœur s'ajouter le poison corrosif d'une jalousie sans bornes.

« J'étais jaloux de mon ami, j'aimais sa femme et je sentais la haine se substituer rapidement à l'amitié que j'avais éprouvée jusqu'alors.

« Mille pensées furieuses se heurtaient dans mon cerveau en délire, lorsqu'Henri vint lui-même me trouver et me raconta les circonstances qui avaient précédé son union.

« Ce récit, que je viens de vous faire, calma mon esprit et me permit de reprendre conscience de mes actes et de mes paroles.

« Lorsque le comte acheva, une résolution généreuse et inébranlable était fixée dans mon cœur.

« Je voulais partir à l'instant même, quitter le château et ne plus revoir jamais ni le comte, ni la comtesse.

« Tous deux devaient toujours ignorer ma funeste passion : je devais donc être seul à souffrir.

« Prétextant mille projets dont je ne me souviens plus aujourd'hui, je déclarai au comte qu'il me fallait sur l'heure me remettre en marche vers Paris.

« Ne cédant ni à ses instances ni à ses prières, me renfermant dans une décision formellement arrêtée, je quittai le château la nuit même sans avoir revu Blanche.

« J'accourus à Paris : j'avais trente ans alors, j'étais jeune et dans toute la plénitude de mes facultés. Je compris que, pour combattre la passion qui faisait mon malheur, il fallait substituer à cette passion une autre plus puissante encore, guérir un amour par un autre amour.

« Je me lançai dans la vie aventureuse, dans le désordre, dans les intrigues galantes, dans les complots de cour.

« Mais les aventures, les galanteries, la politique, n'apportèrent pas l'oubli. J'eus alors recours à la science.

« Cette fois, j'avais à peu près réussi. Si l'étude, le travail ne me consolèrent point, ils absorbèrent du moins tellement mes pensées, que bientôt je devins indifférent aux autres passions humaines.

« Seulement, je sentais aussi que pour ne plus souffrir, il me fallait éviter à jamais la présence de ceux qui pouvaient, sans le vouloir, raviver mes douleurs.

« Me livrant en entier à cette science bienfaisante, j'y sacrifiai ma fortune, mon temps et les forces de mon corps et de mon esprit.

« Avec Amyot et Scaliger j'étudiai les langues orientales, avec Baronius l'histoire, avec Théodore de Bèze la philosophie religieuse, avec Bodin la magie et l'alchimie.

« Bientôt je fus en relation avec tout ce que la France, l'Angleterre, l'Allemagne et l'Italie possédaient de savants.

« Je travaillai sans relâche, avec une infatigable ardeur.

« Deux fois, je reçus des messages du comte qui me pressaient vivement de me rendre près de lui. Deux fois je refusai sous des prétextes laborieusement trouvés.

« Enfin, un troisième m'arriva : celui-ci fit chanceler ma résolution arrêtée, mais par malheur, je fis appel à ma volonté et je résistai encore.

« Le comte me disait qu'il se sentait triste, inquiet, préoccupé, que de lugubres pressentiments l'agitaient sans qu'il pût en définir la cause, qu'il avait foi en mon amitié, qu'il désirait me voir; qu'il ne savait pourquoi, mais qu'il était certain que ma présence au château le préserverait d'événements fatals...

« Il insistait au nom de son propre bonheur, d'une façon telle que je me sentis, je vous le répète, chanceler dans ma détermination.

« Malheureusement, il ajoutait dans sa lettre, que Blanche et lui s'aimaient plus que jamais et que la comtesse était toujours plus belle et plus ravissante.

« Cette phrase me brisa le cœur et me fit déchirer le message.

« Cette fois encore, je refusai opiniâtrement et je demeurai à Paris, me redonnant tout entier au travail.

« Je m'occupais à cette époque, avec l'Allemand Goclenius et l'Anglais Fludd d'une branche de la science encore presque inconnue de nos jours, mais appelée à jouer dans l'avenir un rôle puissant et indéfinissable, cette science particulière à laquelle Paracelse avait donné le nom de magnétisme, en en ébauchant la découverte.

« Une nuit que j'avais travaillé avec plus d'ardeur encore que de coutume, l'esprit effrayé des découvertes que je faisais à chaque pas dans la voie ténébreuse que je poursuivais sans relâche, je m'endormis dans mon laboratoire.

« Un songe horrible vint tourmenter mon sommeil.

« Je voyais le comte Henri mourant dans les convulsions d'une agonie furieuse.

« Sa couche était inondée de sang.

« Près de lui, Blanche, renversée, un poignard enfoncé dans la poitrine, tendait ses mains suppliantes comme pour implorer du secours, et mon nom, que je distinguais parfaitement, s'échappait de ses lèvres décolorées.

« Je me réveillai le front baigné de sueur et, en constatant que je venais de subir les angoisses d'un songe, je poussai un cri de satisfaction.

« Je m'endormis de nouveau et de nouveau le même rêve effrayant vint m'assaillir.

« Par deux fois encore je luttai en reprenant mes sens contre cette vision épouvantable, et par deux fois encore, elle m'apparut obstinément.

« Le lendemain, au jour, j'étais si bien sous l'empire de ce songe, qu'il me semblait entendre à mes oreilles l'appel déchirant de la comtesse.

« Sans plus réfléchir, je résolus de me rendre au château, convaincu qu'une puissance surnaturelle me poussait sur la route.

« Je montai à cheval et je dévorai l'espace.

« Le lendemain soir j'arrivai aux portes du vieux manoir qui s'étaient si souvent ouvertes devant moi.

« La nuit, qui descendait rapidement, était sombre et orageuse.

« De gros nuages couraient, s'entre-choquant sous les fureurs d'un ouragan terrible, et le roulement formidable du tonnerre suivait de près les lueurs rapides qui découpaient dans le ciel de longues traînées de feu.

« Au moment où j'atteignais le pont-levis, un homme bondissait de l'intérieur du château, s'élançait sur un cheval et disparaissait au galop.

« Cette apparition avait été si vive, que je n'avais même pu distinguer les formes de celui qui venait de passer sous mes yeux, et qu'il était évident que lui-même n'avait pas eu le temps de m'apercevoir.

« Je m'avançai étonné de trouver le pont-levis abaissé à cette heure et la porte du château entr'ouverte.

« En pénétrant sous la voûte, mon cheval se jeta brusquement de côté et refusa d'avancer.

« Étonné, je descendis, et j'interrogeai le sol.

« Un cadavre était étendu en travers du passage, et ce cadavre était celui d'un vieux valet chargé de veiller à la garde des portes.

« Une large blessure lui ouvrait la poitrine.

« L'effroi me saisit, et, abandonnant ma monture, je me précipitai dans la cour.

« Elle était déserte.

« J'entrai dans les appartements; il régnait un épouvantable désordre : les meubles étaient brisés, saccagés, les planchers couverts de débris, les coffres forcés.

« Je remerciai le comte, et je permis à Aldah d'accepter. »

« Une bande dévastatrice avait dû passer là.

« Ma terreur redoublait; j'appelai le comte de toutes mes forces.

« A mes cris, de sourds gémissements répondirent; ces gémissements partaient de la chambre même du comte.

« Je bondis vers la porte, je la poussai violemment, et je me trouvai en face du plus lugubre et du plus désolant spectacle.

« C'était mon rêve réalisé dans toute son horreur.

« Sur le lit gisait, inanimé, le corps demi-nu du comte.

« Près du lit, à la tête du meuble, la jeune comtesse, renversée, les cheveux épars, était étendue sans vie et sans mouvement; elle portait au cou une large blessure.

« A quelques pas de là un jeune valet, la poitrine trouée, gisait également sans donner signe d'existence.

« Puis partout, sur le lit, sur le plancher, sur les meubles, des flots de sang répandu.

« Stupéfié tout d'abord je demeurai immobile, croyant encore être le jouet d'une fatale illusion; mais, convaincu que c'était une réalité terrible qui frappait mes regards, je courus à Blanche, je l'enlevai dans mes bras, j'interrogeai son cœur... il ne battait plus.

« Le corps du comte était déjà froid et avait la roideur cadavérique...

« Seul le jeune valet, que je reconnus pour l'avoir vu enfant au service du comte, respirait encore.

« Le pauvre petit avait douze ans au plus, et je devinai qu'il avait été frappé en voulant défendre son maître et sa maîtresse.

« Éperdu, je parcourus le château, appelant à l'aide et étonné de ne recevoir aucune réponse.

« Qu'étaient devenus les gens du comte ?

« En passant devant une salle basse, je crus entendre un bruit vague, je voulus ouvrir la porte, mais cette porte était fermée et la clef n'était plus dans la serrure.

« Saisissant une hache que je trouvai à ma portée, j'attaquai le bois avec vigueur et bientôt la porte défoncée me livra passage.

« Une torche que j'avais allumée pour diriger mes recherches éclaira la pièce et alors une partie du lugubre mystère me fut expliquée !

« Dix ou douze valets et deux femmes appartenant au service particulier de la comtesse, étroitement garrottés et solidement bâillonnés, étaient entassés les uns sur les autres dans l'impossibilité de tenter un mouvement, ni d'articuler une plainte.

« Quelques instants après ils me donnaient rapidement des éclaircissements que je demandais.

« Le comte avait passé la matinée et la journée à la chasse.

« Au moment où il forçait un sanglier il avait été blessé, non par l'animal furieux, mais par une balle d'arquebuse lancée par une main inconnue.

« Les gens du comte, accourus près de lui, n'avaient pu apercevoir le meurtrier qui, sans doute, avait pris la fuite après avoir accompli son crime.

« Le comte mourant fut transporté au château où sa

femme, éplorée, le reçut avec toutes les démonstrations de la plus poignante douleur.

« L'alarme, les désordres inséparables d'un pareil accident avaient régné dans le manoir.

« Alors, par suite d'un plan arrêté d'avance, et dont l'assassinat du comte n'était que le prologue, une troupe nombreuse d'hommes armés se précipita dans le château, à l'accès duquel ne veillait qu'un vieux valet.

« Les domestiques, surpris à l'improviste, avaient été garrottés, bâillonnés et jetés dans la salle basse.

« Une heure durant ils entendirent le fracas des meubles que l'on brisait, le piétinement des pas, le bruit des portes, les cris, les blasphèmes, les rires... puis, à un signal donné sans doute, tout était rentré dans le plus profond silence.

« Les valets n'en savaient pas davantage. Ce fut moi qui leur appris la mort du comte et celle de la comtesse.

« Mais tout à coup l'une des femmes poussa un cri : qu'était devenu l'enfant, l'héritier du comte ?

« Le pauvre petit être avait disparu.

« Ce nouveau crime, dont l'existence était incontestable puisqu'on ne retrouvait, dans le château fouillé minutieusement, aucune trace du fils du comte, me fit penser que la main d'un bandit vulgaire n'avait pas seule dirigé l'horrible attentat, et qu'au désir du vol s'était alliée une autre pensée.

« Un être au monde pouvait seul désormais me donner les détails qui me permissent de connaître les meurtriers : c'était le jeune valet que j'avais trouvé blessé près du comte, et qui, je le sus d'après les témoignages des autres domestiques, n'avait pas quitté son maître depuis l'instant où celui-ci avait été blessé mortellement.

« Mais l'enfant était dans un état tel qu'il ne pouvait articuler une parole.

« Je me hâtai de lui prodiguer mes soins, et d'envoyer querir en toute hâte le prévôt et le lieutenant criminel de la province.

« J'avais le cœur brisé, et les remords déchiraient ma conscience.

« Je me reprochais d'avoir repoussé l'appel du comte ; il me semblait que si j'eusse été près de lui il n'eût pas été frappé, et qu'à coup sûr la comtesse et son fils eussent été préservés de tout danger.

« Si je n'étais pas cause de la mort du comte, mon obstination à refuser toute invitation me faisait me regarder comme coupable du trépas de Blanche et de la disparition de l'enfant.

« J'étais épouvanté des fatales conséquences de cette passion qui avait si cruellement pesé sur ma vie.

« Les magistrats, accourus précipitamment, ne purent que constater le quadruple crime sans en désigner les auteurs.

« Enfin, grâce à mes soins, à mes connaissances en médecine, Giraud (tel était le nom du jeune valet) fut bientôt en état de répondre à mes questions.

« Il m'apprit que, lors de l'invasion des bandits dans le château, il était, lui, près du comte étendu agonisant sur son lit.

« La comtesse, tenant son fils entre ses bras, était debout appuyée contre le lit du mourant.

« Tout à coup le comte, dans une convulsion suprême, se dressa sur sa couche... La comtesse jeta un cri et se précipita, mais le comte retombait roide et sans vie sur les coussins imprégnés de son sang.

« Au même instant la porte de la pièce s'ouvrait avec fracas et un homme masqué surgissait un poignard à la main.

« Giraud, qui s'était élancé au-devant de cet homme, fut renversé par un coup violent de la lame aiguë.

« Puis l'homme, bondissant vers la comtesse, lui avait arraché des bras son fils qui se cramponnait de ses petites mains à ses vêtements...

« La mère s'était précipitée à son tour, mais la lame du poignard lui pénétrant dans la gorge l'avait étendue aux pieds du lit où venait de mourir le comte.

« La fenêtre de la chambre était ouverte... Au bas de cette fenêtre un précipice creusait à pic son gouffre béant...

« L'homme masqué balança un moment dans les airs le pauvre petit être, puis...

— Il le lança dans le gouffre ! interrompit brusquement Marc.

— Oui, répondit l'Indien.

— Oh ! fit le jeune homme en serrant convulsivement son front mouillé de sueur entre ses doigts crispés. C'est étrange !... bien étrange !

L'Indien le regarda plus fixement qu'il ne l'avait fait encore, mais sans prononcer une parole.

XIII

L'ENFANT PERDU.

Marc, en proie à une émotion violente, semblait avoir oublié la présence de son interlocuteur.

Se levant vivement, il se mit à marcher d'un pas saccadé au milieu du cercle de feu qui l'entourait de toutes parts.

Repoussant le capuchon de son burnous sous lequel il avait abrité sa tête, il présenta son visage au vent glacial de la nuit et parut ressentir un peu de bien-être en baignant ainsi son front dans les flots d'un air vif et pur.

— Oui ! c'est étrange ! reprit-il en s'arrêtant et en se parlant à lui-même. Il me semble que l'on m'a raconté déjà ces horribles événements... Il me semble que j'ai assisté moi-même à une scène toute semblable... Il me semble enfin...

Marc s'arrêta.

— En vérité, dit-il, en revenant près de l'Indien, le récit que vous me faites m'impressionne tellement que mon imagination exaltée s'identifie malgré moi avec ce que vous me racontez... Mais de grâce, ne vous interrompez pas ! Poursuivez ! L'homme masqué, disiez-vous, venait de précipiter le pauvre enfant dans l'abîme... Après ?

— La mère, continua l'Indien sans paraître avoir remarqué le trouble qui s'était emparé de son auditeur, la comtesse, par un effort surhumain, s'était dressée subitement. Le sentiment maternel lui avait un moment rendu ses forces.

« Elle voulut ressaisir son fils au moment où le lâche assassin précipitait l'enfant, mais l'homme masqué la repoussa rudement.

« La malheureuse mère poussa un cri horrible en voyant disparaître son fils et, avec une violence que l'on ne pouvait s'attendre à trouver en elle, elle arracha le masque qui couvrait le visage du bandit...

« Un second cri s'échappa de sa gorge ouverte, et tendant le bras comme pour maudire, elle retomba en arrière de toute sa hauteur en prononçant un nom que Giraud entendit distinctement.

— Le nom de l'assassin ? dit Marc.

— Oui.

— Et ce nom c'était celui de…?

— La Chesnaye!

— L'homme qui l'avait si misérablement violenté jadis?

— Lui-même!

— Oh! le monstre! mais à quel sentiment obéissait-il en frappant ainsi toute une famille?

— A un désir de vengeance, du moins je l'ai toujours pensé, sans en avoir acquis la certitude. Le comte l'avait sans doute cruellement puni de son premier crime, et il avait voué une haine mortelle à celui qui avait si noblement réparé son infamie.

— Et… demanda Marc après un moment de silence, retrouva-t-on le corps de l'enfant au fond du précipice?

— Non! Toutes les recherches furent vaines… Moi-même je me is descendre au fond du gouffre et je ne trouvai rien. Seulement vers le milieu du précipice, le long du rocher, dans une crevasse, était poussé depuis quelques années un jeune arbrisseau dont les branches s'étendaient horizontalement au-dessus du fond de l'abîme. Je remarquai que ces branches avaient été fraîchement brisées, comme si elles eussent eu à supporter le choc d'un corps lourd et tombé d'en haut… Mais ce fut tout…

— Alors? reprit Marc comme s'il eût voulu hâter les paroles de son interlocuteur.

— Alors, dit l'Indien, je revins au château et comme, ainsi que je vous l'ai dit, je me regardais coupable, comme il me semblait que j'étais complice de ces crimes que ma présence eût probablement entravés, je me rendis dans la chapelle du château où l'on venait d'ensevelir le corps du comte et celui de la comtesse, et la main étendue au-dessus de leur tombe je fis un double serment : celui de consacrer ma vie entière à la recherche de cet enfant, fils d'Henri et de Blanche, et de ne m'accorder repos qu'après l'avoir rétabli dans le manoir de ses pères, puis celui de poursuivre, en tous lieux et en tous temps, l'infâme assassin jusqu'à ce que justice fût faite!

« Dans la chambre où les crimes avaient été commis, en présence des taches indélébiles qui teignaient le plancher, je répétai ces deux serments.

« Alors convaincu que ma présence était désormais inutile, je remis les clefs de la demeure seigneuriale entre les mains du gouverneur de la province et je commençai mes recherches, m'occupant d'abord de l'enfant.

— Il y a de cela combien d'années? demanda Marc.

— Oh! la date de cette nuit terrible ne sortira jamais de ma mémoire. C'était le 14 mars 1583

— Il y a vingt-deux ans alors?

— Oui.

— Et le fils du comte avait quel âge lorsqu'il disparut?

— Cinq ans.

— Donc, il en aurait aujourd'hui vingt-sept?

— Oui.

— A peu près l'âge que je crois avoir, murmura le jeune homme.

— Oui, dit encore le narrateur.

— Et vous avez enfin retrouvé cet enfant.

L'Indien regarda Marc.

— Pas encore, dit-il.

— Quoi! vous n'avez eu aucune nouvelle?

— Si fait! Quelque temps après le jour où j'avais commencé mes recherches longtemps restées vaines et stériles, je me trouvais à Rouen, chez le gouverneur de la province. Je rencontrai là le prévôt de la ville.

« Celui-ci, auquel je communiquai la mission que je m'étais donnée, me fit part alors d'un fait que j'avais ignoré et qui pouvait me mettre sur les traces de celui que je cherchais.

« Le matin même du jour qui suivit la nuit où s'était accomplie l'horrible catastrophe, le prévôt de Rouen, alors simple voyageur, passait près du château du comte Henri, longeant les bords escarpés du précipice.

« Le soleil se levait à peine et le crépuscule naissant ne permettait pas de distinguer très-nettement les objets.

« Le voyageur suivait sa route, lorsqu'il crut tout à coup entendre des plaintes.

« S'arrêtant subitement, il interrogea du regard les alentours, et il prêta une oreille attentive.

« Bientôt il se convainquit qu'il ne s'était pas trompé. Mais d'où provenaient ces plaintes vagues? La campagne était découverte, et il ne voyait rien qui attirât ses regards investigateurs.

« Enfin, guidé par les gémissements, il s'approcha du gouffre et aperçut, suspendue aux branches d'un arbrisseau, une forme humaine arrêtée ainsi providentiellement dans sa chute.

« Le voyageur était brave et généreux. Sans s'inquiéter du péril qu'il allait affronter, il mit pied à terre et s'engagea audacieusement dans une descente effrayante.

« Dieu était sans doute avec lui, car il atteignit l'arbrisseau après avoir vingt fois manqué de rouler au fond de l'abîme.

« Il reconnut alors que cette forme humaine était le corps d'un jeune enfant que les branches avaient préservé d'une chute mortelle.

« Saisissant le pauvre petit, il commença son ascension.

« Mais, si descendre avait été un véritable problème de force, d'adresse et d'équilibre à résoudre, remonter par la même voie, le bras gauche chargé du poids de l'enfant, paraissait devenir chose à peu près impossible.

« Il cria, il appela, espérant être appelé de cette partie du château dont il voyait une fenêtre, la seule, au reste, donnant sur le gouffre, ainsi que je vous l'ai expliqué.

« Mais, par une fatalité étrange, on venait, une heure avant, sur mon ordre, de transporter dans une autre aile du manoir, moins dévastée par les bandits, le corps du comte et celui de la comtesse.

« Pas un valet n'était de ce côté, et la chambre, lieu de l'attentat, était déserte, personne n'osant s'y aventurer par une crainte superstitieuse.

« Les jardins commençaient au-dessus même du gouffre, et l'entrée du manoir se trouvait du côté opposé, à une longue distance.

« Convaincu que personne ne viendrait à son aide, le voyageur n'hésita pas, il tenta son ascension, toujours pressant le corps de l'enfant sur sa poitrine.

« Comment parvint-il à remonter? Il ne put me le dire lui-même. Enfin il rejoignit l'endroit où il avait attaché son cheval.

« Emportant l'enfant qui, la tête horriblement mutilée, ne donnait que quelques signes d'existence, il gagna rapidement une humble chaumière qu'il aperçut au loin.

« Une vieille femme était sur le seuil de cette pauvre maison qu'elle habitait seule.

« Le voyageur lui confia l'enfant en lui racontant la façon miraculeuse dont il l'avait sauvé, et, lui jetant sa bourse pleine, il continua sa route.

— Et cet homme qui avait si généreusement risqué ses jours pour sauver le pauvre petit être, c'était le prévôt de Rouen? demanda Marc.

— Il ne l'était pas encore, mais il le devint quelques mois plus tard.

— Et il se nommait?

— Jacques d'Aumont!

— Giraud! Jacques d'Aumont! murmura le jeune homme, comme s'il eût voulu se graver ces deux noms dans la mémoire.

— Lorsque je connus ces détails, reprit l'Indien, je revins brusquement en Picardie, ne comprenant point comment cette femme, à laquelle l'enfant avait été confié, n'était pas accourue immédiatement au château ; mais, en arrivant, je pus constater que quelques heures après celle où le voyageur avait déposé l'enfant entre ses bras, cette femme avait disparu à son tour, et depuis on n'avait plus entendu parler d'elle dans le pays. Était-elle complice de La Chesnaye? avait-elle été sa victime? Voilà ce que j'ignore encore.

— Ensuite? dit Marc en voyant le narrateur garder le silence.

— Durant dix années je parcourus la France, l'Allemagne, l'Angleterre, l'Italie, l'Espagne, sans pouvoir obtenir le moindre renseignement qui m'aidât à me diriger vers mon double but.

« L'enfant était-il mort des suites de ses blessures?

« La Chesnaye avait-il été tué dans quelques-unes de ses expéditions?

« Ces deux suppositions étaient également probables, car je ne pus rien découvrir qui les concernât l'un et l'autre.

« Vaincu par le destin, désespéré, je revins à Paris, où je me replongeai corps et âme dans mes études favorites, ne conservant, comme souvenir de mes émotions passées, de mon amitié pour le comte et de mon amour pour la comtesse, qu'une boucle de cheveux que j'avais trouvée suspendue au cou de Blanche, et que j'avais précieusement recueillie.

« Ces cheveux, blonds et soyeux, étaient ceux de l'enfant que, par un caprice de mère, ou plutôt par un décret de la Providence, elle avait enfermés dans un médaillon qu'elle portait sans cesse, car c'était cette boucle de cheveux qui, la science aidant, devait enfin me mettre sur la trace du fils de mon ami, de l'enfant que j'avais fait serment de retrouver.

— Ah! s'écria Marc, vous avez donc enfin réussi?

— Je le crois, répondit le narrateur, dont la noire prunelle étincela d'un feu sombre.

Le jeune homme releva à son tour son front brûlant et regarda fixement l'Indien, comme s'il eût voulu deviner les pensées de son interlocuteur.

Celui-ci reprit après quelques instants :

— Il y a dix ans, je vivais à peu près seul, ne me mêlant plus en rien des choses du monde, tout occupé que j'étais de mes travaux scientifiques que je poursuivais avec une activité fiévreuse. J'étais revenu en France depuis dix-huit mois à peine, n'espérant plus alors, ainsi que je vous l'ai dit, retrouver aucune trace de l'enfant perdu, ni de l'infâme assassin.

« Un jour, un hasard providentiel m'apprit qu'un jeune homme, le fils du comte Henri, celui-là même que le prévôt de Rouen avait arraché à la mort et que j'avais cherché, moi, durant dix années de fatigue, dans les villes et les bourgades de l'Europe, venait, par un jugement du parlement de Paris, qui reconnaissait en lui l'enfant longtemps regardé comme mort, d'être mis en possession de l'héritage de ses pères.

« Le nom des Bernac n'était plus éteint, et la vieille noblesse bretonne pouvait se réjouir de voir revivre cette antique famille issue de sa province.

— Bernac! répéta Marc en tressaillant, comme si ce nom eût produit sur lui un effet singulier et complètement inattendu.

— Le comte de Bernac, tel était le nom de mon ami, continua l'Indien, auquel ce tressaillement n'avait pas échappé et dont l'œil avait lancé un nouvel éclair. Le doute ne m'était pas permis : le jeune homme avait, devant les magistrats, donné tous les renseignements nécessaires pour prouver son individualité.

« D'ailleurs, les témoignages les plus précis et les plus authentiques n'avaient pas manqué non plus en sa faveur.

« Plusieurs anciens valets de son père avaient déclaré le reconnaître en dépit des années écoulées et du changement apporté dans la transformation de l'enfant de cinq ans devenu jeune homme.

« Le comte avait alors dix-sept ans.

« Son âge correspondait exactement avec celui du fils de Blanche et d'Henri.

« La vieille femme qui l'avait recueilli des mains de son sauveur vivait encore, et son témoignage, à elle, était incontestable et incontesté.

Elle raconta que le jour même où elle avait reçu le pauvre enfant blessé et demi-mort, elle avait vu tout à coup sa maison cernée par une bande nombreuse, puis un homme masqué l'avait contrainte à le suivre en emportant le pauvre petit.

« Elle avait vécu dix ans, demeurant elle et l'enfant au pouvoir de cet homme, qui les avait relégués tous deux sur les frontières d'Espagne, dans les gorges des Pyrénées.

« Au bout de dix ans, l'enfant en ayant quinze alors, elle lui avait révélé la vérité sur tout ce qui le concernait, et tous deux, unissant leurs efforts, étaient parvenus à s'échapper, et pour fuir, le jeune homme avait tué son geôlier et avait précipité son cadavre dans un gouffre insondable.

« Le jeune comte avouait ce crime, qu'il ne regardait que comme une juste vengeance et la punition du meurtrier de ses parents.

« Chacun l'approuvait.

« Le prévôt de Rouen confirma le récit de la vieille femme, en ce qui concernait la façon toute miraculeuse dont il avait remis l'enfant entre ses mains.

« Des gens qui avaient connu le comte et la comtesse déclarèrent trouver entre eux et l'enfant les plus grands points de ressemblance.

« Un seul homme, appelé par le parlement, se montra contre le jeune comte.

« Cet homme était Giraud qui, devenu archer de la prévôté de Rouen, fut appelé en témoignage.

« Il déclara formellement ne pas reconnaître un seul trait de ressemblance entre celui qu'on lui présentait et ses anciens maîtres.

« De plus, il affirma par serment qu'avant de mourir c'était le nom de La Chesnaye que la comtesse avait prononcé en reconnaissant son meurtrier, dont elle venait d'arracher le masque.

« Ici un débat des plus vifs s'était élevé entre Giraud, la vieille femme et le jeune comte.

« Le jeune homme, qui se rappelait le passé avec une précision étrange et qui, réellement, tenait du miracle, décrivait la scène fatale à laquelle il avait assisté avec une exactitude merveilleuse.

« Cette scène terrible l'avait si fortement impressionné, disait-il, et cela se concevait aisément, qu'elle était toujours présente à ses pensées.

« Il avait gardé souvenir de tout, voire même de la position qu'occupaient chaque acteur et chaque meuble.

« Contrairement à ce qu'affirmait Giraud, il prétendait que sa mère avait arraché le masque du meurtrier avant que celui-ci n'eût lancé l'enfant dans le gouffre, et que le cri qui s'était échappé de la bouche de la comtesse mourante n'avait pas été le nom de La Chesnaye, mais seulement une exclamation de rage et de douleur indistinctement formulée.

« Le jeune comte paraissait attacher la plus grande importance à éclairer ce point important, et jusqu'alors resté mystérieux.

« Il voulait, prétendit-il, et sa pensée était celle d'un noble cœur, que la rentrée en possession de ses biens ne fût pas accompagnée d'une erreur de la justice.

« Sans défendre complètement La Chesnaye, dont le nom odieux était alors bien connu, il s'efforçait de le décharger du quadruple crime dont on l'accusait, et d'ailleurs la mort qu'il reconnaissait avoir donnée de sa propre main au coupable levait toutes les objections.

« La vieille femme, qui avait vu nombre de fois l'homme qui l'avait enlevée elle et le jeune enfant confié à sa garde, lequel homme ne pouvait être autre que le meurtrier, en fit un portrait détaillé.

« Deux anciens valets du comte Henri déclarèrent avoir vu de même l'assassin lors de son entrée au château, car alors il portait son masque à la main et non sur son visage.

« Ces deux valets donnèrent de lui un signalement détaillé, et ce signalement se rapportait en tous points au portrait tracé par la vieille femme.

« Or, portrait et signalement se trouvaient opposés le plus complètement qu'il fût possible, au portrait et au signalement de La Chesnaye, donnés par d'autres personnes qui avaient été victimes du bandit.

« D'ailleurs, il fut en outre démontré de la façon la plus formelle, qu'à l'époque même où avait lieu près d'Amiens, en Picardie, le triple assassinat, La Chesnaye commettait en Provence un autre crime qui prouvait sa présence en ce pays, d'une manière incontestable.

« En dépit de tous ces témoignages, Giraud persista obstinément dans le sien, et ne varia pas d'une seule parole de la version qu'il m'avait donnée à moi-même.

« Le parlement, après mûre délibération, déclara que les blessures reçues par Giraud, en lui faisant perdre connaissance, ne lui avaient pas permis d'apprécier les événements à leur point de vue réel, et que le jeune valet avait été le jouet d'un rêve.

« Donc, La Chesnaye, sur lequel la justice n'avait jamais pu mettre la main jusqu'alors, fut déclaré innocent des crimes à lui imputés, et le jeune comte de Bernac fut remis immédiatement en possession des biens, du nom et des titres de ses nobles aïeux.

« En apprenant la nouvelle de l'existence du jeune comte et tous les détails curieux qui l'enveloppaient, j'accourus, ivre de joie et de bonheur, auprès du fils de Blanche, dans ce vieux château que je n'avais pas revu depuis la nuit fatale.

Le jeune homme me reçut à merveille, bien qu'il ne parût nullement connaître ni l'homme qui se présentait à lui, ni le nom que je prononçais.

« Cette circonstance ne me surprit nullement, puisque je n'avais pas vu le comte depuis la naissance de son fils et que bien probablement l'enfant n'avait jamais entendu parler de l'ami que l'on devait considérer comme oublieux ou mort.

« Deux choses seulement me frappèrent au premier abord. Le jeune comte avait les cheveux d'un noir d'ébène et la boucle, conservée par moi, après avoir été recueillie sur le sein de sa mère mourante, était du blond le plus pur.

« Puis, je ne retrouvai sur son visage aucune ligne, dans sa personne aucune allure qui me rappelassent l'homme

qui avait été si longtemps mon compagnon et mon ami, et la femme que j'avais si tendrement aimée.

« Mais la réflexion atténua ma surprise.

« Ce phénomène, de voir les cheveux blonds de la tendre enfance devenir foncés et noirs après l'âge accompli de la puberté, est assez fréquent pour n'étonner personne, et la ressemblance du visage ou des formes n'est pas toujours l'héritage d'un enfant.

« Tous les détails du jugement, relus attentivement par moi, ne me permettaient pas de douter, et le jeune comte à tous instants me rappelait si complaisamment le passé, que je n'hésitai plus à revoir en lui l'enfant que j'avais juré de retrouver un jour.

« Quel avait été l'assassin véritable, le ravisseur du jeune comte? c'était là un mystère impénétrable et qui devait demeurer inexpliqué, puisque le comte de Bernac, en se sauvant, avait tué le meurtrier de son père et de sa mère, et de son propre aveu avait précipité le cadavre dans un abîme qui ne devait jamais le rendre.

« Lui-même n'avait pas le moindre indice à cet égard.

« Je demeurai quelque temps au château, mais bientôt je m'aperçus que ma présence était pénible au jeune comte, et je résolus de revenir à Paris.

« J'étais sous une impression fâcheuse, et j'avais tout tenté pour la combattre.

« Par un sentiment inexplicable, je ressentais une sorte d'antipathie pour cet enfant, qu'il me semblait au contraire que j'eusse dû aimer de toutes les forces combinées de mon âme et de mon cœur.

« Je reconnaissais dans le comte une intelligence supérieure, mais je démêlai sous cette intelligence un cœur sec, froid, égoïste et souvent cruel.

« Je quittai le château, bien convaincu cette fois que je n'y devais jamais revenir, et je retournai à Paris chercher la distraction et l'oubli au sein du travail, laissant en possession de tous les biens de ses pères celui que Dieu avait paru protéger si efficacement de son doigt puissant. »

L'Indien s'arrêta de nouveau dans son récit.

Depuis qu'il avait repris la parole, Marc l'avait écouté avec la même attention profonde; mais au sentiment d'anxiété qui avait envahi sa physionomie expressive avait succédé un abattement complet et une froideur glaciale.

— Ainsi, dit-il d'un ton bref, le fils du comte de Bernac existe, il est remis en possession de son nom, de son titre et de sa fortune; il est riche, heureux, puissant, et votre mission est accomplie.

— Pas encore! fit l'Indien en se levant brusquement.

— Comment cela?

— Le fils du comte de Bernac existe, je le crois, j'en suis certain, mais il n'est pas remis en l'héritage de ses pères.

— Quoi! ce que vous venez de me dire est donc une fable?

— Nullement!

— Eh bien, alors?

— Un homme porte le nom des Bernac, un homme jouit des priviléges de rang et de fortune attachés à ce noble nom, un homme a été reconnu par le parlement de Paris, en présence de témoignages incontestés jusqu'ici, cela est vrai, s'écria l'Indien d'une voix vibrante; mais ce qui est plus vrai encore, c'est que cet homme s'est joué de la justice du roi de France, c'est qu'il a abusé cette justice par de faux témoignages et par le concours de combinaisons trompeuses et mensongères, c'est qu'il vole à cette heure les priviléges dont il jouit, c'est qu'il n'est enfin le fils du comte Henri et de Blanche !

Marc demeura comme foudroyé par cette révélation inattendue.

Une émotion plus grande que celle qui l'avait assailli jusqu'alors fit trembler ses membres et pâlir son visage.

— Mais ce fils... ce fils véritable... qui donc est-il enfin? demanda-t-il d'une voix rauque.

— Ce fils?... répéta l'Indien en enveloppant le jeune homme dans un flot d'effluves magnétiques dégagés de ses yeux ardents.

— Oui... ce fils!

— L'enfant du comte de Bernac et de Blanche?

— Oui... fit Marc en reculant comme s'il ne pouvait supporter l'éclat des flammes qui jaillissaient de ces prunelles de diamant.

— Cet enfant, continua l'Indien, que je cherche depuis vingt-deux ans, dont la science m'a prouvé l'existence, dont la main de Dieu m'a fait suivre les traces, cet enfant... porte au bras gauche, au-dessus de la naissance du coude, une croix tracée avec la pointe d'un poignard.

Et sans donner le temps à Marc de faire un mouvement, il se précipita vers lui, lui saisit la main gauche, releva d'un geste brusque et violent la manche large du caftan, et, découvrant le bras en entier, montra à l'endroit indiqué le signe de la Rédemption, dont les deux lignes croisées se dessinaient finement en rouge vif sur le ton bistré de la peau.

— Cette croix, la voici! — continua-t-il avec un accent de triomphe.

Marc poussa un cri et recula encore.

— Comte de Bernac! dit l'inconnu en s'inclinant profondément, remercions Dieu tous ensemble, car lui seul nous a conduits l'un vers l'autre.

XIV

— Moi!... moi!... s'écria Marc en sortant enfin de la stupeur dans laquelle l'avaient plongé les paroles de l'Indien.

— Vous-même, vous, le fils du comte! répondit le grave personnage.

— Mais... les preuves?... les preuves?...

— Les preuves abondent! malheureusement claires et limpides pour moi seul, et encore contestables pour les autres. Écoutez-moi, jeune homme, écoutez-moi jusqu'au bout! Avant de vous donner ces preuves que vous demandez, il faut que vous sachiez comment je suis parvenu à découvrir que celui qui se faisait appeler le comte de Bernac était un faussaire, s'abritant sous un nom qu'il savait ne pas être le sien. Il faut que je vous donne ces détails nécessaires afin que vous connaissiez les ennemis que vous allez avoir à combattre, leurs ruses, leur force, leur adresse et leur puissance. Asseyez-vous près de moi, et écoutez.

L'Indien reprit sa place et invita du geste Marc à s'asseoir près de lui.

Le jeune homme, palpitant d'espérance et de crainte, obéit machinalement, comme s'il n'eût plus eu conscience de lui-même.

L'Indien lui laissa le temps de se remettre de la secousse morale qu'il venait de recevoir, puis après quelques minutes de silence :

— Je vous ai dit, reprit-il, que j'étais un disciple de la science, l'un de ces hommes que la fatale ignorance de notre époque fait regarder comme en relation avec les esprits du mal et comme doué, en vertu d'un pacte avec le démon, d'une puissance surnaturelle.

« Lié intimement avec tous les grands savants de l'Europe, je travaillais cependant de préférence avec deux d'entre eux, Goclenius et Fludd; à nous trois se joignit bientôt un quatrième compagnon, un vieillard, que le hasard m'avait fait rencontrer. Ce vieillard, savant érudit, possesseur d'une intelligence merveilleuse, se nommait et se nomme encore maître Eudes.

« D'un âge indéfinissable, d'un esprit singulier, ayant des habitudes mystérieuses et étranges, maître Eudes me répugna tout d'abord; mais peu à peu, je m'habituai à lui, et l'amour de la science fit taire promptement les sentiments du cœur.

« Goclenius retourna en Allemagne, Fludd en Angleterre, et nous demeurâmes, maître Eudes et moi, compagnons d'étude, rendus plus inséparables encore par l'absence de nos deux amis.

« Le but de nos travaux était cette science magnétique à peine indiquée par Paracelse et que nous voulions développer autant que cela dépendait de nos intelligences.

« Après des travaux sans nombre et dont je ne vous dirai pas les déceptions ni les joies, je crus posséder et je possédai en effet le dernier mot de la science, la clef du somnambulisme artificiel, grâce auquel le passé et le présent n'avaient plus pour moi de secret.

« Vous ne me comprenez pas, jeune homme, poursuivit l'Indien en s'exaltant peu à peu, vous ne sauriez me comprendre, et cependant vous allez connaître les effets de cette découverte admirable que vous ignorez.

« Maître de ce secret puissant, j'en devins jaloux comme un amant de sa maîtresse. J'étais seul lorsque je conçus ce bien si précieux, je résolus de le conserver pour moi seul, et maître Eudes, mon compagnon, ne connut jamais ma découverte.

« Dieu, en couronnant mes efforts, avait récompensé une action charitable autrefois accomplie par moi, car c'était une faible créature élevée par mes soins qui m'avait puissamment aidé, à son insu, à atteindre le but.

« Cette créature était une jeune fille de quinze ans, belle comme les anges du ciel, miséricordieuse comme eux, et que j'avais recueillie neuf ans plus tôt en Hongrie, alors que je parcourais l'Europe à la recherche du fils du comte de Bernac.

« Enfant perdue ou abandonnée, je l'avais rencontrée, nue et mourant de faim et de froid, sur ma route. Je l'emportai dans mon manteau, résolu à accepter pour fille celle que le Seigneur plaçait ainsi sous ma protection.

« Aldah, tel est le nom que je lui avais donné, avait grandi sous mes yeux, et chaque jour j'avais senti s'augmenter la tendresse paternelle que je lui avais vouée.

« En développant le corps par des soins matériels, j'entrepris de développer l'esprit et l'intelligence par l'étude et le raisonnement.

« J'y parvins au delà de mes vœux.

« Aldah semblait ressentir également pour moi un amour tout filial. Souvent j'avais été étonné de la surprendre en contemplation muette devant moi, paraissant absorbée dans une extase inexplicable.

« Elle semblait presque toujours deviner mes pensées et lire dans mon esprit.

Je ne comprenais pas cette influence morale si puissante, lorsque la science magnétique m'en révéla le mystère.

« Aldah, se prêtant à toutes mes volontés, appela d'elle-même l'expérience que je n'osais entreprendre sur cette nature délicate. Enfin, m'armant de courage et d'énergie, je triomphai de mes hésitations et je déterminai bientôt, effrayé de mon œuvre, des spasmes d'abord, puis des attaques nerveuses auxquelles succédèrent la catalepsie et l'extase. J'obtins l'insensibilité extérieure, l'isolement, et enfin le somnambulisme lucide !

« La nuit où j'accomplis ces expériences, je crus devenir fou.

« Aldah, réveillée, ne sentait aucun mal.

« J'avais, je vous le répète, bien que vous ne puissiez me comprendre, j'avais triomphé des obstacles, j'avais atteint le but.

« Maître Eudes n'avait jamais vu Aldah, maître Eudes ne la vit jamais, tant je craignis que lui aussi ne parvînt à surprendre le secret de la science.

« Je ne lui dis rien, et je sus me contraindre, bien que la joie du triomphe inondât mon âme.

« Je continuai à travailler avec lui comme par le passé, pour ne lui donner aucun soupçon, lui cherchant toujours, moi ayant l'apparence de chercher.

« Maître Eudes avait le travers de s'adonner à la magie, de croire aux sciences occultes, et cette croyance, ces doctrines erronées, l'éloignaient du but vers lequel je ne tentai nullement à le ramener.

« Je ne voulais pas de rival, je voulais que mon secret fût ma propriété exclusive.

« Ce maître Eudes dont je vous parle avait, je vous l'ai dit, les habitudes les plus singulières.

« Il habitait, et il habite encore, une vieille maison située au centre de Paris, sur la rive droite de la Seine, près de l'hôtel de Soissons, et adossée à un couvent des Augustins, qui avait été dévasté et ruiné au commencement des guerres de la Ligue, ses propriétaires ayant pris parti pour le roi Henri III.

« Jamais je n'avais visité le corps de logis bâti au fond de la cour de la maison, et dont la chronique populaire se plaisait à faire un séjour de démons.

« Trop éclairé moi-même pour attacher quelque importance à ces bruits absurdes, je ne m'en étais jamais préoccupé.

« Un soir cependant que nous travaillions ensemble dans ma chambre, maître Eudes, plus communicatif et plus confiant, par un motif que j'ignorais, me conduisit dans le mystérieux logis, me prévenant que je trouverais là un homme, un adepte profondément versé dans les sciences, et qui serait heureux de joindre ses travaux aux miens.

« Seulement, il ajouta que cet homme, étant un personnage d'importance, et ayant les motifs les plus sérieux pour ne pas être connu, ne venait jamais chez lui que masqué soigneusement, et qu'il n'enlevait jamais son masque.

« Peu m'importaient ces détails ! Je comprenais que le vieillard me cachait la vérité, mais la curiosité me poussait, et j'acceptai son offre.

« Nous gagnâmes donc le logis mystérieux, et dans un laboratoire magnifique, je trouvai le personnage masqué.

« Plus tard, je fus conduit par maître Eudes dans deux autres laboratoires différents, et dans chacun de ces trois laboratoires, je retrouvai le même personnage masqué. Je ne pouvais me tromper, c'était bien le même homme et cependant on eût dit que c'était à trois savants différents que j'avais affaire dans chacun de ces trois laboratoires.

« Effectivement, dans le premier, je rencontrai un savant alchimiste poursuivant intrépidement la réussite du grand œuvre.

« Dans le second, je trouvai un mécanicien doué de facultés extraordinaires.

« Dans le troisième, enfin, un homme d'une intelligence si vaste qu'elle embrassait toutes les différentes branches des sciences connues de l'humanité. Il paraissait, de préférence, s'adonner à la physique et se consacrait à l'étude du fluide électrique que les Grecs nous ont indiqué par leur expérience du frottement de l'ambre.

« Ce chimiste, ce mécanicien, ce physicien, se nommait Reynolds.

« Toujours, et hermétiquement masqué, ainsi que m'en avait prévenu maître Eudes, son visage était tellement bien caché qu'il me fut impossible de deviner ses traits.

« Je compris promptement, au reste, la raison qui lui avait fait désirer ma présence. Mes longues et constantes études m'avaient rendu propre à lui donner des conseils dont il avait besoin.

« A partir de ce moment, il fut convenu que tous les seconds samedis de chaque mois nous nous réunirions afin de travailler ensemble.

« Les savants, pourvu qu'ils avancent dans la science, s'occupent peu ou point de ce que sont leurs compagnons de route, lorsque ceux-ci les aident à marcher en avant.

« J'avais reconnu dans cet homme une intelligence supérieure et je me réjouis du hasard qui m'avait conduit vers lui, sans chercher à pénétrer le mystère dont il voulait s'entourer.

« Un soir, cependant, par distraction plus encore que par curiosité, j'interrogeai Aldah endormie, sur le compte de ce personnage.

« La jeune fille, ordinairement empressée à m'obéir, éprouva les difficultés les plus grandes à répondre. Enfin, contrainte par ma volonté de plus en plus impérieuse :

« — Cet homme, me dit-elle, est le fils de maître Eudes !

« Son fils ! m'écriai-je surpris de cette révélation inattendue.

« Je demandai ensuite à la somnambule pourquoi il avait voulu travailler avec moi.

« Elle me répondit que maître Eudes désirant faire de son fils un grand savant comprit que moi seul pouvais lui donner des avis suprêmes ; puis elle manifesta tout à coup un trouble inexprimable et elle ajouta que je devais prendre garde à ma vie ; qu'un danger me menaçait, qu'elle ne pouvait dire ni voir ce danger, mais qu'il existait et qu'il provenait de cet homme masqué et du vieillard.

« De plus en plus étonné, je pressai Aldah de me révéler pourquoi maître Eudes me cachait sa parenté avec mon compagnon de travail, quel était celui-là, et qu'était donc maître Eudes lui-même ?

« Aldah ne put me répondre.

« Je la pressai plus vivement de questions, je la torturai, je brisai ses forces et les miennes sans parvenir à la faire parler.

« Enfin, haletante, épuisée, la pauvre enfant demanda grâce avec des cris déchirants.

« Emporté par la fièvre de l'impatience et par le désir de connaître la vérité, je n'eus pas pitié d'elle.

« — Je veux que tu répondes ! dis-je en chargeant de fluide cette tête qui se penchait sous le choc de ma volonté.

« — Je ne puis, fit Aldah en se tordant.

« — Pourquoi ?

« — Je ne vois pas. Je ne puis voir !

« — Et que faut-il, pour que tu voies ? continuai-je avec un redoublement de violence.

« — Il me faut être en communication directe avec ceux dont vous voulez que je connaisse les pensées.

« — Il faudrait qu'ils fussent ici, alors, près de toi ?

« — Oui...

« — N'y a-t-il donc pas d'autre moyen que tu connaisses leur pensée sans que tu les **voies**?

« — Si... il en existe...

« — Lesquels?

« — Donnez-moi quelque chose qui leur ait appartenu... qu'ils aient porté... ou mieux encore...

« — Quoi?

« — Une boucle de cheveux...

« — Une boucle de cheveux?... fis-je avec étonnement.

« — Oui.

« — Une boucle de cheveux? répétais-je sans croire à l'assurance que me donnait la somnambule. Quoi! cela te suffirait pour connaître les pensées d'un homme auquel ces cheveux auraient appartenu, pour me révéler sa condition, ce qu'il a été, ce qu'il est, ce qu'il a fait?

« — Oui, si vous le commandez!

« Je doutais encore : il me fallait des preuves pour me convaincre que la science pouvait aller aussi loin.

« Tout à coup une pensée surgit dans mon esprit : je me rappelai les cheveux recueillis sur le sein de la comtesse mourante.

« Aldah ignorait toute cette lugubre histoire, je savais que le comte de Bernac était en ce moment dans son château, je voulus tenter un essai.

« J'allai quérir le médaillon, je l'ouvris, et je mis la boucle soyeuse entre les mains d'Aldah.

« Puis, après l'avoir laissée reposer un temps suffisant, et qui me parut bien long, je commençai l'expérience.

« Comme précédemment, Aldah hésita et sembla éprouver les plus grandes difficultés pour me répondre.

« Enfin, le jour se fit dans son cerveau, et elle parla.

« Celui à qui appartiennent ces cheveux était bien jeune lorsqu'on les lui a coupés, dit-elle.

« — Oui, répondis-je. Et maintenant?

« — Maintenant il est un homme.

« — Le voyez-vous?

« — Parfaitement, bien qu'il soit loin d'ici...

« — Il est en France, cependant?

« — Non!

« — Il n'est pas en France? m'écriai-je avec étonnement et crainte. Étonnement, car je savais le comte en Picardie; crainte, car je commençais à douter de la lucidité de la somnambule, en la voyant se tromper.

« — Il n'est pas en France! répéta-t-elle d'une voix ferme.

« — Où donc est-il, alors?

« — Oh! bien loin! bien loin!

« — En Europe au moins?

« — Non plus!

« — Mais où est-il? Je veux que vous le sachiez! »

« — Aldah parut réfléchir.

« — La mer le sépare de nous, dit-elle enfin. Il est là bas... là-bas... dans les déserts de l'Orient...

« — En Égypte?

« — Non.

« — En Syrie?

« — Oui... Je crois que ce pays se nomme ainsi.

« Je demeurai frappée de surprise. Jamais Aldah ne s'était trompée jusqu'alors dans son sommeil magnétique, et cependant elle devait faillir cette fois.

« — Combien y a-t-il d'années que vous obteniez cette réponse? demanda Marc.

— Trois ans, répondit l'Indien.

Le jeune homme réfléchit :

— Il y a trois ans j'étais effectivement en Syrie, dit-il.

FIN DE LA DEUXIÈME SÉRIE.

Sceaux. — Typographie de E. Dépée.

LE CAPITAINE LA CHESNAYE

GRAND ROMAN HISTORIQUE

PAR ERNEST CAPENDU

TROISIÈME SÉRIE

XV

L'ANNEAU.

— Décidé à poursuivre l'expérience, continua le narrateur, jusqu'à ce qu'il me fût démontré que j'avais été le jouet

IIIᵉ s.

d'un vain espoir en me fiant à la science, ou qu'Aldah me révélait un mystère nouveau, je l'interrogeai avec ardeur.

« Ses réponses, de plus en plus précises et claires, me jetèrent dans un monde de pensées confuses, et je ne savais plus si mon esprit, lui-même, avait perdu sa lucidité.

« Elle entra dans les plus minutieux détails sur le personnage qu'elle voyait, disait-elle, en pleine lumière.

« Elle me décrivit le pays où il se trouvait (elle qui jamais n'avait soupçonné la végétation des contrées orientales ni leur aspect particulier) avec la plus rigoureuse exactitude.

« Elle le suivit dans le désert ; elle fit en paroles colorées le portrait de sa personne... Enfin les noms de Marc et d'Ismaël s'échappèrent de ses lèvres.

« — Les noms que je porte ! s'écria le jeune homme.

« — Vos noms, répondit l'Indien. Cette fois je fus ébranlé dans mes doutes. Le fils du comte s'appelait Marc-Henri, et je savais que le premier nom lui avait été donné seul durant son enfance.

« L'alternative la plus douloureuse torturait mon esprit.

« Si Aldah disait vrai, le fils de Blanche, l'enfant sur lequel j'avais fait serment de veiller, errait, sans amis, sans famille, au milieu des dangers et des privations. Mais alors qui était-ce donc que celui que le parlement de Paris avait reconnu ?

« Aldah ne put répondre à mes questions. Elle était à bout de force, et j'eusse été exposé à la tuer en continuant. Je m'arrêtai, je la réveillai, en proie à l'émotion la plus vive.

« Trois jours de suite, je renouvelai la même expérience, trois fois, j'obtins les mêmes réponses, avec des détails chaque jour plus précis.

« Un fait, entre autres, m'avait singulièrement frappé, et ce fait, tout matériel, ne me permettait plus de douter de la véracité de la science.

« En décrivant minutieusement l'homme qu'elle voyait dans les déserts de Syrie, en me traçant dans ses moindres détails et sans la plus légère hésitation le portrait de l'enfant du comte de Bernac, Aldah parla d'un signe que le véritable héritier du comte portait au bras gauche.

« Ce signe, tracé à l'aide de la pointe d'un poignard, et rendu indélébile grâce à une composition chimique dont je me rappelais avoir jadis donné le secret à celui qui avait été mon meilleur ami, devait toujours, suivant les indications données par Aldah, être placé au bras gauche un peu au-dessus de la naissance du coude.

« J'ignorais complètement cette particularité, et durant le procès, aucun des nombreux témoins n'en avait fait mention.

« Voulant, à tout prix, éclaircir l'étrange mystère qui m'entourait, je partis en toute hâte pour Rouen, où, je vous l'ai dit, Giraud habitait en qualité d'archer de la prévôté de la province.

« Je me fis reconnaître de l'ancien et fidèle valet du comte.

« Giraud, lui dis-je sans préambule, maintes fois vous avez tenu entre vos bras le fils du comte Henri. Vous jouiez avec l'enfant, que vous aimiez tendrement. N'aviez-vous donc jamais remarqué sur sa personne quelque chose, un signe, une cicatrice qui lui fût particulière ?

« — Un signe ?... une cicatrice ?... fit Giraud en répétant mes paroles.

« Tout à coup il devint affreusement pâle et poussa un lourd gémissement.

« — Oh ! misérable que je suis ! s'écria-t-il. La mémoire m'a fait défaut... Je n'ai pas dit cela durant le procès ?

« — Quoi ! que n'avez-vous pas dit ? m'écriai-je à mon tour, en proie à une émotion aussi grande que celle qui animait l'archer.

« — Je n'ai point parlé du signe que le jeune comte portait au bras... j'avais oublié cette remarque... Vos paroles réveillent mes souvenirs...

« — Quel signe ? A quel bras ? fis-je en saisissant les mains de Giraud.

« — Au bras gauche, au-dessus du coude, une croix !, répondit-il.

« Je poussai un cri : Aldah ne m'avait pas trompé, la science avait dit vrai : j'étais bien réellement maître d'un secret puissant et terrible !

« Giraud, désolé, voulait revenir à Paris et faire une déposition nouvelle. Je l'en empêchai.

« Sa déposition, jadis, avait été repoussée : la nouvelle devait l'être infailliblement. Puis, lui seul connaissait l'existence de ce signe, lui seul pouvait affirmer par serment l'avoir constaté sur la personne du fils du comte, et le parlement eût rejeté cette preuve qu'il n'avait pas donnée en temps utile.

« Moi-même je ne pouvais rien, puisque je ne savais rien que par l'entremise d'Aldah, dont le récit merveilleux eût été traité d'imposture, et je me fusse vu, sans aucun doute, accusé de sorcellerie.

« Puis, le comte pouvait accuser à son tour Giraud de poursuites calomnieuses, et, grâce à la faveur dont il jouissait, faire condamner comme tel, le pauvre archer.

« Giraud comprit la portée de mes paroles ; et il me promit de ne rien tenter, de garder le silence et d'attendre.

« Éperdu, dévoré par l'inquiétude et le besoin d'acquérir des preuves nouvelles de l'infaillibilité de la science, je quittai Rouen et m'élançai sur la route d'Amiens... A mi-chemin, je rencontrai l'un des valets du jeune comte et j'appris que celui-ci était à Paris. Je revins sur mes pas.

« Le comte de Bernac me reçut avec cette froide amabilité qui lui était habituelle ; mais peu m'importait sa hauteur, j'aurais même bravé ses dédains.

« Le comte, invité par moi à se rendre dans ma demeure, sous prétexte de lui remettre un médaillon provenant de sa mère, et demeuré entre mes mains, le comte se vit contraint à se rendre à ma prière.

« Il vint... J'avais résolu de tenter une épreuve avant de le mettre en communication avec Aldah.

« Le médaillon enlevé par moi au cou de la comtesse était en or uni, sans aucun travail. Celui que je remis au comte était en or ciselé, entouré d'un cercle de diamants.

« Il pouvait n'avoir gardé aucun souvenir de ce médaillon ; mais si ce souvenir existait, la différence entre celui de la comtesse et celui que je lui présentais était trop grande, trop frappante pour qu'il pût s'y tromper.

« Et cependant, à peine eut-il vu le bijou, qu'il le pressa sur ses lèvres avec une émotion extrême, déclarant qu'il reconnaissait parfaitement, qu'il avait joué, enfant, avec ce médaillon, qui lui rappelait la meilleure et la plus tendre des mères, que ce bijou avait toujours été présent à sa mémoire, et il me remercia avec effusion en dehors de son caractère sec et froid.

« Il mentait, j'en avais la preuve.

« Aussitôt, je fis venir Aldah, que je lui présentai comme ma fille.

« La beauté de la charmante enfant impressionna au plus haut degré le comte dont l'œil ardent jetait sur elle des regards embrasés.

« Aldah savait le rôle qu'elle devait jouer dans cette scène.

« Tout en répondant aux discours du comte, elle attachait obstinément ses beaux yeux sur un anneau que le jeune homme portait au doigt.

« Celui-ci remarqua le regard et, faisant glisser la bague, il la présenta à la jeune fille pour qu'elle pût l'examiner ainsi qu'elle semblait en manifester le désir.

« Aldah s'extasia outre mesure sur le joyau, et avec la grâce d'un enfant gâté, elle le passa à son doigt, en regardant l'effet, et le rendit ensuite au comte en étouffant à demi un soupir de regret et de convoitise.

« M. de Bernac s'écria qu'il ne saurait reprendre ce qui paraissait si bien convenir à une aussi jolie main, et me demanda gracieusement la permission d'offrir à ma fille ce gage de l'amitié qui avait existé entre nos deux familles, et qu'il désirait ardemment voir se resserrer encore.

« Je remerciai le comte et je permis à Aldah d'accepter.

« Le jeune homme prit congé de nous alors, jurant que peu de jours se passeraient sans qu'il revînt présenter ses adorations à la fille du vieil ami de son père.

« A peine fut-il parti que, me tournant vers Aldah, je commandai le sommeil.

« La somnambule fut bientôt prête à me répondre.

« Grâce à l'anneau du comte, elle allait enfin me révéler la vérité...

« Cette vérité fut horrible... effrayante. Cet homme, qui sortait de chez moi, cet homme, reconnu pour le fils du comte et de Blanche, cet homme, qui portait un noble nom, qui jouissait de la considération et de l'estime de tous, cet homme était un infâme... un bandit de la plus odieuse espèce.

« Tout à coup, Aldah rougit et se mit à trembler.

« Je l'interrogeai vivement.

« — Il m'aime, dit-elle d'une voix déchirante. Il m'aime, et cet amour m'épouvante ! Vous m'avez jetée sur une voie de douleurs, en me mettant en présence de cet homme !

« A mes questions nouvelles, elle répondit que celui qui se nommait le comte de Bernac était l'homme avec lequel je travaillais chez maître Eudes, celui-là même qu'elle affirmait être le fils du vieux savant !

« Je demeurai foudroyé ! La science pouvait-elle réellement aller aussi loin, et n'étais-je pas positivement trompé par ma propre confiance ? Tous les doutes qu'avait levés quelques jours auparavant ma conversation avec Giraud revinrent en foule assaillir mon esprit. Je croyais et je ne croyais pas. J'avais foi et je contestais ma croyance... mon cerveau subissait toutes les angoisses d'une effrayante et pénible torture.

« Que devais-je croire ? Que devais-je faire ? Je ne savais que résoudre.

« Aldah, ces renseignements donnés, n'avait pu m'en fournir d'autres, mais ceux que j'étais parvenu à arracher à son sommeil magnétique étaient assez précieux... s'ils étaient vrais.

« J'eus d'abord la pensée d'approfondir le mystère dont s'entourait maître Eudes, mais je réfléchis aux difficultés que j'avais à vaincre, au temps qu'il me faudrait perdre pour connaître ses secrets sans livrer les miens, car j'étais convaincu que cette alliance du faux comte de Bernac et du vieillard devait cacher un abîme de trahisons et de perfidies... Puis, je me dis, qu'avant d'entrer dans cette voie périlleuse, il me fallait me prouver incontestablement à moi-même, que la science n'était pas vaine et qu'Aldah ne me trompait pas.

« Enfin, si je connaissais la vérité, le fils du comte Henri souffrait loin de moi, et mon premier devoir, avant de tenter de démasquer un fourbe, contre lequel je me trouvais d'ailleurs sans preuve matérielle, était de venir au secours de l'enfant perdu dans les déserts de l'Asie, et de constater clairement sa personnalité.

« Sans reculer devant les dangers ni devant les fatigues, je quittai la France, je quittai l'Europe...

« ...nt près de trois années, je parcourus vainement les solitudes immenses de la Syrie, de la Palestine, de l'Arabie, de l'Egypte, cherchant çà et là des indices, ne rencontrant rien qui pût me guider.

« Désespéré encore comme je l'avais été jadis lors de mes premières recherches, j'étais résolu à retourner en Europe, convaincu que celui que je poursuivais était mort ou que la science en laquelle j'avais eu une foi absolue, était vaine et mensongère.

« J'étais dans le sud de l'Egypte : le désert de Barca s'ouvrait devant moi, aboutissant à la mer. J'espérais trouver à Tripoli un navire pour gagner la Sicile ou l'Italie, je me mis en route...

« Il y avait douze journées que je marchais sans m'être trouvé face à face avec une créature humaine...

« Dieu vous a conduit vers moi... l'espoir est rentré dans mon âme en en chassant la douleur... J'ai oublié les fatigues et les dangers ; que Dieu soit béni !... »

En achevant ces mots, l'Indien leva les yeux vers le ciel, puis il s'inclina profondément.

Marc l'écoutait encore qu'il ne parlait plus.

— Maintenant, reprit brusquement l'inconnu, maintenant, comte de Bernac, vous connaissez le nom qui désormais doit être le vôtre, vous n'ignorez rien du sort de votre famille. Il existe un homme qui a assassiné lâchement votre père et votre mère, il en existe un autre qui s'approprie ce titre et ce nom légués par vos ancêtres et qui, peut-être à cette heure, les souillés tous deux par ses infâmes instincts... Répondez, comte de Bernac ! que ferez-vous ?

Marc bondit et se dressa comme un jeune lion longtemps enchaîné, et qui voit d'un seul coup briser les liens qui le retenaient captif.

— Ce que je ferai ? s'écria-t-il en frémissant de tout son être. Ce que je ferai ? je vais vous le dire : devant Dieu qui nous entend, en face de cette solitude immense qui nous entoure, en présence de celui qui fut l'ami de mon père, je jure de laver dans le sang du coupable ce nom et ce titre, avant de les reprendre tous deux ; je jure de poursuivre en tous lieux et en tous temps l'assassin de mes parents, et d'immoler sans miséricorde lui et sa descendance directe ou indirecte. Je jure de consacrer ma vie, mes forces, mon intelligence, mon cœur, mon esprit et mon bras à accomplir ces serments, de ne franchir le seuil du château de mes ancêtres, de ne m'agenouiller devant la tombe de mes pères qu'après leur avoir prouvé que leur sang coule bien dans mes veines !

L'Indien avait écouté les expressions de ce serment terrible dans un religieux silence.

— Bien ! fit-il d'une voix lente. Je reconnais dans ces paroles le caractère du comte Henri, comme j'ai reconnu tout d'abord dans vos traits ceux de Blanche, votre malheureuse mère. Ce serment que vous faites, je le reçois et je suis garant que vous le tiendrez. Mais de graves, de pénibles difficultés vous restent à vaincre. Il faut non-seulement venir en France, vous habituer, vous qui avez vécu jusqu'à ce jour en Orient, aux mœurs et aux usages des pays civilisés... Votre ennemi est puissant : sa position est formidable. La justice, qui se déclare infaillible, l'a reconnu pour le descendant légitime du comte de Bernac ; et le parlement de Paris ne cassera pas sans oppositions redoutables un jugement rendu par lui... Les preuves matérielles nous manquent. Ce signe que vous portez au bras n'avait été indiqué que par Giraud seul, et le parlement a rejeté son témoignage. L'avenir est hérissé d'obstacles qui vous séparent du but à atteindre...

— Ces obstacles, interrompit Marc d'une voix vibrante, je les surmonterai ; ce but, je l'atteindrai !

— Pour moi, continua l'Indien, Giraud seul a dit vrai. Ce nom qu'a entendu sortir des lèvres de la comtesse a dû être prononcé par elle. Oui, La Chesnaye doit être l'auteur des crimes commis dans la nuit du 14 mars, comme il avait été l'auteur de l'infâme attentat dont votre mère, alors jeune fille, avait été victime. Celui qui porte en ce moment le nom qui vous appartient, celui qu'Aldah m'a dévoilé comme étant le fils de maître Eudes, a rejeté sur un autre toute la participation du crime que j'attribue à La Chesnaye? Pourquoi?... Dans quel but? Existe-t-il entre eux quelque lien mystérieux? Mon départ précipité de Paris m'a empêché d'approfondir toutes ces choses... Lors même que j'y fusse demeuré, eussé-je pu parvenir à éclairer ce dédale d'infamies? Dieu seul le sait!... La science humaine a des bornes qu'elle ne saurait franchir... Grâce à la boucle de cheveux vous ayant appartenu, grâce à l'anneau enlevé par ruse à votre ennemi, j'ai pu obtenir d'Aldah quelques précieuses indications, mais de quel poids ces indications seront-elles devant une société ignorante qui m'accusera de sorcellerie? D'ailleurs Aldah n'a pu m'en dire plus que vous en savez maintenant. •

— Oh! dit Marc avec l'accent d'une conviction profonde, comment croire que Dieu ait daigné me préserver jusqu'ici de tous périls au milieu de ma vie aventureuse? comment croire que sa main nous ait conduits l'un vers l'autre, et supposer qu'il m'abandonne au moment où je marche vers le but? Douter serait un blasphème!

— Attendre avec patience, espérer avec foi, agir avec opportunité, sont les trois grands points de la sagesse humaine! dit l'Indien d'une voix grave et sentencieuse. Attendons donc, espérons toujours, et, le temps venu, agissons avec force et résolution.

En achevant ces mots, l'Indien s'enveloppa dans son burnous, s'étendit sur la terre, et, s'abandonnant à ses pensées intérieures, il parut désireux soit de prendre un repos que les fatigues des journées précédentes avaient rendu nécessaire, soit de demeurer avec lui-même, absorbé dans ses rêveries.

Marc respecta le silence de son interlocuteur, mais l'émotion à laquelle était en proie le jeune homme le contraignait à une activité fiévreuse.

Parcourant en tous sens l'oasis toujours entourée de son cercle de feu, ravivant un bûcher, en activant un autre, s'arrêtant parfois, reprenant sa marche sans se rendre compte de ses actions, il ne pouvait parvenir à combattre l'agitation qui faisait se ruer dans ses artères le sang qui affluait dans sa poitrine.

Il réfléchissait sur ce qu'il venait d'entendre, il se répétait mentalement chacune des paroles prononcées par l'Indien.

Souvent une joie folle étincelait dans ses regards et animait sa physionomie mobile.

Parfois à cette expression joyeuse succédait un découragement profond.

— Si cet homme me trompait? disait-il, et sa main enserrait convulsivement le manche du poignard passé à sa ceinture.

« S'il se trompait lui-même?... s'il était fou?... ajoutait-il en frissonnant des pieds à la tête. Que signifient cette Aldah, cette science étrange, ce somnambulisme, ce magnétisme, cette boucle de cheveux, cet anneau?... Puis-je croire à toutes ces choses?... Oh! cet homme est fou, et me fier à lui, à ses paroles, serait me déclarer plus insensé encore!... »

Et Marc, le front sombre et penché, secouait tristement la tête; mais, après quelques minutes d'un doute navrant, revenaient les rêves d'espérance.

— Et cependant, reprenait-il, cette histoire qu'il m'a racontée est véritable! A mesure qu'il parlait, je sentais se déchirer le voile qui enveloppait une partie de mon cerveau... la mémoire me revenait. Oui... je vois à cette heure

ce château entouré de verdure et adossé au précipice... Une femme me portait dans ses bras... cette femme était belle... Blanche!... Blanche!... répétait-il en paraissant chercher; c'était le nom que lui donnait un homme jeune encore et toujours richement vêtu... Cet homme était mon père...

« Le comte de Bernac... le comte de Bernac, disait-il encore en écoutant le son que ce nom formulé faisait vibrer à ses oreilles. Oh!... ce titre a été souvent prononcé devant moi!... Bernac! Blanche! Amiens! Giraud!... oh! mes souvenirs d'enfance!... ils me reviennent en foule!... »

Et le jeune homme marchait à grands pas, comme pour aider au mouvement de ses pensées.

— Cette scène épouvantable... j'y ai assisté... oui! continua-t-il; elle est là... devant moi... je criais, je pleurais, sans comprendre toute l'étendue du malheur qui frappait ma famille...

« Ce précipice... je le vois béant... je me sens suspendu au-dessus de son gouffre...

« Oh!... ces blessures, qui m'ont fracturé le crâne et qui ont jusqu'ici détruit ma mémoire... il me semble en ressentir la douleur et me voir inondé de sang!... »

Tandis que Marc s'agitait ainsi sans pouvoir retrouver le calme, l'Indien, immobile, demeurait étendu, enveloppé dans ses amples vêtements.

Marc jeta sur lui un long regard.

— Peut-être est-il fou, murmura-t-il, mais évidemment la Providence l'a mené vers moi, et je ne dois pas chercher à nier ses décrets. Dieu se sert souvent de moyens que ne peut comprendre notre pauvre intelligence humaine!... D'ailleurs, qu'ai-je à redouter en suivant cet homme?... Mon bras est fort, ma main est ferme et mon œil assuré.

« Qu'ai-je à risquer, moi, pauvre malheureux habitant du désert?...

« C'est dit!... je le suivrai. »

XVI

LA SÉPARATION.

Durant le reste de la nuit, ces réflexions contradictoires se heurtèrent dans la tête endolorie du jeune homme.

Enfin un mince filet d'un rose pâle apparut à l'Orient; chacals, hyènes, panthères, lynx, lions se turent subitement.

La nature, silencieuse, parut se plonger un moment dans un repos absolu, puis les feuillages des palmiers, des orangers et des citronniers se balancèrent doucement sous la brise, et le chant des oiseaux du désert salua le retour de l'aurore, comme l'infernal concert des bêtes fauves avait salué l'approche des ténèbres.

Les flamants, les ibis entr'ouvrirent leurs ailes et s'élancèrent dans l'espace, reprenant possession de leur domaine éthéré; puis, un jet rapide, étincelant, lumineux, surgit tout à coup à l'est du désert immense, dorant au loin les buissons poussiéreux, et le disque rougeâtre du soleil apparut majestueux, commençant dans le ciel sa course quotidienne.

Les chevaux, étendus sur le gazon, se dressèrent en secouant leur corps engourdi. Du bout des lèvres ils effleurèrent les branches d'arbustes rampant à leur portée et d'un même pas se dirigèrent vers la source bienfaisante.

Marc était demeuré sous l'impression de cet admirable spectacle du réveil de la nature, si magnifique, si sublime, si grandiose dans ces plaines de l'Afrique qu'il frappe, sans les lasser, de son effet saisissant ceux-là même qui le contemplent chaque jour.

Ce court moment avait fait trêve à son ardente émotion. En se retournant il vit l'Indien debout derrière lui et occupé déjà à seller sa monture.

Marc imita vivement son compagnon et les deux hommes, après avoir fait un repas tout aussi frugal que celui de la veille et s'être désaltérés à l'onde claire du ruisseau, s'élancèrent légèrement en selle.

— Dois-je donc vous accompagner? demanda le jeune homme en rompant enfin le silence qui avait régné jusqu'alors entre lui et son compagnon.

— Oui, répondit celui-ci; nous allons à Tripoli.

Les voyageurs quittèrent l'oasis.

Le trajet à parcourir était long et pénible, il demandait près d'une semaine.

Durant ce temps, à l'exception de quelques péripéties de chasse inséparables d'une traversée du désert, Marc et l'inconnu ne s'occupèrent l'un qu'à rappeler ses souvenirs et à interroger avec instance, l'autre qu'à se confirmer dans la certitude qu'il avait cette fois retrouvé le véritable fils du comte et à répondre aux presssantes et utiles questions qui lui étaient adressées.

Nous ne saurions donc répéter ces conversations qui nous feraient retomber dans des redites continuelles.

De plus, l'Indien traça au jeune homme tout le plan de conduite qu'il avait à suivre. Les événements eux-mêmes feront assez ressortir ce plan pour que nous n'ayons pas à le reproduire ici.

Qu'il nous suffise donc de dire qu'à Tripoli les deux voyageurs trouvèrent un petit navire qui les débarqua en Sicile.

Là ils durent se séparer, l'Indien s'embarquant directement pour la France, et Marc devant passer en Italie et traverser la péninsule dans toute sa longueur.

Une étroite amitié s'était formée entre les deux hommes, une confiance sans bornes existait entre eux. Marc s'était promptement convaincu que son mystérieux compagnon jouissait non-seulement de toute la plénitude de ses facultés morales, mais encore qu'il était doué de la plus rare et de la plus vaste intelligence.

— Le 14 mars 1605, c'est-à-dire dans dix-sept mois, vous entrerez à Paris par la porte Neuve, avait dit l'Indien en quittant le jeune homme.

— Le 14 mars 1605! avait répondu celui-ci.

— Vous savez ce que vous devez faire durant ces dix-sept mois?

— Je le sais.

— Alors, comte de Bernac, que Dieu vous accompagne et n'oubliez jamais votre serment!

Marc pressa les mains de son compagnon et celui-ci s'embarqua pour la France.

Le jeune homme, pourvu d'une somme importante que lui avait remise l'Indien, traversa le détroit et entra en Italie.

Son premier soin fut d'échanger ses vêtements orientaux contre un élégant costume de gentilhomme européen ; puis, lorsque l'occasion se présenta de décliner son nom et ses titres, il déclara se nommer le baron Marc de Grandair, être Français et Breton d'origine, et voyager pour sa satisfaction personnelle.

C'était la première partie du plan formé par l'Indien qu'il accomplissait en répondant ainsi.

Marc mit sept mois à parcourir l'Italie, étudiant la langue italienne, les mœurs, les usages des habitants de ce pays et développant, par la vue des antiques merveilles qui y abondent, le goût inné qu'il ressentait pour les beaux-arts et que l'aversion qu'éprouvent les Orientaux pour la peinture et la sculpture ne lui avait jamais permis jusqu'alors de soupçonner en lui.

Là encore, au milieu des plus habiles professeurs d'escrime, au milieu de ceux qui avaient le renom mérité de pratiquer avec le plus de sûreté et d'adresse l'art sanguinaire qu'ils enseignaient, Marc devint rapidement l'une des meilleures lames de Florence et de Venise.

Lorsqu'il arriva en France, Marc n'était plus déjà l'enfant des déserts de l'Asie et de l'Afrique : la civilisation avait transformé sa personne et son esprit.

Durant une année, le baron visita le midi et l'ouest de la France, principalement la Bretagne et la Normandie, s'instruisant avec acharnement, travaillant sans relâche à devenir enfin un gentilhomme accompli.

Telle avait été la volonté de l'Indien, qui prétendait que le jeune homme, avant de commencer le combat, connût parfaitement le terrain sur lequel il allait lutter, et fût à même de porter dignement et noblement le nom de ses pères au sein de cette société française, la plus élégante, la plus folle et la moins tolérante au point de vue des usages qui ne sont pas les siens.

Marc avait compris et apprécié cette recommandation.

Au reste, l'Indien avait remis au baron, en le quittant, un petit livre dans lequel se trouvaient, manuscrits, l'histoire détaillée de sa famille et les renseignements qui lui seraient nécessaires pour l'avenir.

Chaque soir Marc, lors de son séjour en Italie, s'occupait à prendre connaissance de ce livre, et s'instruisait ainsi des moindres particularités relatives à l'histoire de la noble maison dont il descendait.

Bientôt il sut à fond toutes ces particularités précieuses pour lui, et rien de ce qui concernait les Bernac ne lui fut étranger.

Durant son séjour en Italie, durant ses voyages en France, Marc n'avait ni revu l'Indien, ni reçu aucune nouvelle.

Il s'était trouvé absolument seul, abandonné à lui-même; mais, nous l'avons dit, il avait confiance en l'avenir, et il savait attendre.

Bientôt le temps s'écoula, et l'année 1605 commença... Marc sentait la fièvre de l'impatience le dévorer en voyant diminuer la longueur du temps qui le séparait encore du jour où il allait pouvoir entrer dans ce Paris, au sein duquel vivait celui avec lequel il désirait si ardemment se trouver face à face.

Enfin ce jour tant souhaité arriva, et Marc en salua l'aurore avec un cri joyeux.

Nous l'avons vu pénétrer dans la capitale par la porte Neuve; nous avons assisté à son dialogue avec le vieux sergent, et à sa rencontre avec le chevalier de La Guiche et le marquis d'Herbaut, rencontre suivie presque aussitôt du duel dans lequel le baron avait joué un si grand rôle, et dont avaient été témoins Giraud d'une part, et le bernardin de l'autre.

Nous savons que la vue de Giraud avait paru réveiller les souvenirs du jeune homme, et nous avons entendu le court échange de paroles rapides fait entre lui et le moine mystérieux.

Enfin, nous avons suivi Marc dans le logis de dame Perrine, et nous l'avons laissé, son dîner à demi achevé, en proie aux réflexions les plus graves et repassant minutieusement dans sa tête tous les détails que nous venons de mettre sous les yeux du lecteur.

L'horloge du cloître Saint-Merry, retentissant dans le

lointain et sonnant huit heures, vint tirer le jeune homme des rêveries dans lesquelles il était plongé.

— Récapitulons ma journée, dit-il en se levant brusquement. Il me semble qu'elle n'a pas été mauvaise. Mon premier acte a été de me créer deux amis puissants à mon entrée à Paris. Il est vrai de dire que j'ai tué un gentilhomme, mais c'était bravement, et cette mort ne peut que me faire honneur... J'ai revu l'Indien, car c'était lui qui m'assistait au duel sous cette robe de moine, j'en suis sûr. Donc, il ne m'abandonne pas. Je me suis trouvé en face de celui qui porte le nom et le titre qu'il m'a volés... Un concours de circonstances heureuses va me permettre de voir cette nuit ce digne prévôt, qui m'a si généreusement sauvé jadis, sa fille, que je dois, en revanche du service rendu, arracher au danger qu'elle court en aimant un infâme. Enfin La Chesnaye existe encore!... Oh! que celui-là soit entre mes mains, et je pourrai promptement faire constater mes droits et ma personne! L'Indien a raison; entre lui et le faux comte il doit y avoir un lien mystérieux que je saurai découvrir. Là est le secret. Corbleu! la journée a été bonne, je le disais bien, et la nuit se présente merveilleusement! Demain l'Indien aura des nouvelles à apprendre, s'il en a à me donner! Dieu est avec moi, je le sens, je suis fort. A moi l'avenir! à eux la honte et le châtiment!

Et Marc lança dans l'espace un regard brillant de défi et d'audace.

— Çà! continua-t-il, La Guiche et d'Herbaut doivent m'attendre... Il est temps de m'occuper de ma toilette.

Et le jeune baron, pirouettant gaiement sur ses talons avec une expression de joyeuse et inaltérable confiance, se mit en devoir de procéder à sa toilette de bal, ainsi qu'il venait de le dire.

A cette même heure, M. d'Aumont, enfermé dans ses appartements du grand Châtelet, et désolé de n'avoir pu réussir encore dans la capture du bandit célèbre, s'apprêtait à faire contre fortune bon cœur, et à conduire sa femme et sa fille au milieu de la cour qui se réunissait chez don Pedro de Tolède.

Diane, inquiète et éplorée, cachant avec soin son émotion aux yeux des femmes qui s'occupaient à la parer, sentait son cœur battre avec force, et mille résolutions différentes se croiser dans sa pauvre tête à l'approche de l'heure fatale indiquée la veille par le comte de Bernac, heure qui devait décider de sa destinée, car, si on se le rappelle, le comte avait prévenu Diane qu'il lui fallait fuir cette nuit même, sous peine de voir sa tête rouler sur l'échafaud, et il avait ajouté qu'il n'éviterait pas la mort si la jeune fille ne consentait à partir avec lui.

Quant à la belle Catherine, la séduisante baronne que nous avons vue chez Jonas d'abord, puis dans les ruines du couvent des Augustins, en compagnie des trois hommes auxquels son existence paraissait liée d'une façon indissoluble, elle mettait en œuvre tous les artifices de la coquetterie la plus achevée pour rehausser encore sa charmante beauté et faire périr de jalousie les galants cavaliers qui la pressaient de tendres propos et de déclarations brûlantes, et les nobles dames envieuses de ses grâces et de ses perfections adorables.

Mais à cette même heure aussi se passait, non loin du quartier habité par le baron, une scène d'un caractère bien différent que celle qui se préparait, et d'une importance telle que, certes, si le jeune baron de Grandair eût pu en deviner l'existence et le résultat, il eût abandonné le bal de l'ambassadeur d'Espagne pour accourir prendre sa part active des étranges événements qui s'accomplissaient.

XVII

LA MAISON DE LA RUE DES VIEILLES-ÉTUVES.

La scène dont nous venons de parler, et à laquelle nous allons faire assister le lecteur, se passait sur la rive droite, dans l'une de ces voies étroites et sombres telles que les laissait pratiquer alors l'édilité parisienne.

Cette voie, qui existe encore de nos jours, se nommait à cette époque, et se nomme encore aujourd'hui la rue des Vieilles-Étuves-Saint-Honoré.

Elle était ouverte dans l'axe de l'hôtel de Soissons et, en traversant la rue des Deux-Écus, à quelques pas de cette tour bizarre accolée à l'ancien édifice par la mère des derniers Valois, cette Catherine de Médicis de funeste mémoire.

La reine adonnée, comme chacun le sait, aux sciences occultes, avait fait construire cette tour afin d'aller étudier de son sommet, en compagnie de son compatriote Ruggieri, le cours des astres en lequel elle avait une foi aveugle.

La rue des Vieilles-Étuves-Saint-Honoré, servant de prolongement à la rue de l'Arbre-Sec, était alors la voie la plus courte et la meilleure pour aller de l'hôtel de Soissons au palais du Louvre.

Petite, insalubre, étroite, bordée de maisons hautes à pignons menaçant de se rejoindre comme les constructions mauresques, elle n'en était pas moins regardée comme l'une des rues les plus aristocratiques de la ville, et bon nombre de ses maisons actuelles ont servi jadis de demeures aux grands seigneurs du dix-septième siècle.

A droite, au centre, s'élevait en 1605, une sorte de petit hôtel d'aspect bizarre et pour ainsi dire lugubre.

Cet hôtel, percé au rez-de-chaussée d'une porte étroite et basse, présentait, dans son élévation, deux étages de deux fenêtres chaque, au-dessus desquels le toit pointu se dressait fièrement en surplombant sur la rue.

La porte, en s'ouvrant, laissait apercevoir une cour intérieure, petite, sombre, servant de communication entre le bâtiment de devant et un corps de logis plus considérable situé sur le derrière, et qui, par conséquent, devait être adossé aux ruines de ce couvent des Augustins dont nous avons parlé à la fin de la première partie de cet ouvrage.

Ce bâtiment, que l'on ne pouvait apercevoir d'aucun point des constructions voisines, avait le privilège d'exciter vivement la curiosité de tout le quartier.

Enfoui pour ainsi dire au milieu de hautes murailles qui le protégeaient à droite et à gauche, il semblait narguer toute tentative d'indiscrétion.

Il faut l'avouer, à une époque où le surnaturel tenait une si importante place dans la vie réelle, tout ce qui avait lieu dans la maison dont nous venons de parler était bien fait pour inspirer au peuple une crainte superstitieuse.

Seulement l'opinion publique était injuste. Elle ne s'occupait que de l'arrière-corps de logis et elle avait tort, car les deux étages construits sur le devant de la rue méritaient bien aussi d'attirer l'attention des observateurs.

Là aussi, effectivement, il se passait d'étranges choses.

Ainsi, tandis que le bâtiment situé sur la rue conservait son apparence sombre et silencieuse, celui bâti sur la cour emblait s'éclairer tout à coup comme s'il se fût illuminé du ez-de-chaussée au grenier. Nous disons « semblait ; » car, ucune fenêtre étrangère ne dominant ce corps de logis, on e pouvait en être, à l'égard de ce qui s'y passait, qu'aux lus vagues conjectures.

Néanmoins il était incontestable que presque chaque ois, et toujours le second samedi de ce mois, des lueurs vives formaient, au-dessus de la cour, une sorte de brouillard lumineux que l'on apercevait d'assez loin.

Chose plus étrange encore, et qui donnait fort à penser aux observateurs du quartier, c'est que cette lueur n'était jamais deux fois de suite de la même nuance.

Tantôt une vapeur rouge, couleur de sang, paraissait baigner la toiture dans un flot de lumière à croire qu'un incendie des plus violents s'était subitement allumé dans l'édifice.

Tantôt cette vapeur affectait une teinte verte de la nuance la plus franche et de l'effet le plus fantastique.

D'autres fois elle était blanche et pâlissait le ciel au point de combattre victorieusement les ombres de la nuit.

Puis de blanche elle devenait soit orangée, soit violacée, soit bleuâtre, soit complétement dorée.

Bien souvent le guet, alarmé par ces illuminations intempestives, accourait vers le lieu d'où elles se projetaient ; mais à peine entendait-on résonner au loin le fer des chevaux ou le pas alourdi des soldats, que la lueur s'éteignait subitement et que tout rentrait dans l'obscurité.

Les archers de la ville, étonnés, s'arrêtaient alors et se demandaient s'ils n'avaient pas été le jouet d'une illusion.

Parfois ils s'en retournaient avec cette insouciance qui distinguait la police de cette époque ; parfois, au contraire, ils poursuivaient leur route, et, guidés par quelque bourgeois curieux d'approfondir par lui-même le mystère, ils parvenaient jusqu'à la maison de la rue des Vieilles-Étuves.

Là, d'ordinaire, ils s'arrêtaient de nouveau, car la maison paraissait le sanctuaire même de la tranquillité, du calme et du sommeil ; puis, sur les instances des voisins ameutés, ils frappaient à la grosse porte.

Après quelques instants d'un assourdissant vacarme, la servante entre-bâillait une fenêtre, et demandait avec des exclamations d'effroi ce que l'on pouvait vouloir à son vieux maître.

Lui parlait-on des lueurs sinistres aperçues des rues avoisinantes, elle paraissait ne pas avoir conscience de ce qu'on lui disait, et se bornait à offrir aux soldats de pénétrer dans la maison.

Ceux-ci entraient, ou du moins laissaient pénétrer leur sergent en compagnie de quelques hommes.

Sergent et soldats montaient au second, toujours guidés par la servante, laquelle avait soin de refermer la porte de la rue, au grand désappointement des badauds éveillés et accourus en toute hâte.

Dans une chambre convenablement meublée on trouvait un vieillard dont les infirmités paraissaient affreuses, et qui, d'une voix tremblante, répondait aux interrogations du guet ou mettait sa demeure entière à la disposition des soldats.

Ceux-ci, convaincus qu'ils s'étaient trompés dans leurs recherches, s'excusaient auprès du vieillard et redescendaient dans la cour.

Là, bien souvent encore, le sergent s'enquérait de ce qu'était le bâtiment noir s'élevant sur le derrière du terrain. Pour toute réponse, la servante allait pousser une porte mal fermée et invitait du geste les soldats à en agir à leur guise.

Le sergent et ses hommes prenaient des lanternes et s'avançaient dans l'intérieur du petit bâtiment.

Tout paraissait y être dans un abandon et dans une ruine absolue. Les murailles nues dénuées de planchers s'élevaient du sol à la toiture.

Çà et là quelques ouvertures indiquaient les deux étages qui avaient dû exister autrefois.

A terre gisaient des bottes de paille et dans un angle une mule d'assez chétive apparence dormait sur une mauvaise litière.

A l'inspection de ce triste logis, où pas un meuble, pas une cachette ne pouvait rien céler à la vue, le sergent haussait les épaules, éteignait sa lanterne et regagnait la rue, convaincu qu'il venait de visiter en pure perte la maison la plus inoffensive de la capitale.

Alors les curieux déconcertés regagnaient soucieusement leur logis et le guet s'éloignait majestueusement sans daigner tourner la tête.

Les nuits où ces visites avaient lieu, rien d'extraordinaire ne se manifestait plus dans la maison suspecte, mais le mois suivant les choses recommençaient de plus belle.

Souvent les lueurs dont nous avons parlé étaient remplacées par des pluies d'étincelles jaillissant hors d'un énorme tuyau qui se dressait sur le toit du manoir en ruine. Souvent encore à ces gerbes de feu succédaient de longues langues de flammes, se tordant convulsivement dans le ciel.

Puis tout à coup le silence était troublé par quelque détonation effrayante, comme si toute une compagnie d'arquebusiers eût fait feu à la fois.

D'autres fois c'étaient des clameurs étranges, des cris sauvages, des chants d'allégresse, des rugissements de bêtes féroces, des vagissements d'enfants qui s'échappaient tour à tour lugubres, effrayants, doux ou joyeux, de la demeure singulière.

Depuis près de vingt ans ces événements se renouvelaient à peu près chaque mois, depuis près de vingt ans le guet avait fait plus de trente visites inutiles ; aussi peu à peu le quartier s'était-il habitué aux étranges choses qui se passaient dans l'hôtel de la rue des Vieilles-Étuves, et la police de la ville avait-elle fini par ne plus s'en inquiéter du tout.

Toutefois on ajoutait que cette indifférence de la police n'avait eu lieu que d'après un ordre donné de très-haut et qui enjoignait de laisser paisibles les habitants du logis soupçonné de diableries.

Cet ordre expliquait la tranquillité dont la maison avait joui dès lors ; puis, pour le vulgaire, des bruits provenant d'une source inconnue et propagés avec une rapidité extrême avaient même bientôt mis sur le compte des habitants de l'autre monde ce qui avait lieu d'extraordinaire dans celui-ci ; le surnaturel avait donné raison de l'inexplicable, et bientôt tout le quartier avait admis comme certain le choix fait par les damnés et par les sorcières de la construction en ruine pour y établir leurs nocturnes assemblées.

De là l'explication naturelle des lueurs, des étincelles, des flammes, des cris, des vociférations, des détonations et des rugissements.

Cette façon de penser, partagée en apparence du moins par la police, avait fait cesser toute tentative de perquisition, et depuis plus de dix ans antérieurement au jour où commence cette histoire, les habitants du logis mystérieux n'avaient subi aucune visite domiciliaire.

Seulement la nuit, lorsque le vacarme était trop grand, lorsque les lueurs étaient trop vives, les voisins réveillés en sursaut sautaient à bas de leur couche, et hommes, femmes et enfants se mettaient en prière, implorant la miséricorde divine pour les protéger contre les tentatives des esprits mauvais.

Cependant il faut le dire : parmi tous ces esprits faibles se trouvaient quelques esprits relativement forts, et la malignité publique ne trouvait pas toujours de quoi se nourrir dans le champ du surnaturel qu'on lui avait livré en pâture.

Tout en admettant la présence des habitants de l'autre monde, on pensait souvent à celle des habitants du logis, bien vivants, ceux-là, et parfaitement en chair et en os.

Des rumeurs commencèrent à circuler dans les environs; les conjectures se croisèrent, les observations se corrigèrent entre elles; les esprits malins, les imaginations hardies se mirent en mesure de deviner ce qu'on ne pouvait savoir, et bientôt une sorte de légende, devenue promptement article de foi, circula dans tout le quartier.

Voici, en 1605, ce que l'on racontait sur les habitants de la maison de la rue des Vieilles-Étuves-Saint-Honoré.

Maître Eudes (tel était le nom qu'à tort ou à raison on avait donné au propriétaire de l'hôtel), maître Eudes passait pour un ancien procureur de la Bretagne, né à Rennes vers le commencement du siècle précédent et qui, dès lors, était presque centenaire.

Ayant vendu sa charge étant jeune encore, il était venu à Paris où il s'était adonné aux sciences occultes.

Il avait un fils, lequel avait longtemps servi la Ligue sous les ordres du duc de Mercœur. De ce fils on n'en entendait plus parler depuis près de dix années.

Sombre, morose, dévoré par un chagrin profond dont on ignorait la cause, maître Eudes s'était renfermé dans la maison qu'il avait fait construire rue des Vieilles-Étuves-Saint-Honoré et avait fait vœu de ne plus en sortir qu'à l'heure de sa mort.

Une seule personne habitait avec lui, c'était Margueriton, sa servante.

A ces détails circonstanciés, on ajoutait que maître Eudes était à son aise et en même temps d'une avarice sordide, ce qui expliquait l'état de délabrement dans lequel il laissait le corps de logis du derrière, délabrement qui avait tellement séduit les suppôts de l'enfer qu'ils avaient fait du bâtiment leur résidence habituelle.

Ce que nous venons de rapporter n'était répété que par les gens sensés, la petite minorité des habitants du quartier. Ce que nous allons dire encore, au contraire, était considéré comme certain par l'immense majorité des voisins et voisines.

On disait que maître Eudes n'était pas seulement à son aise, mais bien excessivement, phénoménalement riche ; on ajoutait qu'il n'était pas seulement savant, mais bien magicien, sorcier et en commerce direct avec le diable.

Il n'avait eu qu'un seul fils, mais bien trois enfants vendus successivement par lui à Satan en personne, lequel les avait dûment emportés les uns après les autres, moyennant quoi il accordait dix ans de plus d'existence à son associé et la faculté, durant ces dix ans, de faire de l'or autant que maître Eudes le jugerait convenable, mais que ces dix années octroyées par chaque fils livré (ce qui faisait trente ans), expirées et accomplies, maître Eudes aurait à se donner à son tour en propre payement à l'ennemi du genre humain, s'il voulait vivre encore sur la terre dix autres années de plus.

De plus on disait encore, mais cette fois on se disait cela tout bas à l'oreille et en se signant avant et après la confidence, que chaque second samedi du mois, à neuf heures précises du soir, maître Eudes sonnait sa servante. Celle-ci montait. Maître Eudes lui commandait de lui apporter ses plus beaux habits.

Une fois revêtu de son costume de gala, maître Eudes faisait signe à la servante de redescendre.

Celle-ci partie, il se traînait vers une petite armoire pratiquée dans l'épaisseur de la muraille, l'ouvrait avec une clef d'or suspendue autour de son cou par une chaîne de même métal et en tirait un petit flacon également en or.

Ce flacon à la main, il récitait une formule magique et le débouchait ensuite lentement.

Une petite flamme rouge s'échappait alors par le goulot allongé du flacon, montait au plafond, éclatait en s'éteignant avec un bruit semblable à celui de la détonation d'une arme à feu et répandait dans la chambre une odeur inconnue.

Tout aussitôt maître Eudes portait le flacon à ses lèvres et en avalait avidement le contenu.

Demeurant immobile durant quelques secondes, le vieillard semblait attendre l'effet du breuvage, puis, cet effet obtenu, il entr'ouvrait la fenêtre et laissait pénétrer l'air pur dans la chambre.

Mais alors, au contact de cet air s'opérait une métamorphose subite et étrange. Maître Eudes, le vieillard centenaire, paraissait ne pas avoir trente ans !

Plus de rides, plus de cheveux blancs, plus de mains défaillantes, plus de jambes impotentes, plus de corps voûté et débile.

Un visage frais et jeune, des cheveux noirs, des mains nerveuses et puissantes, des jambes agiles, un torse droit et vigoureux.

Maître Eudes se redressait, marchait vivement en marmottant toujours des paroles mystérieuses, puis il descendait ses deux étages, traversait la cour et ouvrait la porte du corps de logis abandonné.

Après être entré dans l'intérieur, il retirait à lui cette porte, et l'on entendait le bruit des verrous, des barres de fer et des chaînes, à l'aide desquels il la barricadait en dedans.

Au même instant, c'est-à-dire une heure juste après que maître Eudes avait appelé sa servante, on entendait dans la rue le trot pesant d'une mule s'arrêter devant le logis du vieillard.

Cette mule, disaient les narrateurs, aurait été la plus magnifique mule du monde si elle n'eût porté sur le côté gauche de la croupe une énorme blessure haute et sanglante qui faisait horreur à voir.

Un cavalier de stature et de corpulence à ne pas faire déshonneur à la bête chevauchait celle-ci.

C'était un homme de mine fière et imposante, mais dont le front portait l'empreinte de trois blessures si rouges et si vives qu'on eût dit trois charbons ardents incrustés dans la chair.

Leur aspect épouvantait, et on détournait la tête à la vue du cavalier et de sa monture ; mais, heureusement, ajoutait judicieusement le conteur, l'heure à laquelle venaient la mule et le cavalier ne permettait pas de les distinguer parfaitement.

Tous les deux, homme et bête, venaient depuis vingt ans sans qu'on sût d'où, et partaient, sans qu'on sût où ils allaient, car lorsqu'on avait voulu les suivre, et cela était nécessairement arrivé assez souvent, on les avait toujours perdus de vue aux alentours du cimetière des Innocents.

Dix heures sonnaient à l'instant même où le cavalier s'arrêtait devant le logis de maître Eudes.

Sans descendre de sa monture, il soulevait le lourd marteau de fer et le laissait retomber.

La servante, prévenue sans doute, ouvrait aussitôt, et le cavalier entrait, puis mettait pied à terre.

Rapprochant l'un de l'autre les deux lingots, il les examina avec une attention scrupuleuse. — Page 13, col. 2.

La mule, sans être attachée, demeurait dans la cour de l'hôtel.

Alors le cavalier, sans dire un mot, sans paraître se préoccuper de quoi que ce soit, se dirigeait droit vers la porte du logis dans lequel s'était retiré maître Eudes.

Levant la main, il touchait simplement cette porte de l'extrémité de son index, et aussitôt, en dépit des verrous, des barres de fer et des chaînes, elle s'ouvrait toute grande.

Le visiteur entrait, et la porte se refermait.

Au bout d'une heure, pas une minute de moins, pas une minute de plus, disait toujours la chronique populaire, la porte se rouvrait d'elle-même, l'inconnu sortait, allait à sa mule, l'enfourchait, et, gagnant la rue, partait au grand trot.

Dieu seul savait où il allait!

Toute la nuit maître Eudes demeurait là où l'avait laissé l'inconnu, et, chacune de ces nuits, les lueurs étaient plus vives et le bruit plus assourdissant.

A cinq heures du matin, il regagnait son appartement du second étage pour n'en plus sortir que le vendredi suivant.

Quel était ce cavalier? que se passait-il entre lui et le vieillard subitement rajeuni? Voilà ce qui préoccupait tout le quartier.

La solution la plus accréditée de ce problème était que le cavalier n'était autre que le diable, et qu'il venait tous les seconds samedis du mois donner une leçon de magie à maître Eudes.

Ce qui confirmait le peuple dans cette opinion, c'était que le samedi saint de chaque année le cavalier et la mule ne faisaient pas leur visite mensuelle, et que maître Eudes ne sortant jamais, n'allait par conséquent jamais à l'église, et que, ne recevant personne autre que l'inconnu, il était évident qu'il n'avait ni confesseur ni directeur de conscience.

En 1605, la tradition concernant le cavalier et la mule semblait avoir perdu quelque peu de sa valeur, bien qu'elle se maintînt toujours; mais on prétendait que depuis plus de trois années aucune visite étrange n'avait eu lieu dans la maison suspectée.

Et maintenant que le lecteur est au courant de ces bruits, faux ou fondés, nous allons le prier de pénétrer avec nous dans cette maison de la rue des Vieilles-Etuves-Saint-Honoré, à l'heure même où les bons bourgeois de Paris préféraient prendre un détour plutôt que de se risquer à passer devant un logis hanté par les démons et les damnés.

XVIII

MAITRE EUDES.

Ce soir-là était donc celui du second samedi du mois de mars 1605.

Maître Eudes se tenait dans sa chambre à coucher, située au deuxième étage sur la rue.

Assis dans un vaste fauteuil placé devant une large table, il paraissait se livrer à l'étude, car tout autour de lui, sur la table, sur des sièges gisaient, tout ouverts, une respectable collection d'in-folios, les uns manuscrits, les autres imprimés, qu'il attirait ou repoussait successivement de sa main sèche et nerveuse.

Une petite lampe posée sur la table éclairait faiblement la pièce, dont les vastes proportions, suivant l'habitude de l'époque, eussent exigé une véritable illumination.

Maître Eudes était un beau vieillard étrangement vigoureux encore, si les voisins, qui lui prêtaient près d'un siècle d'existence, ne se trompaient pas dans leurs conjectures.

A peine paraissait-il sexagénaire. De longs cheveux gris entouraient le sommet de son crâne, nu et poli comme un vieil ivoire. Une barbe inculte descendait jusqu'au milieu de sa poitrine.

Des sourcils épais, puissamment arqués, encadraient ses yeux gris, dont chaque regard semblait un éclair.

Un nez long, à l'arête large, aux narines dilatées, descendait au-dessus d'une bouche bien dessinée, mais dégarnie par l'âge.

Le menton, excessivement accusé, fendu au milieu, faisait paraître plus grande encore la maigreur des joues dont les pommettes saillantes semblaient prêtes à percer les chairs jaunies.

Maître Eudes devait être de taille au-dessus de la moyenne, car, bien que son buste fût voûté, ses épaules dépassaient encore le dossier du fauteuil sur lequel il était assis.

Les jambes et les bras offraient cette maigreur particulière à presque tous les hommes d'études dont les membres ne profitent jamais.

Enveloppé dans une vaste houppelande brune, serrée à la taille comme la robe d'un moine, avec laquelle elle avait d'ailleurs plus d'un rapport de forme et de nuance, maître Eudes, les pieds allongés sur un coussin de cuir, la tête appuyée dans ses deux mains, les coudes posés sur la table, était évidemment absorbé dans ses lectures.

Huit heures venaient de sonner, et le vieillard n'avait même pas entendu le timbre sonore de son horloge résonner à quelques pas de lui, lorsque tout à coup son œil terne s'anima, sa main crispée froissa convulsivement les feuillets du manuscrit qu'il lisait, et un frémissement nerveux agita tout son être.

— Enfin !... enfin !... murmura-t-il en se penchant avidement en avant sur le livre. Je l'avais bien dit, moi, et Paracelse et Goclenius sont de mon avis. Oui, Dieu a répandu partout la vie ! La vie est son attribut essentiel et il a uni les esprits aux corps par un fluide animal. Pythagore et Platon le pensaient évidemment, et Paracelse l'a écrit. Le fluide émane de l'âme, donc il doit avoir de l'influence sur l'âme !.., Je le prouverai, moi, je le prouverai. Le fluide minéral existe : l'aimant ne peut permettre de nier. Pourquoi le fluide animal n'existerait-il pas? Le fluide nerveux existe aussi, nous le reconnaissons tous ; eh bien, pourquoi, de même que la volonté dirige ce fluide nerveux vers les organes pour les mouvoir, ne pourrait-elle aussi lancer ce fluide au dehors, et le faire pénétrer dans le corps d'une autre personne ?...

Maître Eudes reprit sa promenade.

— Oui, je le prouverai, je le prouverai ! répéta-t-il encore en s'arrêtant de nouveau, et il m'aidera, lui, oui, il m'aidera, je l'y contraindrai !...

Le vieillard s'interrompit pour regarder le rideau de l'horloge.

— Huit heures et demie, dit-il; encore une heure et demie d'attente ! Ah ! trente jours sont trop longs à attendre... et maintenant qu'il est revenu, il faut qu'il vienne plus souvent... il le faut !...

En ce moment, on frappa à la porte deux coups discrets.

— Entrez !, dit le vieillard.

La porte s'ouvrit doucement, et une femme apparut sur le seuil : cette femme était Margueriton, la servante aux appointements fabuleux.

— Maître ! fit-elle en s'avançant.

Le vieillard se tourna vers elle.

— Que voulez-vous ? demanda-t-il.

— Vous rappeler que l'heure était venue.

— Je le sais.

— Alors, il faut tout préparer ?

— Oui.

Et maître Eudes accompagna cette affirmation d'un geste impératif, indiquant qu'il voulait être seul.

Margueriton comprit sans doute, car elle sortit aussitôt.

Maître Eudes était près de la fenêtre : il reprit alors sa promenade à travers la chambre, et parut de nouveau absorbé dans sa rêverie.

— Ne serait-ce pas là le secret de Cardan et celui du grand Albert, dit-il à voix haute, sans s'arrêter dans sa marche, et sans se rendre compte évidemment que ses lèvres formulaient sa pensée en sons distincts. Les esprits élémentaires obéissaient à leurs ordres... Or, qu'est-ce que les esprits élémentaires, qu'est-ce que ces intermédiaires entre l'homme et les créatures immatérielles ? Invisibles à nos yeux, mortels comme nous, formés par les particules les plus subtiles de l'air, tantôt nous dominant, tantôt dominés par notre volonté, ne représentent-ils pas l'action de ce fluide dont l'existence est incontestable ?... Serait-ce un même phénomène sous des noms différents ?...

Maître Eudes s'arrêta.

— C'est possible... continua-t-il; mais alors... si cela est, chaque homme aurait donc un esprit élémentaire intimement lié à lui ?... esprit dont il pourrait disposer à son gré, et qui, s'il est plus puissant que celui d'un autre homme, mettrait celui-ci à son entière discrétion ?...

En ce moment le bruit que causé par l'échappement de la sonnerie qui précède de quelques secondes le retentissement du marteau sur le timbre, résonna brusquement dans la pièce.

Maître Eudes se trouvait placé précisément en face de l'horloge.

— Neuf heures ! fit-il vivement, il va bientôt venir !... Enfin ! je vais donc recommencer mes travaux !... Trois ans !... Trois ans d'absence !... A-t-il trouvé le secret de la science ? Oh ! que je l'aie, ce secret, et bientôt je l'aurai seul !... A dix heures il sera ici... sa lettre est précise, et jamais il n'a manqué à sa parole !

Et, avec une agilité étonnante, le vieillard ferma ses livres, enfouit ses papiers épars dans un tiroir dont il prit la clef, et, courant vers la table, il saisit la lampe et l'éteignit d'une main ferme.

Tout cela s'accomplit avec une rapidité telle, que le dernier coup de neuf heures retentissait à l'instant même où maître Eudes reposait la lampe sur la table.

La pièce demeura plongée dans une obscurité profonde.

Le vieillard marcha alors vers la fenêtre, l'ouvrit toute grande, puis, se redressant de toute la majesté de sa haute taille et étendant le bras droit en avant :

— J'attends! prononça-t-il d'une voix forte.

Maître Eudes, en achevant ce mot, demeura immobile, l'œil fixe et le bras toujours étendu.

De la façon dont il s'était placé en ouvrant la fenêtre, il découvrait l'extrémité nord de la courte rue qu'il habitait.

A cette extrémité, s'élevait la noire muraille de l'hôtel de Soissons, et la tour construite récemment par les ordres de la feue reine Catherine pour les besoins de son astrologue Ruggieri.

Le ciel était noir, la nuit obscure, et le quartier désert et silencieux.

Tout à coup, au-dessus de la toiture de l'hôtel, à l'endroit même où la tour se soudait au bâtiment, s'éleva dans les ténèbres une gerbe d'étincelles qui s'éteignit aussi vite qu'elle était apparue.

Seulement, cette espèce d'artifice avait dû être allumé à une grande distance de l'hôtel, car il ne projeta aucune lueur sur les maisons environnantes.

— Il viendra, il va venir ! murmura le vieillard.

Maître Eudes referma alors la fenêtre de sa chambre, tira soigneusement les épais rideaux qui, en tombant, redoublèrent encore, s'il était possible, l'opacité des ténèbres régnant déjà à l'intérieur et, d'un pas ferme, comme s'il eût distingué nettement devant lui, il se dirigea vers la partie de la pièce opposée à celle où se trouvait la porte d'entrée.

Là, il s'arrêta, tira de son vêtement une petite clef attachée à l'une des boutonnières par une chaîne de métal, et, s'approchant de la muraille, il leva la main qui tenait la clef.

Sans doute, maître Eudes avait une grande habitude de cette singulière manière d'agir; car, sans chercher, sans tâtonner, sans se tromper, il enfonça la clef dans une petite serrure dont le mécanisme, jouant aussitôt, permit au large battant d'une énorme armoire, de s'ouvrir en tournant sur ses gonds.

Cette armoire, dont la capacité devait être considérable, à en juger par son ouverture, était évidemment garnie d'objets casuels et de verreries, car maître Eudes, en enfonçant son bras au-dessus d'une planche, provoqua ce cliquetis du cristal s'entrechoquant auquel l'oreille ne saurait se tromper.

Saisissant de la main droite une tige d'acier qu'il prit sur sa table de travail, il approcha de la gauche la fiole qu'il plaça dans une position horizontale.

Un coup sec de la tige d'acier sur le goulot brisa le verre fragile.

Aussitôt, au contact de l'air, le contenu de la petite bouteille s'embrasa, et une longue flamme, s'échappant par le goulot mutilé, éclaira la chambre d'une lueur jaunâtre, assez semblable à la teinte de l'opale.

Cette flamme monta directement vers le plafond qu'elle caressa de sa langue tordue, et erra durant quelques secondes sur les poutres saillantes, comme un papillon voltigeant de fleur en fleur.

Maître Eudes, les yeux ardemment fixés sur le corps lumineux, suivait avec une attention extrême les lignes tracées par la flamme légère.

Suivant les habitudes de construction de l'époque, le plafond de la pièce offrait une succession régulière de larges saillies et de creux profonds causés par le passage des poutres, de sorte que, tantôt la flamme errante léchait ces saillies, tantôt elle disparaissait dans l'espace réservé entre elles.

Au centre du plafond, la poutre, plus large que ses voisines, était artistement sculptée en forme de rosace.

Maître Eudes, les deux bras étendus en avant, se mit alors à murmurer un flot de paroles aux sons bizarres, sur un rhythme étrangement cadencé.

Tout à coup, la petite flamme, arrivée en resserrant ses cercles au centre même de la rosace, s'abaissa comme si elle eût voulu retomber, puis, opérant en sens inverse un brusque mouvement ascensionnel, elle se précipita vers la rosace et s'éteignit ou disparut brusquement, soit que l'aliment lui manquât, soit qu'une ouverture ménagée dans la sculpture lui eût permis de s'élancer au dehors en obéissant à l'action d'un courant.

La chambre fut aussitôt replongée dans une obscurité profonde.

— Satan le veut ! s'écria maître Eudes d'une voix forte ; à moi les esprits de la nuit !

Et, jetant au loin les débris de la petite fiole qu'il tenait encore dans sa main, il s'élança vers la porte, l'ouvrit, et quitta la chambre où venait de s'accomplir ce mystérieux événement.

Cette porte, dont le vieillard venait de franchir le seuil, donnait accès sur un palier long et étroit, à l'extrémité duquel aboutissait le deuxième étage de l'escalier.

Palier et escalier étaient plongés dans d'épaisses ténèbres.

Maître Eudes descendit légèrement les degrés et se trouva bientôt au centre de la petite cour.

Le bâtiment, dont nous avons parlé, celui dans lequel se passaient, au dire des voisins, les étranges mystères qui avaient maintes fois effrayé le quartier et donné l'alarme au guet chargé de la police de la ville, le bâtiment enfin, situé au fond de la cour, se dressait noir et silencieux devant le vieillard.

Ce corps de logis, très-élevé pour l'époque, était percé à sa base par une porte haute et large comme celle d'une grange ; à son centre, par trois fenêtres de proportions équivalentes à celle de la porte, et à son sommet par une énorme lucarne à la forme ogivale, ouvrant son œil unique sous la pointe aiguë d'un toit extrêmement rapide.

Lorsque la police, excitée par les clameurs du quartier, avait été amenée plusieurs fois à visiter l'intérieur de ce bâtiment, elle avait été à même de voir que les murailles, nues de leur base à la toiture, n'offraient aucune autre ouverture que celles pratiquées sur la cour, et, partant, aucune communication avec aucun autre corps d'habitation.

C'était même à cette observation judicieuse, plusieurs fois renouvelée, que maître Eudes avait dû la tranquillité dans laquelle le laissaient, depuis longtemps, le guet et la police religieuse.

Et cependant, loin de cesser, les rumeurs les plus étranges circulaient, toujours en augmentant, sur maître Eudes, et à propos de ce qui se passait dans la maison de la rue des Vieilles-Etuves-Saint-Honoré.

Le public avait-il tort ? le guet avait-il raison ? c'est ce que nous allons probablement savoir en suivant le vieillard dans sa bizarre manière d'agir.

Arrivé dans la cour de sa maison, maître Eudes jeta autour de lui un regard investigateur ; puis, bien rassuré par le silence et les ténèbres qui l'entouraient, il marcha droit vers la grande porte du logis bâti sur le derrière.

Cette porte, mal ou point fermée, céda à la première pression de la main du propriétaire et s'ouvrit en dedans, laissant un libre et large accès au vieillard.

Celui-ci entra sans hésiter, referma sur lui le battant demeuré ouvert, qu'il assura à l'aide d'un gros verrou, et, s'avançant d'un pas ferme jusqu'à l'angle gauche de la salle :

— Que la lumière soit ! dit-il d'un ton impérieux.

Aussitôt, sans qu'aucun bruit se fût fait entendre, sans qu'aucune voix eût répondu aux paroles prononcées, une lumière rouge s'alluma instantanément et éclaira l'intérieur du logis de ses rayons empourprés, sans qu'aucun foyer apparût aux regards.

Cette lueur sanguinolente était tellement vive, que, se projetant au dehors par les ouvertures des fenêtres et par celle de la lucarne, elle illumina la petite cour et dissipa les noires ténèbres entourant la maison.

La salle dans laquelle se trouvait alors maître Eudes n'eût plus offert aucun point obscur à l'œil de l'observateur, si un observateur eût eu le loisir d'y pénétrer à la suite du vieillard.

Cette salle d'une hauteur énorme, puisqu'elle avait celle des deux étages qui avaient dû exister jadis dans l'intérieur du bâtiment, était dallée de larges plaques de marbre dont les veines disparaissaient sous une épaisse couche de poussière.

Les murailles dégradées, noircies, lézardées, avançaient leur ventre alourdi comme si elles eussent eu peine à soutenir le poids de la toiture.

A l'exception de celle formant façade, ces murailles n'offraient nulle part aucune apparence d'ouverture.

Dans l'angle droit de la salle, quelques bottes de paille amoncelées les unes sur les autres lui donnaient cette apparence de grange que nous avons mentionnée plus haut.

En somme, on comprenait facilement que rien d'extraordinaire n'avait pu attirer là le regard de la police, et qu'après une courte investigation, le guet se fût toujours retiré complétement rassuré sur l'innocence du vieux bâtiment.

Si cependant le sergent et son escouade eussent pénétré avec nous à la suite de maître Eudes, cette nuit-là même où nous le présentons au lecteur, dans la salle mystérieuse de l'arrière-corps de logis, nul doute que le digne fonctionnaire ne fût revenu de son opinion bienveillante.

En effet, depuis que la lueur rouge avait éclairé subitement les quatre murailles nues, le singulier personnage que nous mettons en scène n'était pas demeuré inactif, et ce qu'il accomplissait offrait un aspect inexprimable pour ceux qui eussent refusé d'ajouter foi aux accusations portées contre lui.

S'approchant davantage de la muraille, toujours dans la partie située à l'angle gauche de la salle, il traça sur la paroi un cercle rapide à l'aide de la baguette qu'il tenait à la main.

A ce cercle il en fit succéder un second décrit en sens opposé, et se reculant vivement :

— Fiat voluntas mea ! s'écria maître Eudes en brisant sa baguette et en lançant les tronçons contre la muraille.

Ce dernier mot n'était pas achevé que la partie de la muraille frappée par la baguette magique parut s'affaisser ou s'écrouler sur elle-même sans pour cela occasionner le moindre bruit.

Une ouverture haute de six pieds au moins, large de quatre environ, se présenta subitement.

Cette ouverture donnait accès sur un escalier droit formé d'une quinzaine de degrés, dont le dernier était de plain-pied avec le sol d'une galerie haute et voûtée s'enfonçant en ligne droite.

Ouverture, escalier, galerie étaient splendidement éclairés par cette même lueur rouge qui, tout à l'heure, avait pénétré dans la salle ; seulement, cette fois, la cause de cette projection lumineuse était incompréhensible, car, à l'extrémité de la galerie, on apercevait les flammes d'une énorme fournaise dont l'ardeur était telle que les murs, à droite et à gauche, que les pierres formant la voûte paraissaient être chauffés à blanc, et que les bouffées d'une chaleur véritablement effrayante s'en échappaient avec la furie d'un vent d'orage.

Maître Eudes pénétra par l'ouverture et gravit lentement l'escalier conduisant à la galerie.

A peine eut-il quitté la salle, que le mur, se relevant de lui-même, ne laissa plus apparaître au dehors la moindre trace du passage du magicien.

XIX

LA POUDRE DE PROJECTION.

Après avoir franchi les degrés de l'escalier, maître Eudes atteignit la galerie voûtée conduisant à la fournaise.

Deux autres galeries, que l'on pouvait apercevoir du bas de l'escalier, s'ouvraient l'une à droite, l'autre à gauche, sur la première formant la croix avec elle.

Chacune de ces nouvelles galeries était fermée par une porte massive, tandis que la première ne possédait aucune fermeture.

Maître Eudes se dirigea droit vers le fond de celle-ci, et pénétra dans une énorme pièce voûtée également, et dont les proportions spacieuses semblaient disparaître sous l'innombrable quantité d'objets de toutes formes, de toutes dimensions et de tous genres qui l'encombraient sur toutes ses faces.

Au centre de cette pièce se dressait un gigantesque fourneau de forge, comme en employaient les adeptes de l'époque pour leurs opérations métallurgiques.

Ce fourneau, garni d'un puissant soufflet dont l'action se combinait encore avec celle d'un haut tuyau coupant la salle dans toute sa hauteur, était couvert de bassins d'argile, de cornues de verre, de creusets de Hesse, d'instruments aux formes bizarres, aux destinations inconnues ; les uns à demi brisés, les autres renversés, d'autres pleins de substances diverses, d'autres encore hermétiquement bouchés et subissant l'action du foyer incandescent.

Tout autour de la pièce, des planches disposées en rayons superposés ployaient sous le poids des vases, des fioles, des bouteilles, des boîtes, des vaisseaux en métal, des minéraux soigneusement rangés qui s'entassaient les uns près des autres.

Au plafond, suspendues par de longues chaînes, des lampes de toute espèce que rendait inutiles la clarté régnant dans le laboratoire.

Cette clarté étrange, rougeâtre et nuageuse, ne provenait pas du foyer du fourneau qui, cependant, regorgeait de matières en combustion. Elle s'échappait d'un énorme vase de terre placé en face du fourneau, et était due sans aucun doute à l'action de produits chimiques habilement combinés.

Tout, dans le laboratoire, décelait une activité fiévreuse et un travail incessant.

Debout, près du fourneau, se tenait un homme de haute taille et aux formes robustes, autant qu'on en pouvait juger sous les plis de la tunique qui le recouvrait du cou aux chevilles.

Cette tunique, faite en amiante, mais salie, jaunie par l'usage, était serrée à la taille par une chaîne d'acier aux flexibles maillons

Une calotte ronde et plate s'adaptait sur le crâne, descendant sur le front jusqu'au-dessus des yeux.

Le visage était entièrement caché par un masque garni extérieurement d'amiante, et intérieurement d'un cristal bleuâtre destiné à protéger les yeux contre l'action de la chaleur, et la respiration contre les émanations pernicieuses des produits employés.

Deux tubes en cuir, placés l'un à droite, l'autre à gauche de la tête, permettaient à l'air de pénétrer jusqu'aux voies respiratoires.

Cet homme ainsi vêtu, il était impossible de lui assigner un âge précis. Seuls, ses mouvements révélaient la force de la jeunesse.

Au moment où maître Eudes quitta la galerie pour entrer dans le laboratoire, celui qui s'y trouvait déjà se retourna lentement.

— Que la science soit avec toi, Mercurius, dit le vieillard en s'avançant vers le fourneau.

— Ainsi soit-il, mon père ! répondit celui auquel maître Eudes venait de donner ce nom passablement païen.

— Je suis en retard, aujourd'hui.

— Cela est vrai, mon père ; et un instant même j'ai douté que ce fût vous qui arrivassiez.

— Pourquoi ?

— Parce que je croyais que vous renonceriez enfin à l'habitude de toutes ces cérémonies ridicules qu'il vous a plu encore cependant d'employer aujourd'hui.

Maître Eudes se redressa.

— Qu'appelez-vous cérémonies ridicules? demanda-t-il d'un ton sévère.

— Mais vos cercles soi-disant magiques tracés sur la muraille, et les paroles, auxquelles vous m'avez contraint à répondre, prononcées comme une conjuration. Paroles et cercles sont bien inutiles, vous le savez, et vous n'aviez qu'à toucher le ressort pour entrer facilement ici.

Le vieillard fronça les sourcils.

— Je sais que vous êtes sceptique, Mercurius, dit-il d'un ton sec.

— Cela est vrai, mon père.

— Ainsi vous ne croyez à rien?

— Si fait.

— A quoi croyez-vous?

— A la science.

— Et à Satan? demanda maître Eudes après une pause.

Mercurius haussa les épaules.

— Je voudrais que Satan vînt ici, dit-il en saisissant une énorme pince de fer qu'il mania aussi légèrement que s'il eût tenu une simple baguette de coudrier ; je voudrais que Satan vînt ici. Je le prendrais avec ces pinces et je le plongerais dans mon fourneau auprès duquel je crois que toutes les flammes de son enfer ne sont que feu de paille, et je le tiendrais là, je vous le jure, jusqu'à ce qu'il m'eût dit pourquoi cette poudre de projection ne donne aux métaux que l'apparence de l'or sans leur en donner la réalité.

— Ainsi, tu ne crois pas à Satan? reprit maître Eudes d'un ton plus grave.

— Non, articula nettement Mercurius.

— Et aux esprits élémentaires?

— Pas davantage.

— Si cependant je te prouvais qu'ils existent?

Mercurius réfléchit ; puis après quelques minutes :

— Écoutez, mon père, reprit-il, je crois en la science, je vous l'ai dit ; puis ensuite je ne crois plus qu'à tout ce qui se compose et décompose. Mettez-moi un de vos esprits élémentaires dans mon creuset, et, après analyse, je vous dirai ce que j'en pense.

Maître Eudes pencha sa tête expressive sur sa poitrine.

— Celui-ci ne me comprendra jamais, murmura-t-il ; mon secret ne peut être à lui !

Et relevant le front :

— Tu m'as accusé de pratiques ridicules, dit-il à voix haute ; tu as eu tort. Je t'ai appris à connaître les hommes, à les haïr, à les mépriser, à te jouer de leurs lois absurdes, à triompher d'eux, enfin, et à les plier sous le poids de ta volonté. Aucune précaution n'est trop grande et ne saurait être ridicule pour nous garder, tu le sais. Un œil indiscret, par un hasard inconnu et imprévu, peut surprendre nos mystères, et, entre cet œil et nous, il doit toujours exister une barrière en apparence surnaturelle, afin qu'aucun chrétien ne soit tenté de la franchir.

Mercurius s'inclina en signe qu'il comprenait.

— Que fais-tu là? demanda le vieillard en s'approchant du fourneau. De l'or? Tu essayes toujours ; n'es-tu donc pas encore arrivé à la découverte du grand œuvre?

— Non, mon père, répondit Mercurius avec un soupir.

— Tu as expérimenté?

— Oui.

— Plusieurs fois?

— Cinq fois depuis trois jours.

— Sans succès?

— Sans succès!

— Alors expérimente encore devant moi!

— Pourquoi faire? pour arriver à une déception nouvelle ?

— Expérimente! répéta le vieillard sans répondre à la réflexion de l'adepte.

— Fais fondre du plomb... la quantité que tu voudras... Bien! ajouta maître Eudes en voyant ses ordres s'accomplir.

Le plomb fut rapidement en fusion.

Maître Eudes fit un pas en arrière, fouilla dans la poche de son pourpoint et en tira une petite boîte faite d'un métal aux tons verdâtres.

Il ouvrit cette boîte qui contenait une poudre aux grains épais, et prit trois de ces grains qu'il jeta dans le creuset.

— Recouvre! dit-il à Mercurius d'une voix impérative. Maintenant, chauffe autant que tu puisses chauffer.

Mercurius activa le foyer en se suspendant à la chaîne du soufflet, et bientôt la chaleur devint telle que les cornues en verre placées sur les planches craquaient en se dilatant.

— Assez! dit maître Eudes.

Alors, prenant de ses mains sèches la pince qu'avait abandonnée son fils, il saisit le creuset, l'enleva et le laissa retomber sur les dalles du plancher, ainsi qu'il venait de faire pour le lingot précédent.

Le creuset se brisa, mais, cette fois, le petit lingot demeura entier au centre des débris.

— Le corps est solide! murmura Mercurius.

Maître Eudes reprit le lingot, toujours avec l'aide des pinces, et le plongea dans un vaisseau rempli d'eau fraîche ; l'eau se mit à bouillonner au contact du métal brûlant.

Lorsqu'il fut refroidi, le vieillard déposa le morceau de métal sur une table voisine.

— Examine! dit-il d'un air de triomphe.

Mercurius avait pris dans l'un des tiroirs de cette même table un lingot du même volume à peu près que celui fondu par le vieux savant.

Ce lingot était un morceau d'or au titre le plus élevé.

Rapprochant l'un de l'autre les deux lingots, il les examina avec une attention scrupuleuse.

— Même couleur ! dit-il.

Puis, les jetant chacun dans les deux plateaux d'une balance :

— Même poids! ajouta-t-il.

Alors, reprenant le premier lingot et le plaçant sur la surface polie d'une enclume, il saisit un énorme marteau, le souleva à l'aide de ses deux mains réunies au-dessus de sa tête, et en déchargea un coup formidable.

Le morceau de métal s'aplatit sous le choc, mais aucun éclat ne vola : il s'était seulement fendu par le milieu.

— De l'or! s'écria Mercurius en bondissant en arrière, de l'or!

— Sans doute! répondit simplement le vieillard.

— Ce morceau de plomb devenu l'or le plus pur!

— Tu le vois!

— Miracle! s'écria Mercurius.

— Science! dit sévèrement maître Eudes.

— Mais, mon père... cette poudre à l'aide de laquelle vous venez d'opérer...

— Cette poudre, mon fils, est la véritable poudre de projection, c'est la pierre philosophale!

— Et vous possédez ce secret?

— Tu le vois!

— Et vous me le communiquerez?

— Oui.

— Mon père!... fit l'adepte en proie au plus vif saisissement.

— Mais, interrompit maître Eudes avec un sourire ironique, tu n'as pas achevé l'opération. Essaye avec la pierre de touche.

Mercurius s'empressa encore d'obéir; mais à peine eut-il tenté l'essai, qu'il poussa un cri de stupeur.

— Ce n'est pas de l'or! murmura-t-il avec un étonnement et un découragement profonds.

Le vieillard se prit à rire.

— Ce lingot en a-t-il la couleur, la ductilité et le poids? demanda-t-il.

— Oui, répondit le chimiste.

— Toi-même, savant habile, ne l'avais-tu pas pris pour de l'or avant de l'avoir touché?

— Sans doute : il en offre l'exacte apparence.

— Eh bien! lorsque tu présentes des écus d'or, le marchand qui te livre en échange ses marchandises ne se contente-t-il pas de l'apparence et a-t-il toujours avec lui une pierre pour toucher le métal?

— De la fausse monnaie!... fit Mercurius en haussant dédaigneusement les épaules.

— De la vraie! répondit impérieusement le vieillard, de la vraie, puisqu'elle peut avoir cours comme l'autre et qu'elle t'offre les mêmes avantages. Que t'importe donc la réalité, pourvu que l'apparence te conduise au même but? Quant à ce lingot, frappe avec des écus d'or de France et des pistoles à l'effigie du roi d'Espagne : cette fois, je défie qu'on ne les prenne pas comme des pièces de bon aloi! Dès lors, cette poudre de projection que j'ai su composer ne vaut-elle pas la véritable pierre philosophale?

— Vous avez raison, mon père! s'écria Mercurius convaincu par l'étrange raisonnement de maître Eudes.

— Bien, mon fils! dit maître Eudes en riant d'un mauvais rire. Savoir tromper est une science plus utile et plus profitable encore que toutes celles que nous étudions. Au reste, je suis content de toi. J'ai appris tous les détails de ton expédition de la nuit dernière contre l'hôtel Mercœur. Tu es bien mon sang!... Hein? n'est-ce pas que tu devais ressentir une volupté étrange à tromper la vigilance des valets, à promener à ta fantaisie le meurtre et le pillage, à commander en maître dans la demeure de cet insolent seigneur, à voir à ta merci toutes ces richesses sur lesquelles

les tiens faisaient main basse? Oh! je connais le sentiment qui vous anime alors! Cette volupté, je l'ai goûtée longtemps moi-même. Aujourd'hui, l'âge me prive de ces jouissances inconnues des autres hommes, mais je suis bon père, Mercurius, et je revis dans mes enfants!

Mercurius ne répondit pas, et le masque empêchait de voir l'expression de son visage.

Celui de maître Eudes resplendissait d'un reflet joyeux : ses petits yeux brillaient comme deux diamants et s'agitaient fébrilement sous leurs paupières.

— A combien estimes-tu la prise? dit-il enfin.

— A mille écus d'or environ.

— Peuh! fit le vieillard avec une grimace de dédain. Ces Lorrains sont devenus bien piètres. Le partage a été fait?

— Oui, mon père.

— Et ce qui est à nous?

— Est parti ce matin, sous bonne escorte, pour les grottes dont Reynold a le secret.

— Très-bien! vous devez partir également tous trois cette nuit, après le bal?

— Oui, mon père!

Maître Eudes regarda Mercurius sans poursuivre l'entretien : les yeux du vieillard se dardaient sur le chimiste avec une expression singulière : l'envie, la jalousie, la colère se lisaient dans ses regards.

— Tiens! fit-il brusquement sans daigner cacher les pensées mauvaises qui envahissaient son cerveau. Il y a des instants où je jalouse votre sort à tous trois; où j'envie le destin que je vous ai fait! Heureux enfants! Que n'ai-je pas fait pour vous, moi qui seul ai lutté si longtemps contre la société entière!... Je vous ai à chacun donné la science dans sa plus splendide étendue!... J'ai mis à votre merci tous les biens de ce monde!... J'ai arraché de vos cœurs la pitié, la confiance, la générosité, la bonté, tous ces instincts stupides qui n'apportent avec eux que douleurs et privations!... J'ai développé en vous la force physique et la puissance morale comme je la comprends! Rien ne vous est impossible désormais, car vous pouvez tout tenter sans être arrêtés par aucun obstacle! Partout où vous allez, vous régnez en maîtres! Aucun plaisir, aucune satisfaction ne vous sont inconnus. Vous pouvez descendre et remonter l'échelle sociale suivant vos fantaisies!... Grâce au nom et au titre que j'ai su vous donner, chacun de vous peut tour à tour s'approcher même du roi!... A vous les jouissances de toute espèce, à moi les études pénibles et l'inaction!... Oh! si j'étais jeune encore, que cette existence me semblerait belle! Mais je suis vieux aujourd'hui! Oh! la jeunesse, avec ses passions tumultueuses, ses joies folles, ses désirs ardents!... Qu'est donc près d'elle l'expérience de l'âge?...

Maître Eudes s'arrêta en secouant tristement la tête.

— Mais, reprit-il bientôt, avec un accent plein d'orgueil, je vous domine encore, je vous dominerai toujours.

— Sans doute, mon père! dit Mercurius avec un mouvement d'impatience.

Le vieillard ne vit pas le geste peu respectueux de son fils, mais le bruit des paroles prononcées par Mercurius parut le tirer des réflexions dans lesquelles il était plongé.

— A moi la science! dit-il vivement. Qui sait d'ailleurs où elle me conduira? qui sait si la pierre philosophale n'est pas une vérité inconnue? Que je réussisse d'abord, et puis...

Maître Eudes n'acheva pas.

— Lui, va venir, reprit-il en changeant de ton et en s'adressant à Mercurius.

— Bien, mon père, répondit celui-ci.

— Tu vas l'attendre.

— Oui.

— Sans qu'il puisse te voir, comme toujours. Tu m'avertiras, ensuite tu veilleras, Mercurius, et tu te tiendras prêt à mon premier signal. Car il doit venir, je le sais; mais il se peut qu'une fois entré dans cette maison, il ne doive plus en sortir.

Mercurius s'inclina en signe qu'il comprenait parfaitement.

Maître Eudes quitta alors le laboratoire et s'enfonça dans la galerie de droite à l'extrémité de laquelle, avons-nous dit, se dressait une porte massive que le vieillard poussa de la main.

XX

LE TIGRE ROYAL.

La pièce dans laquelle venait de pénétrer le vieux savant était plus large que longue, et une seconde porte, faisant face à celle donnant sur le corridor, la perçait à son extrémité.

Cette pièce, garnie de hautes murailles et recevant le jour par une toiture vitrée, offrait à l'œil un spectacle plus bizarre encore que celui que présentait le laboratoire où travaillait Mercurius.

Quatre torches de résine enflammées, plantées dans des portants de fer scellés aux quatre angles, éclairaient alors l'intérieur du bâtiment.

A droite et à gauche s'élevaient de hautes cages formées de barreaux de fer et au centre desquelles était réservé un étroit passage.

Ces cages, divisées en compartiments réguliers, profonds de vingt pieds environ, sur une longueur moitié moindre, paraissaient destinées à renfermer des animaux sauvages, car çà et là gisaient à l'intérieur, sur d'épaisses litières, des os fraîchement rongés et une odeur forte (cette odeur, particulière aux animaux de l'espèce féline) incommodait désagréablement les nerfs olfactifs.

Au moment où maître Eudes pénétrait dans cette singulière pièce, plutôt semblable à la salle d'une ménagerie qu'à la chambre d'une habitation, ces cages étaient vides, à l'exception d'une seule située à droite au centre.

Celle-ci contenait un tigre royal de la plus belle espèce. Son pelage jaune fauve en dessus, blanc en dessous, marqué de bandes noires irrégulières et transversales, offrait cette admirable fourrure au poil ras si fort estimée par les Orientaux.

Sa queue, aux anneaux alternativement noirs et jaunes et terminée par un bout noir, battait fièrement ses flancs charnus.

Un rictus formidable contractait la peau de sa face, découvrait ses dents blanches, aiguës et avides de carnage.

Les pattes de devant, campées sur une même ligne, permettaient de constater la longueur et la force de ses griffes acérées.

Le corps, à demi ployé, décelait dans son attitude la souplesse et l'agilité, apanage ordinaire de cette classe de mammifères.

Un rugissement guttural et prolongé accueillit l'approche de maître Eudes.

Le vieillard, sans paraître le moins du monde intimidé, fit en souriant un pas vers la cage.

— Eh bien, Bacchus! fit le magicien en posant sa main droite sur la grille. Es-tu donc toujours aussi farouche, et faut-il que je me mêle de ton éducation pour la terminer?

En entendant les sons d'une voix humaine, le tigre s'était replié plus encore sur lui-même et paraissait prêt à s'élancer.

Le vieillard appuya sur la grille son autre main, et, encadrant son visage en l'enfonçant entre deux barreaux, il fixa sur le terrible animal le rayon de ses yeux gris étrangement allumé.

Ce regard clair, impérieux et incisif, se croisa avec celui de la bête féroce; mais, chose étrange, ce ne fut pas celui de l'homme qui se détacha avec terreur, ce fut, après quelques secondes de résistance, celui du tigre qui se détourna lentement avec un sentiment évident de crainte.

Les paupières rondes du roi des forêts indiennes s'abaissèrent sur sa prunelle verdâtre, et, poussant un rugissement plaintif, le tigre s'allongea doucement, détendant les nerfs contractés de son corps aux mouvements onduleux.

Maître Eudes ne bougea pas, tenant toujours l'animal sous son regard dominateur.

C'était un spectacle bizarre, saisissant, que celui que présentait ce vieillard aux cheveux argentés, à la barbe neigeuse, aux mains tremblantes, établissant ainsi, par la seule force de sa volonté, sa supériorité humaine sur la puissance toute matérielle d'une bête féroce.

A cet instant, la porte située du côté opposé à celui par lequel était entré le savant s'ouvrit brusquement et un nouveau personnage parut sur le seuil.

Ce personnage était un homme de taille élevée, en tous points semblable à celle de Mercurius.

Mêmes proportions, même corpulence, mêmes gestes, même démarche.

La ressemblance pouvait paraître d'autant plus parfaite que, de même que Mercurius, dont le visage complètement caché par son masque de cristal et d'amiante, la figure du second personnage disparaissait aux trois quarts sous un masque de velours noir qui ne laissait apercevoir que les yeux à la noire prunelle et les lèvres rouges surmontées d'une moustache finement fournie.

Le nouveau venu, en apercevant le vieillard, s'avança vivement dans l'espèce de corridor réservé entre les deux rangs de cages.

Il avait laissé derrière lui la porte entrebâillée.

Presque aussitôt s'élancèrent par cette ouverture deux compagnons dont l'aspect eût suffi pour faire évanouir d'effroi un homme d'un courage ordinaire.

Le premier était un lion de taille gigantesque, à la crinière ruisselante, à la démarche majestueuse.

Le second était une panthère noire de Java, de petites proportions, mais dont l'œil vitreux décelait les instincts carnassiers.

Lion et panthère paraissaient vivre, au reste, dans une intimité assez grande, car tous deux se précipitèrent ensemble, se livrant à de joyeux ébats.

D'un seul et même bond ils rejoignirent celui qui paraissait être leur maître, et le dépassant dans leur élan, ils tombèrent en arrêt en face de maître Eudes.

Celui-ci, dégageant son visage des barreaux de la cage du tigre, se retourna doucement.

A peine le regard du vieillard eut-il rencontré celui du lion et celui de la panthère qu'un même sentiment parut dominer subitement les deux animaux; mais ce sentiment s'exprima d'une manière toute différente.

En effet, tandis que le lion, s'arrêtant dans sa course, se couchait aux pieds de maître Eudes, sur lesquels il passait sa langue rugueuse, la panthère se laissant aller sur le flanc droit d'abord, se roulait ensuite coquettement sur le dos, les quatre pattes en l'air.

L'un offrait l'image de la force s'abaissant volontairement devant celui dont la supériorité était incontestable ; l'autre présentait l'aspect de la grâce féline cherchant à attirer le regard.

— Bonsoir, El-Kebir ! bonsoir, Shabbâh ! dit maître Eudes en se baissant pour passer ses doigts osseux dans la crinière fauve du lion et sur le poil noir et luisant de la panthère ; bonsoir, mes amis. Vous reconnaissez toujours votre vieux maître, vous ! vous léchez la main qui vous a corrigés ; vous valez mieux que les hommes, qui déchirent, eux, la main qui les soigne !

Le vieillard n'avait pas achevé qu'un triple rugissement ébranla les échos de la salle.

Le lion, la panthère et le tigre venaient de s'apercevoir. Sans doute l'intimité qui régnait entre les deux premiers était loin d'être partagée par le troisième, car, à peine les regards des trois bêtes fauves se furent-ils croisés que le lion et la panthère se redressèrent d'un bond, tandis que le tigre, rendu subitement furieux, s'élançait sur les barreaux de sa cage avec une violence telle que les tiges de fer se courbèrent sous la pression.

Le lion, la crinière hérissée et battant ses flancs de sa queue redoutable, semblait défier son ennemi.

La panthère, plus prudente ou moins courageuse, se recula lentement en faisant craquer ses dents les unes sur les autres.

Durant quelques secondes, ce fut un concert affreux à faire croire que les animaux s'entr'égorgeaient avec furie, cris et rugissements qui devaient sans nul doute s'entendre au loin et porter la terreur dans tout le quartier.

— Silence, El-Kebir ! silence, Shabbâh ! dit une voix rude et puissante.

Et l'homme qui était entré dans la salle précédant le lion et la panthère se jeta entre ceux-ci et la cage où était le tigre, puis, levant une verge d'acier flexible qu'il tenait à la main, il en menaça les deux bêtes fauves.

Celles-ci reculèrent en rugissant encore.

— Rentrez ! ordonna le maître d'un ton impérieux.

Le lion et la panthère semblèrent hésiter un moment, puis, sur une nouvelle menace de châtiment, ils s'éloignèrent à pas lents et regagnèrent la pièce du fond, dont la porte était demeurée entr'ouverte.

L'homme au pourpoint noir remonta vers cette porte, la referma et revint au vieux savant, qui n'avait pas quitté la cage du tigre.

Celui-ci paraissait être en proie à un accès de courroux effrayant.

Bondissant dans sa cage, mordant de ses dents blanches les barres de fer, labourant le sol de ses ongles aigus, rugissant avec une rage inouïe, il était terrifiant à contempler.

— Humbert ! dit le vieillard d'un ton calme.

— Mon père, répondit son interlocuteur en s'avançant.

— Ce tigre n'est donc pas encore dompté ?

— Non, mon père.

— Ainsi, tu ne peux le dominer ?

— Non, mon père. J'ai vainement essayé de tout. La faim, le regard, le miroir magique, les corrections, la douceur, rien n'a pris sur cette nature essentiellement sauvage.

Maître Eudes reporta son attention sur le tigre, lequel ne paraissait nullement en disposition de devenir plus calme.

— Ainsi, dit le vieillard en revenant à son fils, tu renonces à dompter ce tigre ?

— J'y renonce, mon père, et je suis certain que personne au monde ne pourrait faire mieux que moi.

— C'est ton avis ?

— Oui, mon père.

— Eh bien ! ouvre la cage.

Humbert se recula avec stupéfaction.

— Ouvrir la cage de Bacchus ! s'écria-t-il.

— N'as-tu pas dit que rien n'avait pu agir sur lui ?

— Sans doute.

— Eh bien ! je veux te prouver que la force de volonté t'a seule fait défaut pour opérer efficacement.

— Mais...

— N'as-tu pas dit que tu renonçais à le dompter ?

— Oui, je l'ai dit.

— Eh bien ! je le dompterai, moi, dans l'état de courroux où il se trouve, et je ferai, moi, vieillard presque centenaire, ce que ne peut accomplir un homme de trente ans. Ouvre cette cage, Humbert, je te l'ordonne !

Et maître Eudes, saisissant d'une main ferme la baguette d'acier que tenait son fils, frappa de son extrémité la gâche du verrou qui fermait la porte grillée.

Humbert recula encore en hésitant.

— Ne m'as-tu pas entendu ? s'écria le magicien avec colère. Ouvre cette cage, je te l'ordonne !

Humbert, dominé par l'accent impérieux avec lequel fut prononcé cet ordre, revint près de la cage où rugissait le terrible animal, et tira les deux verrous qui fermaient la porte.

Maître Eudes écarta le battant et se présenta sur le seuil.

En présence de cette invasion inattendue de son domicile, le tigre s'arrêta court dans les bonds auxquels il se livrait.

Stupéfié sans doute par l'audace du vieillard, il fixa sur lui sa prunelle dilatée et rugit sourdement.

Sans s'arrêter à ces signes menaçants, maître Eudes retira à lui la porte grillée et s'avança lentement, l'index étendu et le regard rivé à celui de la bête féroce.

A chaque pas que faisait vers lui le vieillard, le tigre rampait en arrière ; enfin il se trouva acculé dans l'angle gauche de la cage.

Replié sur lui-même, il paraissait prêt à bondir pour déchirer son hardi visiteur.

Humbert, le regard fixe, était cloué sur place et semblait fasciné par le terrible spectacle qu'il avait sous les yeux.

Maître Eudes s'avança encore jusqu'à ce que ses pieds rencontrassent les pattes de devant du tigre.

Alors, augmentant encore pour ainsi dire la puissance dominatrice du regard qu'il plongeait dans l'œil de l'animal, il se baissa lentement, saisit le tigre par la peau du cou, et, avec une force musculaire que l'on n'eût jamais cru devoir rencontrer dans ses membres débiles, il traîna le corps de la bête fauve jusqu'au milieu de la cage.

Le tigre dompté allongea ses muscles et demeura immobile. Maître Eudes, se baissant encore, s'assit sur les épaules de l'animal, puis ramenant à lui cette tête à l'expression féroce, il saisit de chaque main chacune des deux mâchoires, et, les écartant brusquement, il ouvrit cette gueule rouge toute hérissée de dents puissantes.

Humbert ne put retenir un cri de surprise, d'admiration et d'effroi.

Le vieillard n'y fit point attention, tant il paraissait absorbé par l'examen de cette gueule béante à l'aspect formidable.

— La dentition n'est pas terminée, dit-il lentement, voilà

La jeune fille, elle, ses beaux bras étendus et roidis... — Page 23, col. 2.

qui cause tes accès de rage folle, mon pauvre Bacchus; mais sois tranquille, avant un mois je t'aurai rendu aussi doux et aussi paisible que le chien le plus dévoué.

Le vieillard ramassa la verge d'acier qu'il avait laissée tomber et se releva.

Mais, dans le double mouvement qu'il accomplit, Bacchus échappa à la puissance de son regard.

D'un seul bond, le tigre se redressa menaçant.

Le vieillard se retourna brusquement.

— Immonde ! s'écria-t-il avec colère.

III e s.

Et, de son regard, jaillit un éclair si terrible, que le tigre se recoucha aussitôt entièrement maîtrisé.

Maître Eudes leva la verge d'acier, et en appliqua un coup vigoureux sur l'épaule de la bête, qui poussa un rugissement de douleur; puis, ouvrant la porte de la cage, il en sortit avec un calme majestueux.

Humbert s'était précipité à genoux.

— Mon père ! s'écria-t-il, mon maître ! Rien ne vous est impossible ! Je reconnais ma faiblesse, je proclame votre puissance !

8

— Maintenant, répondit maître Eudes, tu pourras désormais entrer hardiment dans la cage de Bacchus, et bientôt même, tu pourras le laisser près de toi en liberté; mais viens dans ton atelier que j'examine ton travail.

Et maître Eudes, suivi d'Humbert, s'avança vers la porte ouvrant au fond de la pièce dans laquelle ils étaient, et poussa cette porte.

L'atelier d'Humbert offrait l'aspect d'un vaste parallélogramme, merveilleusement disposé pour y accomplir tous les travaux possibles des arts mécaniques, si peu développés à cette époque de l'histoire.

Au centre, se dressait une table monumentale, servant à la fois de bureau et d'établi.

L'atelier, encombré d'outils, comme le laboratoire l'était d'instruments de chimie, dénotait la même activité fiévreuse décelée par la pièce où Mercurius accomplissait ses travaux mystérieux.

Diverses machines, les unes récemment terminées, les autres en cours de construction, s'élevaient çà et là dans la pièce.

El-Kebir et Shabbah, couchés tous deux sur un vaste tapis, dormaient en compagnie d'un ours gris des montagnes, d'une tortue de terre à carapace monstrueuse, et d'un singe de taille moyenne.

Sur la table, était enroulé un serpent à la tête plate et aux écailles luisantes.

Près de ce serpent, on voyait un chien, debout sur ses quatre pattes, et, tout à côté, du gros insectes, traînant sur le bois leur ventre arrondi.

A l'entrée des deux hommes dans l'atelier, le lion entr'ouvrit un œil qu'il referma aussitôt, la panthère se roula sur le dos, ce qui paraissait être pour elle une position familière, la tortue ne bougea pas, l'ours gris poussa un grognement sourd, et le singe sauta d'un seul bond sur la table.

Exprimant par ses grimaces et ses contorsions la joie que lui causait la présence de maître Eudes et d'Humbert, il s'élança dans leur direction, mais presque aussitôt, poussant un cri rauque, il se rejeta en arrière.

Le pauvre animal venait de se trouver face à face avec le serpent.

Humbert, qui avait remarqué ce mouvement, se retourna vers son père.

— Bien, mon fils, très-bien? dit le vieillard, cette pantomime du singe est le meilleur compliment que puisse recevoir ta science.

Humbert s'approcha de la table et appuya son doigt sur l'extrémité de la queue du serpent.

Aussitôt, le reptile déroula ses anneaux, dressa sa tête hideuse, la balança quelque temps, et s'élança en avant.

Puis, il rampa sur la table, s'enroula de nouveau, et bondit encore.

Maître Eudes approuva de la tête.

— Très-bien, reprit-il. Tu as imité la nature à s'y méprendre, et tu vois que ton singe lui-même s'y est trompé.

— A tous ces animaux, il ne manque qu'une chose, dit maître Eudes en suivant d'un regard rêveur les diverses évolutions de toute cette étrange création.

— Laquelle, mon père? demanda Humbert avec inquiétude.

— La vie.

— Elle leur manquera toujours, répondit le mécanicien avec philosophie.

— Qui sait? fit le vieillard d'une voix grave.

Humbert tressaillit.

— Que dites-vous donc, mon père? s'écria-t-il avec stupéfaction.

— Humbert, dit le vieillard d'une voix ferme, un jour, je rendrai réelles tes imitations; un jour, j'animerai de la vie ces animaux que tu animes par l'aide de la science.

— Mon père, balbutia le jeune homme, vous jouez-vous de moi?

Maître Eudes regarda fixement son fils.

— Tu ne me comprends pas? demanda-t-il avec une certaine anxiété.

— Non! répondit Humbert.

Le vieux savant courba la tête.

— Lui non plus! murmura-t-il avec découragement.

— Qu'avez-vous, mon père? demanda le mécanicien en remarquant la physionomie rêveuse du vieillard.

Celui-ci ne répondit pas.

Son fils, par discrétion, sans doute, se reculait doucement, lorsque, tout à coup, le son aigu d'un sifflet déchira bruyamment le silence qui régnait dans l'atelier.

Le lion, la panthère, l'ours et le singe tressaillirent du même mouvement, et semblèrent écouter avec inquiétude.

En ce moment, le premier coup de dix heures retentit sur le timbre d'une horloge accrochée à la muraille.

— Lui!... s'écria maître Eudes dont le front s'éclaira soudain; lui!...

Se tournant vers Humbert:

— Quant au secret que je possède, dit-il gravement, quant à ce secret si puissant qui m'a fait dominer en ta présence, il y a quelques minutes, un tigre en fureur, je le révélerai, Humbert, car je veux te faire puissant; mais je te le révélerai à une condition.

— Laquelle? demanda vivement le jeune homme. Parlez, mon père!... Cette condition, je l'accepte d'avance!

— Tu aimes Diane, la fille du prévôt de Paris?

— Oui, mon père.

— Tu dois l'enlever cette nuit même?

— Oui, mon père, dans quelques heures.

— Eh bien! jure-moi que, quelque soit ton amour pour cette jeune fille, cet amour ne s'opposera jamais à mes volontés.

— Jamais! mon père, je le jure!

— Peut-être aurai-je besoin de cette créature.

— Elle sera à vous, mon père... Mais ce secret?

— Tu l'auras!

Un second coup de sifflet, plus sèchement aigu que le premier, retentit brusquement.

— Lui! dit encore maître Eudes en tressaillant.

Puis, se tournant vers Humbert:

— Tiens-toi prêt! ajouta-t-il, peut-être vais-je avoir besoin de toi.

En achevant ces mots, le vieillard ouvrit la porte et gagna la salle servant de ménagerie.

— Lui! répéta-t-il en marchant, lui m'a compris, et s'il tient sa promesse, à nous les destinées du monde! Oh! je rendrai donc aux hommes le mal qu'ils m'ont fait et j'écraserai sous mon talon ces pygmées, que je dominerai de tout le poids de ma puissance!

Et maître Eudes gagna rapidement l'extrémité de salle et ouvrit la porte donnant sur la galerie où il avait laissé son fils.

Mercurius, debout, attendait à la même place.

Maître Eudes interrogea les galeries d'un regard rapide.

— Où est-il? demanda-t-il brusquement.

— Là, répondit Mercurius en désignant la galerie gauche, galerie opposée à celle par laquelle venait de déboucher le vieillard.

— Chez Reynold?

— Oui, mon père.

— Il était seul?

— Non, mon père.

— Qui l'accompagnait?

— Je l'ignore.

— Comment?

— La personne qui l'accompagnait était, de la tête aux pieds, recouverte d'un long voile qui l'enveloppait hermétiquement.

— Il ne t'a pas vu?

— Non; j'étais à mon poste ordinaire, il est entré et s'est dirigé droit vers la demeure de Reynold, où il a pénétré, suivi de la personne dont je vous ai parlé.

— Ah! murmura maître Eudes, il ne m'a pas trompé, il a tenu sa promesse, je tiendrai la mienne.

Puis, se tournant vers Mercurius :

— Rentre dans ton laboratoire et travaille, dit-il lentement; mais souviens-toi de mes ordres... sois prêt!

Mercurius s'inclina et obéit.

Dès qu'il se vit seul, maître Eudes s'enfonça dans la galerie de gauche; mais, avant d'atteindre la porte du fond, il s'arrêta.

A gauche, une porte de fer était pratiquée dans la muraille.

Le vieillard prit une clef dans la poche de ses chausses, introduisit cette clef dans une serrure microscopique, et tout à fait en dehors de la serrurerie massive du temps, et fit jouer les gardes qui retirèrent le pêne de la gâche.

La porte de fer, en s'ouvrant, démasqua les premières marches d'un escalier étroit et s'élançant en colimaçon dans la partie haute du bâtiment. Maître Eudes gravit rapidement les degrés et pénétra dans une pièce octogone, dont le plafond vitré permettait de découvrir toute une vaste étendue du ciel.

Cette pièce était garnie, tout autour, de corps d'armoire en vieux chêne sculpté. La lune, dont les rayons tombaient alors d'aplomb sur la toiture vitrée, éclairait la petite pièce.

Maître Eudes, précipitant ses mouvements, ouvrit l'une des armoires et en tira un petit mortier en marbre noir garni de son pilon de verre, puis un léger réchaud de terre, dont la netteté et la propreté indiquaient l'usage récent.

Posant le tout sur une table massive, il passa à un second compartiment et en tira successivement du musc, de l'ambre gris, du bois d'aloès, des roses sèches et du corail rouge, le tout en quantité de poids à peu près égal.

Jetant ces divers ingrédients dans le mortier, il les pila énergiquement pour les réduire en poudre. Cela fait, il ouvrit une troisième armoire dont l'intérieur, aéré et grillagé, offrait l'aspect d'une grande volière.

Dans cette volière dormaient penchés sur divers bâtons, établis en étages successifs, une nombreuse collection d'oiseaux de tous genres et de tous pays.

Maître Eudes entr'ouvrit la porte de la volière, avança la main et saisit une tourterelle qu'il retira vivement.

Sans que la pauvre petite bête, surprise dans son sommeil, eût eu le temps de connaître le danger qui la menaçait, elle fut égorgée impitoyablement, et tout son sang fut versé goutte à goutte dans le mortier de marbre.

Le vieillard rejeta le cadavre désormais inutile, et revint à la volière, où il prit, avec la même dextérité, trois colibris aux couleurs éclatantes, aux ailes reflétant la pourpre, l'or, le rubis et le topaze; étouffés successivement, les trois oiseaux-mouches furent jetés sur la table.

Maître Eudes, de plus en plus actif, et l'œil plus ardent encore, ouvrit chaque tête et en tira la cervelle qu'il déposa dans le mortier; puis, reprenant le pilon, il forma alors une sorte de pâte épaisse qu'il roula ensuite entre ses doigts, la divisant en neuf boules d'égale grosseur.

Ces préparations magiques accomplies, il plaça sur le réchaud quelques branches sèches de laurier et de noisetier, et faisant jaillir l'étincelle d'un morceau de silex pyromaque frappé avec un morceau d'acier, il communiqua le feu au bois.

Lorsque la flamme commença à s'élancer en pétillant, il jeta sur le foyer trois des neuf boules, et, s'agenouillant en levant la tête vers la planète de Vénus qui scintillait alors de son éclat le plus vif, il parut prier ardemment.

Se relevant lentement, il prit les six autres boules et les laissa tomber sur le réchaud embrasé.

Alors s'éleva du fourneau et se répandit dans la pièce une fumée noirâtre empreinte de l'odeur âcre du parfum.

— O Paralda! s'écria maître Eudes en se prosternant de nouveau, puissante reine des airs, amie du soleil, d'Hécate et de Vénus, envoie à mon aide un de tes fidèles serviteurs au nom de l'ambre et de la rose!...

La durée de cette invocation avait été si bien calculée avec celle du foyer allumé, que la dernière parole fut prononcée en même temps que s'éteignait le dernier jet de la flamme.

La pièce demeura de nouveau éclairée seulement par la lueur argentée des astres qui rayonnaient au-dessus du plafond vitré.

Maître Eudes se releva en fixant son regard sur l'étoile de Vénus.

Par un effet bizarre, par une coïncidence étrange, la planète, dont l'éclat paraissait depuis quelques instants terni par un voile de vapeur s'interposant entre elle et la terre, se dégagea tout à coup et sembla, par une splendeur nouvelle, répondre à la prière du magicien.

Celui-ci se redressa brusquement.

— Elle consent! elle consent!... s'écria-t-il à voix haute.

Et, la physionomie illuminée par un reflet étrange, le vieillard se précipita hors de la pièce, descendit l'escalier avec une rapidité véritablement fantastique, repoussa la porte de fer et courut plutôt qu'il ne marcha vers la porte de la galerie donnant accès dans la demeure de Reynold où, suivant l'indication de Mercurius, avait pénétré, quelques secondes auparavant, le mystérieux visiteur dont la venue était attendue par maître Eudes avec une impatience manifeste, et dont l'arrivée avait paru si singulièrement émouvoir le vieux savant.

XXI

L'HOMME A LA MULE.

Avant de faire pénétrer le lecteur, à la suite de maître Eudes, dans le troisième corps de ce logis mystérieux, nous devons revenir sur nos pas et reprendre notre récit quelques instants avant que ne sonnassent dix heures, et que le signal entendu par maître Eudes, alors auprès d'Humbert, lui eût révélé l'arrivée de l'individu reçu par Mercurius.

C'est précisément de ce personnage, dont le nom n'avait pas encore été prononcé, que nous allons nous occuper.

On se rappelle sans doute les bruits relatifs à ce singulier et régulier visiteur du vieux savant, bruits qui semblaient faire de lui un habitant de l'autre monde venu dans celui-ci pour la plus grande terreur des voisins et voisines de maître Eudes.

On se rappelle la description fantastique de sa mule donnée par la chronique populaire, et la non moins redoutable peinture faite de l'ensemble de son individu.

Eh bien! quelque exagérés que parussent les termes de la légende passée en article de foi, ceux-là qui se fussent promenés cette nuit du samedi 14 mars 1603, vers dix heures moins un quart, le long du petit mur servant d'enceinte au côté nord du cimetière des Innocents, ceux-là, disons-nous, eussent certes trouvé bien au-dessous de la réalité la double description que nous avons citée plus haut.

En effet, à l'instant même où le quart avant la dixième heure après midi résonnait sur le timbre de l'horloge de l'église Saint-Eustache, la lune, en éclairant lugubrement le champ de repos si fort troublé quelques années auparavant par les massacres de la Saint-Barthélemy, projetait sur la chaussée mal entretenue, bordant le cimetière, une ombre dont l'aspect extraordinaire eût suffi pour alarmer les esprits les plus forts et les plus aguerris.

Cette ombre, de proportion colossale, loin de demeurer immobile comme celle produite par un monument de pierre, semblait glisser et glissait réellement sur le sol humide et fangeux.

Résultat évident de la projection lumineuse sur un corps mobile mis lentement en mouvement, cette ombre était seule visible; car la cause qui la créait demeurait dérobée à tous les regards, cachée qu'elle était dans l'obscurité profonde produite par le mur du cimetière que les rayons de la lune éclairaient en sens opposé.

Toujours était-il que cette apparition étrange semblait ramper sur le sol, ainsi que nous l'avons dit.

Arrivé à la hauteur de la porte d'entrée du cimetière, porte éternellement ouverte, la solution de continuité de la muraille causant celle de l'ombre projetée avec elle, permettait aux rayons lumineux d'éclairer nettement la place.

En atteignant cet endroit, l'animal fantastique devait donc apparaître dans sa réalité.

En effet, ceux-là qui eussent rôdé autour du cimetière des Innocents eussent contemplé alors un spectacle peut-être moins extravagant, mais à coup sûr plus effrayant que celui causé par l'ombre elle-même.

En traversant l'espace mis en lumière, l'apparition prit son caractère naturel.

L'ombre de quatre jambes nerveuses, en se projetant vivement, expliqua tout d'abord la mobilité régulière du corps.

Ce corps était celui d'une haute mule, magnifique de forme, extraordinaire de taille, et dont la tête, chargée de plumets et de çaparaçons comme celles des mules andalouses, se tenait droite et fière.

Un cavalier de stature gigantesque, la tête et le corps enveloppés dans un vêtement de couleur sombre, drapé comme les *haïcks* des Arabes et s'enroulant autour de la taille et des bras, se tenait en selle.

Ces deux têtes (celle de l'animal et celle de l'homme) formaient la première et la troisième tête de l'ombre.

Quant à la seconde, il était difficile de distinguer du premier coup d'œil d'où elle pouvait provenir et à qui elle appartenait.

Entre le col de la monture et la selle sur laquelle se dressait le cavalier, gisait, couché sur les épaules de la mule, un volumineux objet de forme allongée et dont

l'extrémité droite, relevée par le bras droit du cavalier, s'élevait entre la tête de celui-ci et celle de l'animal.

C'était là évidemment la cause du dessin fantastique produit par l'ombre; mais quelle était cette cause en elle-même? Voilà ce qui était sinon impossible, du moins fort difficile à expliquer.

La première pensée qui devait se présenter était celle d'un corps humain enveloppé dans un linceul, pensée que le voisinage du cimetière rendait encore plus admissible.

Maintenant ce corps était-il celui d'une personne morte, ou celui d'une personne vivante? Là encore se trouvait un point fort discutable, car les mouvements que l'on pouvait remarquer dans ce corps semblaient aussi bien être imprimés à un cadavre par la marche de la mule.

Arrivée à la hauteur de la rue des Vieilles-Etuves-Saint-Honoré, elle prit à gauche sans hésiter, et descendit la rue étroite et sombre au centre de laquelle s'élevait la demeure du vieux savant.

En face de la porte massive, elle s'arrêta subitement et se rangea le long du porche.

Le cavalier donna alors signe d'animation. Il se pencha sur sa selle, saisit le lourd marteau de fer, le souleva et le laissa retomber.

Aussitôt la porte s'ouvrit, tirée en dedans par Margueriton. Le cavalier entra dans la cour et la servante referma la porte.

Jusqu'ici, comme on le voit, la chronique disait vrai, et, sauf la plaie béante dont elle plaisait à décorer le flanc de la mule, supposition causée sans doute par de larges bandes de drap rouge qui servaient de croupière, elle ne s'était pas écartée de la plus stricte vérité.

Quant aux blessures rouges et vives, semblables à trois charbons qu'on avait prétendu remarquer sur le front du cavalier, la pièce d'étoffe qui lui recouvrait toute la tête ne permettait pas d'en constater ou d'en nier positivement l'existence.

Une fois dans la cour, le personnage descendit de sa monture, prit dans ses bras le corps étendu sur les épaules de l'animal, et, sans paraître se soucier de sa mule ni de Margueriton, il marcha droit vers la porte de l'arrière-corps de logis, l'ouvrit en la poussant du doigt, et pénétra dans l'intérieur au moment précis où retentissait le premier coup de dix heures.

Traversant d'un pas ferme, et toujours chargé de son fardeau, la salle plongée dans une obscurité profonde, il s'arrêta en face de la muraille, à l'endroit où maître Eudes avait tracé ses cercles magiques, pressa sans doute le ressort dont avait parlé Mercurius, car l'escalier, éclairé toujours par la lueur rouge, ouvrit devant lui un large accès, et posa le pied sur le premier degré.

Soit que le corps qu'il soutenait eût repris son animation, soit pour toute autre cause, il déposa ce corps, les pieds appuyés sur le second degré, le torse maintenu contre la muraille, et levant la main droite:

« Montez! » dit-il d'une voix fermement accentuée.

Celui ou celle qui venait de recevoir cet ordre impérial obéit aussitôt et gravit les marches, mais avec des mouvements tellement secs et tellement réguliers que l'on eût dit ceux d'un automate.

L'étranger suivit en montant, et tous deux atteignirent la galerie comme sonnait seulement le huitième coup de dix heures.

L'étranger saisit un sifflet qu'il portait suspendu autour du cou par une chaîne d'acier, et le pressant entre ses lèvres il en tira un son aigu et prolongé.

Le dernier coup de dix heures retentit aussitôt.

Puis il se tourna vers son singulier compagnon et il lui désigna du geste la galerie de gauche.

Celui-ci essaya de faire un pas en avant pour obéir à l'injonction muette qui lui était donnée, mais la vie semblait l'abandonner tout à coup et il chancela.

L'étranger reçut dans ses bras le corps immobile, l'enleva de terre et se dirigea vers la porte de la galerie de gauche.

Sans doute, sa venue était attendue, car cette porte s'ouvrit d'elle-même avant qu'il l'eût atteinte et se referma sur lui dès qu'il eut franchi le seuil.

La pièce dans laquelle il venait de pénétrer était en tous points semblable, comme proportions, à l'atelier d'Humbert, mais elle était différemment meublée.

Trois lampes suspendues au plafond l'éclairaient dans toute son étendue, et permettaient d'admirer une collection, réellement merveilleuse pour l'époque, de livres imprimés ou manuscrits rangés sur des rayons fixés au mur et qui faisaient tout le tour de la pièce, à l'exception d'une partie de la muraille demeurée nue et située entre une fenêtre en ogive et une vaste cheminée.

Au-dessus du triangle formé par les trois lampes, se dressait une table faite d'un seul morceau de cristal taillé, et qui, par ses proportions, devait représenter une valeur immense dans un temps où le coulage du verre n'était pas encore connu.

Les pieds de cette table (quatre aux quatre extrémités et un au centre) étaient également en cristal, et reposaient chacun sur un bloc de marbre blanc.

Quelques machines de formes singulières, que nous décrirons plus tard, étaient posées sur cette table qui renvoyait puissamment les rayons projetés par les lampes.

Au moment où l'étranger pénétra dans la pièce, un homme, debout près de la table, mettait en mouvement l'une des petites machines dont nous venons de parler et dont l'emploi, à en juger par la forme, devait être totalement inconnu alors.

L'opérateur était un homme dont l'élasticité des membres attestait la jeunesse; mais un masque, qui recouvrait entièrement son visage, cachait ses traits, comme ceux d'Humbert et de Mercurius étaient à l'abri sous l'amiante et le velours.

Chose étrange cependant, que nous devons constater : la taille, les mouvements, les formes, de ce troisième habitant de la maison mystérieuse, étaient identiques avec la taille, les mouvements et les formes des deux premiers que connaît déjà le lecteur, c'est-à-dire que la ressemblance extraordinaire que nous avons constatée déjà entre Mercurius et Humbert existait tout aussi saisissante entre Mercurius, Humbert et le nouveau personnage que nous mettons en scène.

Mais cette ressemblance des gestes, des formes et des allures, était tellement parfaite, tellement étonnante, que, bien que chacun des trois hommes fût vêtu d'une façon différente, on eût juré reconnaître le même corps sous trois vêtements différents.

Le visiteur inconnu qui venait d'apparaître s'avança jusqu'au milieu de la pièce, tenant toujours entre ses bras le corps qu'il portait.

Contre la muraille, se dressait une sorte de siège fort long et très-large, pouvant servir de lit au besoin, et recouvert d'une étoffe toute lamée d'or et d'argent comme les tissus fabriqués en Orient.

L'étranger, sans prononcer une parole, s'approcha de ce lit de repos et y déposa son fardeau.

Le corps demeura étendu dans une immobilité complète, conservant la position qu'il venait de recevoir.

Le singulier personnage arracha alors plutôt qu'il ne

défit, le haïck sombre qui l'entourait, et parut à la lueur des trois lampes, revêtu d'un costume à la coupe extraordinaire et aux tons éclatants, composé d'une courte robe en étoffe soyeuse, de couleur vert clair, toute constellée de broderies étincelantes, d'un large pantalon taillé à la mode Indienne et attaché au-dessus des chevilles.

Ses pieds nus chaussaient des sandales, ses bras sortaient maigres et décharnés des longues manches de sa robe, et une ceinture richement brodée de pierres précieuses lui serrait la taille.

Sa tête découverte, aux cheveux coupés ras, offrait cette conformation légèrement oblongue particulière aux habitants des bords du Gange.

Sa peau, fortement cuivrée, paraissait avoir bravé toutes les ardeurs du soleil des tropiques. Son front vaste, ses yeux noirs, son nez légèrement aplati, ses lèvres rouges et saillantes, ne démentaient pas l'origine asiatique qu'accusait l'ensemble de son individu.

Grand, maigre, sec comme un fakir indien, avec lequel, d'ailleurs, il avait plus d'un autre point de ressemblance, son corps paraissait un composé d'os et de muscles recouverts seulement de ce tissu membraneux, dense, épais, résistant, flexible et extensible, que l'on nomme la peau, avec absence complète des parties molles qui constituent la chair.

Son œil rêveur, toujours allumé d'un feu sombre, était doué d'une puissance de domination à laquelle on avait peine à se soustraire, et chacun de ses mouvements était empreint d'une majesté presque surhumaine.

Après s'être déchargé du fardeau qu'il portait, il s'était retourné, et son regard suivit avec une attention extrême, durant quelques secondes, le travail auquel se livrait l'opérateur.

— Ta machine est défectueuse, Reynold! dit-il d'une voix grave. Tu ne saurais produire avec elle que des phénomènes capables d'amuser les niais et les enfants.

— Je le sais, répondit simplement Reynold.

— Alors, pourquoi t'en servir?

— Pour constater une découverte.

— Laquelle?

— C'est qu'en opérant comme je le fais, si j'ai la propriété d'attirer certains corps, j'ai celle de repousser certains autres.

— Et tu en conclus?

— Qu'il y a deux fluides, et j'ai été amené à reconnaître que ces deux fluides, combinés entre eux par leur attraction mutuelle ou neutralisés l'un par l'autre, constituent l'état naturel des corps.

L'étranger leva sur Reynold un regard perçant :

— Qu'as-tu fait depuis trois ans que je ne t'ai vu? dit-il.

— J'ai construit une machine plus puissante, répondit Reynold, à l'aide de laquelle j'ai tué d'abord des oiseaux, puis des lapins, puis des chiens, et maintenant je suis certain de pouvoir tuer des hommes. De plus, j'ai fait redresser et se mouvoir des cadavres.

— Tu as le don de la science, Reynold!

— Je commence à le croire, fit le jeune homme en relevant orgueilleusement la tête.

Puis, désignant du geste le fardeau que l'étranger avait déposé sur le lit :

— Qu'apportes-tu là? demanda-t-il.

— Ce dont j'ai besoin ce soir.

— Qu'est-ce?... un corps mort?

— Regarde!

En prononçant ce mot, la physionomie de l'étrange personnage prit une expression ironique et railleuse, et son œil darda sur Reynold un regard acéré comme la pointe d'une flèche indienne. Reynold s'approcha du lit de repos, et, portant la main sur le long voile qui enveloppait le fardeau déposé là par l'inconnu, il l'enleva rapidement en l'attirant à lui.

Un cri d'horreur, de stupeur et de colère s'échappa de sa poitrine, et ses mains frémissantes lâchèrent les coins du voile qu'elles avaient saisis.

Un corps inanimé, immobile, privé de vie, en apparence, du moins, venait d'apparaître aux yeux démesurément dilatés du jeune homme.

Ce corps était celui d'une jeune fille de seize à dix-huit ans, admirablement belle, dans toute la plus charmante acception du mot.

La tête, recouverte d'un flot doré de cheveux blonds qui se déroulaient épars, offraient cette délicatesse de carnation propre aux femmes du Nord.

Un front uni et éblouissant de blancheur, des yeux d'un bleu céleste, un nez fin et mignon, une bouche adorable de contours, des dents pouvant rivaliser avec un collier de perles sans taches, composaient l'ensemble d'une physionomie où, par malheur l'expression de la vie manquait absolument.

Les joues étaient blafardes, les lèvres décolorées, les yeux ouverts, mais le regard était fixe et n'accusait aucun sentiment de la vie. Les muscles détendus donnaient à la face cette apparence de quiétude et de repos particulière à la mort.

Le corps, recouvert d'une espèce de tunique de laine blanche décolletée aux épaules et sans manches, offrait à l'œil la pureté de ses lignes harmonieuses et la suavité de ses contours admirablement modelés.

Les bras et les mains étaient d'une élégance rare, et les pieds, qui sortaient à demi des plis de la robe, paraissaient se jouer à l'aise dans d'étroites mules mauresques en velours rouge brodé d'or.

Par malheur, nous le répétons, la vie semblait avoir abandonné cette merveilleuse enveloppe charnelle.

Reynold, après le cri rauque qu'il avait poussé, était demeuré immobile, comme si la foudre fût venue subitement le frapper.

Enfin, se tournant vers l'étranger avec un mouvement de fureur impossible à rendre :

— Elle ! s'écria-t-il.

— Oui, répondit l'inconnu sans paraître ému de l'accent menaçant de son interlocuteur ; elle-même, Reynold. Tu vois que j'ai deviné ce que cependant tu voulais si profondément me cacher.

— Elle ! répéta Reynold sans paraître avoir entendu les paroles de l'étranger. Elle ! mais est-elle donc morte ? •

— Le crois-tu ? répondit en souriant le singulier personnage.

Reynold, sans répondre, posa successivement sa main sur les bras, les pieds et la poitrine de la jeune fille.

— Le corps est tiède encore, continua-t-il d'une voix de plus en plus rauque ; aucune fracture n'existe, aucune blessure ne se voit ; mais le cœur ne bat plus et le pouls n'est pas sensible. L'apparence de la mort est flagrante ! Oh ! si tu l'as tuée, si tu as commis ce crime, Van Helmont, malheur à toi !

— Tu l'aimes donc bien ? demanda celui que le jeune homme venait d'interpeller de ce nom d'origine évidemment hollandaise.

— Si je l'aime ! s'écria Reynold, dont les yeux étincelaient avec un éclat surhumain ; oui, je l'aime, et si tu l'as tuée...

La porte de la chambre, en s'ouvrant subitement, interrompit le jeune homme, et maître Eudes, le front empourpré, le regard fixe, se précipita dans la pièce plutôt qu'il ne s'avança sur le seuil.

Reynold, en apercevant le vieillard, fit un pas en arrière, et les tressaillements nerveux qui agitaient son corps témoignèrent de l'effort qu'il accomplissait pour contraindre la colère et l'émotion qui s'étaient emparées de son âme.

XXII

REYNOLD.

Sans paraître prendre garde à la présence de l'étranger non plus qu'à celle de l'homme masqué, le vieux savant, l'œil dilaté, marcha droit vers le lit où était toujours étendu sans mouvement le corps de la jeune fille. Il se pencha vers elle avec une anxiété visible ; puis, se retournant vers l'étranger :

— Eh bien ?... fit-il.

— Eh bien ! répondit le visiteur, j'ai essayé.

— Et ?...

— Et l'opération n'a réussi qu'à demi.

— Ainsi tu n'as obtenu...

— Que le sommeil léthargique.

— Le corps a donc obéi ?

— Oui.

— Et obéit-il encore durant le sommeil ?

— Oui, mais avec peine.

— Et l'âme ?

— L'âme, si elle est détachée du corps, s'est soustraite à ma domination.

Maître Eudes sourit.

— Sais-tu pourquoi tu n'as pas réussi, Van Helmont ? demanda-t-il brusquement.

— Pourquoi ?

— Parce que la puissance matérielle t'a servi, mais que la puissance morale t'a fait défaut. L'esprit élémentaire auquel tu commandes est moins puissant que celui de cette femme.

Van Helmont regarda profondément le vieillard.

— Crois-tu donc réellement à la magie ? dit-il.

— Oui, répondit maître Eudes d'une voix nette.

— Alors tu viens de te préparer suivant ses dogmes ?

— Oui.

— Et tu veux opérer maintenant ?

— Sans doute !

Reynold avait écouté sans bouger cette conversation bizarre. Les yeux toujours fixés sur le corps de la jeune fille, on eût dit que rien ne pouvait l'arracher à cette muette contemplation.

— Elle n'est pas morte, dit-il vivement ; la vie revient : elle vient d'accomplir un mouvement.

— Le sommeil léthargique cesse, fit Van Helmont.

— J'ai commandé le réveil ! ajouta maître Eudes d'une voix fière.

En effet, soit que le sommeil cessât naturellement, soit que la vie rentrât subitement dans ce corps qu'elle paraissait avoir abandonné, la jeune fille fit un léger mouvement de tête, ferma ses beaux yeux et les rouvrit presque aussitôt.

Reynold passa son bras droit autour de sa taille souple et l'aida à se redresser en la soutenant.

— Retire-toi ! laisse-la ! s'écria brusquement maître Eudes en repoussant violemment le jeune homme. Tu vas briser les courants par ton contact.

En effet, en sentant le bras de Reynold l'enlacer, le corps de la jeune fille avait été agité par un frisson violent.

— Lève-toi ! marche ! réveille-toi ! je le veux ! dit le vieillard d'un ton de commandement suprême.

La jeune fille fit un effort et se laissa glisser à bas du lit de repos, puis elle essaya de marcher, mais elle chancela presque aussitôt et faillit tomber.

— Ton influence combat la mienne, dit le vieillard en s'adressant à l'étranger. Tu as endormi le corps, réveille-le, moi je me charge de l'âme !

Van Helmont leva ses bras amaigris, imposa ses mains sur le front de la jeune fille et prononça, dans une langue étrangère, des paroles rauques qui s'échappèrent de ses lèvres en sons gutturaux.

La jeune fille se redressa aussitôt et ouvrit les yeux qu'elle tenait fermés depuis quelques instants. Ses regards, vagues d'abord, parcoururent la pièce, puis ces regards devinrent peu à peu assurés, et elle contempla fixement les objets qui l'entouraient.

— Que m'a-t-on donc fait ? dit-elle d'une voix douce. Où donc m'a-t-on conduite ?

— Laisse-la reposer, dit Van Helmont en arrêtant maître Eudes, lequel étendait les mains pour s'emparer de celles de la jeune fille.

— Pourquoi ?
— Parce qu'elle est trop fatiguée.
— Qu'importe !
— Elle ne supportera probablement pas une seconde crise et tu la tuerais !
— Qu'importe ! répéta pour la seconde fois l'impitoyable vieillard.
— Tu le veux donc ?
— Oui !
— Eh bien ! fais comme tu le veux.

Et l'étrange personnage fit un pas en arrière en lâchant le bras de maître Eudes, qui, lui, fit un second pas en avant.

Reynold, s'arrachant à la contemplation dans laquelle il était absorbé, se retourna brusquement, presque violemment, vers l'étranger, et désignant la jeune fille :

— Quelle est cette femme ? demanda-t-il.
— Silence ! fit maître Eudes avec colère.
— Quelle est cette femme ? je veux le savoir ! répéta Reynold d'une voix plus brève.
— Cette femme est à moi, répondit froidement Van Helmont.
— A toi ?
— Oui !
— Est-ce donc ta fille ?
— Que t'importe !
— Silence donc ! répéta maître Eudes en saisissant les mains de la jeune fille qu'il fascinait depuis quelques instants de son regard fauve et pénétrant.
— Je veux savoir ! s'écria Reynold dont le front s'empourprait sous l'action de la colère qui s'emparait évidemment de lui. Cette femme, d'où vient-elle ? Ou l'as-tu prise ?

Van Helmont croisa lentement ses bras amaigris sur sa poitrine sèche dans une pose toute majestueuse, mais qui ne sembla nullement intimider Reynold.

Les regards des deux hommes se heurtèrent comme deux lames menaçantes d'épées nues.

— Cette femme est à moi, Reynold, répondit l'étranger de cette voix grave et dédaigneuse qui paraissait lui être

particulière, cette femme est à moi, que cela te suffise, et n'oublie plus désormais que tu parles devant tes maîtres !

— Mes maîtres ! répéta Reynold en relevant fièrement la tête, mes maîtres !...

— Silence !... je l'ordonne, interrompit pour la troisième fois l'organe impérieux du vieux savant. Si vous troublez ma volonté, vous me ferez tuer cette femme avant d'avoir atteint mon but !

Tandis que s'échangeait entre Reynold et Van Helmont la rapide conversation que nous venons de rapporter, maître Eudes avait continué la mystérieuse opération qu'il avait commencée sur la jeune fille.

Ayant saisi tout d'abord les mains de la faible créature, il avait contraint celle-ci, à l'aide d'une violente secousse, à quitter le lit contre lequel elle s'appuyait et l'avait attirée au milieu de la chambre, à quelques pas de la table de cristal.

Appuyant la paume de ses mains sèches sur celle des mains roses et potelées de la jeune fille, ses pouces relevés, les bras à demi ployés, comme ceux d'un lutteur rassemblant ses forces, le vieillard, le corps courbé en avant, le visage touchant presque celui de la pauvre enfant, le front contracté violemment, la bouche grimaçante, l'œil horriblement dilaté, offrait un spectacle qui n'avait plus rien d'humain.

Immobile et silencieux, il était effrayant par l'expression de sa physionomie.

La jeune fille, elle, ses beaux bras étendus et roidis comme si elle eût cherché à repousser son persécuteur, la tête ployée sur l'épaule, semblable à la tourterelle dominée par le vautour et qui, palpitante de terreur, se sent incapable d'échapper aux serres qui l'étreignent, la jeune fille, le corps renversé en arrière, cédait peu à peu à l'impression qu'elle subissait.

Rien d'étrange, de terrible, de stupéfiant comme ce groupe composé par ce vieillard centenaire et cette charmante jeune fille ; on eût dit la mort luttant avec la vie, le serpent fascinateur s'apprêtant à enlacer sa proie pour la dévorer.

Ce spectacle produisit des effets diamétralement opposés chez Van Helmont et chez Reynold.

Le premier, toujours froid et impassible, les sourcils légèrement contractés, semblait dominer la scène qui avait lieu devant lui.

Parfois, cependant, une vague inquiétude se lisait dans son regard et ses lèvres se crispaient.

Quant à Reynold, immobile et stupéfié, il suivait avec une avidité extrême le singulier phénomène qui s'accomplissait en sa présence. Son masque dérobait l'expression qui devait recouvrir ses traits.

La jeune fille, complètement fascinée, les yeux fermés, la bouche entr'ouverte, s'affaissait sur elle-même, et son beau corps, se renversant de plus en plus en arrière, menaçait de perdre l'équilibre.

Reynold, croyant la voir tomber, étendit les bras pour la soutenir, mais avant qu'il eût pu accomplir ce mouvement, maître Eudes, lâchant brusquement les mains de la jeune fille, leva sur elle avec un geste rapide son bras menaçant.

— Restez ! dit-il d'une voix rauque et comme si le son se fût fait difficilement passage dans la gorge.

La pauvre enfant demeura immobile ; mais sa position était tellement anormale qu'un miracle seul pouvait la lui faire conserver.

En effet, la tête toujours penchée sur l'épaule droite, les bras étendus en avant, et la taille si fortement renversée que ses cheveux dénoués touchaient le plancher, il paraissait matériellement impossible qu'elle conservât cette situation incompatible avec l'équilibre nécessaire au corps humain. Cependant maître Eudes ne la soutenait plus et elle demeurait ainsi sans chanceler, comme si ses articulations se fussent subitement ossifiées.

Elle ressemblait à ces statues que le caprice de l'artiste s'est plu à créer dans un accès de fièvre de l'imagination malade.

Maître Eudes, le front inondé de sueur, les muscles de la face horriblement tendus, les veines du front et celles de l'arcade sourcilière saillantes comme des cordes, se retourna triomphant vers Van Helmont.

— Eh bien ? dit-il.

— Eh bien? répondit l'étranger ; j'ai obtenu déjà un résultat semblable. Léthargie et épilepsie ; le corps subit l'influence, il obéit; c'est là tout simplement le secret des convulsionnaires et des démoniaques; mais l'âme?

— Elle obéira comme le corps ! fit maître Eudes en redressant encore sa haute taille.

Et, revenant à la jeune fille, il lui reprit de nouveau les mains. Mais cette fois, loin d'agir brusquement comme il l'avait fait tout d'abord, il parut procéder avec une extrême attention et une délicatesse extraordinaire.

A peine effleura-t-il les doigts effilés qu'il pressait convulsivement quelques instants auparavant.

Le corps, obéissant à l'attraction qu'il subissait, se redressa peu à peu et reprit une position verticale.

Maître Eudes attira à lui un siége et y fit asseoir la jeune fille en lui posant simplement le doigt sur le front. Sans doute cette action soulagea la pauvre créature, car elle laissa échapper un soupir de satisfaction.

Le vieillard, tout en agissant ainsi, prononçait à voix basse et précipitée des formules magiques qu'il accompagnait de gestes mystérieux.

Incontestablement cet homme, profond chimiste, physicien remarquable, savant sérieux, subissait, sans s'en rendre compte, l'influence du siècle dans lequel il vivait, et sacrifiait de bonne foi aux doctrines de la magie.

Van Helmont, plus avancé sans doute dans les sentiers de la science, souriait ironiquement.

Maître Eudes avait placé l'index de sa main droite dans la main gauche ouverte de la jeune fille.

A ce contact les lèvres de la jolie créature s'entr'ouvrirent et s'agitèrent comme si des paroles eussent voulu en sortir ; mais aucun son ne fut articulé.

— Qu'avez-vous ? dit maître Eudes d'une voix douce.

La jeune fille porta la main à sa gorge.

— Vous souffrez ?

— Oui, murmura la pauvre enfant.

— Que puis-je faire

— Me soulager

— Comment?

— Imposez les mains sur ma poitrine.

Le vieillard obéit ; la jeune fille respira fortement.

— Ah ! fit-elle, je me sens mieux ; merci !

Maître Eudes se retourna encore vers Van Helmont.

— L'âme est domptée ; l'esprit élémentaire agit, dit-il.

L'étranger ne répondit pas.

Une vive et forte émotion paraissait s'être subitement emparée de lui, et cette émotion se traduisait par une pâleur marbrée de la face, et par les éclairs qui jaillissaient de ses noires prunelles.

Un moment même, en entendant la jeune fille répondre nettement à maître Eudes, le sentiment qui dominait Van Helmont devint tel, que le singulier personnage porta précipitamment la main droite à sa ceinture, dans laquelle un poignard au manche d'or incrusté de pierreries enfouissait sa lame merveilleusement damasquinée.

Reynold, dont l'attention s'était reportée tout entière sur Van Helmont depuis l'espèce de discussion qu'il avait eue avec lui, remarqua ce geste et comprit probablement ce qui se passait dans l'âme du nocturne visiteur, car, en même temps que l'étranger étreignait le manche de son poignard, le jeune homme posa la main sur un puissant marteau accroché au-dessous de l'entablement de la cheminée, et qui devait servir à quelques-unes de ces opérations scientifiques.

Le vieillard, soit indifférence, soit résultat de l'absorption des facultés intellectuelles, ne parut pas apporter la moindre attention à cette double et expressive pantomime.

— Dormez-vous? demanda-t-il en se remettant en face de la jeune fille.

— Oui, répondit-elle nettement, mais avec une intonation brève et saccadée.

— Du sommeil ordinaire et naturel?

— Non.

— De quel sommeil alors?

— De celui que vous m'avez imposé.

— Qui vous domine?

— Vous.

— A qui obéit votre esprit ?

— A vous.

— Voyez-vous dans cette chambre ?

— Je verrai si vous le voulez.

— Hors de cette chambre?

— Oui, si vous le voulez encore.

— Ainsi la distance et les obstacles matériels s'annulent devant ma volonté ?

— Oui.

— Chez qui êtes-vous?

— Chez celui que l'on nomme maître Eudes ; mais ce nom n'est pas le sien.

Le vieillard tressaillit et une légère pâleur altéra ses traits.

— Vous vous trompez, dit-il.

— Non, répondit la jeune fille ; je lis dans votre pensée.

— Eh bien ! quelle est cette maison dans laquelle vous êtes ?

La pauvre enfant parut réfléchir ; mais cette réflexion fut courte.

— C'est une maison mystérieuse, dit-elle, construite au milieu des ruines du couvent des Augustins devenu désert depuis les guerres de la Ligue. Rien ne la décèle au dehors; elle est inconnue de tous.

A mesure que la jeune fille parlait, la physionomie du vieux savant s'illuminait orgueilleusement.

— Mes conjurations ont réussi, murmura-t-il ; l'esprit élémentaire la domine ; elle dit vrai!

Puis reprenant à voix haute en désignant Reynold :

— Quel est celui-ci? demanda-t-il.

La jeune et charmante créature ne répondit pas tout d'abord à cette question. Elle tressaillit brusquement ; une rougeur ardente envahit son gracieux visage, et une émotion profonde souleva sa poitrine.

— Celui que vous nommez Reynold? balbutia-t-elle enfin.

— N'est-ce donc pas son nom?

— Si ; mais il en porte un autre...

— Silence ! dit maître Eudes avec autorité.

— Oh ! fit tout à coup la jeune fille avec une horrible expression de dégoût et d'effroi ; oh ! j'ai peur !

— Peur, répéta le vieillard étonné ; pourquoi?

— Parce que je vois du sang, balbutia la somnambule;

Le lion, la crinière hérissée, s'élança les griffes dilatées et la gueule béante. — Page 30, col. 1.

du sang... du sang... répétait-elle fébrilement. Oh ! je vois... je vois... je...

Maître Eudes était devenu extrêmement pâle.

— Taisez-vous, je l'ordonne ! dit-il brusquement d'une voix sourde.

A peine le vieillard achevait-il que la pauvre enfant tordit son corps délicat en se renversant en arrière. Un épouvantable changement venait de s'opérer en elle. En proie à des convulsions effrayantes, elle se roidit en poussant des cris inarticulés.

Maître Eudes, stupéfait, se précipita vers elle en même temps que Reynold.

— Vous me tuez !... grâce !... pitié !... balbutia la jeune fille en tordant ses bras dans un accès de désespoir impossible à décrire.

— Revenez à vous ! je le veux ! commanda maître Eudes.

Mais cette fois la voix du maître fut méconnue et l'ébranlement général du système nerveux parut augmenter encore de violence.

— Qu'a-t-elle donc ? que lui avez-vous fait ? s'écria Reynold en cherchant à contenir les secousses qui menaçaient de briser le corps qu'il maintenait entre ses bras.

— Au secours ! au secours ! s'écria la jeune fille en se redressant brusquement ; ils me tuent tous deux !... Par pitié, délivrez-moi de leur influence !... L'un veut, l'autre ne veut pas... je ne puis... je meurs !

Et elle retomba inerte sur le siége qu'elle avait un moment abandonné.

Un cri de rage poussé par maître Eudes fit tourner la tête à Reynold qui, lâchant aussitôt le corps inanimé qu'il soutenait, bondit en avant.

A quelques pas en arrière des deux hommes, Van Helmont, le visage contracté, les bras étendus, le regard chargé d'une puissance étrange, se dressait dans toute la majesté de sa taille.

— Elle parlera, je le veux ! dit-il de sa voix rauque. Je connaîtrai vos secrets à tous deux comme maintenant vous connaissez le mien.

Et faisant un pas en avant vers la malheureuse femme victime des volontés opposées des deux savants :

— Le véritable nom de cet homme ? s'écria-t-il en désignant maître Eudes.

— Tais-toi ! hurla le vieillard avec une horrible expression de visage.

— Son nom ? répéta Van Helmont qui d'une main saisit maître Eudes qu'il cloua sur place, et de l'autre lança un geste rapide et impérieux vers la jeune fille.

Celle-ci se redressa comme si son système nerveux venait de recevoir une puissante commotion électrique.

— Ce nom ! je le veux ! ordonna pour la troisième fois Van Helmont.

— La Chesnaye ! répondit la pauvre enfant que ce dernier effort parut avoir brisée complétement, car elle s'affaissa sur elle-même et roula sur le plancher

XXIII

LE SECRET.

Durant les quelques instants qui suivirent cette scène terrible, qui ne devait évidemment être que le prélude d'une scène plus terrible encore, un profond silence régna dans la pièce.

Maître Eudes, Reynold et Van Helmont, chacun dans une pose différente, présentaient une expression de physionomie bien tranchée.

Le vieillard, les traits décomposés hideusement, les yeux ensanglantés, les lèvres entr'ouvertes, semblait en proie au plus violent accès de rage, de colère et de haine que pût supporter sa nature nerveuse.

Reynold, immobile et muet, la bouche contractée, les prunelles flamboyantes, le front d'une pâleur mate qui tranchait vigoureusement avec le ton noir du masque, paraissait hésiter sur la résolution qu'il avait à prendre.

Quelque chose d'effrayant se passait évidemment dans l'aîné de ces deux hommes dont la respiration sifflante se faisait difficilement passage à travers la gorge sèche.

Quant à Van Helmont, plus calme et plus impassible que jamais, l'extrémité des lèvres relevée par un sourire de dédain et de mépris, il semblait abaisser du haut de sa majesté, sur ses deux interlocuteurs, un regard de triomphe et de mépris.

Ce silence qui régnait était gros d'orage et la foudre était dans tous les yeux.

Van Helmont, parfaitement maître de lui, fut le premier qui reprit la parole.

— La Chesnaye ! dit-il d'une voix éclatante. Voilà donc ton véritable nom, maître Eudes ! Ce nom à la fois si redouté et si populaire ! Ce nom qui occupe le roi dans son Louvre et qui sert de texte aux légendes du pauvre dans sa chaumière ! Me voici donc maître enfin d'une partie de tes secrets !

Depuis quelques secondes la physionomie du vieillard avait complétement changé d'aspect.

L'expression cruelle et féroce qui l'avait un moment animée avait fait place à un sentiment de dignité froidement imposant.

Les traits s'étaient détendus, les yeux avaient perdu leur éclat sauvage, et le calme était revenu sur ce visage pâle au front dégarni.

Arrêtant du geste Reynold qui avait fait un mouvement comme pour s'élancer sur Van Helmont, il fit un pas vers l'étrange personnage qui l'attendit sans bouger de place.

— Van Helmont, dit-il d'une voix encore cependant empreinte d'un tremblement convulsif. Van Helmont ! Que signifie cette scène ? Que veut dire ce qui vient de se passer ?

— Cela veut dire, maître Eudes, répondit Van Helmont, qu'il faut que cette nuit même je connaisse tes secrets ! Ah ! continua le singulier personnage en donnant à sa voix un accent plus ironique ; ah ! vous vouliez me dominer et c'est moi qui vous domine ! Vous pensiez m'arracher le produit de mes efforts et de ma science, puis me rejeter dans le néant comme on brise l'instrument devenu inutile. Vous vous êtes trompés, mes maîtres ! vous avez joué avec le feu et à cette heure le feu vous brûle !

Le vieillard fit un geste d'incrédulité.

— Nos secrets sont à nous, dit-il, à nous seuls. Ils nous appartiennent, et sans notre volonté personne au monde ne les aura.

— Tu oublies cette femme qui maintenant les connaît tous, cette femme qui vient de déchirer une partie du voile dont tu l'enveloppes si hermétiquement, capitaine La Chesnaye !

— Cette femme ?

— Oui.

— Elle ne parlera pas !

— Tu le crois ?

— Eh ! sans doute ! Ne cherche pas à m'en imposer, Van Helmont ! Ce secret dont tu parles, tu as trop d'intérêt à le connaître, et si tu avais pu le surprendre par le moyen de cette créature....

— Il y a, interrompit dédaigneusement Van Helmont, il y a un point de la science que tu ignores et sur lequel je veux bien t'éclairer. Sache que, n'ayant pas mis encore cette jeune fille en rapport direct avec toi, je ne pouvais l'interroger sur toi. Sans cela, pourquoi t'aurais-je conduite ici ? Pour te livrer sottement mon propre secret à moi ? Tu ne le penses pas ! Oh ! ne me parle pas de tes esprits élémentaires, de tes conjurations ridicules, de ta puissance soi-disant surhumaine ! Tes croyances superstitieuses prouvent la distance qui nous sépare ! Tu es grand près de ton fils, mais tu es petit près de moi !

En parlant ainsi, Van Helmont, l'œil étincelant, le geste souverain, s'avança vers le vieillard.

Celui-ci, comme s'il se fût senti dominé, fit un mouvement rétrograde ; mais tout aussitôt, honteux du signe d'in fériorité qu'il donnait, il releva vivement la tête et soutint le regard incisif de Van Helmont. .

— Tu veux douter? reprit ce dernier. Faut-il donc, pour te convaincre, te rappeler le danger que je courais cette nuit en venant dans ta demeure, danger qui m'a si peu ému cependant qu'il ne m'a pas fait manquer au rendez-vous donné? Faut-il te dire, La Chesnaye, quel était le sort qui m'était réservé? réponds, mon loyal ami, mon fidèle compagnon de travail! Ne voulais-tu pas, le dernier mystère de la science magnétique en ta puissance, faire disparaître ton émule pour être le seul dominateur, et ma mort n'était-elle pas résolue dans les sombres replis de ton âme? Celui-ci, ton fils, n'est-il pas prêt à frapper? Celui-ci, Reynold, qui nous écoute et qui, en sortant de cette maison, va reprendre le titre et le nom du comte de Bernac? Allons, Reynold! jette ce masque qui me dérobe tes traits, tu n'en as plus besoin. Seulement, vous allez m'expliquer tous deux, n'est-ce pas, comment il se fait que le fils de La Chesnaye porte ce nom qui appartient à un autre, et je vais savoir enfin par quelle succession de crimes et d'infamies l'enfant d'un bandit s'abrite sous le titre d'un noble gentilhomme!

Un cri de rage s'échappa à la fois de la poitrine du vieillard et de celle du jeune homme.

Reynold, par un geste brusque, arracha le masque de velours qui couvrait son visage et le lança loin de lui.

Van Helmont avait dit vrai: ce fut la physionomie fière et railleuse du comte de Bernac, ou du moins de celui qui portait ce titre et ce nom, qui apparut en pleine lumière; mais alors cette physionomie était contractée, les narines dilatées, les prunelles flamboyantes, les joues gonflées sous l'action de la colère.

— Eh bien! oui, c'est moi, Van Helmont! s'écria-t-il d'une voix rauque et menaçante. Crois-tu donc qu'en face de toi je vais descendre jusqu'au mensonge pour combattre tes accusations? Le jour devait être où la scène qui a lieu à cette heure éclaterait entre nous! Mieux vaut que ce jour soit venu qu'à venir! Penses-tu que je te craigne? Si cela était, depuis longtemps ta mort m'eût mis à l'abri de la crainte!

Van Helmont sourit dédaigneusement.

— Tu prétends ne pas vouloir recourir au mensonge et tu mens au même instant! Ma mort? mais tu l'as souvent rêvée! Pourquoi n'as-tu pas osé me frapper jusqu'ici? Je vais te le dire. Ton père te l'avait défendu. Oui, ton père a arrêté le bras levé sur moi, non pour s'opposer à un crime, depuis longtemps il ne compte plus les siens ni ceux de son digne fils, mais parce qu'il sentait que, sans moi, il ne pourrait parvenir à découvrir le secret scientifique qu'il poursuivait. Pour mieux me surveiller, car vous saviez ce que vous aviez à craindre de moi, vous avez voulu travailler avec moi. Ce travail m'aidait à attendre mon but; j'y ai consenti. Je devais mourir alors que vous n'eussiez eu rien à apprendre. Eh bien! Reynold, suis-je bien instruit? Aldah a-t-elle deviné tes pensées, et dois-je douter d'elle lorsqu'elle affirme que tu as volé le nom que tu portes?

Maître Eudes écoutait en silence. Reynold, qui avait repris son calme habituel, haussa les épaules:

— Je n'ai jamais tremblé devant aucun homme, dit-il, et je ne commencerai pas par trembler devant toi. D'ailleurs, que peux-tu contre moi? En admettant même que cette femme t'ait dit vrai, en admettant que le nom que je porte ne m'appartienne pas, quelle preuve as-tu à faire valoir? Comment détruiras-tu le jugement du parlement de Paris, qui a reconnu en moi l'unique héritier des Bernac? Tu es fou, Van Helmont! Te raconter les prétendues révélations que tu dis avoir reçues... Par quel moyen pourras-tu les justifier?

— Ces moyens existent, Reynold, répondit froidement l'étranger. Oublies-tu donc comment je puis les connaître? Aldah va lire dans l'âme de ton père comme dans un livre ouvert, et en possédant les secrets de La Chesnaye, je posséderai les moyens de t'arracher le masque sous lequel tu abrites tes crimes, comme je t'ai arraché déjà celui qui couvrait tes traits!

— Mes secrets! hurla le vieillard en bondissant en avant. Mes secrets! Tu dis que tu peux les connaître?

— Oui, répondit le savant.

— Quand il te plaira?

— Quand il me plaira.

— Par cette femme?

— Par cette femme!

— Eh bien! tu te trompes, Van Helmont, car tu ne sauras rien!

— Pourquoi?

— Parce que cette femme va mourir.

Et maître Eudes, plongeant rapidement la main droite dans son pourpoint ouvert, en tira, par un geste brusque et violent, un poignard à la lame aiguë et courte, qu'il brandit en s'élançant.

Mais le bras de Van Helmont, l'arrêtant au passage, le contraignit à demeurer hors de portée de celle qu'il voulait frapper.

— Ta main est bien débile pour donner la mort! dit-il avec un sourire ironique, et entre toi et cette jeune fille s'élèveront deux bras puissants pour la défendre. Le mien d'abord, puis celui de ton fils!

— De mon fils! s'écria maître Eudes.

— Regarde! ajouta Van Helmont en contraignant le vieillard à se retourner.

En effet, Reynold, par un mouvement brusque, s'était jeté entre la jeune fille et son père.

— Reynold aime cette enfant, reprit Van Helmont, et cet amour, que je connaissais, sera une sauvegarde suffisante contre tes tentatives.

— Reynold aime cette femme? répéta maître Eudes avec stupéfaction.

— Demande-lui s'il la laissera tuer?

Le jeune homme ne répondit pas, mais son regard étincelant parla clairement pour lui.

Van Helmont croisa ses bras sur sa poitrine.

— Me crois-tu donc assez fou, assez niais, dit-il lentement, pour être venu me mettre ainsi à ta merci? Depuis près de vingt années que nous travaillons ensemble tu devrais mieux me connaître. Oui, je suis venu avec l'intention arrêtée de te placer aujourd'hui sous ma dépendance, mais mes précautions étaient prises. Cette femme a su allumer dans le cœur de Reynold une passion violente qu'à cette heure il ne saurait nier, lors même qu'il voudrait le tenter. Cet amour me répond de la vie de cette femme, et me met moi-même à l'abri de toute tentative de violence, car je tiens entre mes mains l'existence de celle qu'aime Reynold.

— Toi? s'écria le jeune homme avec incrédulité.

— Oh! reprit Van Helmont, la science t'a conduit au scepticisme absolu, je le sais, et tu ne crois qu'à ce que tu vois. Aussi, regarde!

En parlant ainsi, le singulier personnage ouvrit la main gauche qu'il avait constamment tenue fermée depuis son entrée dans la chambre, et montra un mince globule de verre de la grosseur et de la forme d'une bille, rempli aux deux tiers par un liquide incolore.

— Le moindre contact, continua-t-il, suffirait, tu comprends, pour briser ce globule. Or, la liqueur qu'il contient est un poison tellement subtil, tellement violent, qu'il tue instantanément par sa simple émanation. Interroge ton père ; nous l'avons composé ensemble. Avant que tu n'aies fait un pas vers moi, j'aurais lancé ce globule sur cette jeune fille, et la mort la frapperait avant même que tu ne levasses le bras sur ma poitrine. Donc, tu le vois : la vie de celle que tu aimes est bien entre mes mains.

XXIV

VAN HELMONT.

Reynold recula en courbant la tête : le vieillard devint blême de fureur.

— Oh ! fit Van Helmont de sa voix railleuse et incisive, vous êtes bien tous deux en mon pouvoir ! Il y a assez longtemps que tu jouis des fruits de tes crimes, La Chesnaye ! L'heure de la punition peut enfin sonner ! Oh ! j'ai su vous jouer, mes maîtres ! Depuis trois mois Reynold a cru tromper ma surveillance ; il a cru à l'ignorance où je semblais être de son amour pour ma fille. Il ne savait pas que cette passion, que je laissais à dessein s'allumer dans son cœur, devait être, le moment venu, ma plus puissante auxiliaire contre lui-même !

« La Chesnaye ! continua Van Helmont en changeant de ton, La Chesnaye ! la révélation de ce nom maudit m'a mis seul sur la voie de la vérité !

« Oh ! je comprends tout, maintenant !

« C'est toi qui, dans ton amour du crime, dans ta rage de meurtres, as égorgé la malheureuse femme que tu n'avais pu violenter jadis, et le noble gentilhomme qui avait si dignement réparé ton infamie !

« Je m'explique aujourd'hui pourquoi ton nom, échappé des lèvres de la comtesse et entendu par Giraud, a été nié avec une telle énergie par celui qui se disait être l'enfant de la victime !

« Je m'explique ces détails si précis que pouvait donner le fils de l'assassin, en se présentant comme le fils de la victime. Je devine par quelle trame ténébreuse tu as pu atteindre ton but !

« Ton fils était un bandit, La Chesnaye, et tu n'as reculé devant rien pour lui prodiguer les moyens de faire le mal.

« Lui inculquant de bonne heure tes passions haineuses et criminelles, tu l'as dignement dressé pour marcher dans la voie fatale !

« Développant ses plus odieux instincts, tu as fait de lui un être sans foi ni loi, sans cœur ni honte !

« Combinant tes plans avec une intelligence digne de Satan et une astuce merveilleuse, tu en as fait un savant, afin de le mettre plus à même de se servir de ses qualités terribles et de mieux dominer ceux dont il voulait faire ses victimes.

« Tu as compris cependant qu'il lui fallait un nom, une position, à l'abri desquels il pût se réfugier comme dans un port de salut, lorsque l'orage gronderait sur sa tête, et qui lui permît de voir de haut la société qui l'entourait, afin de mieux choisir sa proie et de fondre sur elle, comme le vautour s'élançant de la cime du rocher où il a établi son aire.

« Ah ! tu pâlis encore, La Chesnaye ! Tu pâlis, Reynold, et vous vous demandez encore tous deux comment je suis parvenu à la connaissance de ce secret terrible ? Mais, de-

puis une année, je suis à Paris, depuis une année, celui que vous croyiez absent employait tout son art, toute sa science, toute son intelligence à poursuivre le secret qu'il cherchait, à déchirer le voile dont vous vous entouriez...

« Aujourd'hui, je n'ignore rien, tu le vois ! Je le répète : à ton fils il fallait deux noms pour le mettre mieux à même d'accomplir ses forfaits.

« Le tien, connu depuis longtemps dans les annales du brigandage, fut celui qu'il adopta pour porter partout la ruine et la mort.

« Celui des Bernac, que tu as su conquérir, le mettait à l'abri de toute inquiétude et lui permettait de vivre dans une haute sphère, se livrant aux plaisirs et aux joies d'une position splendide !

« L'or acquis violemment par le bandit était follement dépensé par un comte de Bernac !

« Oh ! tout cela était adroit, La Chesnaye, admirablement combiné et bien digne de ton génie infernal.

« Le vieux savant et le noble comte déroutaient tous soupçons. Tu triomphais, tu te croyais à l'abri de tous périls, ignoré de tous, mais tu oubliais l'œil de Dieu ouvert sur ses plus infimes créatures, tu oubliais sa main puissante qui devait tôt ou tard, s'appesantir sur toi !

« Aujourd'hui cette main t'a placé dans la mienne, et mes doigts ne te lâcheront pas ! L'heure de la punition commence à sonner !

« Oh ! je veux te rendre torture morale pour torture physique ! je veux que tu saches bien que le châtiment inévitable est suspendu sur ta tête !

« Le véritable fils des Bernac existe encore ! L'homme auquel tu l'avais confié jadis ne l'a pas tué ; il l'a donné à un marin qui a vendu l'enfant à un marchand d'esclaves !

« Aujourd'hui, le jeune comte, retrouvé par mes soins, est à Paris, et il va falloir lui rendre son nom, ses titres et ses biens.

« Comprends-tu, La Chesnaye ?

« Oh ! depuis une année, sans que personne, sans que toi-même te doutes de ma présence, je t'épie et je fouille tes secrets !

« Ah ! tu pâlis... tu trembles... mais tu espères encore, cependant ! Tu te dis que les moyens d'action me manquent, que les preuves matérielles me font faute et tu as raison.

« Mais ton nom dévoilé vient de faire jaillir une lumière éclatante, et ces moyens d'action qui me manquent, ces preuves qu'il me faut, je vais les posséder. Aldah va lire dans ton âme, Aldah va te livrer à moi !

« Oh ! tu es perdu, bien perdu, La Chesnaye ! Ta punition est prête et j'aurai tenu, moi, le double serment prêté sur la tombe de Blanche et d'Henri morts, assassinés par toi ! »

En achevant ces mots, Van Helmont croisa les bras sur sa poitrine et s'avança vers le vieillard, l'écrasant sous un regard de domination.

Maître Eudes et son fils avaient écouté, sans l'interrompre, la longue tirade de l'étranger. Leurs yeux, étincelant d'un feu sombre, dénotaient ce qui se passait dans leur âme.

Le vieillard surtout paraissait être dans un paroxysme d'exaltation furieuse.

Reynold, les mains frémissantes, tordait dans ses doigts crispés une mince tige de cuivre, servant sans doute à ses opérations électriques et qu'il avait prise sur la table de cristal.

Son amour pour Aldah devait être bien puissant, car aux regards farouches qu'il lançait sur Van Helmont, on devinait la pensée de mort qui dominait son cerveau ; mais cependant il demeurait immobile, ne faisant pas même un geste de menace.

— Maintenant, dit Van Helmont, cette femme va parler et me divulguer ce qu'il faut que je sache.

Le vieillard devint plus blême encore.

— Reynold! s'écria-t-il d'une voix étouffée par la rage, il faut que cette femme et cet homme meurent à l'instant!

Le jeune homme secoua la tête.

— Je ne tuerai pas cette jeune fille, dit-il, et je ne causerai pas sa mort.

— Reynold, n'es-tu plus mon fils?

— Si, mon père; mais ce que vous me commandez est impossible! répondit Reynold avec une fermeté qui indiquait une résolution inébranlable.

— Ton fils ne t'obéira pas, maître Eudes, dit Van Helmont, et tu recueilles aujourd'hui ce que tu as semé. Tu n'as développé dans ton enfant que l'amour de la science et les passions mauvaises. Tu lui as inspiré un mépris tel pour les hommes qu'il n'en respecte aucun. Aujourd'hui, il te craint et t'obéit comme savant, mais il ne t'aime ni ne te vénère comme père. Avant de t'obéir à toi, Reynold obéira à la passion qui le domine. Est-ce vrai, Reynold?

— C'est vrai, Van Helmont, répondit le jeune homme. J'aime cette jeune fille, donc elle vivra et elle sera à moi.

— A toi, cette jeune fille? s'écria Van Helmont avec une violence subite.

— Sans doute, puisque je l'aime! répondit froidement Reynold.

— Cet ange de pureté, ce trésor inappréciable, à toi aux instincts pervers, à toi, Reynold?

— Oui, à moi! Cette femme m'appartiendra! Tu es le plus fort aujourd'hui, tu nous domines, car tu me tiens sous ton pied; mais cette domination n'est que momentanée, Van Helmont! Un jour viendra où je triompherai à mon tour!

— Toi! oh! sache-le, Reynold, moi vivant, jamais cette jeune fille ne sera à toi, et moi mort, elle t'échappera encore, car elle descendra avec moi dans la tombe.

— Eh bien! j'irai l'y trouver, Van Helmont, et ma science saura lui rendre la vie que tu lui auras enlevée.

Van Helmont s'était avancé vers Reynold.

— Si je te tuais, insensé! dit-il en levant entre le pouce et l'index le globule de verre.

Reynold sourit dédaigneusement.

— Tu ne l'oserais, répondit-il.

— Pourquoi?

— Parce que, moi mort, mon père et les siens te tueraient toi et cette femme.

— Tu as deviné juste, dit l'étrange personnage avec une sorte d'insouciance. D'ailleurs, qu'ai-je besoin de ta mort? Ta vie n'appartient-elle pas au bourreau?

Et, s'avançant vers la jeune fille, toujours évanouie, Van Helmont leva vers elle son bras droit:

— Aldah! dit-il d'une voix ferme et impérative, obéis-moi et parle, je le veux!

La jeune fille fit un mouvement et se redressa lentement.

— Je suis prête, répondit-elle. Que voulez-vous de moi?

— Les moyens de protéger celui que j'aime, et de triompher de cet homme!

Et Van Helmont désigna maître Eudes, qui, soit sous l'impression de la terreur, soit sous celle de la faiblesse, s'était reculé jusqu'à la bibliothèque, contre laquelle il semblait chercher un appui de ses mains crispées.

La jeune fille se prit à trembler.

— Ces moyens, répéta Van Helmont, les connais-tu?

— Oui, balbutia la pauvre enfant.

— Peux-tu les révéler?

— Oui.

— Eh bien! parle; je t'écoute...

Van Helmont leva les mains sur le front de la jeune fille.

Maître Eudes se précipita en avant.

— Reynold! s'écria-t-il d'une voix qui n'avait plus rien d'humain, et avec un ton de commandement suprême, Reynold! je t'adjure de m'obéir! Tue cet homme! tue, je l'ordonne!

Reynold fit un mouvement brusque en avant, comme s'il allait s'élancer... puis il s'arrêta et demeura immobile.

Van Helmont, qui avait fait prudemment un pas de retraite afin de ne pas être surpris, et qui avait porté en même temps la main au poignard passé à sa ceinture, Van Helmont lança à maître Eudes un regard de pitié.

— Ne sais-tu donc pas, dit-il d'une voix railleuse, que l'amour commande à tous les autres sentiments?

En voyant l'hésitation à laquelle était en proie son fils, en constatant son inaction, maître Eudes poussa un rugissement furieux.

Reculant précipitamment jusqu'à ce qu'il se trouvât adossé au corps de la bibliothèque:

— Eh bien! s'écria-t-il avec rage, tue-les donc tous les deux, car tu vas mourir, je te l'ai dit!

Et, levant le bras, il frappa rudement du poing un large bouton de cuivre placé sur un des montants de la bibliothèque, et qui, semblable à d'autres répétés sur chaque montant de distance en distance, paraissait servir et servait en effet d'ornementation à ce meuble.

Un bruit éclatant, prolongé, strident, accompagna plutôt qu'il ne suivit l'action du vieillard.

Au même instant le côté de la muraille adossé au laboratoire s'entr'ouvrit, et la porte de la pièce tourna rapidement sur ses gonds.

Sur le seuil de l'ouverture pratiquée dans le mur surgit subitement Mercurius, tenant à la main une lourde masse de fer, et dans l'encadrement de la porte apparut Humbert, retenant de chaque main El-Kebir et Shabbâh. Les deux hommes étaient toujours masqués.

Le lion et la panthère poussèrent ensemble un rugissement sinistre.

— Cet homme a nos secrets, qu'il meure! s'écria maître Eudes en désignant Van Helmont d'un geste menaçant.

Mercurius se précipita, Humbert lâcha d'un même coup El-Kebir et Shabbâh, qui bondirent en avant, mais avec une rapidité et une force qui tenaient du prodige. Van Helmont s'était élancé vers la jeune fille, dont l'état de somnambulisme était toujours le même.

Ce mouvement sembla tirer subitement Reynold de la torpeur dans laquelle il était plongé.

Déjà la mort était sur le front de celle qu'il aimait, déjà Van Helmont laissait échapper le globule empoisonné... Un miracle seul pouvait sauver la pauvre enfant... Ce miracle, Reynold l'accomplit.

Saisissant sur la table de cristal une mince tige de cuivre qui servait aux opérations électriques, il en fouetta la main menaçante de Van Helmont au moment même où les doigts s'écartaient pour laisser passage au messager de mort.

Le globule, rejeté en sens inverse, décrivit dans l'air une courbe rapide, et vint se briser sur les naseaux de la panthère au moment où la bête furieuse bondissait sur l'ennemi désigné à ses dents avides de carnage.

L'effet du poison fut terrible et instantané.

Shabbâh, arrêtée dans sa course, roula en se tordant convulsivement sur le plancher.

Reynold s'était emparé d'Aldah, Van Helmont avait tiré

son poignard... Mercurius souleva sa massue de métal, et le lion, la crinière hérissée, s'élança les griffes dilatées et la gueule béante.

Mais El-Kebir retomba dans le vide, et la massue de Mercurius ne rencontra que l'air qu'elle fendit en sifflant.

D'un seul élan, Van Helmont, échappant aux dangers qui l'entouraient, avait atteint la partie nue de la muraille située entre la fenêtre et la cheminée, et il disparaissait dans l'intérieur de cette même muraille, qui se referma sur lui.

Le vieillard et ses trois fils demeurèrent muets et immobiles de stupeur.

— La Chesnaye! cria une voix rauque partie de l'autre côté de la muraille. La Chesnaye! je connais mieux que toi et ton fils les secrets du couvent des Augustins!

— Mais tu n'as plus ta puissance, et j'ai, moi, celle que j'aime! répondit Reynold d'une voix triomphante en désignant Aïdah qu'il soutenait sur son bras gauche.

— Des pinces! entamez ces pierres! hurla le vieillard en s'adressant à ses fils.

Ceux-ci obéirent; mais après quelques minutes d'un stérile travail, ils s'aperçurent qu'à moins de connaître le ressort qu'avait fait jouer évidemment le fugitif, il faudrait des heures entières pour pratiquer une ouverture dans ce mur épais, bâti en pierre de taille.

— Il a notre secret! s'écria Mercurius en jetant au loin son levier inutile.

— Non, dit maître Eudes. Il n'en possède qu'un tiers, car il ne sait pas que j'ai trois fils, et que Reynold a deux frères!

FIN DE LA DEUXIÈME PARTIE

TROISIÈME PARTIE

LE BARON DE GRANDAIR

I

LA RUE DES ANGLAIS

Au moment même ou maître Eudes, obéissant à ses habitudes, s'apprêtait à aller rejoindre ses fils dans la demeure mystérieuse bâtie au milieu des ruines de l'ancien couvent des Augustins, c'est-à-dire comme neuf heures sonnaient à Saint-Eustache et étaient successivement répétées par l'horloge de chacune des églises de Paris, le bal offert à la cour par don Pedro de Tolède, était en pleine animation, et danseurs et danseuses affluaient dans les salons élégants de l'ambassade, menacés de devenir trop étroits pour la foule qui se pressait aux portes.

L'hôtel de l'envoyé de Sa Majesté Catholique était situé, nous l'avons dit, près de la porte de la Tournelle, non loin du couvent des Bernardins.

Dès sept heures du soir, le pont Saint-Michel, le Petit-Pont, les rues de la Huchette, Saint-Julien, la rue du Fouarre, la rue des Rats conduisant ou aboutissant à l'angle de la rue des Anglais, où se dressaient les bâtiments de la demeure diplomatique, s'étaient vus suivis ou traversés par la foule aristocratique des seigneurs et des nobles dames se rendant à l'invitation de don Pedro.

Rien n'était plus différent et moins commode que les divers modes adoptés alors par l'usage ou acceptés par la nécessité pour braver les intempéries des saisons, les boues de Paris et les dangers de toutes sortes que l'on courait dans ces rues noires et désertes.

Les carrosses étaient loin d'être répandus; fort peu de grandes maisons en possédaient, et le roi lui-même, n'en avait qu'un pour lui et la reine, si bien qu'il écrivit un jour à Sully : « Je ne pourrai vous aller voir aujourd'huy, ma femme ayant pris mon coche. »

Les modes de locomotion le plus généralement adoptés étaient le cheval pour les hommes et la litière pour les femmes, mais l'un et l'autre offraient des inconvénients sérieux.

Par les temps de pluie et de boue, les gentilshommes exposaient fort leurs habillements de soie et de velours en traversant une partie de la ville à cheval, et les longs plis du manteau dont ils se couvraient les protégeaient mal contre les rigueurs du temps.

Quant aux litières, quelque « tant dorées, tant superbement couvertes et peintes de tant de belles devises » qu'elles étaient, n'en déplaise au seigneur de Brantôme qui nous donne ces renseignements, elles n'offraient pas un abri bien sérieux aux femmes revêtues de leurs plus brillants atours.

Bassompierre n'avait pas encore introduit en France le luxe des glaces pour les voitures, luxe qu'il devait importer d'Italie quelques années plus tard.

Par bonheur, le soir indiqué par don Pedro pour la fête promise, le ciel était pur, l'air vif, et danseurs et danseuses n'avaient à se prémunir que contre les immondices qui encombraient les rues.

C'était un curieux et étrange spectacle que celui offert par cette cour se rendant au bal de l'ambassade.

La majeure partie des hommes, montés sur de beaux chevaux, escortés par leurs valets, tant pour se défendre contre les attaques que pour faire parade de luxe et pour éclairer la route au moyen de grosses torches, traversaient les rues étroites et sombres du vieux Paris de la Cité.

Quelques seigneurs conduisaient en croupe leur fille ou leur femme, et les dames, retroussant leurs jupes et garant le plus possible leurs chaussures mignonnes des atteintes des éclaboussures soulevées par les pieds des chevaux, se tenaient serrées contre le cavalier.

De loin en loin, de belles litières transportaient de plus riches danseuses, et, plus rares encore, quelques carrosses roulaient lourdement vers le lieu de la fête.

L'entrée de l'hôtel de l'ambassadeur était brillamment illuminée, attention luxueuse qui pouvait passer pour une simple mesure de nécessité, car l'absence totale d'éclairage qui, la nuit venue, faisait des rues de la capitale des antres ténébreux, n'eût pas permis aux invités d'éviter l'encombrement aux abords de la maison de don Pedro de Tolède.

Sur toute la longueur du bâtiment, une véritable nuée de valets, de laquais, de palefreniers, de gens de suite, de porteurs, obstruaient la rue des Anglais, et la cour intérieure de l'hôtel.

Cette foule bruyante criait, disputait, allait, venait, et de tous côtés c'était un piétinement de chevaux et d'hommes, un mélange de livrées à ne pouvoir rien entendre ni rien distinguer.

L'absence à peu près complète de police laissait à elle-même et à ses mauvais instincts toute cette foule aux allures insolentes, aux habitudes turbulentes, qui se croyait tout permis, parce que chacun de ceux qui la composaient se mettait à l'abri sous l'écusson armorié qu'il portait sur la poitrine ou sur l'épaule.

Plus orgueilleux, plus arrogants, plus superbes que leurs maîtres, les gens appartenant à de grandes maisons rivales rivalisaient là d'audace, d'impertinence et de désir de suprématie.

C'était à qui ne se céderait pas le pas, à qui appartiendrait le haut du pavé, à qui occuperait la meilleure place, et comme les valets étaient armés d'épées courtes à lames larges semblables à celles des couteaux de chasse, les disputes menaçaient à tout instant de dégénérer en rixes sanglantes.

Puis, autour de chaque adversaire se rangeaient les gens des maisons amies ou de même famille, et les choses prenaient vite des allures de grande bataille.

Il était rare, bien rare alors qu'il y eût réunion, bal, fête à la cour ou chez quelque grand seigneur, sans que les combats acharnés ne se livrassent à la porte de la demeure où avait lieu la fête, la réunion ou le bal, fût-ce même la demeure royale.

Trop souvent encore, à ces laquais turbulents, se mêlaient messieurs les écoliers de l'Université, et le goût de ceux-ci pour le désordre et les rixes, ne le cédant en rien aux passions tumultueuses de ceux-là, il s'ensuivait inévitablement des batailles nouvelles, et une perturbation profonde pour le malheureux quartier où des rencontres avaient lieu.

Mais si quelque bourgeois, regagnant furtivement son logis, se voyait contraint à traverser cette foule, si quelque curieux essayait de se glisser à travers les groupes, pour lancer un coup d'œil sur les abords de la fête, malheur au pauvre Parisien attardé, malheur au badaud inoffensif.

A peine reconnu, il devenait la proie de cette meute insolente : hué, poussé, bousculé, renversé, battu, poursuivi, il ne devait son salut qu'à la rapidité de sa fuite.

Déjà depuis que les premiers invités étaient arrivés à l'hôtel de l'ambassadeur, plusieurs expéditions de ce genre avaient eu lieu et avaient mis en gaieté la foule avide de méchanceté et de bruit, mais étant brusquement et successivement survenus les carrosses du duc de Bellegarde, du maréchal de Roquelaure, les litières de mesdames de Soissons et de Conti, et le respect qu'inspiraient forcément ces grands noms en avaient imposé à la masse.

Le calme et le silence s'étaient donc rétablis pour quelques instants, lorsque l'arrivée d'un nouveau personnage faillit occasionner une scène nouvelle.

Celui-là était venu à pied, et son costume ne permettait certes pas de supposer qu'il fût au nombre des invités du noble hidalgo.

Vêtu comme un bourgeois aisé, mais ayant dans toute sa personne quelque chose de décidé, de fier, de sec et de hardi, ne ressemblant en rien aux allures timides, souples et engageantes du négociant, cet homme s'était fait un brusque passage au milieu des laquais et, les mains enfouies dans les poches de ses chausses, il avait gagné la meilleure place, franchissant la porte même de l'hôtel et ne s'arrêtant que dans la cour, sans paraître se soucier des grognements qu'avait excités sa marche à travers la cohue.

Se plantant là près du vestibule, solide sur ses jambes nerveuses, il sembla bientôt absorbé dans la contemplation des riches toilettes et des splendides déguisements que portaient ceux qui pénétraient dans l'intérieur de l'hôtel.

La princesse de Conti venait de passer, et quelques gentilshommes de peu d'importance lui succédant, les laquais reprirent leurs allures arrogantes.

S'interrogeant rapidement de la voix et des yeux et se connaissant tous, ils constatèrent bientôt que le nouvel arrivé n'était au service d'aucun des seigneurs de la cour.

— C'est un bourgeois! murmurèrent les uns.

— Ou un archer déguisé! ajoutèrent les autres en faisant remarquer la longue rapière qui battait les talons de celui qu'ils désignaient.

— Le drôle nous a bousculés!

— Il fait l'insolent!

— Il a l'air de nous mépriser, car il ne nous regarde seulement pas!

— Il faut le punir de son arrogance!

— Le berner!

— Le plumer!

Plumer un homme, suivant l'expression des laquais, consistait à lui arracher, morceau par morceau, chacune des pièces de son habillement.

Ces paroles menaçantes, prononcées d'abord à voix basse, puis à voix plus haute, avaient dû arriver aux oreilles de l'homme toujours immobile à la porte du vestibule de l'hôtel; mais, soit insouciance du danger, soit mépris que lui inspiraient ces menaces, il ne sembla pas autrement s'en préoccuper.

Seulement, sa main gauche se dégageant de la poche dans laquelle elle s'était tenue cachée jusqu'alors, s'appuya sur la poignée de la rapière en question, rapière dont la dimension était réellement fabuleuse, et dont la lourde garde attestait la solidité.

Il était évident que, pour manier d'un seul bras une arme pareille, il fallait posséder une force musculaire bien peu commune.

Cependant les murmures de la foule augmentaient rapidement et tournaient à la provocation directe.

Trois ou quatre des plus entreprenants s'étaient même approchés de l'impassible personnage; mais les traits accentués de celui-ci, l'expression sévère de sa physionomie, sa longue barbe rousse, ses moustaches en croc, ses épais sourcils rapprochés, et les regards flamboyants qui jaillissaient de ses prunelles pâles, intimidèrent les agents provocateurs.

Regardant entre les deux yeux ceux qui s'approchaient par trop de lui, l'inconnu leur fit successivement baisser les paupières.

La foule comprenait bien que cet homme ne pourrait résister à sa furie; mais chacun comprenait aussi que le premier qui se hasarderait aurait maille à partir avec un rude adversaire.

Cependant ceux qui étaient sur les derniers rangs dans la cour, et ceux qui obstruaient la rue, sentant le danger éloigné d'eux, commençaient à crier : « Haro! » et à pousser les autres.

L'homme à la longue épée, se voyant trop pressé, appuya brusquement la main sur la garde de la rapière, et le fourreau, se dressant horizontalement, opposa son extrémité menaçante aux laquais, dont quelques-uns eurent même les cuisses et les hanches assez rudement caressées par suite du mouvement d'arrière en avant imprimé au fourreau poli.

L'un poussa un cri.

— Prenez garde! dit un autre.

— Vous m'avez fait mal! ajouta un troisième.

— Quel est ce vilain oiseau qui prétend nous malmener? hurla une voix.

— Sus au drôle! cria la foule.

L'homme menacé se retourna lentement en relevant la tête et en caressant de la main droite les poils roides de sa barbe.

— Par la mort-Dieu! dit-il d'une voix forte et avec un

accent railleur. Est-ce donc à moi que vous en avez, mes bons amis ?

De nouveaux cris lui répondirent.

— Au diable ! ajouta-t-il. Laissez-moi en paix. Est-ce que je vous cherche noise ?

— Vous avez failli nous blesser avec votre maîtresse broche ! dit l'un de ceux qu'avait attrapés le fourreau de la rapière.

— Eh ! il fallait vous reculer !

— Et s'il ne nous plaisait pas ?

— Alors, c'est qu'il vous plaisait d'être ratissés par ma maîtresse broche.

— Voyez-vous le manant qui nous insulte !

— Le drôle qui nous raille !

— Sus ! sus ! vociféra-t-on de toutes parts.

L'homme à la rapière se retourna tout à fait : la foule était menaçante...

— Place à Mgr le duc de Guise ! cria tout à coup une voix sonore, en même temps qu'un grand bruit de chevaux retentissait par la rue des Noyers, et qu'une clarté plus vive resplendissait devant l'hôtel de l'ambassadeur.

La foule, contenue par le respect qu'inspirait ce nom illustre, oublia aussitôt la querelle commencée, et fit place au cortège qui s'avançait.

Quatre estafiers, aux armes et aux couleurs de la maison de Lorraine, parurent aussitôt, accompagnés par trois valets porteurs de flambeaux et suivis par une douzaine de pages. Les chevaux des estafiers piaffaient insolemment sans se soucier des coups de sabot qu'ils adressaient çà et là : les valets porteurs de torches secouaient leurs brandons enflammés, tant pour en raviver la lumière en dégageant le foyer des matières brûlées que pour en faire jaillir des myriades d'étincelles qui menaçaient d'incendier la foule ; les pages, la mine impudente, le poing sur la hanche, s'avançaient trois par trois, faisant place à leur seigneur.

Aux gens du duc de Guise, se joignaient des laquais portant d'autres couleurs.

II

L'HOMME A LA RAPIÈRE.

M. de Guise, fils de cet Henri le Balafré, assassiné à Blois par les ordres du roi de France, était alors un assez beau cavalier de trente-six ans.

Après avoir fait sa soumission à Henri IV, qu'il avait combattu jadis, il s'était vu nommer gouverneur de la Provence, et il occupait un des plus hauts rangs à la cour.

A sa droite et à sa gauche chevauchaient ses deux amis, MM. d'Angoulême et de Bassompierre.

Le duc d'Angoulême, bâtard du feu roi Charles IX et fils de Marie Touchet, avait deux ans de moins que le duc de Guise, et était renommé pour son humeur vagabonde et son incondute flagrante, qui le faisait descendre quelquefois jusqu'aux plus méprisables escroqueries.

Quant à M. de Bassompierre, c'était alors un jeune homme de vingt-six ans, assez mal fait de sa personne, en dépit de la réputation de galanterie qu'il a laissée, de ses succès constatés par les chroniqueurs de l'époque, et de la physionomie qu'on lui a prêtée depuis dans bon nombre de livres.

Les trois seigneurs portaient chacun un déguisement différent.

Arrivés devant la porte du vestibule, ils mirent pied à terre et abandonnèrent leurs chevaux à leurs écuyers qui s'avançaient respectueusement.

Déjà MM. de Guise et d'Angoulême s'apprêtaient à franchir les degrés de l'escalier qui s'ouvrait devant eux, lorsque M. de Bassompierre, qui les suivait, se retourna vivement.

— Eh mais ! s'écria-t-il, voici notre belle baronne, si je ne me trompe, car ce sont là ses couleurs !

Bassompierre désigna une litière qui, entourée de laquais, pénétrait en ce moment dans la cour.

Cette litière, de forme élégante et merveilleusement ornée, renfermait une femme masquée, et elle vint s'arrêter précisément en face de l'endroit où l'homme à la rapière, qui avait repris son impassibilité depuis que la foule avait cessé de s'occuper de lui, se tenait droit et silencieux, examinant avec une attention minutieuse chacun des invités de don Pedro, qui, tous, passaient forcément devant lui.

La femme dont nous venons de parler portait l'élégant et gracieux costume des bohémiennes italiennes :

La jupe courte en drap rouge, toute constellée de découpures noires en forme de diableries ; le corsage de velours noir passementé d'argent ; la ceinture de soie frangée d'or ; la toque de velours noir, garnie de plumes rouges ; les bas de soie blancs, et des souliers de satin de même nuance que la jupe.

Ainsi costumée, cette femme paraissait charmante sous son masque, car ce vêtement dégagé permettait de constater toutes les grâces et toutes les perfections du corps.

Bassompierre, qui était revenu sur ses pas, s'avança vivement, et, tendant la main gauche pour soutenir la jeune femme, il avança la main droite sur une ligne plus basse, afin qu'elle pût y placer son pied mignon et sauter ainsi à bas de sa litière.

— Votre servante, monsieur le baron ! dit la gracieuse créature en acceptant l'aide qui lui était offerte.

Et, avançant sa jambe ronde et fine que découvrait en partie la jupe rouge, elle mit son pied dans la main du gentilhomme.

En apercevant ce petit pied soyeusement chaussé et ce bas de jambe digne de Diane elle-même, l'homme à la rapière avait fait un brusque mouvement, et une pâleur subite avait envahi son visage ordinairement coloré.

La bohémienne était trop loin de lui pour qu'il ait pu entendre le son de sa voix.

La jeune femme s'élança légère comme un oiseau. En retombant sur les dalles du vestibule, elle se trouva précisément en face de l'inconnu.

La bohémienne tressaillit, demeura un moment comme frappée de stupeur, puis ses yeux lancèrent deux éclairs à travers les trous de son masque, et, reprenant la main de Bassompierre qu'elle venait de quitter, elle gravit lestement les marches qui se présentaient à elle.

— Jeanne ! murmura l'homme à la rapière au moment où disparaissait la jeune femme.

Et il s'élança comme pour pénétrer à son tour dans la demeure aristocratique.

Mais le flot des valets du duc de Guise, qui s'était arrêté pour livrer passage à la litière, s'opposa à l'élan de l'inconnu.

— Quelle folie ! dit celui-ci en reprenant son sang-froid. Ce ne peut être elle ! Jeanne en grande dame ! Jeanne fêtée par M. de Bassompierre ! Allons ! je suis un sot !... Mais ce petit pied... cette jambe si admirablement moulée... ce re-

Elle portait le costume des bohémiennes italiennes.

gard même plein de flammes, et qui jadis m'enivrait...
C'était elle !

Puis, après un léger moment de silence :

— Non ! reprit-il, impossible ! Je me suis trompé ; c'est
une illusion !...

Peut-être cependant allait-il revenir à ses pensées premières et se livrer à des réflexions nouvelles, lorsque les
cris des valets, recommençant avec plus de force, augmen-
tée qu'était la foule par l'arrivée des gens de MM. de Guise,
d'Angoulême et de Bassompierre, le forcèrent à se retourner.

— Sus au drôle ! sus au bourgeois ! hurlaient les laquais
en reprenant les choses au point où les avait interrompues
l'arrivée des trois seigneurs.

L'homme à la rapière haussa les épaules devant cette
manifestation bruyante, et fit un pas pour reprendre la
place qu'il avait quittée.

Mais la foule excitée ne le lui permit pas. Les injures, les
menaces, les invectives de tous genres tombèrent alors
drues comme grêle sur la victime mise à l'index par le
courroux public.

Une main même se leva menaçante...

Le front de l'inconnu, de pâle d'émotion que l'avait
rendu l'apparition de la bohémienne, devint subitement
cramoisi de colère.

'II° s.

Un juron terrible s'échappa de ses lèvres crispées :

— Mort-diable ! s'écria-t-il en tirant sa longue épée,
dont la lame, en décrivant un demi-cercle, fit le vide autour de lui, mort-diable ! mes maîtres, voulez-vous que je
coupe les oreilles aux plus effrontés pour avoir la paix !
Par le sang-Dieu ! prenez-y garde ! ma rapière est assez
longue pour enfiler d'un coup les trois premiers comme
trois dindons sur une maîtresse broche ! Or çà ! qui veut tâ-
ter de la pointe ?

L'audace, l'énergie, la tenue ferme du personnage, join-
tes à l'exhibition de sa longue épée nue, impressionnèrent
tout d'abord la valetaille.

Les plus entreprenants et les plus braves reculèrent ;
mais la foule des derniers rangs pressant de nouveau les
premiers, ceux-ci furent forcés de revenir à portée de la
rapière menaçante.

Déjà les dagues se tiraient, et la bataille allait commencer, lorsqu'une nouvelle interruption eut lieu, causée par
l'arrivée d'un pesant carrosse que précédait une troupe
d'archers aux armes de la ville.

— Place à M. le prévôt de Paris ! hurla-t-on de toutes
parts.

Et encore une fois les rangs s'ouvrirent, le silence se fit,
et l'homme menacé de la fureur populaire alla reprendre
tranquillement sa place en remettant son épée au fourreau.

9

Le carrosse tourna péniblement dans la rue étroite et demeura stationnaire devant la porte de l'hôtel.

M. d'Aumont fut le premier qui en descendit.

Le caractère grave du magistrat ne lui avait pas permis d'emprunter les allures joyeuses du déguisement : il portait son costume de cérémonie et sa longue robe rouge ouverte flottait autour de ses chausses de velours noir.

Madame d'Aumont, en costume de cour, suivit son mari, et Diane descendit ensuite.

La jeune fille était vêtue en nymphe, suivant le goût mythologique de l'époque et la singulière façon dont on entendait reconstituer alors ces costumes fabuleux.

Mais quelque singulière, quelque bizarre que fût cette toilette, elle allait à ravir à celle qui la portait.

La mère et la fille étaient masquées toutes deux, ainsi que toutes les femmes qui les avaient précédées jusqu'alors.

Quant aux hommes, quelques-uns arrivaient tout masqués, mais la majeure partie ne mettaient leur loup qu'en descendant de cheval, ainsi que l'avaient fait MM. de Guise, d'Angoulême et de Bassompierre.

En descendant de carrosse, M. d'Aumont aperçut l'homme à la rapière et lui fit un léger signe de tête, auquel l'autre ne répondit que par un mouvement des épaules.

Le prévôt étouffa un soupir.

— Richard ! fit-il.

Le chef de l'escorte, qui n'était autre que le vieux sergent qui accompagnait déjà le prévôt la veille, lors de son expédition à la foire Saint-Germain, s'avança toujours empressé et respectueux.

M. d'Aumont lui donna quelques ordres à voix basse, puis il se retourna vers sa femme et sa fille.

Diane, en proie à une émotion extrême, paraissait chanceler.

— Qu'avez-vous, ma fille ? demanda madame d'Aumont.

— Rien, ma mère, balbutia Diane, un étourdissement... mais cela est passé.

La pauvre enfant songeait qu'elle allait revoir le comte de Bernac, et que l'heure qui allait suivre devait décider de sa destinée et de celle de l'homme qu'elle aimait.

M. d'Aumont prit le bras de sa femme, et Diane les suivit en s'efforçant de contenir l'agitation qui faisait frémir tout son être.

Le carrosse et les archers s'éloignèrent lentement, et Richard, abandonnant ses soldats, marcha droit vers l'homme à la rapière.

— Eh bien ! maître Giraud, mon très-cher confrère, dit-il de sa voix légèrement nazillarde, vous voilà au premier rang des curieux ?

L'ex-archer de la prévôté de Rouen fit un signe affirmatif.

— Quoi de nouveau ? murmura Richard en se penchant à son oreille.

— Rien !

— Ainsi, de La Chesnaye ?...

— Pas de nouvelles.

— Et le comte de Bernac ?

— Il n'est pas encore arrivé !

— Vous en êtes certain ?

— J'en suis sûr.

Richard poussa un soupir de satisfaction.

— Je craignais qu'il ne fût ici avant nous, dit-il.

— M. le prévôt a-t-il fait préparer le déguisement convenu ? demanda Giraud sans répondre au sergent.

— Oui, dit celui-ci.

— Et où le trouverai-je ?

— Sous le vestibule, à droite ; vous voyez d'ici une porte ?

— Parfaitement.

— Eh bien ! l'instant venu, vous en franchirez le seuil et vous direz à la personne que vous trouverez dans la chambre : « De la part de M. le prévôt. » On vous remettra tout ce qui vous sera nécessaire.

— Très-bien ! M. de Bernac une fois arrivé, je pourrai alors ne plus le quitter d'un pas.

— Mon Dieu, oui !

Et Richard, le sergent de la prévôté de Paris, ajouta intérieurement en lançant un regard de côté à son interlocuteur :

— Va ! tu peux le surveiller à ton aise, puisque maintenant je te surveille, moi !

En ce moment trois jeunes seigneurs, brillamment vêtus, mais ayant le visage découvert, et montés sur de superbes chevaux, fendirent la foule avec l'assurance de gens de grande maison peu soucieux d'écraser ou non la valetaille.

Ces trois seigneurs étaient : le chevalier de La Guiche, le marquis d'Herbaut et leur nouvel ami du matin même, le brave et intrépide baron Marc de Grandair.

III

CAMÉLÉON.

La Guiche et d'Herbaut étaient costumés en grands seigneurs polonais, portant les uniformes mêmes que leur avait apportés à tous deux le père du marquis, alors qu'il avait accompagné en Pologne le duc d'Anjou, depuis Henri III, à l'époque de sa royauté fugitive.

Quant au baron de Grandair, il était difficile, pour ne pas dire impossible, de connaître la forme et la couleur de son déguisement, car il était drapé du col à l'extrémité de ses chausses dans les plis d'un manteau bleu foncé, tellement long et tellement ample qu'il le recouvrait tout entier.

L'un des pans, rejeté sur l'épaule, donnait au vêtement l'aspect d'une toge de sénateur romain.

Tous trois tenaient à la main leurs loups de velours.

La Guiche et d'Herbaut s'élancèrent légèrement à terre.

Le jeune baron accomplit le même mouvement ; mais retombant sur le sol, il se trouva arrêté par l'un des pans de son long manteau qui s'était accroché à l'arçon de sa selle.

Marc était pris de façon à ne pouvoir se tourner sans déchirer le vêtement.

Un valet de suite s'avança pour dégager le gentilhomme, mais Giraud, à côté duquel il se trouvait, eut pitié de l'embarras du jeune seigneur et détacha le lien formé par le hasard avant que le laquais n'eût pu accomplir son office.

— Merci, mon brave ! dit le baron en souriant à celui qui lui était venu en aide.

— Trop heureux de vous servir, mon gentilhomme ! répondit l'archer rouennais.

La personne de Giraud était alors éclairée en plein par le feu des illuminations de l'hôtel et par le rayonnement des flammes des torches.

Sa physionomie caractérisée s'offrait donc franchement aux regards du baron.

Celui-ci l'examina d'abord d'un coup d'œil rapide, puis

ce coup d'œil devint plus profondément curieux et finit par se fixer sur l'amoureux de la belle Jeanne avec une expression singulière.

Marc recula d'un pas et passa la main sur son front.

Il venait de reconnaître le personnage qu'il avait vu le matin même au Pré-aux-Clercs, et comme il l'avait déjà fait le matin, on eût dit qu'il cherchait à concentrer ses pensées et à réveiller un souvenir confus enfoui dans sa mémoire.

Puis il fit un geste, comme pour aider ses idées à prendre un autre cours.

Cependant, au moment de s'éloigner, il se retourna vers l'archer qui, lui, paraissait détailler curieusement toutes les parties du costume que portaient MM. de La Guiche et d'Herbaut.

— Vous étiez ce matin au Pré-aux-Clercs? dit le baron en s'adressant à Giraud.

— C'est vrai, mon gentilhomme, répondit celui-ci, et je dois même ajouter que je vous ai vu faire bravement de votre épée.

— Il me semble, reprit M. de Grandair, que ce n'était pas alors la première fois que je vous rencontrais, et que vous avez dû déjà, je ne saurais dire en quel lieu ni en quelle circonstance, me rendre bon office. Est-ce vrai encore, cela?

— Sa Seigneurie se trompe probablement, répondit Giraud; mais cependant je n'oserais rien affirmer, car votre mascarade, mon gentilhomme, doit terriblement transformer votre personne.

En effet, soit par fantaisie, soit pour compléter le déguisement qu'il portait sous son manteau, le baron s'était enveloppé la tête sous une sorte de capuchon assez semblable à celui d'un moine et qui pouvait, à bon droit, remplacer le masque que cependant il tenait à la main.

— Je me nomme le baron de Grandair, ajouta le jeune homme.

Giraud s'inclina pour remercier de l'honneur que lui faisait le gentilhomme, mais en même temps son geste et son visage exprimèrent l'ignorance dans laquelle le laissaient les paroles de son interlocuteur.

— Ainsi, vous ne me connaissez pas? dit encore le baron.

— Je n'ai pas cet honneur, mon gentilhomme.

— C'est singulier!... j'aurais juré cependant que je vous avais vu déjà et que je vous avais déjà parlé! Enfin!... je me trompe, sans doute.

Giraud s'inclina encore en signe d'assentiment.

— Mais comment vous nommez-vous?

— Giraud.

— Giraud?...

— Oui, mon gentilhomme.

— Giraud!... répéta vivement Marc en tressaillant subitement.

— Allons donc, baron! Qui diable vous retarde? cria La Guiche.

— Venez donc, très-cher! ajouta le marquis d'Herbaut, lequel avait déjà franchi près de la moitié des degrés de l'escalier et qui, ainsi que son compagnon, se croyait suivi par M. de Grandair.

— Me voici, messieurs! répondit ce dernier en quittant l'archer, qu'il salua familièrement d'un dernier geste.

Le baron gagna le vestibule.

— Giraud! répéta-t-il pour la troisième fois, tandis que ses sourcils contractés et son front rêveur indiquaient le travail qui s'opérait dans son cerveau.

Tout à coup le jeune homme s'arrêta en poussant une exclamation sourde.

Évidemment il croyait avoir rencontré ce qu'il cherchait depuis quelques instants avec une si tenace persévérance.

Revenant rapidement sur ses pas, il saisit violemment par le bras l'archer rouennais étonné de ce retour subit et de ce geste impétueux.

— N'avez-vous pas habité la Picardie durant votre jeunesse? demanda le baron d'une voix brusque.

Giraud tressaillit également.

— C'est possible, dit-il.

— Un château... près d'Amiens?

— Oui, fit l'archer de plus en plus surpris, et dont les regards se plongèrent dans ceux de son interlocuteur.

— Vous étiez au service... d'un noble seigneur?

— Pourquoi me faites-vous ces questions? dit brusquement Giraud.

Le baron le regarda un moment en silence, puis il ajouta :

— Si vous êtes désireux de le savoir, mon maître, venez demain matin rue du Hoqueton, dans la demeure de dame Perrine et demandez-moi, je vous attendrai. Je crois que nous avons à causer ensemble.

Giraud darda son regard sur le jeune homme :

— Je le crois aussi, répondit-il lentement.

— Alors, à demain?

— A demain, mon gentilhomme.

Le baron pénétra dans l'intérieur de l'hôtel et se hâta d'aller rejoindre ses amis qui l'attendaient toujours.

Giraud le suivit des yeux, puis il se retourna vers Richard, lequel placé à peu de distance n'avait pu cependant entendre un seul mot de la conversation que nous venons de rapporter; car d'une part le bruit causé par la foule des valets et par l'arrivée incessante des invités produisait un tumulte assourdissant, et de l'autre, la conversation entre le baron de Grandair et l'archer Giraud avait eu lieu à voix basse.

Le vieux sergent de la prévôté de Paris paraissait néanmoins assez intrigué de cette petite scène qui s'était passée sous ses yeux; mais il était trop fin renard pour manifester le moindre désir d'une confidence.

Sa présence, au reste, avait assez bien servi Giraud en ce qu'elle avait à peu près débarrassé celui-ci des impertinences de la foule.

La personne de Richard et le piquet d'archers qu'il commandait en avaient imposé aux laquais mal intentionnés, et la levée de boucliers qui s'était faite contre le soi-disant bourgeois, et qu'avait à temps interrompue la venue de M. le prévôt de Paris, paraissait être terminée au grand déplaisir des plus turbulents.

L'archer rouennais et le sergent parisien s'étaient donc rapprochés l'un de l'autre, examinant toujours avec attention les nouveaux arrivants et échangeant de temps à autre quelques observations insignifiantes.

Depuis quelques instants un troisième personnage était venu se joindre à eux, mais ce personnage, inconnu sans doute aux deux causeurs, n'avait cherché en aucune façon à entrer en intimité avec eux.

C'était un homme de moyenne taille et de physionomie paterne, à l'expression étonnée.

Ouvrant ses gros yeux, il paraissait être absorbé par la contemplation des costumes qui défilaient devant lui, et il ne s'était probablement rapproché de Richard et de Giraud que parce que ceux-ci occupaient au premier rang une excellente place pour bien voir.

Cet homme portait une livrée élégante, blanche et rose, passementée d'argent, couleurs adoptées par la jeune femme vêtue en bohémienne à laquelle Bassompierre avait si galamment offert la main, et dont la vue avait produit sur Giraud une impression si vive et si étrange.

Ce valet était en effet l'un de ceux qui accompagnaient la litière de la jeune femme.

Richard n'avait pas semblé apporter la plus légère attention à la proche présence du laquais, mais l'archer rouennais ne l'avait pas quitté du coin de l'œil depuis qu'il était venu se placer derrière lui.

Se tournant à demi, il froissa rudement le pourpoint du valet.

— Oh! oh! fit-il en souriant d'un air aimable; je vous demande pardon, camarade. J'ai failli abîmer vos superbes passements!

Le valet le regarda niaisement.

— Il n'y a pas de mal, dit-il d'une voix traînante.

— Peste! continua Giraud, quel accoutrement! Je ne l'avais pas remarqué. Savez-vous que vous êtes mieux habillé que les seigneurs de mon pays! Quelles couleurs galantes!

Le laquais se rengorgea avec une joie manifeste.

— Vous trouvez?... fit-il avec un sourire de plus en plus niais.

— Comment, si je trouve? Mais cela vous va superbement, et je ne saurais dire si c'est le costume qui vous fait si bonne mine ou si c'est votre bonne mine qui rend le costume si agréable à l'œil.

— Eh! eh! fit l'autre en se redressant.

— Mais attendez donc! reprit Giraud en ayant l'air de se souvenir. N'appartenez-vous pas à cette belle dame qui est arrivée tout à l'heure en litière?

— Quelle belle dame?

— Eh! vous m'entendez bien! Celle qui avait de si belles plumes rouges sur son toquet de velours noir et à laquelle M. de Bassompierre a donné son bras.

— Ah oui! fit le laquais.

— Vous êtes de sa maison, n'est-ce pas?

— Oui.

— Diable! Vous êtes bien heureux d'avoir une telle maîtresse?

Le valet fit un hochement de tête qui, ne signifiant rien, pouvait être interprété suivant la volonté du questionneur.

Sa figure rougeaude, sur laquelle ne se reflétait aucun sentiment, décelait une inintelligence manifeste.

— Et comment se nomme-t-elle, cette belle dame? poursuivit Giraud.

— Ma maîtresse? répondit le laquais.

— Oui.

— Tiens! pourquoi donc est-ce que vous me demandez cela?

— Mon Dieu! pour le savoir apparemment.

— Qu'est-ce que ça vous fait?

— Simple curiosité!

— Est-ce que vous voulez aller la voir? dit le valet en riant bêtement.

— Peut-être!

— Eh bien! alors je vais vous dire son nom.

— Vous serez bien aimable, camarade!

— C'est la baronne Catherine de Sainte-Marie.

— Ah! la baronne Catherine de Sainte-Marie.

— Oui.

— Et elle habite?

— Près de l'hôtel de Nevers, à côté des Augustins.

— Grand merci!

— Comme ça, continua le valet toujours en riant de son rire niais et stupide; comme ça vous voilà bien renseigné à

cette heure, et si vous voulez vous mettre au nombre de ses galants vous n'avez plus qu'à vous présenter.

— Ah çà! dit Richard en se penchant à l'oreille de Giraud, que vous importe donc cette dame, et que vous font son nom et sa demeure?

— Ce sont mes affaires! répondit sèchement l'archer rouennais.

— Ah! que voici donc un beau seigneur! dit tout à coup le valet à la livrée blanche et rose en désignant de la main un nouveau cavalier qui pénétrait alors dans la cour de l'hôtel.

Giraud fit un mouvement brusque et Richard demeura impassible.

Le cavalier qui arrivait en ce moment était le comte de Bernac.

Monté sur le magnifique genêt d'Espagne dont nous avons parlé dans la première partie de ce récit, le jeune homme, fidèle à ses habitudes de luxueuse élégance, était vêtu d'un déguisement de fantaisie auquel il était difficile de donner un nom précis, car il n'appartenait à aucun temps ni à aucun peuple, mais dont la richesse surpassait toute imagination.

Ce déguisement, qui par sa coupe se rapprochait des costumes du moyen âge, était fait de toile d'or et de toile d'argent, habilement mélangées par les étroits, et les coutures étaient surchargées de perles fines et de pierreries étincelantes.

Un nœud de perles et de diamants était attaché sur l'épaule gauche, et la poignée de l'épée que le comte portait à son côté était taillée dans un seul morceau du plus beau corail de l'Adriatique.

Un feutre blanc surmonté de plumes rouges et des souliers de velours de la même nuance que les plumes du chapeau terminaient ce singulier et remarquable accoutrement.

Ainsi costumé, le comte de Bernac avait si fière et si grande mine, il montait si élégamment son beau cheval, il retroussait si galamment sa moustache noire, que la foule des laquais fut émerveillée de cette charmante apparition.

Six pages, trois à droite, trois à gauche, portaient d'énormes bougies de cire vierge, dont la lueur vive et dorée inondait le brillant seigneur.

Aussi, non-seulement les valets s'empressèrent-ils de faire place, mais encore des murmures d'admiration, prêts à se transformer en cris, s'élevèrent-ils de toutes parts.

Le comte de Bernac mit pied à terre, et prit des mains de l'un de ses pages un masque que celui-ci lui présentait.

Ce masque était de velours; mais, au lieu d'être noir, suivant la mode adoptée, il était rouge.

Au moment où le jeune seigneur pénétrait dans la cour de l'hôtel et était remarqué par l'interlocuteur de Giraud, celui-ci, faisant un brusque mouvement de retraite, s'était jeté derrière un groupe de valets, et, se faufilant adroitement, il avait gagné la porte du vestibule, puis il avait disparu au milieu du flot de pages et de laquais qui se pressaient sur le seuil, de sorte que lorsque M. de Bernac mit pied à terre, Richard et l'homme à la livrée blanche et rose étaient seuls à quelques pas de lui.

Le vieux sergent porta la main droite à son œil droit, et se le frotta rudement comme si quelque molécule de poussière eût pénétré sous la paupière.

M. de Bernac pirouetta sur ses talons avec une légèreté toute gracieuse, et posa la main gauche sur la garde de son épée en mettant son masque de l'autre main.

— Ah! murmura-t-il, encore Giraud! Décidément le drôle devient par trop gênant.

Et sa main gauche, abandonnant la garde de son épée, se reporta à sa moustache.

Tous ces mouvements, qui ne présentaient en eux rien que de fort naturels, avaient été accomplis en marchant, et le comte se frisait encore la moustache au moment où il posait son pied sur la première marche de l'escalier.

Le valet à la livrée rose et blanche, profitant de la place que lui avait abandonnée Giraud, était alors au premier rang, coude à coude avec Richard.

— Alerte! Caméléon, dit le vieux sergent sans presque remuer les lèvres.

— J'ai compris, murmura le laquais sans bouger, et sans que sa physionomie perdît le caractère niais et stupide qui paraissait lui être propre.

— Et moi aussi! ajouta Richard.

Et il serra convulsivement la poignée de sa lourde épée.

Puis tous deux, profitant de l'arrivée d'un carrosse escorté par une suite nombreuse, et dont l'entrée causa une sorte de perturbation dans la foule, le valet de la baronne s'éloigna en s'enfonçant du côté des bâtiments, et le vieux sergent de la prévôté se dirigea vers la porte donnant sur la rue.

IV

LE BAL.

Les salons de M. l'ambassadeur d'Espagne passaient, à bon droit, pour les plus vastes et les plus élégants de tout Paris.

C'était moins, au reste, l'amour du beau et la passion du luxe qui avaient fait agir don Pedro, que son désir d'humilier en toutes choses les Français qu'il détestait, et d'établir la suprématie de sa nation.

Depuis longtemps, l'Espagne était mal avec la France. Les guerres de la Ligue, soutenues en grande partie par le crédit du roi d'Espagne, qui avait envoyé force secours en argent et en hommes aux adversaires du Béarnais, avaient fait de Sa Majesté très-chrétienne deux ennemis à peu près irréconciliables et toujours sur le qui-vive en présence l'un de l'autre.

Il eût donc été difficile pour le roi d'Espagne, d'avoir fait, en de telles circonstances, un meilleur choix que celui de l'ambassadeur envoyé à Paris, car « ce don Pedro, dit Péréfixe, selon l'humeur de la vraie noblesse espagnole, tenait une morgue fière et grave, et était haut et magnifique en paroles. »

Ce fut lui qui répondit à Henri IV, une fois que le roi tout en colère disait que, s'il montait une fois à cheval, on le verrait bientôt à Madrid :

— Sire, le roi François y fut bien.

Faisant allusion à la défaite de Pavie et à la captivité du monarque français.

Une autre fois, cependant, avec sa verve gasconne, Henri IV le défera complétement.

C'était au Louvre; le roi montrait à l'ambassadeur sa nouvelle galerie dont la construction s'achevait.

— Eh bien! monsieur l'ambassadeur, lui dit-il, que vous en semble ?

— L'Escurial est bien autre chose ! répondit don Pedro.

— Je le crois, repartit vivement le roi; mais y a-t-il, je vous prie, un Paris au bout comme à mes Galeries?

On comprend qu'avec son humeur vaniteuse, et son désir d'écraser ceux qu'il recevait par un faste étourdissant, don Pedro de Tolède n'avait rien omis pour rendre splendide la fête qu'il offrait à la cour, et à laquelle devait assister l'élite de la noblesse française.

Le premier salon, dans lequel on pénétrait, tout tendu de cuir de Cordoue, resplendissait de lumières. Le second blanc et or, contenait l'orchestre des musiciens; les violons, adroitement cachés aux yeux des danseurs par des voiles de gaze belge tout parsemés d'étoiles d'or, tendus devant la tribune où s'exécutaient les symphonies.

Ces deux salons étaient de dimensions somptueuses, bien aérés et ouvrant l'un dans l'autre par une vaste porte drapée de velours vert.

Trois autres pièces plus petites étaient encore offertes aux invités : l'une rose et or, l'autre bleue et argent et la troisième tapissée de glaces, luxe alors véritablement fantastique.

Au moment où le comte de Bernac pénétra dans le premier salon, la fête était dans son animation la plus vive.

Le coup d'œil qu'offrait un bal à cette époque était loin de ressembler à celui que présentent les réunions de nos jours, et les danseurs et les danseuses du dix-neuvième siècle se feraient bien difficilement une idée de ce qu'étaient au dix-huitième les danses et les bals.

Sous les derniers Valois et sous les premiers Bourbons, la danse se divisait en deux catégories bien tranchées : les danses françaises et les danses étrangères; les unes, toutes nationales n'appartenant qu'au pays; les autres, importées d'Italie ou d'Espagne.

Parmi les premières, se trouvait le *branle*, ou ronde, qui consistait dans le mouvement simultané de plusieurs personnes se tenant par la main, et formant un cercle en dansant en chantant. C'est la danse et conservée par les jeux des enfants et devenue aujourd'hui le monopole des petites filles.

Puis le *branle-gai*, qui se dansait de même façon que la ronde, à l'exception que chaque danseur et chaque danseuse devaient avoir constamment un pied en l'air.

Le *branle des lavandières*, où l'on frappait des mains à certaines poses.

Le *branle des sabots*, où l'on frappait du pied.

Enfin, la *bourrée*, danse originaire d'Auvergne, comme chacun le sait, et qui introduite à la cour par la reine Marguerite de Valois, la fille de Catherine de Médicis et la femme de Henri IV, jouit de la plus grande vogue jusqu'au règne de Louis XIII.

Quant aux danses étrangères en usage au commencement du dix-septième siècle, nous citerons la *chaconne*, importée d'Italie.

La *gaillarde*, originaire de Rome, qui se dansait sur un air à trois temps gais, tantôt terre à terre, tantôt en cabriolant, tantôt en allant le long de la salle, tantôt en la traversant.

La *pavane*, danse espagnole, qui tirait son nom de ce que les danseurs faisaient en se regardant une espèce de roue à la manière des paons. Le cavalier se servait, pour exécuter cette roue, de sa cape et de son épée. C'est par allusion, sans doute, à la vanité ridicule de cette attitude, qu'on a fait le verbe se *pavaner*. La pavane et la bourrée étaient les deux danses favorites de la reine Marguerite, la danseuse par excellence, et celle dans lesquels elle se plaisait à exceller.

Au bal de don Pedro, les branles divers, la bourrée, la chaconne, la gaillarde, avaient certes droit de cité incontestable; mais la pavane, en sa qualité de compatriote de M. l'ambassadeur, obtenait tous les honneurs de la fête.

A l'entrée de M. de Bernac, les musiciens s'apprêtaient à exécuter une pavane et la foule se pressait, faisant cercle autour des couples danseurs, louant les uns, critiquant les autres, et faisant succéder rapidement le blâme à l'éloge et l'admiration à la moquerie.

Le comte, suivant le côté extérieur de cette haie vivante qui entourait le champ clos de la danse, parvint jusqu'au second salon.

Là, comme dans le premier, la pavane faisait fureur et furie, suivant l'expression italienne

La danse commençait à peine, avons-nous dit.

Au fond de ce salon dans lequel il pénétrait, M. de Bernac aperçut, du premier coup d'œil, le prévôt de Paris, madame d'Aumont et la charmante Diane.

Se glissant vivement jusqu'à eux, le comte salua profondément la mère et la jolie nymphe, amicalement M. d'Aumont dont le front était plus soucieux et plus rêveur que la veille encore, et offrant sa main à la belle jeune fille :

— Par grâce, mademoiselle, dit-il en désignant les spectateurs, ne privez pas ces gens du plaisir de vous admirer et faites-moi l'honneur d'accepter ma main.

Puis se baissant vers Diane avec un mouvement plein d'aisance :

— Je n'aurai peut-être, ajouta-t-il à voix basse, que ce seul moment pour vous parler !

La jeune fille, qui avait paru hésiter tout d'abord, se dressa subitement émue et palpitante.

Par un geste fiévreux, elle plaça ses doigts effilés dans la main que lui présentait son cavalier, et celui-ci, fendant aussitôt le triple rang des spectateurs, apparut avec sa compagne dans le cercle réservé aux danseurs.

Diane avait son masque de velours noir; le comte, son masque de velours rouge, personne ne pouvait donc les reconnaître par l'inspection du visage.

En voyant ce jeune seigneur à la mise si magnifique, et cette jeune fille si gracieuse et si charmante sous son costume de gaze, les assistants se reculèrent instinctivement en laissant échapper des exclamations élogieuses et les autres couples s'arrêtèrent, comprenant que la royauté de la danse était décernée d'avance aux nouveaux champions.

Le comte et Diane prirent place, l'un avec une aisance et une fierté toutes souveraines, l'autre avec une dignité et une grâce de déesse.

La danse, un moment interrompue, allait reprendre son cours, lorsque, du côté opposé à celui où se trouvait le jeune et brillant couple, les rangs des spectateurs s'entr'ouvrirent brusquement et un cavalier et sa dame vinrent se placer en face de la fille du prévôt et du comte de Bernac, semblant leur porter défi à tous deux.

La dame était cette charmante bohémienne au costume bizarrement coquet que son laquais, l'homme à la livrée blanche et rose, avait nommée la baronne Catherine de Sainte-Marie.

Le cavalier, masqué comme sa compagne, portait un déguisement bizarre, mais tout aussi remarquable par sa bizarrerie que l'était celui du comte de Bernac par sa richesse fastueuse.

Ce déguisement n'était autre que le costume égyptien dans sa plus rigoureuse exactitude, chose d'autant plus rare et d'autant plus extraordinaire alors, que la fureur de faire subir aux costumes étrangers ou à ceux de fantaisie les exigences de la mode du temps, détruisait tout caractère, effaçait tout cachet de vérité et réduisait les beautés d'un costume fidèle aux mesquines proportions d'une mascarade ridicule.

Cependant cette audacieuse tentative de l'homme masqué ne déplut pas à la foule.

Un nouveau murmure d'admiration accueillit cette nouvelle entrée en scène, et, sans que chacun sût pourquoi, la curiosité de tous se trouva immédiatement et vivement éveillée.

Il y avait une telle différence entre les deux couples, que le hasard peut-être se plaisait à faire rivaux, entre le caractère des déguisements eux-mêmes, que quelques spectateurs crurent à une surprise préparée par la galanterie de l'ambassadeur.

La pavane commença, ou, pour mieux dire, recommença, car le duc de Guise et le duc d'Angoulême, intéressés tous deux par ce qui venait de se passer, avait fait ordonner aux violons de reprendre la danse entière, s'inquiétant peu de contrarier ou non les autres danseurs.

Bernac et Diane firent les premières passes avec une telle élégance, une telle légèreté, que les témoignages de satisfaction et d'admiration éclatèrent en manifestations sourdes, et que le respect seul du lieu empêchait de devenir bruyantes.

Puis ce fut au tour de l'Égyptien et de la bohémienne.

Excités sans doute par les éloges prodigués au couple rival, ceux-ci s'avancèrent tête haute et répétèrent les mêmes figures, mais en donnant à leur danse un caractère tout opposé.

La bohémienne, renversant sa taille souple, arrondissant ses beaux bras et noyant la flamme ardente de sa prunelle dans le globe humide de son œil frangé de longs cils, et qui laissait apercevoir le trou très-large de son masque, pour emprunter aux almées l'entraînement de leur danse enivrante, et aux Andalouses la fougue contenue de leurs passions, alors qu'elles jettent mantille au vent pour obéir aux lois lascives du *fandango* amoureux.

Entre les poses de la baronne et celles de la fille du prévôt, entre la danse de la bohémienne et celle de la nymphe, il y avait toute la distance qui séparait le caractère de chacun des costumes adoptés par les deux femmes, toute la différence qui existe entre les allures de la vierge pure et celles de la courtisane amoureuse.

A l'une la grâce modeste et suave, à l'autre la fascination provoquante et irrésistible.

Les deux cavaliers offraient le même contraste.

L'Égyptien, grave, solennel, fatal, le geste sévère, la démarche imposante, semblait imprimer à chacun de ses pas une fierté et une majesté incontestables.

Entre lui et le comte, il y avait toute la différence de la dignité de l'homme du désert habitué à lutter avec la nature elle-même, à l'orgueil du gentilhomme civilisé habitué à lutter avec les passions de ses semblables.

Un léger frémissement parcourut la foule.

Le comte regarda avec étonnement le cavalier de la bohémienne.

Dans celle-ci il avait bien reconnu la séduisante Catherine, la compagne de son frère Mercurius, la fille du peuple devenue grande dame, Jeanne enfin, la fiancée de l'archer de la prévôté de Rouen, mais il cherchait en vain à deviner quel pouvait être ce personnage étrange, dont les allures et le costume lui rappelaient vaguement ce Van Helmont, avec lequel il était entré en lutte quelques heures auparavant.

Néanmoins, quel que fût celui qu'il avait devant les yeux, ami ou ennemi, M. de Bernac trop brave pour se laisser intimider, et, redoublant au contraire d'enjouement et de fougue, il continua la pavane, sans commettre la moindre faute en matière chorégraphique et en s'efforçant d'attirer sur lui et sur Diane la majorité des suffrages.

Mais le couple opposé demeurait digne des nombreux éloges qu'il avait soulevés tout-d'abord.

À chaque pas, à chaque figure, c'était une véritable lutte entre ces danseurs rivaux, et la galerie émerveillée avait grand'peine à contenir son admiration.

Enfin la pavane s'acheva aux grands regrets des spectateurs, et, la dernière figure terminée, chacun demeura indécis, ne sachant auquel des deux couples il convenait d'offrir la palme triomphale.

M. de Bernac n'avait pu trouver le moment d'adresser un seul mot à Diane.

Furieux de ce contre-temps, qu'il attribuait avec raison à l'attention provoquée par l'Egyptien et sa danseuse, il reconduisit mademoiselle d'Aumont près de sa mère et se retourna pour se mêler aux groupes qui envahissaient alors le centre du salon.

Dans ce mouvement, il se trouva face à face avec l'Egyptien.

Les deux hommes se toisèrent des pieds à la tête, et l'œil étincelant de Reynold chercha en vain à pénétrer à travers le masque du danseur inconnu.

V

LA CLEF DU CABINET D'ARMES.

— Recevez mes compliments, seigneur égyptien, dit Reynold d'une voix ironiquement railleuse ; vous balades à ravir !

— Il y a quelque chose que je fais mieux encore que de danser la pavane, monsieur de Bernac, répondit le mystérieux inconnu.

— Et quelle chose, s'il vous plaît ?

— Vous voulez le savoir ?

— D'honneur ! je suis curieux.

— Eh bien ! c'est de démasquer les imposteurs et d'arracher aux bandits les noms et les titres dont ils osent se parer !

Puis, sans donner à Reynold, stupéfait, le temps ni la faculté de lui répondre, l'Egyptien s'éloigna gravement.

M. de Bernac demeura un moment comme foudroyé par ces paroles menaçantes ; mais, secouant brusquement la torpeur dans laquelle il paraissait plongé, il se dirigea rapidement vers Catherine qui, appuyée au bras d'un cavalier, traversait la salle de danse pour gagner l'un des petits salons dont nous avons parlé.

Au moment où le jeune homme allait atteindre la bohémienne, un masque venant à sa rencontre le heurta du coude en passant.

Le masque, sans se retourner, sans s'arrêter, continua sa marche à travers la foule et disparut en franchissant le seuil d'une porte voisine.

Le comte parut hésiter, puis il gagna le petit salon des glaces dans lequel il venait de voir pénétrer Catherine.

Celle-ci s'était débarrassée de son cavalier, et, debout devant l'un des grands miroirs, elle arrangeait sa coiffure, dont la pavane avait détruit l'harmonie savante.

— Quel est donc le gentilhomme avec lequel vous venez de si merveilleusement danser, baronne ? demanda le comte.

— J'ignore son nom, mon cher Henri, répondit la jolie créature.

— Quoi ! fit M. de Bernac en baissant la voix, tu ne sais qui il est ?

— Non, en vérité !

— Il faut le savoir, Catherine.

— Pourquoi ?

— Parce que cet homme est un ennemi.

— Alors, je le saurai ! répondit la baronne avec une assurance qui ne permettait pas de douter.

Puis elle reprit en changeant de ton :

— Humbert est ici.

— Je le sais.

— Vous l'avez vu ?

— Dans l'instant.

— Et il vous a parlé ?

— Non, mais je vais le retrouver.

— Il est dans le salon bleu.

— Je le sais encore.

— Vous savez tout, ce soir, dit Catherine en riant.

— Excepté ce qu'il faut que je sache.

— Le nom de mon danseur ?

— Précisément.

— Puisque je le saurai.

— Bientôt ?

— Dans moins d'un quart d'heure.

— Qui te le dira ?

— L'ambassadeur.

— Don Pedro ?

— En personne.

— Ah çà ! tu es donc bien avec lui ?

— Il prétend qu'il trépassera de douleur, si je ne lui donne une parole d'espoir.

— Il est amoureux ?

— Bel et bien !

— Peste ! Que ne le disais-tu ?

— Il fallait le deviner. Si don Pedro n'était pas épris des charmes de votre très-humble servante, mon beau seigneur, continua Catherine avec un sourire railleur, comment m'aurait-il confié la clef du cabinet d'armes qui donne dans le petit salon bleu, afin que je puisse, si bon me semble, me reposer seule sans crainte d'être troublée, et changer même de déguisement si la chose venait à me plaire. Or, ce cabinet d'armes, vous le savez, communique d'un côté avec les appartements intérieurs, et de l'autre avec la sortie donnant sur les jardins.

— Tu as cette clef ! s'écria Bernac avec joie.

— Chut ! pas si haut !... La voici !

Catherine tira de son sein une mignonne clef d'acier ciselé attachée à un ruban bleu.

Le comte s'en empara par un geste rapide, puis s'inclinant sur la petite main de la baronne :

— Si mon cœur était libre, je crois que je t'aimerais à la folie ! murmura-t-il.

Et il baisa les doigts blancs qu'il pressait avec une ardeur pleine de reconnaissance.

La Guiche entrait alors dans le salon des glaces.

— Corbleu ! s'écria le chevalier en s'arrêtant, n'arriverai-je donc jamais, baronne, que pour être témoin des faveurs que vous accordez au comte ?

Bernac se redressa en riant.

— Est-ce qu'il faudra encore une fois retourner au Pré-aux-Clercs ? demanda-t-il.

— Non ; d'ailleurs, j'ai fait un vœu.

— Lequel ? dit Catherine.

— Celui de ne jamais plus me battre le matin d'un jour où je dois aller au bal.

— Pourquoi?

— Parce que je ne puis danser le soir.

Et La Guiche désigna gaiement l'endroit où l'épée du comte avait labouré les chairs de sa cuisse.

— Tu souffres? demanda Bernac.

— Beaucoup, puisque je suis privé de danser avec notre belle baronne.

En ce moment les musiciens firent entendre les préludes d'une danse nouvelle.

— Ah! s'écria vivement Catherine, voici notre pavane! Monsieur de Bernac, avez-vous donc oublié que je vous ai accordé ma main?

— Mille pardons! fit le comte en s'inclinant avec empressement comme un homme surpris.

— Quoi! dit La Guiche, vous m'abandonnez?

— Il le faut, chevalier! répondit la baronne.

— Mais après la pavane?

— Je serai toute à vous!

— Je vous rappellerai cette promesse...

— Vous n'en avez pas besoin si vous m'attendez dans ce salon.

Et Catherine, souriant coquettement à La Guiche, entraîna M. de Bernac.

— Pourquoi danser? murmura Reynold avec impatience.

— Parce que La Guiche se serait attaché à mes pas, m'aurait poursuivie sans trêve, et que je n'aurais pu parler à l'ambassadeur, tandis qu'après la pavane vous me conduirez près de lui.

Les groupes de danseurs se formaient au milieu du salon dans lequel Catherine et le comte venaient de rentrer.

La baronne et son cavalier prirent place; mais à peine étaient-ils arrivés que l'Egyptien, conduisant sa danseuse, apparut en face d'eux.

On eût dit que, par une convention tacite, les deux hommes se fussent donné le mot pour rendre plus vive encore l'espèce de rivalité que la danse précédente avait établie entre eux.

En effet, par un singulier hasard, chacun des cavaliers avait pris la dame de l'autre. Le comte tenait la main de la bohémienne, et l'Egyptien venait d'apparaître conduisant galamment la jeune et charmante fille du prévôt de Paris.

Bernac et le danseur rival échangèrent un regard de défi et de menace.

Les spectateurs, dont la curiosité se trouvait de plus en plus excitée, se pressèrent plus serrés autour des deux couples.

A cet instant, un personnage portant le costume mythologique du fils de Jupiter et de Maïa entra en gambadant dans la salle de danse, agitant son caducée, faisant mouvoir, par un habile ressort, les ailes factices qui garnissaient les deux côtés de sa tête, et provoquant partout sur son passage les rires et les applaudissements.

— Mercurius! fit Catherine en serrant la main de Reynold.

Celui-ci tressaillit de plaisir.

— Tout va bien! dit-il à voix basse; mes ordres ont été exécutés, et dans une heure nous serons en route.

Puis, lançant un regard étincelant dans la direction de l'Egyptien, et pressant dans sa main gauche la petite clef que lui avait remise la baronne, il offrit l'autre main à Catherine.

Les musiciens venaient de faire entendre les premières mesures de la pavane.

Derrière M. de Bernac et sa compagne s'était placé un homme de haute taille, costumé en truand du moyen âge.

Cet homme, qui était entré dans le salon presque en même temps que celui dont nous avons parlé plus haut, et qui avait adopté pour déguisement les attributs du dieu des voleurs, paraissait absorbé dans la contemplation de la jolie bohémienne.

Ni Catherine, ni Reynold n'avaient encore remarqué sa présence.

VI

LE PETIT SALON BLEU.

Tandis que dans les salons de danse la foule compacte et serrée se pressait autour des deux couples; tandis que M. de Bernac, plein d'assurance et de confiance en lui-même, en dépit du trouble qu'avaient fait naître en lui les paroles de l'Egyptien, se préparait à soutenir une nouvelle lutte chorégraphique, et que Catherine, plus pimpante et plus coquette que jamais, apprêtait ses séductions les plus vives et ses poses les plus enivrantes; tandis qu'en face d'eux Diane et son cavalier demeuraient, l'une émue et presque tremblante, l'autre calme et imposant, un dialogue rapide était échangé dans le petit salon bleu, voisin du salon où s'exécutait la pavane, entre deux des personnages destinés à jouer d'importants rôles dans l'histoire que nous racontons.

L'un était celui-là même qui venait de pénétrer dans le bal, vêtu en dieu Mercure; l'autre, tout aussi discrètement masqué que son interlocuteur, portait une sorte de robe ample, ornée aux épaules d'un vaste capuchon et dont les plis de la jupe retombaient jusque sur le parquet.

Cette robe, dont la forme se rapprochait de celles des *dominos* adoptés de nos jours, composait alors ce que l'on nommait en style de mascarade une *chauve-souris*.

De même que le domino, elle permettait de porter en dessous un costume que l'on voulait momentanément dérober aux yeux.

Le petit salon bleu, déserté par la foule, n'était absolument occupé que par les deux causeurs.

L'homme en *chauve-souris* était celui qui avait si rudement coudoyé le comte de Bernac, alors que le jeune seigneur s'efforçait de rejoindre la baronne: il avait précédé de quelques instants dans le petit salon l'arrivée du personnage mythologique.

Puis une fois en présence, la conversation avait commencé vive et pressée, sans exorde aucun.

— Donc, disait le dieu Mercure au moment où retentissaient les premiers accords de la pavane, donc, notre père et la femme que Reynold t'avait confiée sont en sûreté à cette heure?

— Oui.

— Et nos hommes, Humbert, les as-tu vus?

— Tous sont prêts! Ils nous attendent.

— Corbleu! je voudrais être en route, Humbert!

— Et moi, je voudrais être arrivé, Mercurius!

— Oui! Le séjour de Paris devient mauvais.

— A propos, et la maison de la rue des Vieilles-Etuves?

— Elle se réduit en cendres à l'heure qu'il est.

— Mais le guet va accourir, il éteindra l'incendie.

— Je l'en défie! mes précautions ont été prises, et les produits chimiques répandus à flots par mes mains conduiront sûrement la flamme de la maison aux ruines du couvent des Augustins.

— Que Van Helmont n'est.: dans ce brasier !

— Reynold a dû lancer Bernard sur ses traces, et tu sais que, quand il s'agit de jouer du poignard, Bernard manque rarement le but qu'il se propose.

— Donc, il ne reste plus que Giraud.

— Richard le tient au bout de son épée, et Caméléon nous en répond corps pour corps.

— Où est-il ce Giraud maudit?

— A deux pas de nous, dans le salon voisin.

— Ici?

— Derrière Reynold et Catherine. En venant sur le seuil de cette porte, tu pourras le voir.

Humbert s'avança vivement.

— Cet homme vêtu en truand?

— Précisément.

— Corbleu! l'ennemi est bien proche.

— Oui, mais la mort est plus près de lui encore. Au moindre geste qu'il tenterait pour nous nuire, il tomberait pour ne pas se relever.

— Richard est donc là?

— A ses côtés mêmes.

— Cet homme en habit espagnol?

— Oui. Le prévôt avait fait préparer le déguisement de Giraud, et Catherine celui de Richard. L'ambassadeur nous sert à merveille. Il est notre complice sans se douter du rôle qu'il joue. D'une part, il est amoureux de la baronne, et de l'autre il croit à une intrigue dirigée contre le roi. Donc, il est doublement à nous.

— Bravo! et Caméléon, où est-il?

— Dans le bal, près de l'homme vêtu en Égyptien.

— Bon! je le vois : il est en *chauve-souris?*

— Précisément.

— Reynold est bien gardé!

— Avant la fin de la nuit, Giraud ne sera plus à craindre, et la Seine lui servira de tombe. Tout est préparé, et je le défie d'échapper au sort qui l'attend. Quant à Van Helmont...

— Oh! interrompit Humbert, celui-là est puissant, mais il n'est plus à redouter. Lors même que Bernard ne nous en débarrasserait pas, que peut-il? Il est désormais privé de sa force, puisque Aldah est entre nos mains, et il n'a aucune preuve pour nous accuser. D'ailleurs, avant le jour, nous serons hors Paris.

— Cela est vrai.

— Donc, le nom des Bernac est toujours à nous!

— Comme celui de La Chesnaye!

— Et les trésors de l'ambassadeur?

— A notre merci!

— Catherine a donc réussi?

— A merveille. Elle a la clef du cabinet d'armes de don Pedro, cabinet dont voici la porte...

Mercurius désigna du geste une petite porte située au fond du salon et adroitement dissimulée dans les plis de la tenture.

— Or, continua le fils de La Chesnaye, ce cabinet d'armes communique d'une part avec les appartements intérieurs, et de l'autre avec les jardins. Appartements et jardins sont déserts à cette heure. Le plan que j'ai dressé d'après les indications de Catherine est parfaitement exact. Nous ne pouvons faire fausse route, et le moment est venu... nous agissons!

Humbert examina avec soin les portes massives qui, ouvertes alors, faisaient communiquer le salon bleu avec le salon de danse.

— Ces bois sont bons, dit-il, ces ferrures excellentes. Au besoin, on pourrait ici soutenir un siége. Donc, récapitulons, pour ne pas nous tromper et suivre de point en point les instructions tracées par Reynold.

— Récapitulons! fit Mercurius.

— Le moment venu, commença Humbert, tu pénètres sans qu'on te voie dans le cabinet d'armes, tu sais où est le trésor de l'ambassadeur... Cela est ton affaire... Moi, j'attire Diane dans ce salon... cela sera facile, Reynold l'a préparée... Catherine nous rejoint... Puis, au signal donné, Giraud meurt frappé par Richard... Reynold bondit jusqu'ici, les portes sont fermées, Diane nous suit de gré ou de force, et alors nos gens nous attendent près des Bernardins...

— Très-bien! Le comte de Bernac que l'on a vu entrer ici est censé la victime de La Chesnaye! Il aura été enlevé par les brigands, et à son retour à la cour il racontera une touchante et chevaleresque histoire, ce qui ne le mettra que plus en crédit, et son absence ainsi forcée aux yeux de tous nous donnera le temps de suivre et de déjouer l'intrigue que tenterait de former Van Helmont si Bernard le manque!

— Bravo! tout est calculé!

— Mais... fit observer Mercurius, si durant le tumulte il s'est glissé ici quelques invités qui nous gênent?...

— Tant pis pour eux! dit Humbert avec un geste significatif.

— Tant mieux pour nous! reprit vivement Mercurius. Regarde donc ces riches costumes, ces bijoux, ces diamants, cet or, ces pierreries! Le moindre déguisement vaut deux mille écus d'or!

— Tu as raison! Décidément Reynold est un grand homme!

— C'est un génie!

— Il ne s'agit plus que d'attendre...

— Oh! voici bientôt l'heure.

Humbert se leva et fit quelques pas dans le petit salon bleu avec un double sentiment d'orgueil et d'espérance.

Il s'arrêta sur le seuil de la pièce et ses regards se fixèrent sur les groupes de danseurs placés en face de lui.

Les différentes phases de la pavane excitaient alors l'admiration des spectateurs.

Le comte de Bernac et la baronne se surpassaient mutuellement de grâce, de légèreté, et leurs attitudes, leurs pas, les passes qu'ils accomplissaient étaient empreints d'un charme et d'une élégance réellement indéfinissables.

Diane et l'Égyptien cependant leur disputaient énergiquement la palme de la danse.

En dépit de l'émotion qu'elle ressentait, en dépit de la crainte qui l'agitait et des sentiments tumultueux qui soulevaient sa poitrine et se heurtaient dans son cerveau, la jeune fille s'était peu à peu laissé aller aux entraînements de la pavane.

Tous ces regards fixés sur elle, la conscience de la lutte qu'elle soutenait, les murmures élogieux des spectateurs avaient puissamment agi sur la pauvre enfant, qui, le front empourpré, le sein palpitant, la main fiévreuse, subissait les diverses péripéties de la danse avec une force factice tenant du désespoir.

Jamais peut-être Diane n'avait été si belle et si charmante, et l'on eût dit que son danseur se plaisait à faire ressortir encore tout l'éclat de cette beauté et de ce charme.

La fille du prévôt comprit sans doute cette attention galante de la part de l'Égyptien, car, au moment où la pavane se terminait et où les bravos éclataient alors furieux et bruyants de tous les coins du salon, elle releva ses beaux yeux sur son mystérieux cavalier et le remercia par un regard souriant.

L'Egyptien se pencha vivement vers elle : ·

— Prenez garde ! dit-il rapidement.

C'étaient les premiers mots qu'il prononçait depuis l'instant où il avait invité la jeune fille.

Celle-ci fit un geste de surprise en entendant cette recommandation singulière venant d'un homme qu'elle croyait ne pas connaître,

— Un grand danger vous menace ! continua l'inconnu. Au nom du ciel, prenez garde !

Diane leva son regard étonné sur son interlocuteur, et sa bouche, s'entr'ouvrant, allait peut-être formuler une interrogation directe; mais elle était en ce moment près de sa mère, et l'Egyptien, s'inclinant en silence, s'éloigna aussitôt.'

Tandis que l'Egyptien reconduisait Diane près de madame d'Aumont, Reynold, laissant Catherine près de La Guiche sur le seuil du salon des glaces, s'était rapidement glissé vers le petit salon bleu, dans lequel il se précipita, repoussant derrière lui les battants de la porte.

Durant la pavane, Reynold était parvenu à comprimer l'agitation terrible qu'avaient fait naître dans son cœur les paroles significativement menaçantes de l'Egyptien. Sa froideur, son aisance apparentes cachaient le trouble de son âme, et tel était puissant l'empire qu'il avait sur lui-même que rien dans son attitude, dans ses regards, dans sa conversation même avec Catherine n'avait pu faire deviner ses anxiétés.

Mais une fois en présence de ses frères, seul avec eux dans le salon dont il venait de fermer la porte, il laissa échapper de sa gorge sèche une exclamation de fureur.

— A l'œuvre ! dit-il vivement, le danger est sur nos têtes !

— Quoi donc? s'écria Humbert; le péril est-il si grand?

— Oui...

— Nos plans sont changés ? demanda Mercurius.

— Oui, répondit encore Reynold.

— Comment? explique-nous... dirent à la fois les deux frères.

— Silence ! les minutes sont précieuses ! Ecoutez-moi sans m'interrompre ! Oh ! si le danger est près ! tout n'est pas perdu cependant, rassurez-vous ! Mais, par tous les diables de l'enfer ! écoutez-moi attentivement et tenez-vous prêts à m'obéir sans réserve ! Vous avez vu tout à l'heure cet Egyptien qui a dansé d'abord avec Catherine et ensuite avec la fille du prévôt ?

— Oui, dirent Humbert et Mercurius.

— Eh bien ! celui-là possède une partie de nos secrets tout autant que Van Helmont.

— Une partie de nos secrets ! s'écrièrent les deux hommes avec une même exclamation d'étonnement et d'épouvante.

— Oui, une partie de nos secrets ! Les paroles qu'il a prononcées à mon oreille ne permettent pas le doute.

Et Reynold répéta, mot pour mot, la phrase menaçante dite quelques instants auparavant par le masque.

Humbert et Mercurius s'interrogèrent du regard.

— Quel peut être cet homme ? demanda le premier.

— Catherine nous le dira tout à l'heure, répondit Reynold. Mais qui est-il ou qui n'est-il pas ? là n'est pas la question. C'est un ennemi, nous le savons. Que nous importe le reste ! Quitter Paris en laissant derrière nous cet ennemi serait une faute que nous ne saurions commettre. A l'œuvre donc ! je vous le répète !

— Ne partons-nous plus ? dit Mercurius.

— Si; mais nous partirons après avoir anéanti notre secret dans le cœur de celui qui nous menace.

— Que devons-nous faire ?

— Je vais vous l'apprendre.

Et Reynold, entourant de chaque bras le cou de chacun de ses frères, ramena brusquement leurs deux têtes à la hauteur de sa bouche.

Puis il murmura rapidement quelques paroles à voix tellement basse que le plus profond silence parut régner dans le petit salon bleu.

Humbert et Mercurius se redressèrent.

— Vous m'avez compris? dit Reynold.

— Oui, répondirent les deux hommes.

— Transmettez mes ordres à Richard et à Caméléon, et, dans deux heures, tenez-vous prêts, toi, Humbert, à enlever Diane; toi, Mercurius, à exécuter le plan convenu ce matin. Il est minuit, maintenant ; à deux heures je serai de retour.

Et, saisissant la clef que lui avait remise Catherine, Reynold ouvrit vivement la petite porte cachée sous la draperie et s'élança au dehors.

Aussitôt, avec un geste rapide, Humbert se dépouilla du costume de *chauve-souris* qui le recouvrait en entier.

Sous ce costume, apparut un déguisement complet, exactement semblable à celui que portait Reynold, mais d'une similitude telle qu'il était matériellement impossible de ne pas les prendre l'un pour l'autre, d'autant plus que, ainsi que nous l'avons dit, Humbert, Reynold et Mercurius étaient tous trois de la même taille et de la même corpulence.

Humbert roula la chauve-souris et la jeta sous un siége, puis il raffermit son masque sur son visage, traversa le salon bleu et alla ouvrir la porte donnant sur la salle de danse.

D'Herbaut était sur le seuil.

— Tiens, Bernac! dit-il en riant. Je te croyais en bonne fortune, et je ne me trompais pas, puisque tu étais en tête-à-tête avec le dieu Mercure.

Mercurius, on se le rappelle, portait le costume attribué au fils de Jupiter et de Maïa.

Humbert échangea quelques paroles avec le marquis, puis il se dirigea vers l'endroit de la salle où se tenait la charmante fille du prévôt de Paris.

Diane, en voyant venir vers elle celui qu'elle aimait, tressaillit brusquement, et sa tête gracieuse se pencha sur son épaule.

Elle sentait approcher le moment fatal, l'instant décisif où il faudrait faire un choix entre une fuite déshonorante et la mort de l'homme qu'elle croyait menacé comme un complice du comte d'Auvergne.

Pendant ce temps, Mercurius, reprenant à travers la foule les gambades et les lazzis par lesquels il avait signalé son entrée, attirait sur lui, à dessein sans doute, l'attention de tous les invités de don Pedro.

VII

LES RUINES DES AUGUSTINS.

Pendant que les trois fils de La Chesnaye, en conférence dans le petit salon bleu de l'hôtel de l'ambassadeur d'Espagne, combinaient rapidement les moyens de mener à bonne réussite leurs plans infâmes de rapt, de vol et de meurtre, et songeaient à ne pas laisser derrière eux, à Paris, l'ennemi redoutable que Reynold avait deviné dans la personne de l'Égyptien ; pendant que Giraud, surveillant avec une attention profonde les démarches de celui qu'il soupçonnait, était lui-même surveillé par Richard, le vieux sergent de la prévôté et l'un des plus dévoués compagnons cependant de la bande qui désolait Paris ; pendant que Richard, d'accord avec Caméléon, s'opposait adroitement à ce que l'archer rouennais suivît le faux comte de Bernac dans le petit salon, en s'emparant de sa personne avec l'audace et le sans-gêne autorisé par les libertés d'un bal masqué, une lueur rouge, embrasant le ciel dans la direction des halles, indiquait que quelque violent incendie venait d'éclater au centre de la capitale, sur la rive droite de la Seine.

Personne parmi les invités de don Pedro ne soupçonnait le désastre, et cependant les flammes s'élevaient dévorantes et furieuses et le tocsin sonnait à Saint-Eustache, appelant au secours les habitants du quartier.

C'était la maison de la rue des Vieilles-Étuves qui, embrasée subitement de ses fondations à son faîte, menaçait les constructions voisines de l'incendie dont elle était devenue l'ardent foyer.

Ainsi qu'il l'avait dit à Humbert, Mercurius avait, de sa propre main, livré la vieille maison au fléau destructeur.

Il avait agi par l'ordre donné par Reynold qui, en anéantissant la demeure de maître Eudes et ses dépendances mystérieuses, avait voulu enlever toute preuve matérielle à Van Helmont, dans le cas où celui-ci aurait voulu s'adresser à la justice.

Aucun être vivant n'habitait plus sans doute la maison incendiée, car aucun cri ne s'était échappé des bâtiments envahis par les flammes.

Bourgeois, archers, soldats du guet s'étaient portés au premier signal vers le lieu du sinistre et avaient réuni leurs efforts pour arrêter les progrès du feu ; mais grâce aux précautions prises par Mercurius, et dont il avait parlé encore à Humbert, grâce aux produits chimiques répandus à flots, les flammes s'étaient élevées plus menaçantes sous l'action même de l'eau que jetait à torrents la foule empressée.

— Que Van Helmont n'est-il dans ce brasier ! s'était écrié Humbert après avoir entendu le court rapport de Mercurius.

C'était un regret qu'avait émis le fils de La Chesnaye, mais ce regret se fût certes changé rapidement en cri d'allégresse s'il avait pu deviner la vérité.

Au moment où Mercurius provoquait l'incendie et prodiguait à l'élément destructeur les aliments les plus propres à augmenter sa rage, Van Helmont était encore dans les ruines du couvent des Augustins.

Immobile, éperdu, stupéfié par la douleur et par le désespoir, le savant était demeuré écrasé sous le poids qui brisait son cœur dans l'un des corridors obscurs de l'abbaye ruinée, après sa fuite de l'atelier de Reynold.

Il était là comme un corps privé de son âme.

Oh ! c'est que si son corps avait échappé aux mains meurtrières de La Chesnaye et de ses fils, il avait laissé son âme au pouvoir de ses ennemis ; s'il s'était soustrait, obéissant à l'instinct de la conservation, à la mort suspendue sur sa tête ; s'il avait fui grâce à sa connaissance des secrets de la demeure mystérieuse, il avait abandonné à la merci de Reynold et de ses frères cette Aldah qu'il aimait comme un père aime sa fille, pour laquelle il ressentait cette adoration du savant pour la science, de l'avare pour son trésor, de l'ambitieux pour le but de ses peines et de ses douleurs, et non-seulement, en sachant Aldah en la puissance de maître Eudes et de son fils, le père savait que rien ne pouvait protéger désormais sa fille contre les ten-

tatives amoureuses de Reynold, mais encore le savant voyait lui échapper le précieux secret de son importante découverte et toute force lui être ravie.

En faisant jouer le ressort sous l'action duquel la muraille s'était entr'ouverte, en s'élançant hors d'atteinte de ses ennemis, Van Helmont avait bondi dans les ruines désertes du couvent.

Puis, après quelques instants d'une course folle au milieu des ténèbres les plus épaisses et dans un dédale de corridors et de salles aux murailles crevassées, il s'était subitement arrêté, et à un premier mouvement de triomphe avaient succédé, terribles et douloureux, les sentiments que nous venons de décrire.

À cette douleur poignante causée par la perte d'Aldah s'adjoignaient encore d'autres douleurs presque aussi vives.

— Ainsi, s'écria-t-il dans un paroxysme de désespoir, mes travaux de vingt années détruits, la récompense de mes peines, de mes chagrins anéantie, mes serments faussés, mes plus sages précautions rendues stériles !... Oh ! Dieu n'est-il donc pas pour la cause de la justice et dois-je douter de la Providence ?... Que faire maintenant ? Par quels moyens arracher Aldah aux mains puissantes qui l'étreignent ?... Que puis-je aujourd'hui pour le fils de Blanche, cet enfant qu'un miracle seul m'a permis de rencontrer au milieu du désert, et qu'un second a préservé deux fois ce matin, sous mes yeux, d'une mort certaine !

« Quoi ! le doigt de Dieu, si visible par instants, cesserait-il de diriger mes efforts ?...

« Non ! non !... cela est impossible !... C'est encore une épreuve qu'il me faut subir !...

« Mais Aldah !... Aldah !...

« Oh ! j'aurais dû ne pas l'abandonner, j'ai été lâche en fuyant !...

Et Van Helmont se frappait le front de son poing fermé et se labourait la poitrine de ses ongles aigus.

— Être resté près d'elle, reprit-il après un court silence, n'était-ce pas me livrer à un trépas assuré sans profit pour personne ? N'était-ce pas la livrer sans appui pour l'avenir à ces bandits sans cœur et sans conscience ?... N'était-ce pas enfin abandonner la cause de celui que j'ai juré de protéger ?...

« J'ai fui le danger, non par peur pour moi-même, mais pour pouvoir encore tenter de les sauver tous deux !... Oh ! cette lutte n'est pas achevée !

« Mais, continua-t-il en réfléchissant, quels étaient donc ces deux hommes masqués qui ont apparu si subitement ? Quels étaient ceux-là ?... et que faire, maintenant ? que faire ?... »

Et le savant sans rival, l'homme doué par la nature de l'une des plus vastes intelligences de son temps, pressait vainement dans ses doigts crispés son front baigné d'une sueur froide afin d'en faire jaillir l'idée rebelle.

Sans savoir vers quel but il dirigeait ses pas, Van Helmont s'était remis en marche.

Descendant un escalier aux degrés croulants, il avait atteint une petite cour encadrée par quatre corps de bâtiments.

L'air pur en baignant sa tête lui rendit un peu de calme, et un pâle rayon de lune éclaira le lieu dans lequel il se trouvait.

Tout à coup il tressaillit et un frémissement violent agita convulsivement tout son être.

— Elle était endormie !... murmura-t-il. Elle l'est encore ! Oh ! ce sommeil la livre sans force et sans moyens de défense.

Van Helmont s'arrêta et se tourna vers l'orient.

Demeurant alors immobile, l'œil étincelant, les deux bras étendus en avant, il parut concentrer dans son cerveau, par une tension extrême de toutes ses forces morales et matérielles, la suprême puissance de sa volonté.

— Réveille-toi ! dit-il à voix haute, d'un ton brusquement impératif ; réveille-toi, je l'ordonne ! Partout où tu sois, obéis ! Quelle que soit l'influence qui te domine, reconnais la mienne ! Obéis ! réveille-toi ! je le veux...

Se tournant successivement vers les trois autres points cardinaux, il renouvela la même pantomime accompagnée des mêmes paroles.

Cette sorte de conjuration achevée, il parut plus calme.

— Maintenant, dit-il, il faut agir !

Van Helmont regarda tout autour de lui ; d'abord il ne reconnut pas la partie des bâtiments dans laquelle il se trouvait ; mais bientôt il se rappela le plan complet des ruines, et il traversa la petite cour sans hésiter.

Depuis son retour en France, après sa rencontre avec Marc dans le désert de Barca ; depuis sa résolution arrêtée d'approfondir les mystères dont s'entourait maître Eudes, dans le but de parvenir à la connaissance de la vérité en ce qui concernait le vieillard et celui qui avait pris le titre de comte de Bernac, Van Helmont, comprenant la probabilité d'une lutte matérielle, d'un guet-apens, d'un piége, enfin, tendus sous ses pas dans la maison de la rue des Vieilles-Étuves, Van Helmont en avait étudié les abords avec le soin le plus minutieux.

Comme bien on le pense, les ruines du couvent des Augustins avaient été surtout l'objet de toute son attention et de ses recherches.

Il avait deviné, et la chose était facile pour lui qui avait pénétré souvent dans l'arrière-corps de logis de maître Eudes, que le laboratoire de Mercurius, l'atelier d'Humbert et celui de Reynold, étaient situés dans les ruines même de l'abbaye.

Comme toutes les constructions du moyen âge, où le désir du mystère et le besoin de posséder des retraites inconnues présidaient d'abord aux premiers soins de l'architecte, cette abbaye avait ses bâtiments secrets machinés comme les dessous d'un théâtre de notre époque.

Grâce à son expérience, à son intelligence, à sa science et à sa patience, Van Helmont parvint à être maître de tous les mystérieux détours du couvent.

Il surprit le secret des communications entre les ruines et le corps de logis dont s'était adroitement emparé son compagnon d'études.

Il découvrit ces corridors immenses, cet escalier descendant dans les salles souterraines, cette chambre, enfin, à l'abri de toutes recherches, dans laquelle nous avons fait pénétrer le lecteur à la fin de la première partie de ce récit, alors que, en présence de Catherine, Reynold se faisait jurer obéissance par ses deux frères.

Ces découvertes faites, Van Helmont n'en avait pas moins poursuivi ses recherches avec la même activité fiévreuse.

Un nouveau succès devait couronner ses efforts.

Une nuit qu'il savait le laboratoire et les ateliers déserts, et que rien, par conséquent, ne pouvait s'opposer à son travail, il avait sondé tous les murs attenant au corps de logis communiquant avec la maison de maître Eudes.

Comme il terminait ces investigations en interrogeant le mur de l'atelier de Reynold, il constata l'existence d'un ressort rouillé par le temps et par le manque d'usage, et qui, habilement dissimulé dans les ornements en serrurerie d'une grille dont l'une des extrémités était scellée à la muraille, avait dû communiquer jadis avec une partie de la maçonnerie.

Van Helmont, curieux d'approfondir cette découverte, revint les nuits suivantes.

Enfin, après un travail opiniâtre, il parvint à remettre le ressort en état, et le faisant jouer, il vit s'entr'ouvrir une partie du mur qui laissait praticable une entrée étroite donnant dans l'atelier de Reynold.

Le mur, en obéissant au ressort et en s'ouvrant, avait fait entendre un craquement assez fort suivi de près par la chute de plusieurs objets pesants.

Van Helmont était demeuré attentif ; puis, assuré par le silence que personne que lui n'avait entendu ces bruits et ces craquements, il entra dans l'atelier.

La muraille, nous avons oublié de le dire, s'était ouverte sur Van Helmont, c'est-à-dire que la partie mobile s'était avancée vers l'intérieur du couvent.

Le craquement provenait du bois de la bibliothèque dont une partie de la charpente était clouée sur la muraille mobile, et la chute avait été celle d'énormes in-folios manquant subitement de point d'appui.

Par un heureux hasard, le corps de la bibliothèque cachait précisément la fente de l'ouverture, de sorte qu'il était évident que ni Reynold ni maître Eudes n'en connaissaient le secret, sans quoi ils ne se fussent pas privés de ce passage mystérieux.

Au reste, l'état du ressort prouvait que depuis nombre d'années on n'en avait pas fait usage.

Bien certainement le corps de la bibliothèque avait été placé là par les moines, et ni maître Eudes ni ses fils n'avaient soupçonné qu'il abritait une communication avec le couvent.

Certain désormais d'avoir une retraite assurée en cas de de danger pressant, Van Helmont avait remis toutes choses en état, puis, dissimulant encore plus qu'il ne l'était le ressort intérieur, il en avait soigneusement remarqué la place et l'avait rendu invisible à tous les regards.

A sa première visite chez maître Eudes, il avait déclaré adopter désormais l'atelier favori de Reynold pour y travailler, rejetant ce désir sur un caprice de savant. Il ne savait pas, au reste, que les deux autres pièces servaient aux deux autres fils de maître Eudes, puisqu'il n'avait jamais travaillé qu'avec Reynold et qu'il n'avait vu jamais ni Mercurius, ni Humbert.

La Chesnaye et ses fils, ignorant et ne pouvant même soupçonner la cause de cette fantaisie, pour eux insignifiante, avaient accédé facilement à la volonté manifestée par Van Helmont.

Nous savons quelle ressource avait trouvée le savant protecteur du baron de Grandair dans sa précieuse découverte à laquelle il venait bien certainement de devoir la vie.

Lorsqu'après la disparition de Van Helmont, La Chesnaye, Reynold, Mercurius, Humbert avaient essayé d'entamer la muraille, ils avaient abandonné leur tentative en en reconnaissant l'impossibilité matérielle ; mais aucun d'eux n'avait eu la pensée de se servir de leur communication ordinaire avec les ruines, convaincus que l'avance possédée par le fuyard rendrait inutile toute poursuite, cette communication n'existant qu'à l'autre bout des bâtiments.

Ils s'étaient trompés cependant, ainsi que nous venons de le voir ; mais dans la crainte que celui qui venait de leur échapper, possesseur de leur secret, n'entravât l'exécution du plan arrêté par eux, et certains d'échapper d'ailleurs à tous périls par leur prompt départ, ils avaient abandonné la pensée de poursuite pour s'occuper activement de leurs propres affaires.

Seulement Mercurius devait rester le dernier et livrer à la destruction complète la maison et les ruines du couvent des Augustins

VIII

L'INCENDIE.

Il y avait plus d'une demi-heure que Van Helmont errait dans les dédales de l'abbaye, lorsqu'il avait pénétré dans la petite cour où nous l'avons vu tenter de préserver Aldah, bien que séparée de lui par la distance, des dangers auxquels l'exposait le sommeil magnétique.

Reprenant son sang-froid, le savant personnage s'était dirigé vers l'extrémité de la petite cour, sans doute pour gagner la rue des Deux-Écus.

Montant un escalier, il atteignit l'une des salles du premier étage.

En ce moment il s'arrêta et prêta l'oreille : un bruit sourd était venu jusqu'à lui.

— Ils me poursuivent! dit-il, et il attendit sans faire un mouvement.

Le bruit devint plus distinct : c'était celui causé par la marche précipitée d'un homme.

Ce bruit partait de l'étage inférieur.

Van Helmont, calme et résolu, tira son poignard et, se blottissant dans l'embrasure d'une fenêtre, il avança doucement la tête au dehors.

Une ombre rapide passa au-dessous de lui et disparut se dirigeant vers la sortie des ruines.

— L'un de ceux qui m'ont menacé, murmura le savant en reconnaissant Mercurius au costume qu'il portait tout à l'heure dans le laboratoire et qu'il n'avait pas quitté encore.

Le bruit des pas s'éloigna rapidement et disparut tout à fait.

— Ce n'est pas moi qu'il cherche, dit Van Helmont.

Tout à coup il frappa ses mains l'une contre l'autre et un éclair joyeux, rempli d'espérance, illumina sa physionomie bronzée.

— S'ils avaient quitté l'atelier! s'écria-t-il, s'ils avaient laissé Aldah dans le logis mystérieux ou même dans la maison de la rue des Vieilles-Étuves!... S'ils me poursuivaient par les rues, me croyant en fuite!... Si le vieillard était seul près d'elle!... Oh! Aldah serait sauvée!...

Et Van Helmont, en proie à cette subite lueur d'espoir, quitta la fenêtre, traversa la salle, bondit à travers les escaliers, parcourant en sens opposé le chemin qu'il avait accompli en fuyant l'atelier.

—D'ailleurs, fit-il sans ralentir sa course précipitée, Reynold fût-il là, j'ai mon poignard, et un autre fût-il avec lui, la surprise me donnera l'avantage! Oh! comment n'ai-je pas eu cette pensée plus tôt? Aldah! Aldah! ne crains rien! me voici !

En quittant la petite cour, Van Helmont s'était de nouveau enveloppé dans des ténèbres impénétrables à l'œil; mais, connaissant admirablement les lieux où il se trouvait, il avançait d'un pas ferme sans modérer sa marche.

Enfin il atteignit la salle communiquant avec l'atelier de Reynold par l'ouverture mystérieuse dont lui seul avait heureusement le secret.

Le ressort était caché, avons-nous dit, dans la serrurerie d'une grille, laquelle séparait la salle dans toute sa longueur

et dont l'extrémité était scellée dans le mur, à l'endroit même où jouait le secret.

L'obscurité était telle dans cette salle, qui ne possédait aucune fenêtre, qu'il était impossible de distinguer l'objet le plus volumineux.

Van Helmont étendit sa main frémissante et, après quelques recherches infructueuses, il rencontra la grille.

Se guidant sur elle, il atteignit rapidement le fond de la salle.

Ses doigts cherchèrent le secret; mais ici la difficulté était grande.

Ce secret était si bien caché dans les enjolivements de la grille que, quelque étude qu'en eût faite Van Helmont, il lui fallait l'aide de ses yeux pour guider sa main.

Durant quelques instants il chercha avec une activité et une persistance fiévreuses, mais ses recherches étaient vaines.

Rien ne cédait sous son doigt interrogateur.

Un râle sourd s'échappait de sa gorge, et sa bouche laissait entendre des exclamations de rage et d'impatience.

Tout à coup, sans que la cause en fût apparente, une clarté brillante se répandit dans la salle par une porte ouverte donnant dans un corridor voisin, lequel était éclairé par la toiture.

Sans s'inquiéter d'où provenait cette clarté, sans s'inquiéter si elle indiquait un non un nouveau péril, Van Helmont tout entier à sa recherche et absorbé par sa pensée qui annihilait toute autre faculté de son cerveau, Van Helmont poussa un cri de joie : il venait de reconnaître l'endroit où se trouvait le ressort.

Son poignard nu dans la main droite, se repliant sur lui-même pour concentrer ses forces et être prêt à bondir en avant, il posa l'index de sa main gauche sur le secret.

Au même instant la clarté qui illuminait le corridor devint plus vive.

Cette clarté, c'était celle de l'incendie allumé par Mercurius et qui dévorait la maison de la rue des Vieilles-Étuves.

Aussitôt à cette lueur sinistre s'en joignit une autre partant de la rue des Deux-Écus.

En quittant les ruines de l'abbaye, le fils de La Chesnaye avait continué son œuvre de destruction, et, brisant des flacons d'essence dans les salles basses du couvent, il avait là aussi donné à la flamme l'aliment des vieilles boiseries qui garnissaient presque toutes les murailles.

En un clin d'œil, le feu envahit tout le rez-de-chaussée, et les deux incendies coururent rapidement l'un vers l'autre, séparés qu'ils étaient encore par le corps de logis où Van Helmont venait de pénétrer.

En entrant dans l'atelier de Reynold, Van Helmont s'arrêta brusquement, parcourant la pièce dans toute son étendue d'un coup d'œil rapide et investigateur.

Aucun désordre n'y régnait : chaque chose était dans la situation où il l'avait laissée.

La pièce était déserte : le cadavre de Shabbâh, la panthère frappée par le globule meurtrier, était étendu sans mouvement sur le plancher.

Van Helmont sauta par-dessus le corps de la bête et s'élança dans le corridor dont la porte avait été laissée entr'ouverte.

Il gagna en quelques secondes le laboratoire de chimie d'abord, puis la ménagerie ensuite.

Corridor, laboratoire, ménagerie étaient inhabités; les animaux féroces avaient disparu, emmenés probablement par La Chesnaye, car les cages étaient vides et les grilles n'étaient pas fermées.

Mais partout la dalle était jonchée de débris de verres

et les murailles, les plafonds, les boiseries, les portes, les fenêtres offraient çà et là de longues et larges traînées sombres, semblables à ces taches que cause un liquide quelconque répandu sur la pierre, sur le bois ou sur la peinture.

Dans le laboratoire, les énormes planches soutenant d'ordinaire une collection innombrable de flacons de toutes formes et de toutes espèces étaient nues.

Fioles, flacons, bouteilles avaient disparu, et les pieds pilaient sans relâche les tessons de verres et les morceaux de cristaux qui jonchaient les planchers.

Des émanations âcres, ferrugineuses, acides, viciaient l'atmosphère et prenaient à la gorge au point de gêner complétement la respiration.

Mais Van Helmont ne sentait rien, ne voyait rien. Il cherchait Aldah ou, à défaut de la jeune fille, il voulait trouver quelque indice le mettant sur ses traces.

Revenant dans la galerie dont nous avons parlé, à l'extrémité de laquelle s'ouvrait la porte du laboratoire de Mercurius, tandis que les corridors conduisant à chacun des deux ateliers se coupaient en croix à son commencement, Van Helmont se précipita sur les degrés descendant vers la maison de la rue des Vieilles-Etuves et fit jouer le ressort communiquant avec l'arrière-corps de logis que nous connaissons.

Le ressort joua. Van Helmont fit aussitôt un pas en avant; mais, suffoqué brusquement, il recula, chancela et tomba en arrière sur les marches.

Un nuage de fumée l'avait frappé au visage en se précipitant par l'ouverture faite, obéissant à l'action du courant d'air brusquement établi et s'engouffrant avec une extrême violence dans la galerie supérieure.

Au même instant les flammes, couvant jusqu'alors sous la fumée épaisse, s'élancèrent de toutes parts avivées par l'air qui pénétrait dans la salle et se tordirent en spirales menaçantes, hérissant chaque ouverture, filtrant au travers de chaque crevasse, rampant sous la pierre, perçant la toiture, faisant crier le bois, la chaux, la craie, les tuiles, mordant les solives, déchirant les boiseries, tenaillant la bâtisse avec un bruit sourd, un ronflement sinistre entremêlé d'éclats, de grincements, de pétillements sonores.

C'était l'incendie qui, après avoir dévoré les constructions faites sur la rue, venait de se ruer sur l'arrière-corps de logis.

Van Helmont, étourdi, aveuglé, respirant à peine, s'était relevé promptement, et s'appuyant au mur brûlant pour ne pas tomber encore, avait gravi les marches, poursuivi par les progrès rapides de l'élément envahisseur.

Face à face avec l'imminence du danger, comprenant que la mort était proche et que toute tentative nouvelle serait vaine et insensée, il s'élança vers l'atelier de Reynold pour reprendre le chemin qu'il venait de parcourir et se sauver par les ruines de l'abbaye des Augustins.

Mais la flamme marchait plus rapidement que lui.

En un clin d'œil, plancher, plafond, boiseries, murailles s'étaient embrasés.

Chacune de ces traînées humides remarquées sur les parois du mur, sur les portes, sur les fenêtres, sur les meubles, était devenue subitement un foyer dévastateur, s'allumant aux premières atteintes de la flamme, comme si l'incendie eût obéi à la baguette magique d'un génie du mal.

Les dalles elles-mêmes étaient recouvertes d'une véritable mer de feu, courant d'un bout à l'autre des pièces, des galeries, des corridors, tordant les tessons de fioles et de bouteilles qui éclataient avec des détonations stridentes.

Laboratoire, ateliers, galeries s'étaient transformés en l'intérieur d'une fournaise ardente.

Cette effrayante métamorphose s'était opérée avec une rapidité telle que pour tout autre que Van Helmont, la chose eût certes équivalu à un miracle accompli par le démon.

Mais, esprit élevé, intelligence supérieure, le savant comprit, à la rapidité même de l'incendie, la cause qui le provoquait.

Taches livides, fioles brisées, émanations fétides s'expliquèrent au même instant.

La destruction était l'œuvre de La Chesnaye et des siens les acides activaient les flammes, la maison était évidemment abandonnée; on avait allumé l'incendie avant de fuir par les ruines, donc Aldah n'était plus là, donc il fallait fuir aussi sans perdre une seconde, sans hésiter un moment...

Mais fuir devenait impossible...... Les flammes, nous l'avons dit, avaient marché plus vite que Van Helmont.

L'incendie, conduit par les produits chimiques répandus de toutes parts, s'était propagé d'une façon si instantanée que la galerie s'embrasait au moment où Van Helmont s'élançait pour la traverser, et que l'atelier de Reynold était en feu avant que le savant n'eût atteint le seuil de la porte.

Van Helmont se retourna : une muraille de flamme se dressait derrière lui, le poursuivant de sa marche progressive.....

En face, l'atelier offrait l'aspect d'une fournaise à son paroxysme de fureur.

Seule la table de cristal placée au centre de la pièce demeurait intacte, bravant l'action du feu qui l'entourait de toutes parts, semblable, au milieu de ces vagues ardentes qui se heurtaient sur ses angles, couraient sous ses pieds, bondissaient sur sa surface, à un rocher planté au milieu de l'Océan et balayé par la tempête furieuse.

Grâce aux flacons brisés sur les dalles et contenant encore une partie des produits qu'ils renfermaient, le feu, ainsi que nous l'avons expliqué, balayait le sol qui semblait recouvert de flots de lave en fusion.

Le péril était épouvantable, menaçant, terrifiant.... Enfermé dans un cercle de feu, Van Helmont allait être atteint par cette marée montante de flammes. D'un bond, d'un bond immense, inouï, gigantesque, il s'élança sur la table de cristal, flot de salut au milieu de cet océan dévastateur.

L'ouverture par laquelle il avait pénétré dans l'atelier et qui communiquait avec les ruines était en face de lui, mais à une distance telle qu'il ne fallait pas songer à l'atteindre sans traverser un mur de flammes.

La chaleur, la fumée étaient suffocantes... Il était impossible que le supplice se prolongeât longtemps.

IX

HECTOR.

Calme, intrépide, résolu, Van Helmont demeura debout sur la table préservatrice.

Son œil étincelait d'une ardeur fébrile, mais le sourire dédaigneux et railleur qui lui était particulier n'avait pas déserté ses lèvres.

— Ah ! fit-il tout à coup d'une voix stridente, comme s'il pensait que ses paroles pussent être entendues, ah ! vous avez appelé le feu à votre aide pour anéantir la révélation de votre secret infâme! Mais ce secret est comme la Salamandre, il brave les flammes et en sort victorieux! L'heure de la mort n'a pas encore sonné pour Van Helmont, mes maîtres!

Et, arrachant brusquement sa longue robe d'indienne, déroulant rapidement sa ceinture de soie multicolore, déchirant d'un seul coup ses larges pantalons orientaux, le savant apparut recouvert d'une sorte de casque à capuchon, le haut de chausse collant et descendant jusqu'aux chevilles, et de bottines rejoignant le haut de chausses.

Casaque, haut de chausses et bottines étaient fabriqués à l'aide de cette substance minérale feutrée, souple et soyeuse, que les alchimistes appelaient *lin vif* ou *laine de Salamandre*, que nous nommons *amiante*, et dont la singulière propriété est, on le sait, de ne subir aucune détérioration sous l'action du feu.

Robe, pantalons et ceinture avaient été dévorés en quelques secondes. Van Helmont quitta alors la table de cristal, et, traversant rapidement les flammes, le capuchon rabattu sur son visage, il atteignit la salle communiquant librement avec les ruines de l'abbaye.

Un soupir, l'un de ces soupirs de satisfaction qui s'échappent de la poitrine de l'homme le plus brave, le plus puissant, le plus intrépide, alors qu'il vient de triompher d'un danger terrible, s'exhala de la gorge du savant, et ses yeux se levèrent vers la voûte de la salle, envoyant au ciel une muette et expressive action de grâces.

Il se croyait sauvé...

En deux bonds il atteignit le couloir vitré, à l'extrémité duquel s'ouvrait l'escalier qu'il avait franchi quelques instants auparavant.

Ce couloir, splendidement éclairé par les lueurs rouges de l'incendie, semblait un pont jeté sur une mer de feu et sous un ciel de flammes, l'un de ces ponts croulants, tremblants sur des torrents de lave, tels que Dante a su les dépeindre.

Une rumeur formidable, entremêlée de cris confus, arrivait, provenant du dehors, jusqu'à Van Helmont, toujours calme et fort. Cette rumeur était causée par la foule des Parisiens, des archers, des soldats du guet accourus sur le lieu du sinistre, et s'efforçant en vain d'arrêter les menaçants progrès du fléau.

Van Helmont atteignit l'escalier, descendit trois marches, s'arrêta et remonta vivement.

Là aussi les flammes élevaient leur barrière formidable.

L'incendie dévorait les ruines de l'abbaye, comme il dévorait la maison de la rue des Vieilles-Étuves; Van Helmont était littéralement pris entre deux feux.

Cette fois le péril lui arracha un geste de découragement: il se crut perdu sans ressources, comme il s'était cru sauvé quelques secondes plus tôt.

En effet, aucune issue n'était praticable; toutes étaient envahies par le feu, et, ainsi que nous l'avons dit, la salle communiquant avec l'atelier de Reynold ne possédait aucune fenêtre, et le couloir qui y donnait accès n'était éclairé que par la toiture.

Aucun moyen d'appeler du secours, par conséquent, aucune ouverture pour s'élancer, aucune chance de salut!

La situation était horrible...

Ses vêtements d'amiante pouvaient protéger Van Helmont contre les premières atteintes de la flamme; mais, en dépit de la vertu que l'on attribuait à la substance minérale, il était trop excellent chimiste pour ne pas connaître les bornes restreintes de cette propriété d'inaltérabilité. D'ailleurs, l'amiante le préservât-il du contact du feu, il ne pouvait être d'aucun secours contre l'asphyxie, et cette asphyxie était imminente, car la chaleur et la fumée devenaient intolérables.

Le couloir et la salle fermée, dans lesquels Mercurius n'avait répandu aucun produit chimique, s'embraseraient évidemment plus lentement; mais le feu ne pouvait les épargner, et c'était là simplement une prolongation de torture sans être une chance de salut.

Puis des craquements effrayants retentissaient de tous côtés : en face c'était un mur qui s'écroulait ; derrière, une toiture s'affaissait ; à droite un plancher s'effondrant ; à gauche une tourelle se détachant entière de l'angle du bâtiment qu'elle ornait.

De toutes parts, des nuées d'étincelles s'élevant des décombres fumants, des tourbillons de fumée se roulant à travers les corridors, des colonnes de flammes aux langues bifurquées mordant la pierre, enserrant convulsivement les murailles, dévorant les boiseries... un chaos sans nom enfin, stupéfiant, impossible, formidable à rendre fou l'esprit le plus fort, à frapper d'anéantissement l'âme la plus puissante, de mort le cœur le moins timide.

Van Helmont était devenu très-pâle... son œil parcourut d'un regard la salle et le couloir... Une seule tentative de fuite était praticable...

Sans hésiter, le savant et courageux personnage enfonça ses mains et ses pieds dans les crevasses du mur... Une corde pendait, il la saisit... et, réunissant ses forces avec une énergie suprême, il atteignit la toiture vitrée...

Les vitres étaient brisées ; les unes détruites depuis longues années, les autres détachées par la chaleur, qui les avait fait voler en éclats.

Van Helmont arracha ce qui pouvait gêner encore son passage, et gravit sur le toit; un large pan de mur, demeuré debout, lui offrit un refuge plus sûr, il en profita.

Isolé sur cette muraille, Van Helmont semblait le génie du feu au centre de son élément bien-aimé : la silhouette de son corps se détachait en noir sur le fond rouge des flammes.

A l'apparition subite de cet homme, la foule entassée dans la rue des Deux-Écus poussa un cri immense de stupeur et d'effroi.

Pour tous, l'homme qui venait de surgir était perdu sans ressources. Aucun moyen n'existait d'arriver jusqu'à lui, aucune chance de salut ne pouvait lui être offerte.

Vainement Van Helmont interrogea-t-il d'un air anxieux tout ce qui l'entourait : tout était en flammes...

Tout à coup un grondement sinistre se fit entendre, la foule poussa un second cri plus déchirant que le premier, plus empreint d'effroi et de douleurs... les ruines du couvent à droite, la maison de la rue des Vieilles-Étuves à gauche, venaient de s'écrouler à la fois et d'un seul coup...

Le mur sur lequel était Van Helmont chancela sur sa base. Le savant se précipita à plat-ventre pour ne pas succomber au vertige...

Durant quelques instants la fumée s'élevant de l'énorme masse des décombres, déroba complètement la muraille et l'homme qu'elle supportait...

Lorsque la fumée se dissipa, le pan de mur était debout encore, et l'homme à genoux, suspendu ainsi au-dessus du foyer croulant de l'incendie qui venait de dévorer sa proie.

La situation était tout aussi effrayante et peut-être plus critique encore s'il était possible.

D'un instant à l'autre, on sentait qu'homme et mur allaient disparaître...

Mais, à peine la fumée se dissipait-elle, à peine la foule émue apercevait-elle le malheureux livré ainsi à une mort horrible, qu'un homme se détachant d'un groupe s'élança, une corde enroulée autour du bras, sur les décombres brûlants.

Avec une audace, une intrépidité, un sang-froid et une adresse tenant du miracle, il escalada les ruines fumantes, gravit les monceaux de pierres carbonisées, et atteignit le pied de la muraille.

— Maître ! fit-il d'une voix forte au milieu du silence profond que son action inattendue et hardie avait imposé à la foule.

— Hector ! murmura Van Helmont. Oh ! j'ai péché en doutant de Dieu !

Et, toujours à genoux, il avança la tête au-dessus de l'abîme, se cramponnant des mains et des pieds à l'étroit sentier sur lequel il était accroupi.

La muraille avait à peu près la hauteur d'un troisième étage.

L'homme se recula vivement, déroula sa corde, en saisit l'extrémité, garnie d'un crochet de fer, et, la balançant dans le vide pour lui donner de l'élan, il la lança d'un bras vigoureux...

La corde se dressa comme un long serpent, fendit l'air en sifflant, et le crochet de fer franchit le mur...

Van Helmont reçut la corde au moment où elle retombait...

Sans perdre une minute, il enfonça le crochet dans une crevasse, tira sur lui pour s'assurer de sa solidité, puis, saisissant le câble sauveur, s'y accrochant des mains et des jambes, il se laissa glisser..,

L'homme le reçut dans ses bras : la foule éclata en bravos frénétiques...

Il était temps... A peine Van Helmont se trouvait-il hors de danger que la muraille s'écroulait, le menaçant encore dans sa chute...

L'homme qui venait d'arracher ainsi Van Helmont à une mort certaine portait l'uniforme de sergent au régiment de Balagny.

C'était lui qui, sur le Champ-Crofté, durant les évolutions du cavalier mystérieux, causait intimement avec Van Helmont; c'était lui qui, le matin de ce jour, à la porte Neuve, avait donné au baron de Grandair l'adresse du logis de dame Perrine, et c'était lui enfin qui, aux premières lueurs de l'incendie, était accouru sur le lieu du sinistre.

— Hector ! dit Van Helmont en lui serrant les mains, tu as payé ta dette, tu es quitte avec moi.

— Vous vous trompez, maître, répondit le sergent; je ne viens que d'accomplir un devoir, et vous savez bien que je ne pourrai jamais m'acquitter envers vous !... Oh ! je vous avais bien dit ce soir de ne pas venir dans cette maison maudite, que le malheur vous y attendait !

Ces paroles rappelèrent Van Helmont à la situation présente.

— Oh ! pauvre Aldah ! murmura-t-il.

Hector tressaillit brusquement.

— Morte ? dit-il d'une voix étranglée.

— Non, répondit le savant, mais enlevée.

— Enlevée

— Oui...

La foule entourait les deux hommes, se poussant, se heurtant, se pressant pour voir, toucher, effleurer les héros de la catastrophe.

Curiosité dévorante du peuple, à laquelle se joignaient aussi ces sentiments d'humanité et de charité qui appartiennent ordinairement aux masses.

Chacun offrait son aide, ses services, sa maison, ses témoignages d'admiration et d'intérêt au sauvé et au sauveur.

Van Helmont remercia brièvement, s'efforçant de se faire passage en entraînant Hector.

Tous deux, bien qu'à grand'peine, finirent par échapper à la foule, et, gagnant la rue des Prouvettes d'abord, traversèrent devant Saint-Eustache, où le tocsin n'avait pas fini de sonner, pour de là s'enfoncer dans la rue Montorgueuil, alors absolument déserte.

La lune était voilée, la nuit était profondément noire.

Les deux hommes s'arrêtèrent.

Sans doute Hector, le vieux sergent, avait droit à toute la confiance de Van Helmont, et était son confident depuis plusieurs années, car, en quelques rapides paroles, le savant le mit au courant des terribles événements qui venaient de s'accomplir.

— Ainsi, dit-il en terminant, Aldah perdue pour moi ! Aldah entre les mains de ces misérables ! Le fils de Blanche sans ressources et sans appui pour faire triompher sa cause ! Que faire ?...

— Ce que je vous ai déjà proposé, maître, et ce que vous avez toujours refusé jusqu'ici; mais ce qu'il faut faire à cette heure sans tarder d'une minute ! répondit Hector d'une voix ferme.

Van Helmont tressaillit.

— Quoi ! tu veux...

— La cour des Miracles ! interrompit le sergent.

— Les argotiers ! fit le savant avec un ton de profond mépris.

— Oui, les argotiers ! les enfants de la Bohême, les sujets de la cour des Miracles ! Ceux-là seuls maintenant peuvent vous venir en aide ! Mordieu ! si je n'avais pas eu depuis longtemps cette pensée, pourquoi donc me serais-je fait des leurs, au risque, si j'étais surpris, de me voir retirer ma hallebarde, insigne de mon grade, et d'aller mourir au pilori de Paris, la main de Monsieur de Paris ! »

Van Helmont hésitait.

— Ça me répugne, dit-il.

— Pourquoi ? demanda Hector. La chose n'est-elle pas naturelle. Aux bandits opposez des bandits. Aux gens de La Chesnaye opposez les argotiers ! La justice ne peut rien pour nous, ayons la force ! Nos ennemis ont des soldats nombreux, ayons une bande déterminée pour les combattre. Vous pouvez, s'il vous plaît, imposer à cette multitude sans foi ni loi et la voir à votre merci. D'ailleurs Aldah est en péril et celui que vous protégez est sans secours !

— Eh bien ! fit Van Helmont d'un ton bref, qu'il soit fait ainsi que tu le veux !

— Alors, s'écria Hector, ne perdons pas une seconde! Sus à La Chesnaye ! Les argotiers à la rescousse ! En avant !

FIN DE LA TROISIÈME SÉRIE

Sceaux. — Typographie de E. Dépée.

www.ingramcontent.com/pod-product-compliance
Lightning Source LLC
Chambersburg PA
CBHW072111090426

42739CB00012B/2924